KB091372

양자 컴퓨팅: 이론에서 응용까지

양자 컴퓨팅: 이론에서 응용까지

잭 히더리 지음 이태휘 옮김

i!i
에이콘

에이콘출판의 기틀을 마련하신 故 정완재 선생님 (1935-2004)

지은이 소개

잭 히더리^{Jack D. Hidary}

알파벳 X^{Alphabet X}(전 구글 X^{Google X})에서 AI와 양자 컴퓨팅을 연구하고 있다. 그의 그룹은 노이즈 있는 중규모 양자^{NISQ} 프로세서용 알고리즘을 개발하고, 새로운 양자 컴퓨팅 소프트웨어 라이브러리를 만들고 있다. AI 분야에서는 응용 AI 기술뿐 아니라 심층망의 일반화와 같은 기초 연구에도 주력하고 있다.

감사의 말

작업하는 내내 지원을 아끼지 않은 엘리자베스 로우[Elizabeth Loew]와 뛰어난 스프링 어네이처[SpringerNature] 출판사 팀에게 감사한다.

이런 책을 내는 일은 상당한 작업이며, 팀원의 도움이 여러모로 필요했다. 책 편집 자 겸 포매터[formatter]로 훌륭히 작업해준 스테판 라이커나우어[Stefan Leichenauer]에게 깊이 감사한다. 스테판은 이 책의 많은 부분을 검토했으며, 이 프로젝트에 헌신해 줘 고맙다. 책 전체를 TeX로 작성했는데, TeX가 구현할 수 있는 한계에 도전하곤 했다.

스프링어 출판사 표준에 맞게 책을 올바로 조판할 수 있도록 TeX 템플릿을 너그러 이 공유해 준 『Linear Algebra Done Right』(Springer, 2014)의 저자, 셀든 액슬러 [Sheldon Axler]에게 감사한다.

시간을 들여 이 책의 주요 부분을 검토하고 기술적인 조언을 해준 많은 전문가에 게 감사한다. 이름은 알파벳순으로 적었다. 스캇 애론슨[Scott Aaronson], 라이언 배부 시[Ryan Babbush], 세르히오 보익소[Sergio Boixo], 러핀 에반스[Ruffin Evans], 에디 파르히[Eddie Farhi], 패트릭 헤이든[Patrick Hayden], 제리 길버트[Gerry Gilbert], 맷 레거[Matt Reagor], 레니 서스 킨드[Lenny Susskind]. 이들의 조언으로 이 책이 훨씬 나아졌다.

교과서를 내 중요한 업적을 이룬 마이클 닐슨[Michael Nielsen]과 아이작 추앙[Isaac Chuang])

에게도 감사하고 싶다[161]. 심도 있는 렉처 노트^{lecture notes} 시리즈를 남긴 존 프레스킬에게도 감사한다[174]. 닐슨과 추앙, 프레스킬과 마찬가지로 많은 사람을 이 분야로 이끌어준 머민^{Mermin}[151]과 리펠^{Rieffel}[186]에게도 감사한다.

이 책이 나오기까지 격려해준 알파벳 X와 구글의 많은 동료, 세르게이 브린^{Sergey Brin}과 애스트로 텔러^{Astro Teller}, 하르트무트 네벤^{Hartmut Neven}과 그의 뛰어난 팀에게 감사한다.

내가 양자 컴퓨팅을 가르친 워크숍과 선형 대수 및 여러 주제를 가르친 수학 수업에 참여한 많은 이에게 감사한다. 이들의 피드백은 정말 귀중했다.

수학 내용을 함께 집중적으로 작업한 제임스 마이어^{James Myer}에게 진심으로 감사한다. 제임스의 체계적인 접근 방식은 성공 보증 수표였다. 우리는 해당 부분을 셀 수 없이 많이 검토하고, 계속해서 재작업했다. 제임스는 수학에 열정적일 뿐만 아니라 교육학에도 깊은 관심이 있어 핵심 개념을 제시하는 가장 좋은 방법에 관해 생산적인 토론까지 함께 나눌 수 있었다. 마찬가지로 수학 내용을 검토하고 매우 유용한 제안을 해준 타이-다나에 브래들리^{Tai-Danae Bradley}에게도 감사한다.

코드 내용을 함께 작업한 라이언 라로시^{Ryan LaRose}에게 감사한다. 이 분야는 새로운 분야라 코드 프레임워크가 최근 몇 년 내에 개발돼 확실한 정보와 예제를 얻기 어렵다. 라이언은 훌륭한 솜씨로 이를 찾아내고, 찾아낸 정보를 간결한 형태로 엮었다. 또한 이 책의 깃허브 사이트도 잘 준비해줬다.

텍스트를 교정하고 문법과 형식의 일관성을 맞춰준 엘렌 캐시디^{Ellen Cassidy}에게 감사한다. 엘렌은 매의 눈을 갖고 있으며, 모든 작가에게 그녀와 함께 일하길 추천한다. 전체 과정을 훌륭히 조율한 조 트라이콧^{Joe Tricot}에게도 감사한다.

물론 이 모든 도움을 받았지만 미처 바로잡지 못해 다음 판에 반영해야 할 부분도 있을 것이다. 남아 있는 모든 오류는 내 몫이며, 깃허브 사이트에 업데이트를 게시하고 차기 버전에 수정 사항을 싣겠다.

나의 부모님 데이비드 히더리[David Hidary]와 에이미 히더리[Aimee Hidary], 작업 과정 내내 지지해준 온 가족에게 고맙다. 이 책을 당신과 함께 나눠 기쁘다.

옮긴이 소개

이태휘(taewhi+tr@gmail.com)

산업체와 학교, 연구기관을 거치며 여러 시스템 소프트웨어 개발 프로젝트를 수행했다. 2007년부터 2010년까지 티맥스소프트에서 근무하며 티베로 관계형 데이터베이스 개발에 참여했다. 2014년에 서울대학교 컴퓨터공학부에서 박사 학위를 받았으며, 현재 한국전자통신연구원에서 선임연구원으로 재직 중이다. 번역서로는 에이콘출판사에서 펴낸 『퀄리티 코드』(2017), 『블록체인 완전정복 2/e』(2019), 『양자 컴퓨팅 입문』(2020)이 있다.

옮긴이의 말

그저 먼 얘기 같았다. '양자 컴퓨팅'이라는 말은 극소수의 연구자에게나 의미 있는 얘기 같았는데, 어느새 주변에서 양자 컴퓨팅 얘기가 심심치 않게 들려온다. 물론 아직 양자 컴퓨팅의 경이로운 계산 능력을 적용할 수 있는 문제는 지극히 제한적이며, 실용화까지 20~30년은 걸릴 것으로 예측되고 있다. 하지만 하드웨어 측면에서는 점차 다룰 수 있는 큐비트 수가 늘어나는 추세고, 소프트웨어 측면에서는 고전적인 컴퓨팅을 이용해 양자 컴퓨팅을 시뮬레이션해볼 수 있는 환경에 이르렀다. 공룡 기업들은 이미 IBM Q 익스피리언스$^{Q\ Experience}$, 마이크로소프트 애저 퀀텀 $^{Azure\ Quantum}$, 아마존 브라켓$^{Amazon\ Braket}$과 같은 클라우드 양자 컴퓨팅 서비스를 내놓으면서 사용자를 선점하려 발 빠르게 움직이고 있다.

양자 컴퓨팅에 관심을 갖고 도전해 보려는 이들이 많아졌지만, 그만큼 양자 컴퓨팅 이론의 벽을 넘지 못하고 포기하는 사람도 많다. 이 책은 『Quantum Computing: An Applied Approach』라는 원제에 걸맞게 실용적인 관점에서 양자 컴퓨팅이 작동하는 과정을 익힐 수 있게 해준다. 이 책의 백미는 2부에서 시뮬레이션 라이브러리를 활용해 파이썬^{Python} 언어로 작성한 소스코드와 함께 양자 컴퓨팅을 설명함으로써 이해도를 높인 부분이다. 최근 2020년 3월에 구글에서 머신러닝 플랫폼인 텐서플로와 양자 컴퓨팅 라이브러리인 서큐^{Cirq}를 통합한 텐서플로 퀀텀$^{TensorFlow\ Quantum}$을 발표했는데, 이 책에서 주로 서큐 라이브러리를 사용하기 때문에 머신러닝에 관심이 있는 독자라면 다음 단계로 나아가기에도 좋을 듯하다. 3부에서 양자 컴퓨팅의 기초를 이루는 대수학 내용을 차근차근 설명한 부분도 유익한데, 특히 각 개념이 양자 컴퓨팅에 쓰이는 이유를 잘 설명하고 있다. 저자의 의도상 양자 컴퓨팅 이론 내용은 상대적으로 간략히 다루고 있는데, 더 자세한 내용을 원하는 독자라면 이 분야의 대표적인 교과서인 마이클 닐슨[Michael Nielsen]과 아이작 추앙[Isaac Chuang]의 『Quantum Computation and Quantum Information』(Cambridge University Press), 데이비드 맥마혼의 『양자 컴퓨팅 이론 해설(Quantum Computing Explained)』(에이콘, 2020) 등 다른 이론서를 참고하면 좋겠다.

어쩌다 보니 양자 컴퓨팅 분야의 책을 두 권이나 우리말로 옮기게 됐는데, 많은 분이 도움을 주신 덕분에 가능했던 일이다. 이 책의 저자와 가까이 소통하며 깃허브 사이트의 한국어판을 담당해 주신 유재헌 님, 번역 원고를 세심하게 검토해 주신 김준호, 김형훈, 이승준, 이정문 님께 깊이 감사드린다.

그럼에도 부족한 부분은 고스란히 역자의 책임이니 질책과 더불어 더 좋은 책이 되도록 많은 의견 보내주시길 부탁드린다. 그리고 슬쩍 엿본 바로는 에이콘에서 앞으로 나올 양자 컴퓨팅 서적 리스트가 그야말로 쟁쟁하니 관심을 두고 지켜보셔도 좋을 듯싶다. 필요하다고 판단되는 분야라면 따지지 않고 기꺼이 책을 출간해 주시는 권성준 사장님과 황영주 상무님, 편집과 진행을 맡아주신 박창기 이사님과 조유나 님께 감사드린다. 코로나 바이러스 탓에 주로 집에서 시간을 보낼 수밖에 없었던 답답한 시기를 잘 지내준 단희, 규언과 아내 남의에게 고맙다.

2020년 9월

이태휘

차례

3부   수학 도구 모음 297

들어가며

과학 기술 분야의 발견을 앞당길 새로운 컴퓨팅 시대에 접어들고 있다. 독창적인 컴퓨팅 플랫폼은 우주의 근본 법칙을 밝혀내기도 하고, 우리 모두에게 영향을 미치는 어려운 문제를 해결하는 데 도움이 된다. 전용 칩으로 구동되는 머신러닝 프로그램은 이미 획기적인 발전을 거듭하고 있다.

이 책에서는 현재의 디지털 플랫폼과는 계산 방식이 근본적으로 다른 양자 컴퓨팅이라는 떠오르는 플랫폼을 살펴보려 한다. 물론 규모 있는 양자 컴퓨터가 나오려면 몇 년은 걸릴 것이다. 그러나 이제는 그런 시스템이 실현 가능하다는 것을 알고 있다. 공학 기술이 발전할수록 우리는 큰 충격을 받게 될 것이다.

양자 컴퓨팅은 양자 정보 과학이라는 더 큰 분야의 일부다. 양자 정보 과학의 세 갈래, 즉 계산, 통신, 센싱sensing 분야는 급속도로 발전하고 있으며 한 분야에서 나온 발견이 다른 분야의 발전에 박차를 가하기도 한다. 양자 통신에서는 양자 시스템의 특이한 특성을 활용해 도청자가 읽을 수 없는 방식으로 정보를 전송한다. 양자 컴퓨팅으로 인해 포스트 양자 암호화 체제로 넘어오면서 양자 통신 분야는 점점 더 중요해지고 있다. 양자 특화 프로토콜인 양자 순간 이동과 초밀집 부호화는 7장에서 다룬다.

양자 센싱은 자기장 혹은 다른 장의 감지에 양자 장치를 사용해 고전적인 한계를 뛰어 넘고자 하는 왕성한 연구 분야다. 예를 들면 원자 스케일에서 위치, 내비게이션, 타이밍을 감지하는 PNT^{Position, Navigation, and Timing}라는 새로운 유형의 센서가 있다. 이 마이크로 PNT 장치는 GPS가 꼼짝하지 않거나 사용이 불가능할 때 매우 정확한 위치 데이터를 제공할 수 있다.

이 책에서는 양자 계산에 중점을 둔다. 양자 계산과 고전 계산의 중요한 차이점 하나는 양자 계산에서는 양자 상태^{quantum states} 자체를 조작한다는 점이다. 이 때문에 고전적인 컴퓨터보다 계산 공간이 훨씬 더 크다. 고전 컴퓨터에서 실세계의 양자 물리계를 모델링하려면 그런 양자 물리계를 어떤 표현으로 바꿔 모델링하는 수밖에 없으며, 양자 물리계 자체를 구현하지는 못한다.

이 중요한 차이가 컴퓨팅과 과학의 미래에 흥미진진한 기회를 낳았다. 이 모든 것은 20세기 전반의 양자역학 혁명 동안 개발된 우리 세계에 대한 근본적인 진실에서 시작된다. 이러한 여러 가지 핵심 개념을 1장에서 살펴본다.

나는 운 좋게도 양자역학을 공부한 다음에 고전 물리학을 배워서 양자 물리학을 기준으로 삼았다. 즉, 내 지적 고향은 양자역학이다. 교육 체계가 바뀌지 않는, 대부분의 학생이 고전 물리학부터 배우고 양자역학을 배우게 되는데, 그래서 양자역학이 굽절로 이상하게 보일 것이다. 각자의 인간적인 경험에 비춰 봐도 이상해 보이는데, 고전적인 관념을 먼저 주입한 다음에 양자역학이라는 발상을 소개하니 말이다.

이 문제에서 아이러니한 것은 양자역학의 주된 수학적 도구가 선형 대수라는 것이다. 선형 대수는 강력하면서도 접근하기가 쉬운 수학 분야다. 그러나 대부분의 학생은 미적분을 두세 학기는 배우고 난 후에야 선형 대수를 듣거나, 아니면 아예 듣지 않는다. 그러나 선형 대수를 처음 배울 때 미적분은 필요 없다. 어쨌든 수학 교육을 바로잡을 날은 뒤로 남겨둔 채 새로운 형태의 컴퓨팅으로 가는 여정을 시작하자.

이 책에서는 지금까지 인류가 만들어온 것과는 매우 다른 종류의 컴퓨터를 만드는 법을 탐구할 것이다. 이 책이 다른 책들과 다른 점은 이론을 넘어 이러한 컴퓨터를 실제로 어떻게 만들고 이러한 시스템을 위한 응용 프로그램을 어떻게 작성하는지까지 다룬다는 점이다. 현재 클라우드 기반 양자 시스템을 프로그래밍하는 데 사용할 만한 개발 라이브러리가 몇 가지 있다. 이 책에서는 예시 코드를 살펴보고 일련의 연산자로 이뤄진 양자 회로를 구축해 특정 문제를 해결하는 방법을 알아본다. 이 책에서는 주로 파이썬^{Python}을 사용한다.

우리는 현재 노이즈 있는 중규모 양자$^{NISQ, Noisy Intermediate-Scale Quantum}$ 컴퓨터 시대에 있는데, NISQ라는 용어는 캘리포니아 공과 대학^{CalTech}의 존 프레스킬$^{John\ Preskill}$이 만든 용어다[176]. NISQ 컴퓨터란 아직 완전히 오류를 정정하지 못하고(따라서 노이즈가 있으며) 큐비트가 수십에서 수천 개인 시스템을 의미하는데, 규모 있는 결함 허용 컴퓨팅에 10^6개 이상의 큐비트가 필요한 것과 비교하면 훨씬 적은 수준이다. 초기 시스템에 이러한 한계가 있기는 하지만, 이 책에서 다루는 이론과 알고리즘, 코딩 기법들은 향후에 더 큰 시스템으로 전환할 때 도움이 될 것이다.

이 책은 3개의 부로 구성했다. 1부에서는 양자 컴퓨터와 양자 회로를 설계하는 데 필요한 프레임워크를 다룬다. 또한 복잡도 계급을 다루면서 어떤 종류의 문제들을 양자 계산으로 처리할 수 있는지 살펴본다.

2부는 이러한 프로그래밍에 깊이 파고들어 새로운 기계를 움직이게 만들고 싶은 사람들을 위한 내용을 다룬다. 이미 양자역학과 양자 정보 이론, 컴퓨터 과학 이론에 대한 배경 지식이 있다면(자기 자신이 어느 쪽에 속하는지 알 것이라 믿는다) 2부로 바로 넘어가 코드를 파헤쳐도 좋다. 이 책의 내용으로 과정을 구성하려면 다음 쪽에 있는 '이 책의 활용법'을 참고하기 바란다.

3부에서는 양자 컴퓨팅을 정복하기 위한 여정에 쓰일 중요한 도구들을 다룬다. 선형 대수의 핵심 개념을 다지고 이것이 구체적으로 양자 컴퓨팅에서 어떻게 쓰이는지 연결 짓는다. 14장의 연산자와 회로 요소들을 정리한 표는 자신의 양자 컴퓨팅 프로토콜을 설계할 때 유용한 참고 자료가 될 것이다.

양자 컴퓨팅에 대한 문헌은 계속해서 늘어나고 있으며, 이 책은 그리로 향하는 입구이기도 하다. 참고 문헌을 이용해 이 분야의 기초 논문과 최신 논문을 모두 살펴보기를 권한다.

온라인에서 더 많은 예제와 코드 튜토리얼을 지속적으로 제공할 것이다. 이 책은 양자 컴퓨팅 기술의 발전에 따라 계속 진화할 살아있는 텍스트다. 이 책의 깃허브 ^{GitHub} 사이트(https://github.com/jackhidary/quantumcomputingbook)에 함께해주기 바란다. 우리 모두는 이 새로운 모험을 함께하는 여행자다. 이 새로운 플랫폼과 도구들을 사용해 여러분이 개발한 것을 보게 될 것이라 생각하니 흥분된다. 여러분의 의견을 기다리고 있을 테니 깃허브 사이트를 통해 연락주기 바란다.

2019년 6월

1만 미터 상공에서

잭 히더리

이 책의 활용법

이 책을 가장 잘 활용하는 방법은 다음과 같다.

1. **대학 강사:** 이 책의 내용으로 여러 가지 과정을 만들 수 있다. 이 책의 모든 코드는 책의 웹 사이트에 있다. 수학을 다루는 장에는 곳곳에 연습문제가 들어 있다. 그 외의 장에 관한 코딩 실습이나 각종 문제는 온라인 사이트를 참조하기 바란다.

(a) STEM[1] 전공자를 위한 양자 컴퓨팅 과정

    i. 이 과정에서는 1장과 2장을 사전에 읽어오도록 맡긴 다음, 깃허브 사이트에 제공된 연습문제를 장별로 진행하기를 권장한다. 사이트에 연습문제의 정답도 올라와 있다.

    ii. 학생들이 형식적^{formal} 선형 대수 및 관련 수학 도구에 대한 깊이가 충분하지 않다면 3부를 활용해 여러 주에 걸쳐 연습문제를 다뤄 탄탄한 기초를 형성시킨다.

(b) 물리학 대학원생을 위한 양자 컴퓨팅 과정

    i. 이 과정에서는 '마이크 앤 아이크^{Mike and Ike}'(우리는 마이클 닐슨과 아이작 추앙의 훌륭한 교과서[161]를 거의 이렇게 부른다)[2] 또는 이론 개념을 깊이 있게 다루는 알맞은 텍스트를 곁들여 이 책을 사용하기를 권장한다. 우리는 모두 지난 20년 동안 마이클 닐슨과 아이작 추앙, 그 외의 교과서 저자들에게 크게 신세를 지고 있다. 또한 고급 물리 과정을 만들 때 존 프레스킬의 강의 노트[174]를 참조하는 것이 좋다. 이 책은 '마이크 앤 아이크'를 다음의 몇 가지 측면에서 보완하려고 했다.

        A. 이 책은 코딩에 더 중점을 둔다. 당연하게도 수년 전에 쓰여진 책에서는 지금 나와 있는 양자 컴퓨팅 개발 도구와 파이썬 기반 접근법을 다룰 수가 없었다.

        B. 이 책에서는 '마이크 앤 아이크'만큼 정보 이론 개념에 깊이 들어가지 않는다.

        C. 수학 도구를 다룬 절에는 본격적인 선형 대수 과정을 수강하지 않은 학생을 위해 더 자세한 보충 내용이 있다. 경험에 비춰 보면 양

---

1. Science, Technology, Engineering, Mathematics(과학, 기술, 공학, 수학)의 약어 – 옮긴이
2. 저자들의 이름과 비슷한 캔디 브랜드에서 유래한 애칭 – 옮긴이

자역학 교과서에 나오는 선형 대수나 그 외의 필요한 수학 도구 내용이 짤막하게 요약된 내용만으로는 충분치 않은 경우가 많다.

   ii. 먼저 1장과 2장은 사전에 읽어오도록 맡기기를 권장한다.

   iii. 그런 다음 유니타리 연산자, 측정 및 양자 회로에 대한 장을 다루면서 깃허브 사이트에 있는 연습문제로 이해했는지 확인하는 편이 좋다.

   iv. 그 후에 과정 대부분에서 2부를 통해 학생들에게 코딩 실습 경험을 제공하기를 권장한다.

(c) 컴퓨터 과학 대학원생을 위한 양자 컴퓨팅 과정

   i. 첫 두 장을 사전에 읽어오도록 맡긴 다음 3부의 수학적 도구를 복습하기를 권한다. 학부 수준의 선형 대수 과정에서는 대부분 수학적 형식을 완전히 갖춰서 가르치지는 않기 때문에 일반적으로 미리 학부 수준의 선형 대수만 접한 정도로는 충분하지 않다.

   ii. 그런 다음 3장과 4장으로 양자 체계에서의 유니타리 연산자, 측정 및 복잡도 클래스에 익숙해지기를 권장한다. 강사는 깃허브 사이트의 복습문제와 정답을 활용해도 좋다.

   iii. 그 후에 양자 컴퓨터를 구축하는 접근법들을 다룬 다음 모든 코딩 관련 장들을 다루면 된다.

이 책의 깃허브 사이트에 코드, 문제 모음, 정답, 동영상 링크, 기타 교육 자료 등 여러 추가 자료가 있으니 확인하기 바란다.

2. **물리학자:** 전공이 양자 컴퓨팅 이외의 분야지만 양자 컴퓨팅 분야를 빠르게 보충하고 싶은 물리학자라면 이 책에 나와 있는 양자 컴퓨팅의 간략한 역사가 일반적으로 다루는 내용보다 좀 더 자세하므로 이를 읽은 다음 2부에 나오는 양자 하드웨어 개관과 그 응용을 다루면 된다.

3. **소프트웨어 공학자:** 먼저 첫 두 장을 읽은 다음, 3부의 도구 모음을 살펴보기를 권장한다. 그런 다음 1부로 돌아와 큐비트와 유니타리 연산자를 다룬

다음 거기서부터 진행해 나가길 권한다.

4. **공학 및 비즈니스 리더:** 실습 코딩을 하지 않을 독자는 1~4장에 초점을 두는 편이 좋다. 더 도전적인 사람이라면 일부 예시 코드를 따라가며 알고리즘에 대한 실질적인 감을 잡아도 좋다.

5. **독학:** 이 책은 독학 교재로 사용하기 좋다. 이 책을 온라인 자료와 함께 활용하는 편이 좋다. 업데이트된 자료를 깃허브 사이트에서 참조하기 바란다.

https://github.com/jackhidary/quantumcomputingbook

먼저 자신이 현재 3부에 나오는 핵심 도구들을 얼마나 잘 사용할 수 있는지 평가해보기를 권장한다. 이러한 용도로 사용할 수 있는 자기 진단 테스트가 책의 군데군데 들어 있다. 그 후에 1부로 가면 된다.

양자역학이나 정보 이론에 대한 배경 지식이 탄탄한 사람은 2~4장에서 참조하고 있는 논문들을 찾아 이 분야의 동향을 더 깊이 이해한 다음 2부로 가기를 권장한다.

이 책의 깃허브 사이트에 코드, 문제 모음, 정답, 동영상 링크, 기타 교육 자료 등 여러 추가 자료가 있으니 확인하기 바란다.

깃허브의 소스코드는 에이콘출판사 도서정보 페이지 www.acornpub.co.kr/qc-applied-approach에서도 제공한다.

기존 깃허브 사이트의 한국어판은 아래의 링크에서 볼 수 있다.

https://github.com/JackHidary/quantumcomputingbook/tree/master/korean

이 책에 관해 질문이 있다면 옮긴이나 에이콘출판사 편집 팀(editor@acornpub.co.kr)으로 문의해주길 바란다.

1부

기초

중첩, 얽힘, 가역성

양자 컴퓨터란 무엇일까? 이 질문에 답하려면 양자역학, 양자 정보 이론, 컴퓨터 과학을 총망라해야 한다.

이 책에서는 양자 컴퓨터를 고전적인 컴퓨터와 구별 짓는 핵심에 초점을 맞추려 한다.

1.1 양자 컴퓨터

양자 컴퓨터는 양자역학으로 기술되는 특수한 성질을 활용해 계산을 수행 하는 장치다.

고전적인(비양자$^{\text{non-quantum}}$) 컴퓨터도 물론 양자역학으로 기술할 수 있다. 양자역 학이 물리적 우주의 기초이기 때문이다. 그러나 고전적인 컴퓨터는 계산을 수행 하는 데 양자역학이 가져다 준 특수한 성질과 상태를 활용하지 않는다.

양자 컴퓨터에서 사용하는 특수한 성질에 관해 자세히 알아보기 전에 먼저 양자역학의 몇 가지 주요 개념을 설명하겠다.

- 양자계의 상태 중첩^{superposition}을 어떻게 표현하는가?
- 얽힘^{entanglement}이란 무엇인가?
- 가역성, 계산, 물리계 간의 관계는 무엇인가?

이 책에서는 디랙 표기법^{Dirac notation}, 선형 대수, 그 외 여러 도구를 두루 사용한다. 필요하면 수학을 다룬 3부의 내용을 참고하기 바란다.

양자역학의 원리에 따르면 계^{system}는 측정되고 나면 명확한 상태로 확정된다. 상태를 측정하기 전에는 계가 불확정 상태다. 측정하고 나면 계는 확정 상태가 된다. 계가 측정될 때 서로 다른 두 상태 중 하나가 된다면 디랙 표기법으로 두 상태를 $|0\rangle$과 $|1\rangle$로 나타낼 수 있다. 그러면 상태의 중첩^{superposition of states}을 다음과 같이 두 상태의 선형 결합(일차 결합)으로 나타낼 수 있다.

$$\frac{1}{\sqrt{2}}|0\rangle + \frac{1}{\sqrt{2}}|1\rangle$$

1.2 중첩 원리

둘 이상의 상태 벡터의 선형 결합은 같은 힐베르트 공간[a]의 또 다른 상태 벡터가 되며 계의 또 다른 상태를 나타낸다.

---

[a]힐베르트 공간에 관해서는 3부를 참고한다.

예를 들어 상태의 중첩을 설명하는 빛의 성질을 생각해보자. 빛은 편광^{polarization}이라는 고유한 성질을 갖고 있는데, 이를 사용해 상태의 중첩을 설명할 수 있다. 햇빛처럼 우리가 일상생활에서 볼 수 있는 거의 모든 빛에는 우선하는 편광 방향이 없다. 편광 필터^{polarizing filter}, 즉 어떤 축에 평행한 빛만 통과하는 얇은 막을 써야 편광 상태를 선택할 수 있다.

단일 편광 필터를 사용하면 한 편광 방향의 빛만 선택할 수 있다. 그러한 예로 수직 편광^{vertical polarization}이 있으며 이를 $|\uparrow\rangle$로 표기한다. 수평 편광^{horizontal polarization}은 수직 편광과 직교하는 상태며, $|\rightarrow\rangle$로 표기한다.[1] 이 두 상태를 합하면 빛의 모든 편광에 대한 기저를 이루게 된다. 즉, 임의의 편광 상태 $|\psi\rangle$를 두 상태의 일차 결합으로 나타낼 수 있다. 계의 상태를 표기하는 데 그리스 문자 ψ를 사용한다.

$$|\psi\rangle = \alpha\,|\uparrow\rangle + \beta\,|\rightarrow\rangle$$

계수 α와 β는 복소수며, 진폭^{amplitude}이라고 한다. 계수 α는 수직 편광과 연관이 있고 계수 β는 수평 편광과 연관이 있다. 이것들은 앞으로 곧 살펴볼 양자역학에서 중요한 의미로 해석된다.

수직 편광을 첫 번째 편광 필터로 택한 다음 두 번째 필터를 넣는다고 해보자. 이때 두 번째 필터의 축이 첫 번째 축과 직각을 이루고 있다고 상상해보자. 두 번째 필터에 빛이 통과하는 것을 볼 수 있을까?

이 질문에 '아니요'라고 답했다면 정답이다. 수평 상태 $|\rightarrow\rangle$는 첫 번째 필터와 직교하므로, 첫 수직 필터를 지난 후에는 수평 편광이 전혀 없다.

이제 두 번째 편광 필터의 축을 수평이 아니라 첫 편광 필터와 45°가 되도록(즉, 수직 ↑과 수평 → 사이의 대각선 ↗ 방향으로) 방향을 정했다고 가정하자. 이제 같은 질문을 해보면 어떠한 빛이든지 두 번째 필터에 빛이 통과하는 것을 볼 수 있을까?

이 질문에 '아니요'라고 답했으면 정답이 '예'라는 사실에 놀랄지도 모르겠다. 실제로는 빛이 두 번째 필터를 어느 정도 통과하는 모습을 볼 수 있다. 어떤 빛이든 첫 번째 필터를 지나면 수직 편광만 있을 텐데 어떻게 이런 일이 가능할까? 수직 편광을 대각 성분의 중첩으로 표현할 수 있기 때문이다. 즉, 45° 편광을 $|\nearrow\rangle$로 나

---

1. 두 편광 상태를 $|0\rangle$과 $|1\rangle$을 써서 표기해도 된다. 켓의 레이블은 자유롭게 쓸 수 있다.

타내고 −45° 편광을 $|\nwarrow\rangle$로 나타내면 수직 편광을 다음과 같이 쓸 수 있다.

$$|\uparrow\rangle = \frac{1}{\sqrt{2}}|\nearrow\rangle + \frac{1}{\sqrt{2}}|\nwarrow\rangle$$

기하학적인 직감이 들었을 텐데, 그 예상대로 수직 상태는 동등한 비중의 $|\nearrow\rangle$와 $|\nwarrow\rangle$로 이뤄진다.

이러한 이유 때문에 빛이 두 번째 필터를 어느 정도 통과하는 모습을 볼 수 있는 것이다. 즉, 수직 편광을 상태의 중첩으로 나타낼 수 있으며, 중첩된 상태 중 하나가 정확히 두 번째 필터를 통과하는 45° 대각 상태 $|\nearrow\rangle$이다. $|\nearrow\rangle$ 상태는 중첩되는 항들 중 단 하나일 뿐이므로, 모든 빛이 필터를 통과하지는 않지만, 일부는 통과한다. 투과되는 양은 이 경우에는 정확히 1/2이다(더 제대로 말하면 투과되는 빛의 강도가 입사된 빛의 강도의 1/2이다). 이 값은 중첩 상태의 진폭에 따라 곧 설명할 보른 규칙$^{Born's\ rule}$이라는 법칙에 의해 결정된다.

막스 보른$^{Max\ Born}$은 1926년에 발표한 논문에서 측정 후에 어떤 상태가 나올 확률이 그 상태의 진폭의 절댓값 제곱임을 보였다[38]. 우리 예의 경우에는 진폭이 $\frac{1}{\sqrt{2}}$이고 그 상태를 얻을 확률이 $\left|\frac{1}{\sqrt{2}}\right|^2 = \frac{1}{2}$이므로, 빛을 측정했을 때 수직 편광 상태 또는 수평 편광 상태일 확률이 50%다. 진폭을 $\frac{1}{\sqrt{2}}$로 선택한 것은 진폭들을 절댓값 제곱해서 합을 구하면 1이 되도록 상태들을 정규화^{normalize}하기 위해서다. 정규화를 하면 보른 규칙으로 진폭을 측정 확률과 연결시킬 수 있다.

1.3 보른 규칙

상태가 중첩됐을 때 측정 후에 나오는 어떤 상태의 확률은 그 상태의 진폭의 절 댓값 제곱이다. 또한 중첩에 나올 수 있는 모든 상태의 진폭들을 제곱해서 더한 합은 1과 같다. 그러므로 어떤 상태 $|\psi\rangle = \alpha|0\rangle + \beta|1\rangle$에 대해 다음이 성립한다.

$$|\alpha|^2 + |\beta|^2 = 1$$

앞서 살펴본 편광 예제에서는 두 상태 각각에 대한 확률이 50/50으로 나뉘지만, 다른 물리계를 살펴보면 75/25로 나뉠 수도 있고, 그 외에 다른 확률 분포가 될 수도 있다. 고전 역학과 양자역학의 중요한 차이점 중 하나는 진폭(확률이 아님)이 복소수가 될 수 있다는 점이다.

즉, 보른 규칙에 나오는 계수 α와 β는 복소수일 수 있다. 이를테면 $i := \sqrt{-1}$ 또는 $(1 + i)/\sqrt{2}$와 같은 값이 될 수 있다. 이 진폭의 절댓값 제곱을 구한 후에야 실수 값을 얻을 수 있고, 이것이 실제 확률이 된다. 복소수와 복소수의 절댓값 제곱을 구하는 방법을 복습하려면 11장을 참고하기 바란다.

양자 중첩이 그다지 신기한 건 아니라는 듯이 양자역학^{QM}에서는 우리의 상상력을 더욱 확장시키는 특수한 종류의 중첩을 그려낸다. 바로 얽힘이다. 1935년, 아인슈타인^{Einstein}이 포돌스키^{Podolsky}, 로젠^{Rosen}과 함께 양자 얽힘에 관한 논문[75]을 출간할 때 이들의 목표는 양자역학의 체계를 공격하는 것이었다(현재는 EPR이라 불리는 그 논문이다). 아인슈타인은 1905년에 발표한 광전 효과의 양자적 특성에 관한 연구로 노벨상을 받았지만, 그럼에도 불구하고 말년까지 양자역학에 함축된 의미에 반대했다.

아인슈타인은 1952년에 양자역학이 자신에게는 "앞뒤가 맞지 않는 사고의 요소들을 극도로 지능적인 편집광이 짜맞춘 망상 체계"처럼 보인다고 밝혔다[74]. 아인슈타인은 EPR 논문으로 자신이 양자역학의 결함이라고 인지했던 것이 증명되기를 바랐다.

EPR이 증명한 것은, 서로 얽힌 두 입자 중 하나를 측정하면 다른 입자의 상태가 자동으로 그와 상관된 상태가 돼버리는데, 두 입자가 서로 멀리 떨어져 있어도 그렇다는 것이었다. 이는 겉보기에 비논리적인 결과여서 EPR 논문이 이 결과를 이용해 양자역학 자체에 결함이 있다는 것을 증명하기를 바랐다. 아이러니하게도 지금은 얽힘이 양자역학의 초석으로 여겨지고 있다. 얽힘은 분리 불가능한 상태들이 중첩될 때 발생한다. 이에 대해서는 뒷부분에서 더 제대로 다룰 것이다.

이 '도깨비 같은 원격 작용'은 우리의 직관이나 고전 물리학으로 보면 맞지 않는 듯 보인다. 공저자 중 막내인 포돌스키는 논문 내용을 <뉴욕 타임스^{New York Times}>에 거듭 내보내 양자역학을 공격해 대중의 시선을 끌었다. <더 타임스^{The Times}>는 1935년 5월 4일자 1면에 "아인슈타인이 양자 이론을 공격하다^{Einstein Attacks Quantum Theory}"라는 헤드라인의 기사를 실었다.

얽힘은 표준 양자역학의 일부로 받아들여지고 있을 뿐 아니라, 이 책의 뒷부분에서 살펴보겠지만 얽힘을 활용해 새로운 유형의 계산과 통신을 수행할 수도 있다. 정보 이론 관점에서 보면 얽힘은 정보를 인코딩하는 다른 방법이다. 얽힌 두 입자가 있을 때 두 입자에 대한 정보를 각 입자에 따로 인코딩하는 것이 아니라 두 입자의 상관관계로 인코딩하는 것이다.

존 프레스킬^{John Preskill}은 양자 얽힘을 두 종류의 책, 즉 얽힌 책과 얽히지 않은 책으로 비유하는 것을 좋아했다[176]. 얽히지 않은 보통 책을 볼 때는 평소처럼 각 페이지에서 정보를 읽을 수 있다. 그러나 얽힌 책에는 각 페이지에 뜻 모를 내용이 담겨 있다. 정보가 각 페이지에 단독으로 있는 것이 아니라, 페이지 간의 상관관계로 인코딩된다. 슈뢰딩거^{Schrödinger}가 얽힘이라는 용어를 만들 당시에 표현한 내용이 이 비유에 담겨 있다.

이 특수한 상황을 달리 표현하면 다음과 같다. 전체를 가장 잘 나타내는 정보에 반드시 모든 국소적인 부분을 가장 잘 나타내는 정보가 포함되지는 않는다[196].

슈뢰딩거는 더 나아가 얽힘이 양자역학으로 설명되는 하나의 현상에 그치는 것이 아니라 '양자역학 고유의 특징이며, 고전적인 사고방식에서 완전히 벗어나게 강제하는 특성'이라는 견해를 피력했다[196].

1.4 얽힘

어떤 계의 측정이 다른 계의 상태와 고전 물리학에서의 상관관계보다 더 강력한 방식으로 상관관계를 가지면 두 계는 양자역학적 중첩의 특별한 경우인 얽힘^{entanglement}이라는 관계에 있다. 즉, 두 계의 상태는 분리 불가능$^{not\ separable}$하다. 이 책의 뒷부분에서 분리 가능성과 얽힘의 정확한 수학적 정의를 살펴볼 것이다.

양자역학의 두 가지 핵심 아이디어인 중첩과 얽힘에 대해 다뤘으니 기본 개념이지만 그만큼 자주 다뤄지지는 않는 또 다른 개념인 정보의 물리성을 살펴보겠다. 롤프 란다우어$^{Rolf\ Landauer}$는 다음과 같은 질문을 제기하며 새로운 탐구의 장을 열었다.

더 빠르고 간결한 컴퓨팅 회로를 찾다 보면 바로 이 질문에 이르게 된다. 더 빠르고 간결한 방향으로 나아가는 데 있어 궁극의 물리적 한계는 무엇일까? ... 우리는 정보 처리에 어떤 최소한의 열이 필연적으로 발생하게 된다는 것을 증명하거나, 적어도 강하게 주장할 수 있다[128].

다시 말하면 계산의 기본 단위를 처리하는 동안 흩어지는 에너지에 대한 하한이 있을까? 란다우어와 동료들의 연구 덕분에 이제는 그러한 한계가 있다고 생각한다. 이것을 란다우어의 한계$^{LB,\ Landauer's\ Bound}$라고 부른다. 좀 더 구체적으로 n비트를 삭

제하는 에너지 비용은 $nkT\ln 2$다. 여기서 k는 볼츠만 상수^{Boltzmann Constant}이고, T는 컴퓨팅 장치를 둘러싼 열 흡수원^{heat sink}의 절대 온도며, $\ln 2$는 물론 2의 자연 로그 값(~ 0.69315)이다. 이 한계는 비가역적인 계산 시 흩어지는 최소 에너지양이다.

란다우어는 이 최솟값이 반드시 계의 에너지 소비에 대한 제약 요소는 아니라는 점을 인정했다.

> 물론 분명히 열잡음이나 흩어지는 최소 에너지양 모두 요즘의 컴퓨터 구성 요소에서는 완전히 무시할 만한 수준이다. 그러나 에너지 흩어짐을 계산한 값은 절대 최소량이다 [128].

란다우어는 논리적 비가역성[2]을 "장치의 출력이 입력을 유일하게 결정하지 않는다"는 조건으로 정의했다. 그런 다음 그는 "논리적 비가역성은 … 결국 물리적 비가역성을 의미하며, 물리적 비가역성은 흩어짐 효과를 동반한다."고 주장했다. 이 주장은 계의 전체 엔트로피는 감소할 수 없으며, 더 구체적으로 말하면 비가역적 과정을 거쳐 증가한다는 열역학 제2법칙을 따른다. 가역성 및 열역학과 계산에 대한 배경 지식을 더 알고 싶다면 파인만의 『Lectures on Computation』[84][3]를 참고하기 바란다.

고전적인 컴퓨팅에서는 비가역적인 계산을 활용한다. 예를 들어 포함적 논리합 ^{inclusive OR}($\lor$로 표기) 불리언 게이트^{Boolean gate}의 진리표는 다음과 같다. 여기서 0은 '거짓'을 나타내고 1은 '참'을 나타낸다.

X	Y	X $\lor$ Y
0	0	0
0	1	1
1	0	1
1	1	1

---

2. 되돌리지 못하는 성질 – 옮긴이

3. 리처드 파인만 저, 서환수 역, 『파인만의 엉뚱 발랄한 컴퓨터 강의』(한빛미디어, 2006) – 옮긴이

출력값이 1일 때 입력값들을 유일하게 추적해 내지 못한다는 점에 주목하기 바란다. 출력값을 여러 조합의 입력으로 얻을 수 있으므로 한 번 출력으로 옮겨가고 나면 입력 상태는 잃게 된다. 정보가 흩어지는 열로 변환됐을 뿐 이 과정은 정보 보존 법칙을 위반하지 않는다.

배타적 논리합exclusive OR도 비가역적이며 고전적인 컴퓨팅에서 범용 게이트universal gate[4]인 NAND 게이트 역시 비가역적이다. NAND는 'NOT AND'를 뜻하며 불리언 연산자 AND의 역이다. NAND 게이트의 진리표를 살펴본 다음 NAND가 비가역적인지 스스로 확인해보자.

X	Y	X ↑ Y
0	0	1
0	1	1
1	0	1
1	1	0

양자 컴퓨팅에서는 연산을 가역적인 논리 연산으로 제한한다[161, p. 29]. 이 책의 뒷부분에서 어떤 양자 연산자의 조합이 범용 연산자가 되는지 알아볼 것이다. 지금은 연산자 집합이 가역 게이트로 제한된다는 양자 컴퓨팅의 필요조건에만 주목하자.

이 필요조건은 다음과 같은 비가역적인 연산의 특성에서 비롯된다. 되돌리지 못하는 연산을 수행하면 정보를 잃게 되고, 따라서 측정이 수행된 것이다. 그러면 계산 주기가 끝나고 더 이상 프로그램을 계속 진행할 수 없게 된다. 그 대신 모든 게이트를 가역 연산자로 제한하면 계의 결맞음coherence을 유지하는 한 계속해서 큐비트 집합에 연산자를 적용할 수 있다. 이 책에서 가역적이라고 말할 때에는 이론적인 노이즈 없는 양자 컴퓨터noiseless quantum computer를 가정한다. 물론 노이즈가 있는 결어긋난 양자 컴퓨터에서는 연산을 되돌릴 수 없다.

---

4. 다른 종류의 게이트 없이 모든 불리언 함수를 구현할 수 있는 게이트 – 옮긴이

1.5 양자 계산의 가역성

측정 이외에 양자 계산에 사용되는 모든 연산자는 가역적이어야 한다.

1장에서는 양자역학 체계의 네 가지 기본 원칙인 중첩, 보른 규칙, 얽힘, 가역적 계산을 살펴봤다. 이 책에서 더 깊이 알아보겠지만 네 가지 모두 고전 컴퓨팅과 양자 컴퓨팅의 차이를 이해하는 데 꼭 필요하다. 양자역학에 대한 이해를 높이고 싶다면 이 책의 웹 사이트에 올려둔 많은 자료를 참고하기 바란다.

CHAPTER

2

양자 컴퓨팅의 간략한 역사

양자역학 분야 초창기부터 양자역학을 활용해 새롭고 흥미로운 방식으로 계산을 수행할 가능성은 공공연하게 숨어 있었다. 중첩과 얽힘의 원리는 매우 강력한 형태의 계산을 뒷받침하는 토대가 될 수 있다. 쉽게 조작하고 측정할 수 있는 시스템을 구축하는 것이 그 비결이다.

리처드 파인만$^{Richard\ Feynman}$이 양자 컴퓨터^{QC}라는 개념으로 인정받곤 하지만, 이 아이디어를 먼저 얘기한 연구자가 여럿 있었다. 1979년, 아르곤 국립 연구소^{Argonne} $^{National\ Labs}$의 젊은 물리학자인 폴 베니오프$^{Paul\ Benioff}$는 「물리계로서의 컴퓨터: 튜링 기계로 표현되는 컴퓨터의 미시적 양자 기계 해밀토니안 모델(The computer as a physical system: A microscopic quantum mechanical Hamiltonian model of computers as represented by Turing machines)」이라는 제목의 논문을 제출했다[23].[1] 이 논문에서 베니오프는 양자 컴퓨팅의 이론적 기초를 증명한 다음 그러한 컴퓨터를 만들 수 있음을 시사했다.

---

1. 베니오프는 이 논문을 1979년에 완성해 제출했다. 출간된 것은 그다음 해인 1980년이었다.

즉, 전체 계산 과정은 주어진 해밀토니안(Hamiltonian)의 작용에 따라 진화하는 순수한 상태로 표현된다. 따라서 튜링 기계의 모든 구성 요소는 계산이 진행됨에 따라 서로 확정된 위상 관계를 갖는 상태로 표현된다. (중략) 이러한 모델의 존재는 적어도 그런 결맞은 기계를 실제로 구성할 수 있는지 그 가능성을 검토해야 함을 시사한다.

유리 마닌^{Yuri Manin} 또한 1980년에 저서 『계산 가능과 계산 불가능(Computable and Non-Computable)』에서 양자 컴퓨팅의 핵심 아이디어를 제시했다[140]. 그러나 이 책은 러시아어로 쓰였고, 몇 년 뒤에야 번역됐다.

1981년, 파인만은 "컴퓨터를 이용한 물리학 시뮬레이션(Simulating Physics with Computers)"이라는 강의를 했다[83].[2] 이 강의에서 파인만은 고전 체계로 양자역학 체계를 적절히 표현할 수 없다고 주장했다.

...자연은 고전적이지 않죠, 젠장. 자연을 시뮬레이션하려면 양자역학적으로 시뮬레이션 해야 할 텐데, 저런, 그건 엄청난 문제지요. 그다지 쉬워 보이지 않거든요...

그러고 나서 파인만은 양자 컴퓨터가 유용하려면 갖춰야 하는 기능들을 제시했다. 하지만 이 강의를 할 당시 파인만과 물리학계는 그런 기계를 어떻게 만들 수 있을지 확실히 알지 못했다.

베니오프, 마닌, 파인만이 문을 열자 연구자들은 양자 컴퓨터에서 실행 가능한 알고리즘의 특성을 조사하기 시작했다. 옥스퍼드의 물리학자 데이비드 도이치^{David Deutsch}는 1985년에 발표한 논문에서 종합적인 양자 컴퓨팅 프레임워크를 제안했다[65]. 이 연구에서 양자 알고리즘이 어떤 모습일지 상세히 기술하고 '언젠가 양자 컴퓨터를 만드는 것이 기술적으로 가능해질 것'이라 예견했다.

---

2. 파인만은 1981년에 강의를 했고, 1981년 5월에 강의 내용을 출간하고자 제출했다. 이 강의는 1982년에 〈국제 이론 물리학 저널(IJTP, International Journal of Theoretical Physics)〉에 게재됐다.

도이치는 그런 다음 양자 컴퓨터에서 더 빠르게 실행되는 알고리즘을 본보기로 개발했다. 그리고 더 나아가 리처드 조사$^{Richard\ Jozsa}$와 공동으로 이 알고리즘을 일반화했다[67]. 이 책의 뒷부분에서 이를 비롯한 여러 알고리즘을 코드 예제와 함께 자세히 설명하겠다.

컴퓨터 과학과 양자 컴퓨팅 분야에서 알고리즘이 얼마나 효율적인지, 즉 알고리즘을 실행하는 데 얼마나 많은 단계가 필요한지 평가하는 것이 중요한 경우가 많다. 알고리즘을 실행하는 최악의 경우의 상한을 빅O^{big-O} 표기법으로 나타낸다. 빅O 표기법의 O는 알고리즘의 '차수^{order}'에서 따온 것이다. 최악의 시나리오에서 하한을 나타내는 데는 빅$\Omega^{big-\Omega}$ 표기법을 사용한다. 도이치의 문제가 고전적인 컴퓨터로 해결하는 데 최악의 경우 $O(n)$ 단계가 걸리는 반면 도이치-조사 알고리즘$^{Deutsch-Jozsa's\ algorithm}$은 이 문제를 양자 컴퓨터에서 한 단계로 해결한다. 이 책 전반에 걸쳐 고전 알고리즘과 양자 알고리즘의 차이를 밝히는 데 빅O 표기법을 사용할 것이다.

우메쉬 바지라니$^{Umesh\ Vazirani}$와 그의 제자인 이선 번스타인$^{Ethan\ Bernstein}$은 도이치와 조사가 그만둔 지점에서부터 연구를 계속했다. 1993년, 번스타인과 바지라니는 작은 오차가 있더라도 양자 알고리즘과 고전 알고리즘 간의 차이가 뚜렷한 알고리즘을 기술한 논문을 출간했다[29]. 이것이 왜 중요할까? 도이치-조사는 결정론적인 양자 우위를 입증했지만, 계산에 작은 오차가 허용되는 경우에는 고전 버전과 양자 버전 둘 다 최악의 경우에 $O(1)$ 단계로 실행이 가능해서 서로 차이가 없다. 반면 번스타인-바지라니$^{BV,\ Bernstein-Vazirani}$ 알고리즘은 작은 오차가 허용되는 경우에도 차이를 입증하며, 따라서 비결정론적 양자 우위를 보인다. BV에서 제기한 문제는 고전 컴퓨터로 $O(n)$ 시간에 해결할 수 있는데, 양자 컴퓨터로는 BV 회로를 사용해 $O(1)$ 시간에 해결할 수 있다.

BV는 1993년 논문에 더 발전된 의견을 제시했다. 이들은 양자 버전의 푸리에 변환을 설명했다. 양자 푸리에 변환$^{QFT, Quantum Fourier Transform}$은 피터 쇼어$^{Peter Shor}$가 큰 수를 인수분해하는 알고리즘을 개발하는 데 중요한 요소로 사용된다.

1994년, 몬트리올 대학교$^{University of Montreal}$의 박사후 연구원 다니엘 사이먼$^{Daniel Simon}$이 재빨리 BV의 연구를 뒤이었다. 사이먼은 양자 컴퓨터가 고전 컴퓨터보다 확실히 기하급수적으로 빠르게 해결할 문제의 주요 특징을 설명했다[203]. 좀 더 구체적으로 말하면 사이먼의 알고리즘은 양자 컴퓨터에서 $O(n)$의 상한을 갖지만, 고전 컴퓨터에서는 이보다 높은 $\Omega(2^{n/2})$의 하한을 갖는다. 고전 컴퓨터에서의 하한이 양자 컴퓨터에서의 상한보다 차수가 높으므로 양자 우위가 명백히 입증된 것이다.

다니엘 사이먼의 알고리즘에 관한 연구 직전에 로스앨러모스$^{Los Alamos}$에서 연구하던 세스 로이드$^{Seth Lloyd}$는 작동하는 양자 컴퓨터를 만드는 방법을 설명한 논문을 <사이언스^{Science}> 저널에 발표했다[136]. 그는 펄스^{pulse3}를 장치로 보내는 계는 양자 상태를 나타낼 수 있다고 제안했다.

펄스를 보내는 약하게 결합된(weakly coupled) 양자계의 배열이 잠재적으로 양자 계산을 실현할 수 있는 기초가 된다. 배열의 기본 단위 요소는 양자점(quantum dot), 핵 스핀, 고분자의 국소 전자 상태일 수 있고, 근처에 있는 요소들과 국소적으로 상호작용하며 빛의 공명^4 펄스로 상태를 전환시킬 수 있는 다중 상태 양자계(multistate quantum system)라면 어떠한 것이든 가능하다.

로이드는 다음을 알아냈다.

제안하는 장치는 이미 나와 있는 고전적인 디지털 처리 능력을 뛰어넘는 순수한 양자역학적 정보 처리 능력을 가질 수 있다. 이러한 능력 중 가장 중요한 한 가지는 비트를

---

3. 짧은 시간 동안에 발생하는 진동 현상 – 옮긴이
4. 특정 진동수에서 진폭이 커지는 현상 – 옮긴이

0과 1의 중첩 상태로 두는 것인데, 그냥 비트를 완전히 전환하지는 않을 만큼의 파장으로 적절한 공명 진동수 펄스를 적용하면 그렇게 할 수 있다. 이러한 비트가 난수 생성을 비롯해 다양한 용도로 쓰인다.

이것은 작동하는 양자 컴퓨터에 대한 최초의 실용적인 접근 방식이었다. 로이드가 양자 시스템에서 난수를 생성하는 유스케이스를 언급했다는 점이 흥미로운데, 난수 생성은 양자 컴퓨팅 커뮤니티에서 최근에 연구되고 있는 주제다. 그러한 사례로 [107]과 [1]이 있다.

피터 쇼어^{Peter Shor}로 넘어가자. 1994년, 쇼어는 뉴저지에 있는 벨연구소의 수학 부서의 연구원이었다. 쇼어는 도이치, BV, 사이먼의 연구를 공부하고 큰 수를 두 소인수로 분해하는 알고리즘을 만들 수 있음을 깨달았다. 고전적인 컴퓨터에서는 큰 수의 인수분해가 해결 불가능^{intractable}한 문제로 여겨지지만, 쇼어 인수분해 알고리즘은 양자 컴퓨터에서 빠르게 실행된다. 물론 큰 수를 인수분해하는 문제는 풀기 어렵다는 점 때문에 RSA 알고리즘으로 구현되는 공개 키 암호화^{PKC, Public Key Cryptography}가 목적에 맞게 쓰이고 있으며, 공개 키 암호화는 오늘날 인터넷을 통한 거의 모든 통신의 기반이 되고 있다. 여기에는 안전한 신용카드 번호 전송, 은행 결제와 온라인 메시징 시스템 보안 등이 모두 포함된다.

RSA 기반 암호화는 큰 수를 두 소인수로 인수분해하는 것이 한 방향만 어렵다^{one-way hardness}는 점을 이용한다. 큰 수를 구하는 것은 두 인수를 곱하기만 하면 되므로 쉽다. 하지만 임의의 큰 수가 주어졌을 때 두 소인수를 찾아내는 것은 기하급수적으로 어렵다.[5]

사이먼에게서 영감을 받은 쇼어는 양자 컴퓨터를 사용해 인수분해 문제와 동등한 다른 문제를 해결할 수 있다는 것을 깨달았다. 사실 인수분해 문제는 사이먼이 자신의 논문[200]에서 다뤘던 주기 찾기 문제^{period-finding problem}와 동등하다. 또한 쇼어

---

5. 이렇게 계산하기는 쉽지만 역을 구하기는 어려운 함수를 일방향 함수(one-way function)라고 한다. - 옮긴이

는 BV가 기술한 양자 푸리에 변환이 측정 이전에 각 큐비트의 진폭을 설정하는 데 안성맞춤이고, 이를 이용해 측정을 하면 양자 계산에서 필요한 답을 높은 확률로 구할 수 있음을 알아냈다.

쇼어가 해낸 눈부신 발견으로 인해 더 많은 연구자가 양자 알고리즘을 연구하게 됐다. 양자 컴퓨터가 만들어지면 굉장히 강력할 것임이 자명했기 때문이다. 실제로 쇼어 알고리즘은 초기 양자 컴퓨터 물리계에서 최초로 입증된 알고리즘 중 하나다. 2001년, 아이작 추앙Isaac Chuang 등이 핵자기 공명NMR, Nuclear Magnetic Resonance 시스템에 쇼어 알고리즘을 구현하고 15의 인수분해를 시연했다[219].

쇼어에 이어 로브 그로버Lov Grover는 양자 컴퓨터에서의 검색 알고리즘 속도를 향상시킬 수 있음을 입증함으로써 양자 알고리즘의 폭을 넓히는 데 기여했다[98]. 그로버의 알고리즘은 (쇼어 알고리즘처럼) 기하급수적인 속도 향상은 아니고 제곱 수준의 속도 향상quadratic speedup만 이뤄냈지만, 그래도 중요하다. 제곱 수준의 속도 향상이란 어떤 알고리즘이 고전적인 컴퓨터에서 $O(N)$ 단계가 걸리는 경우 양자 컴퓨터에서는 $O(\sqrt{N})$ 단계로 동일한 목표를 달성할 수 있음을 뜻한다. 1996년 5월에 그로버의 논문이 발표된 지 몇 달 후 파르히Farhi와 거트만Guttman은 해밀토니안 버전의 그로버 알고리즘을 처리하는 연속형 프레임워크를 제시했다[80]. 이 연구에서는 해밀토니안 오라클Hamiltonian oracle의 개념, 그리고 게이트 기반 접근법과는 달리 양자 계산의 연속 시간 모델을 구현하는 아이디어를 내놓았다.

고전적인 컴퓨터보다 속도가 빠른 양자 컴퓨터에서 실행되는 알고리즘을 밝혀내는 방면에서 진전을 보인 연구자들도 있었고, 양자 컴퓨터를 물리적으로 구현하는 데 진전을 보인 연구자들도 있었다. 1999~2001년, 야스노부 나카무라는 기능적이며 제어 가능한 초전도 큐비트를 구축하고 시연했다[157, 158]. 나카무라Yasunobu Nakamura는 조지프슨 접합Josephson Junction을 사용해 두 상태 사이에서 조작이 가능한 2준위계two-level system를 만들었다. 초전도 큐비트 기반 프로세서는 5장에서 설명한다.

양자 컴퓨터를 구현하는 또 다른 방법은 이온을 가둬 조작하는 것이다. 1995년, 시랙^{Cirac}과 졸러^{Zoller}는 양자 계산을 수행하기 위한 물리계로 이온 트랩^{ion trap}을 제안했다[59]. 이온 트랩에서는 레이저를 사용해 원자를 이온화하며, 그러면 원자가 전위에 갇히게 된다. 이온 트랩 양자 컴퓨터는 5장에서 다룬다.

양자 컴퓨팅 분야의 활동이 증가하기 시작하면서 이 분야의 연구자들은 양자 컴퓨터와 계산을 구성하는 것이 무엇인지를 형식화했다. 1996년, 데이비드 디빈센조^{David DiVincenzo}는 양자 컴퓨터의 주요 기준[69]을 다음과 같이 잡았다.[6]

1. 서로 별개인 큐비트들을 다루고 계 안의 큐비트 수를 정확히 셀 수 있는 기능을 갖춘(임시방편 금지) 확장성 있는 물리계여야 한다. 이러한 계를 힐베르트 공간^{Hilbert space}으로 정확히 표현할 수 있다.

2. 어떤 큐비트든 그 상태를 계산 기저^{computational basis}에 따라 명확한 상태로 초기화하는 기능이 있어야 한다. 예를 들면 계산 기저 벡터가 $|0\rangle$과 $|1\rangle$인 경우 모든 큐비트를 상태 $|0\rangle$로 설정하는 기능이 있어야 한다.

3. 시스템의 큐비트들이 그 상태를 유지할 수 있어야 한다. 즉, 시스템이 외부 세계와 격리돼야 하며, 그렇지 않으면 큐비트가 결어긋나게 된다. 상태가 약간 소멸되는 것은 괜찮다(작은 양). 실제에서는 큐비트에 다음 연산자를 적용할 만큼 큐비트의 상태를 충분히 길게 유지할 수 있고, 연산 사이의 외부 영향 때문에 그 상태가 바뀌지 않았음을 보장할 수 있으면 된다.

4. 시스템이 일련의 유니타리 연산자를 큐비트 상태에 적용할 수 있어야 한다. 또한 유니타리 연산자를 한 번에 두 큐비트에 적용할 수 있어야 한다. 그러려면 그 큐비트들 간에 얽힘이 일어나야 한다. 디빈센조는 자신의 논문에서 이렇게 말했다. "양자 컴퓨터의 여러 부분 간에 일어난 얽힘은 괜찮지만, 양자 컴퓨터와 그 환경 사이의 얽힘은 나쁘다. 결어긋남에 해당하기 때문이다"[69, p.4].

---

6. 이 책에서는 1996년 논문 원문에 있는 디빈센조의 기준을 요약했다. 다른 버전의 기준을 보려면 [70]을 참조하기 바란다.

5. 시스템이 각 큐비트에 대해 '강한' 측정을 할 수 있어야 한다. 강한 측정에 준해 디빈센조는 측정을 "양자 상태가 어떤 특정 에르미트 연산자^{Hermitian operator}의 직교 고유 상태^{orthogonal eigenstate}에 속하는지 알려주며, 동시에 시스템의 파동 함수를 해당 고유함수^{eigenfunction}에 비가역적으로 사영^{projection}한다"는 뜻으로 말했다. 이는 큐비트가 측정하고자 하는 성질의 어느 상태에 있는지 판별하고, 그 큐비트를 측정한 상태로 둔다는 것을 의미한다. 디빈센조는 약한 측정을 지닌 시스템, 바꿔 말하면 큐비트와 충분히 상호작용하지 않아 큐비트를 새로 측정된 상태로 만들지 못하는 측정 기법을 막고자 했다. 그가 이 논문을 쓸 당시에는 대다수의 시스템이 새로운 상태로의 사영을 보장할 만큼 충분한 제어력을 갖추지 못했다.

뒷부분에서 양자 컴퓨터를 물리적으로 구성하는 다양한 방법과 구축된 양자 컴퓨터를 프로그래밍하는 방법을 자세히 살펴볼 것이다. 지금은 양자 계산에 쓰이는 큐비트와 연산자에 주의를 기울여보자.

큐비트, 연산자, 측정

3장에서는 큐비트와 큐비트의 상태를 조작하는 데 사용하는 주요 연산자들을 다룬다.

큐비트^{qubit}는 양자 비트^{quantum bit}다. 큐비트는 0 아니면 1의 상태를 띨 수 있다는 점에서는 고전적인 비트와 유사하지만, 연속적인 값의 범위를 취해 상태 중첩을 나타낼 수도 있다는 점에서는 비트와 다르다. 이 책에서는 양자 비트를 가리킬 때는 큐비트, 고전적인 비트를 가리킬 때는 비트라는 용어를 사용하겠다.

일반적으로 양자 컴퓨터를 구축하는 데 2준위 큐비트계를 사용하지만 다른 유형의 컴퓨팅 아키텍처를 선택할 수도 있다. 예를 들어 3준위계인 **큐트리트**^{qutrit}를 사용해 양자 컴퓨터를 구축할 수 있다. 큐트리트는 0 아니면 1 아니면 2의 상태 혹은 이 상태들의 중첩으로 생각하면 된다.

이러한 단위를 더 일반적으로 지칭하는 용어는 **큐디트**^{qudit}다. 큐비트와 큐트리트는 큐디트의 특수한 경우며, 큐디트는 상태의 개수가 어떻든지 그에 해당하는 계산 단위가 될 수 있다. UC 버클리의 시디키 연구소^{Siddiqi Lab}에서 큐트리트 기반 양자 컴퓨터를 설계한 사례가 있다[34]. 큐트리트계에서는 같은 수의 계산 단위로 큐비트계보다 더 많은 상태를 나타낼 수 있다.

큐비트계에서 100큐비트로 2^{100}가지 상태(1.26765E + 30)를 처리할 수 있다면 큐트리트계에서는 3^{100}가지 상태(5.15378E + 47)를 처리할 수 있는데, 자릿수가 17자리나 더 큰 개수다. 달리 말하면 100큐비트계와 같은 수의 공간을 나타내려면 ~63 큐트리트($\log3(2100)$)만 있으면 된다. 큐트리트계는 구축하기가 더 어렵기 때문에 주류 양자 컴퓨터는 현재 큐비트 기반이다. 큐비트를 선택하든 큐트리트나 그 외의 큐디트 수를 선택하든 각 시스템은 다른 시스템에서 수행되는 알고리즘을 모두 실행할 수 있다. 즉, 서로 시뮬레이션할 수 있다.[1]

양자역학에서는 상태를 벡터로 나타내고 연산자를 행렬로 나타내며, 전통적인 선형 대수 기호 대신 디랙 표기법$^{Dirac\ notation}$을 사용해 벡터와 여러 추상 개념을 표현한다. 11장에 이 책의 탐구에 중요한 선형 대수, 디랙 표기법, 기타 수학적 도구에 대한 복습 내용이 담겨 있다. 3장에서는 이러한 수학적 도구에 대한 지식을 알고 있다고 가정한다. 수학 내용을 다룬 장들을 활용해 양자 컴퓨팅의 맥락에서 이러한 개념들을 다시 살펴보면 좋겠다.

이제 먼저 큐비트를 정의해보자.

3.1 큐비트란?

물리적 큐비트는 2준위 양자역학계다. 양자 컴퓨터 구축에 관한 장에서 알아보겠지만, 물리적 큐비트를 구성하는 방법에는 여러 가지가 있다. 큐비트를 이차원 복소 힐베르트 공간 $\mathbb{C}^2$로 표현할 수 있다. 큐비트의 특정 시점 상태는 이 복소 힐베르트 공간의 벡터로 표현할 수 있다.

---

1. 고전적인 시스템에서도 같은 질문을 생각해 볼 수 있다. 즉, 비트 대신 상태가 셋인 '트리트'를 사용해도 되는데, 이진 시스템(binary system)이 뚜렷한 장점을 갖고 있어 비트를 사용하기로 선택한 것이다.

힐베르트 공간은 내적을 갖고 있어 큐비트 상태를 나타내는 두 벡터의 상대 위치를 결정할 수 있다. 벡터 $|u\rangle$, $|v\rangle$의 내적$^{\text{inner product}}$을 $\langle u|v\rangle$로 표기한다. 내적은 $|u\rangle$와 $|v\rangle$가 직교하면 0이 되고, $|u\rangle = |v\rangle$이면 1이 된다. 둘 이상의 큐비트를 표현할 때는 힐베르트 공간들을 텐서곱$^{\text{tensor product}}$해서 큐비트들이 결합된 상태를 나타낼 수 있다. 앞으로 살펴보겠지만, 큐비트들이 서로 독립인 분리 가능한 상태$^{\text{separable state}}$를 나타내는 방법이 있고, 벨 상태$^{\text{Bell state}}$처럼 두 큐비트 상태를 분리하지 못하는 얽힌 상태$^{\text{entangled state}}$를 나타내는 방법이 있다.

상태 $|0\rangle$과 $|1\rangle$을 벡터로 다음과 같이 표현할 수 있다. 이 두 벡터는 2준위계의 계산 기저$^{\text{computational basis}}$라고 부른다. 그러면 이렇게 표현된 상태 공간의 벡터들에 행렬 형태의 연산자를 적용할 수 있다.

$$|0\rangle = \begin{pmatrix} 1 \\ 0 \end{pmatrix}, \quad |1\rangle = \begin{pmatrix} 0 \\ 1 \end{pmatrix}$$

3.2 양자 연산자

게이트 기반 양자 컴퓨터에서 큐비트의 상태를 변화시키는 데 쓰이는 연산자들은 유니타리^{unitary}이며, 따라서 가역적^{reversible}이다. 이 연산자들 중에는 유니타리이고 가역적이면서 대합적^{involutive}인(즉, 연산자의 역이 자기 자신인) 연산자들도 있고, 대합적이지 않은 연산자들도 있다. 측정 가능한 양, 즉 관측 가능량^{observable}은 에르미트 연산자$^{\text{Hermitian operator}}$다. 따라서 양자 컴퓨터에서의 측정^{measurement}은 시스템에서 실수 값을 출력한다. 연산자와 게이트라는 용어는 서로 바꿔 써도 무방하다.

선형 대수에는 두 벡터의 내적 외에 외적$^{\text{outer product}}$도 있다. 외적은 두 벡터를 취해 행렬을 형성한다(내적은 결과 값이 스칼라다). 예를 들어 외적 $|0\rangle\langle 0|$를 취하면 다음과 같은 연산자가 생성된다.

$$|0\rangle\langle 0| = \begin{pmatrix} 1 \\ 0 \end{pmatrix} \begin{pmatrix} 1 & 0 \end{pmatrix} = \begin{pmatrix} 1 & 0 \\ 0 & 0 \end{pmatrix}$$

마찬가지로 나머지 세 가지 조합의 외적을 취해 다음과 같은 행렬을 생성할 수 있다.

$$|0\rangle\langle 1| = \begin{pmatrix} 1 \\ 0 \end{pmatrix} \begin{pmatrix} 0 & 1 \end{pmatrix} = \begin{pmatrix} 0 & 1 \\ 0 & 0 \end{pmatrix}$$

$$|1\rangle\langle 0| = \begin{pmatrix} 0 \\ 1 \end{pmatrix} \begin{pmatrix} 1 & 0 \end{pmatrix} = \begin{pmatrix} 0 & 0 \\ 1 & 0 \end{pmatrix}$$

$$|1\rangle\langle 1| = \begin{pmatrix} 0 \\ 1 \end{pmatrix} \begin{pmatrix} 0 & 1 \end{pmatrix} = \begin{pmatrix} 0 & 0 \\ 0 & 1 \end{pmatrix}$$

이 행렬들 중 둘을 합하면 다음과 같이 유니타리 행렬이 형성된다.

$$|0\rangle\langle 1| + |1\rangle\langle 0| = \begin{pmatrix} 0 & 1 \\ 1 & 0 \end{pmatrix} \tag{3.3}$$

이 행렬은 사실 X 연산자 또는 NOT 연산자인데, 3장에서 곧 만날 것이다.

큐비트가 0 또는 1이라는 계산 기저 상태일 수도 있고 두 상태가 중첩된 상태일 수도 있음을 알아봤다. 여러 상태의 중첩을 어떻게 나타낼 수 있을까? 상태 공간의 계산 기저들을 선형 결합하면 중첩을 표현할 수 있다.

3.4 상태의 중첩 표현

상태의 중첩은 상태 공간의 계산 기저들의 선형 결합으로 표현된다. 중첩의 각 항은 복소수인 계수, 즉 진폭^{amplitude}을 갖는다.

큐비트가 하나인 경우에 두 개의 계산 기저 벡터를 사용해 상태의 중첩을 나타낸 두 가지의 예가 다음에 나와 있다.

$$|+\rangle := \frac{1}{\sqrt{2}}\,(|0\rangle + |1\rangle)$$

$$|-\rangle := \frac{1}{\sqrt{2}}\,(|0\rangle - |1\rangle)$$

두 상태는 $|1\rangle$ 상태에 대한 부호가 서로 다르다. 더 형식적으로는 이 차이를 상대 위상$^{relative\ phase}$이라고 한다. 위상이라는 용어는 물리학에서 여러 의미를 갖는데, 이 맥락에서는 각도를 의미한다. 빼기 부호는 오일러 항등식$^{Euler's\ identity2}$에 나오는 각도 $\pi(180°)$와 관련이 있다.

$$e^{i\pi} = -1$$

상대 위상은 **보강 간섭**$^{constructive\ interference}$과 **상쇄 간섭**$^{destructive\ interference}$을 감안한다는 점에서 근본적으로 양자 알고리즘에 중요하다. 예를 들어 앞에 나온 두 상태의 합을 계산하면 다음을 얻는다.

$$\frac{1}{\sqrt{2}}(|+\rangle + |-\rangle) = \frac{1}{2}(|0\rangle + |1\rangle) + \frac{1}{2}(|0\rangle - |1\rangle) = |0\rangle$$

여기서 $|1\rangle$ 상태의 진폭은 상쇄적으로 간섭한다고 말한다. 즉, 상대 위상이 서로 달라 합이 0이 된다. 반면 $|0\rangle$ 상태의 진폭은 보강적으로 간섭한다. 상대 위상이 동일한 부호를 갖고 있어 합이 0이 되지 않으므로 상태 $|0\rangle$이 결과에 남게 된다.

두 중첩 상태의 뺄셈도 생각해보자. 검증은 여러분에게 맡긴다.

$$\frac{1}{\sqrt{2}}(|-\rangle - |+\rangle) = -|1\rangle$$

---

2. 오일러 항등식에 관해 더 자세한 내용을 보려면 13장을 참고한다.

여기서 $|0\rangle$ 상태의 진폭은 상쇄적으로 간섭하는 반면 $|1\rangle$ 상태의 진폭은 보강적으로 간섭한다. 이 예에서는 결과가 딱 $|1\rangle$ 상태로 끝나지는 않고 빼기 부호가 곱해져 있다. 앞에서 알아본 대로 빼기 부호는 각도(또는 위상) $e^{i\pi}$으로 해석하면 된다. 여기서는 이 위상이 중첩의 한 항에만 적용되는 것이 아니라 전체 상태에 적용된다. 이러한 유형의 위상을 전역 위상global phase이라고 한다.

사실 $-|1\rangle$ 상태와 $|1\rangle$ 상태가 정확히 같지는 않지만, 이 책의 뒷부분에서 전역 위상 변화가 양자 측정에 영향을 미치지 않음을 알아볼 것이다. 즉, $-|1\rangle$ 상태와 $|1\rangle$ 상태를 측정해서 얻은 측정 통계는 정확히 같다. 이러한 경우 두 상태가 전역 위상까지 같다고 말한다.

양자 회로도

회로도를 그려 양자 회로를 나타낸다. 회로도는 왼쪽에서 오른쪽으로 구성하고 읽는다. 왼쪽에서 오른쪽으로 읽는 악보처럼 회로도를 생각하면 된다. 바렌코Barenco 등은 오늘날 양자 컴퓨터에서 사용하는 여러 기본 연산자를 제시했다[22]. 프레드킨Fredkin과 토폴리Toffoli[217, 89]는 이 연산자 집합에 삼항 연산자ternary operator 두 가지를 추가했다.

양자 회로도를 구성해볼 텐데, 가장 먼저 회선은 선으로 나타낸다.

선 위에 연산자가 없으면 큐비트가 이전에 준비된 상태 그대로 유지된다는 뜻이다. 이는 양자 컴퓨터가 큐비트의 상태를 유지해야 함을 의미한다.

초기 준비 상태는 켓ket으로 나타내며 회선의 왼쪽에 레이블label을 적는다.

$$|0\rangle \quad \text{————————}$$

그 상태로 준비된 n개의 큐비트를 나타내려면 회선을 가로질러 $/n$ 기호를 쓴다.

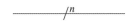

3.1 양자 연산자

이제 흔히 사용되는 양자 연산자들을 살펴보자. 단일 큐비트 연산자를 표기할 때는 이 연산자에 해당하는 문자가 안에 있는 상자를 선 위에 걸쳐 놓는다. 이항 연산자(이진 게이트)는 두 양자 회선^{quantum wire}에 연산자 상자를 걸쳐 표기하며, 삼항 연산자는 세 개의 양자 회선에 연산자 상자를 걸쳐 표기한다. 알아둘 점은 범용 양자 계산을 이루는 연산자 집합이 여러 가지라는 점이다. 선택된 연산자 집합은 임의적이며 3장의 뒷부분에서 다룰 범용성 테스트를 충족하기만 하면 충분하다. 다음은 단항 연산자와 이항 연산자를 표현한 것이다.

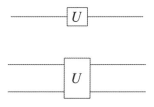

단항 연산자

단일 큐비트, 또는 단항 양자 연산자 집합을 살펴보자. 가장 먼저 살펴볼 세 가지 연산자는 파울리 행렬^{Pauli matrices}이다. 이 세 가지 행렬에 항등 행렬과 각각의 ±1과 ±i 배수는 파울리군^{Pauli group}을 이룬다. 우선 행렬 X가 있는데, 이 행렬은 NOT 연산자다(비트 플립^{bit flip} 연산자라고도 하며 σ_x로 나타낸다).

$$X := \begin{pmatrix} 0 & 1 \\ 1 & 0 \end{pmatrix}$$

X를 $|0\rangle$에 적용하면 다음과 같이 된다.

$$\begin{pmatrix} 0 & 1 \\ 1 & 0 \end{pmatrix} \begin{pmatrix} 1 \\ 0 \end{pmatrix} = \begin{pmatrix} 0 + 0 \\ 1 + 0 \end{pmatrix} = \begin{pmatrix} 0 \\ 1 \end{pmatrix} = |1\rangle$$

큐비트의 초기 상태와 적용하는 연산자를 회로도로 나타낼 수 있다. 다음 기호를 사용해 회로도에 X 연산자를 나타낸다.

이 기호 말고 다음과 같이 상자 안에 연산자 이름을 넣는 형태의 규약도 있는데, 회로도에서 이러한 기호를 만날 수도 있겠다.

$$\boxed{X}$$

앞에서 봤듯이 X 연산자를 켓 표기법으로 다음과 같이 나타낼 수 있다.

$$X := |0\rangle\langle 1| + |1\rangle\langle 0|$$

X 연산자를 적용하는 것은 다음과 같이 나타낸다.

$$X|j\rangle = |j \oplus 1\rangle$$

여기서 $j \in \{0, 1\}$이다. 여기서 $\oplus$ 연산은 모듈로-2 덧셈을 나타내며, $j \oplus 1$은 *NOT* 연산과 같다. 처음에 $|0\rangle$ 상태인 큐비트에 *NOT*을 적용하면 다음과 같이 된다.

$$|0\rangle \xrightarrow{\quad\oplus\quad} |1\rangle$$

다음으로 Y 연산자는 σ_y로 표기하며, y축을 중심으로 상태 벡터를 회전시킨다.[3]

$$Y = \begin{pmatrix} 0 & -i \\ i & 0 \end{pmatrix}$$

Y 연산자를 $|1\rangle$ 상태에 적용하면 다음과 같이 된다.

$$\begin{pmatrix} 0 & -i \\ i & 0 \end{pmatrix} \begin{pmatrix} 0 \\ 1 \end{pmatrix} = \begin{pmatrix} 0-i \\ 0+0 \end{pmatrix} = \begin{pmatrix} -i \\ 0 \end{pmatrix} = -i\,|0\rangle$$

Y 연산자의 회로도는 다음과 같다.

$$\text{---}\boxed{Y}\text{---}$$

그리고 Z 연산자는 σ_z로 표기하며, z축을 중심으로 상태 벡터를 회전시킨다(π 라디안 또는 180도만큼 뒤집기 때문에 위상 플립phase flip 연산자라고도 한다).

$$Z := \begin{pmatrix} 1 & 0 \\ 0 & -1 \end{pmatrix}$$

Z를 계산 기저 상태에 적용하면 다음과 같다.

$$Z\,|j\rangle = (-1)^j\,|j\rangle$$

이를 $j = 0$인 특수한 경우에 대해 행렬 형태로 나타내면 다음과 같다.

$$\begin{pmatrix} 1 & 0 \\ 0 & -1 \end{pmatrix} \begin{pmatrix} 1 \\ 0 \end{pmatrix} = \begin{pmatrix} 1+0 \\ 0+0 \end{pmatrix} = \begin{pmatrix} 1 \\ 0 \end{pmatrix} = (-1)^0\,|0\rangle = |0\rangle$$

$j = 1$인 경우는 다음과 같다.

---

3. 이 절의 x, y, z축은 블로흐 구 위에 큐비트의 상태를 나타내는데, 3장의 뒷부분에서 다룬다.

$$\begin{pmatrix} 1 & 0 \\ 0 & -1 \end{pmatrix} \begin{pmatrix} 0 \\ 1 \end{pmatrix} = \begin{pmatrix} 0+0 \\ 0-1 \end{pmatrix} = \begin{pmatrix} 0 \\ -1 \end{pmatrix} = (-1)^1 |1\rangle = -|1\rangle$$

비트 플립 연산자 X에 위상 플립 연산자 Z를 곱해 i의 전역 위상 전이$^{\text{global phase shift}}$를 갖는 Y 연산자를 생성할 수 있다. 즉, $Y = iXZ$다.

Z 연산자의 회로도는 다음과 같다.

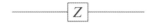

이제 더 일반적인 위상 전이 연산자로 넘어가자. 이 연산자를 적용하면 상태 $|0\rangle$는 그대로 남고 상태 $|1\rangle$은 행렬에 φ로 표기돼 있는 지정한 각도(또는 위상)만큼 회전한다.

$$R_\varphi := \begin{pmatrix} 1 & 0 \\ 0 & e^{i\varphi} \end{pmatrix}$$

따라서 파울리 Z 연산자는 $\varphi = \pi$인 R_φ의 특별한 경우다. 오일러 항등식(13장 참고)에 따라 $e^{i\pi} = -1$이라는 사실을 떠올리면 Z 행렬에서 $e^{i\pi}$을 -1로 대체할 수 있다. R 연산자의 회로도는 다음과 같다.

$$\boxed{R_\varphi}$$

R_φ 행렬의 특별한 경우인 두 가지 위상 전이 연산자를 더 알아보자. 먼저 S 연산자는 $\varphi = \pi/2$인 경우다.

$$S := \begin{pmatrix} 1 & 0 \\ 0 & i \end{pmatrix}$$

그러므로 S 연산자는 상태를 z축에 대해 90° 회전시킨다. S 연산자의 회로도는 다음과 같다.

$$\underline{\quad\quad\boxed{S}\quad\quad}$$

그다음 T 연산자는 상태를 z축에 대해 45° 회전시킨다. $\varphi = \pi/4$의 값을 주면 다음과 같게 된다.[4]

$$T := \begin{pmatrix} 1 & 0 \\ 0 & e^{i\pi/4} \end{pmatrix}$$

$S = T^2$이라는 점에 유의한다. 다시 말해 상태를 나타내는 벡터에 T 행렬을 적용한 다음 그 결과로 나온 벡터에 다시 T를 적용하면 S를 한 번 적용한 것과 동일한 결과를 얻게 된다(45° + 45° = 90°). T 연산자의 회로도는 다음과 같다.

$$\underline{\quad\quad\boxed{T}\quad\quad}$$

이제 아다마르 연산자^{Hadamard operator}로 넘어가자. 이 연산자는 양자 컴퓨팅에서 정말 중요한 연산자인데, 큐비트를 확정적인 계산 기저 상태에서 두 상태의 중첩으로 바꿀 수 있기 때문이다. 아다마르 행렬은 다음과 같다.

$$H := \frac{1}{\sqrt{2}} \begin{pmatrix} 1 & 1 \\ 1 & -1 \end{pmatrix}$$

사실 이 행렬을 개발한 것은 수학자 존 실베스터^{John Sylvester}였지만, 행렬의 이름은 자크 아다마르^{Jacques Hadamard}의 이름을 따서 붙여졌다(스티글러의 명명 법칙을 참고한다. 물론 이 법칙도 머튼^{Merton}과 그 외의 사람들이 생각해낸 것이다). H 연산자의 회로도는 다음과 같다.

---

4. T 게이트는 $\pi/8$ 게이트로도 알려져 있는데, $e^{i\pi/8}$을 뽑아내면 대각 성분이 각각 $|\varphi| = \pi/8$이기 때문이다. 즉, $T = e^{i\pi/8} \begin{pmatrix} e^{-i\pi/8} & 0 \\ 0 & e^{i\pi/8} \end{pmatrix}$ 인데, 이것도 물론 동일한 연산자다.

$$\begin{array}{c}\boxed{H}\end{array}$$

상태 |0⟩에 아다마르 연산자를 적용하면 다음과 같이 되고,

$$\frac{1}{\sqrt{2}} \begin{pmatrix} 1 & 1 \\ 1 & -1 \end{pmatrix} \begin{pmatrix} 1 \\ 0 \end{pmatrix} = \frac{1}{\sqrt{2}} \begin{pmatrix} 1+0 \\ 1+0 \end{pmatrix} = \frac{1}{\sqrt{2}} \begin{pmatrix} 1 \\ 1 \end{pmatrix} = \frac{|0\rangle + |1\rangle}{\sqrt{2}}$$

상태 |1⟩에 적용하면 다음과 같이 된다.

$$\frac{1}{\sqrt{2}} \begin{pmatrix} 1 & 1 \\ 1 & -1 \end{pmatrix} \begin{pmatrix} 0 \\ 1 \end{pmatrix} = \frac{1}{\sqrt{2}} \begin{pmatrix} 0+1 \\ 0-1 \end{pmatrix} = \frac{1}{\sqrt{2}} \begin{pmatrix} 1 \\ -1 \end{pmatrix} = \frac{|0\rangle - |1\rangle}{\sqrt{2}}$$

따라서 H 연산자는 계산 기저 상태를 취한 다음 초기 상태에 따라 해당 기저 상태를 상태 $(|0\rangle + |1\rangle)/\sqrt{2}$ 또는 $(|0\rangle - |1\rangle)/\sqrt{2}$의 중첩으로 사영한다^{project}는 사실을 알 수 있다.

이 상태에서 $\sqrt{2}$가 하는 역할은 무엇일까? 양자 상태의 진폭의 절댓값 제곱이 그 상태의 확률이라는 보른 규칙을 떠올려보자. 또한 상태의 모든 진폭 α, β 등에 대해 다음과 같다.

$$|\alpha|^2 + |\beta|^2 = 1$$

즉, 확률들을 합하면 1이어야 한다. 측정을 하면 이 상태들 중에서 한 가지가 나타날 것이기 때문이다.

이항 연산자로 넘어가기 전에 항등 연산자를 정의하고 다른 연산자의 시퀀스로 표현할 수 있는 연산자들을 알아보자. 항등 연산자는 그냥 큐비트의 현재 상태를 유지하는 행렬이다. 따라서 한 큐비트에 대해 사용할 수 있다.

$$I := \begin{pmatrix} 1 & 0 \\ 0 & 1 \end{pmatrix}$$

지금까지 다룬 여러 단항 연산자로 다음 항등식을 증명할 수 있다.

$$HXH = Z$$
$$HZH = X$$
$$HYH = -Y$$
$$H^\dagger = H$$
$$H^2 = I$$

이 외의 항등식 목록이 14장에 있으니 살펴보기 바란다.

이진 연산자

이제 큐비트가 두 개인 이진 연산자를 살펴보자. 2큐비트 시스템에서는 관례상 다음과 같은 계산 기저 상태를 사용한다.

$$|00\rangle = \begin{pmatrix} 1 \\ 0 \\ 0 \\ 0 \end{pmatrix}, \quad |01\rangle = \begin{pmatrix} 0 \\ 1 \\ 0 \\ 0 \end{pmatrix}, \quad |10\rangle = \begin{pmatrix} 0 \\ 0 \\ 1 \\ 0 \end{pmatrix}, \quad |11\rangle = \begin{pmatrix} 0 \\ 0 \\ 0 \\ 1 \end{pmatrix}$$

먼저 $SWAP$ 연산자부터 설명하겠다. $SWAP$ 연산자는 상태 $|01\rangle$을 $|10\rangle$으로, 물론 $|10\rangle$는 $|01\rangle$로 바꾼다. 이 연산자를 행렬로 다음과 같이 나타낼 수 있다.

$$SWAP := \begin{pmatrix} 1 & 0 & 0 & 0 \\ 0 & 0 & 1 & 0 \\ 0 & 1 & 0 & 0 \\ 0 & 0 & 0 & 1 \end{pmatrix}$$

이 행렬을 상태 $|01\rangle$을 나타낸 4차원 벡터에 적용하면 다음과 같이 된다.

$$\begin{pmatrix} 1 & 0 & 0 & 0 \\ 0 & 0 & 1 & 0 \\ 0 & 1 & 0 & 0 \\ 0 & 0 & 0 & 1 \end{pmatrix} \begin{pmatrix} 0 \\ 1 \\ 0 \\ 0 \end{pmatrix} = \begin{pmatrix} 0+0+0+0 \\ 0+0+0+0 \\ 0+1+0+0 \\ 0+0+0+0 \end{pmatrix} = \begin{pmatrix} 0 \\ 0 \\ 1 \\ 0 \end{pmatrix} = |10\rangle$$

이 연산자를 2큐비트 계산 기저 벡터 중 하나에 적용했을 때 원하는 대로 결과가 나오는지 확인해보기 바란다. *SWAP* 연산자의 회로도는 다음과 같다.

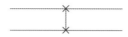

이제 양자 컴퓨팅에서 아주 중요한 연산자인 *CNOT*^Controlled-NOT^ 연산자를 알아볼 차례다. 이 이항 연산자에서는 첫째 큐비트를 제어 큐비트^control qubit^로, 둘째 큐비트는 대상 큐비트^target qubit^로 취급한다. 제어 큐비트가 |0⟩ 상태인 경우에는 대상 큐비트에 대해 아무것도 하지 않는다. 그러나 제어 큐비트가 |1⟩ 상태인 경우에는 대상 큐비트에 *NOT* 연산자(X)를 적용한다. 양자 컴퓨터에서 두 큐비트를 얽히게 만드는 데 *CNOT* 게이트를 사용한다. *CNOT*을 다음 행렬로 표현할 수 있다.

$$CNOT := \begin{pmatrix} 1 & 0 & 0 & 0 \\ 0 & 1 & 0 & 0 \\ 0 & 0 & 0 & 1 \\ 0 & 0 & 1 & 0 \end{pmatrix}$$

예를 들어 상태 |10⟩에 *CNOT*을 적용한 결과를 계산하면 다음과 같다.

$$\begin{pmatrix} 1 & 0 & 0 & 0 \\ 0 & 1 & 0 & 0 \\ 0 & 0 & 0 & 1 \\ 0 & 0 & 1 & 0 \end{pmatrix} \begin{pmatrix} 0 \\ 0 \\ 1 \\ 0 \end{pmatrix} = \begin{pmatrix} 0+0+0+0 \\ 0+0+0+0 \\ 0+0+0+0 \\ 0+0+1+0 \end{pmatrix} = \begin{pmatrix} 0 \\ 0 \\ 0 \\ 1 \end{pmatrix} = |11\rangle$$

회로도에서는 *CNOT*을 다음과 같이 나타낸다.

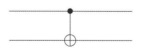

다음 식은 *SWAP*과 *CNOT* 연산자를 연결하는 항등식이다.

$$SWAP_{ij} = CNOT_{ij} \, CNOT_{ji} \, CNOT_{ij}$$

이제 또 다른 제어 연산자인 *CZ*를 살펴보자. *CZ*에도 *CNOT*과 마찬가지로 제어 큐비트와 대상 큐비트가 있다. 그러나 이 연산에서는 제어 큐비트가 $|1\rangle$ 상태인 경우에 *Z* 연산자를 대상 큐비트에 적용한다. *CZ* 연산자는 행렬로 다음과 같이 표현한다.

$$CZ := \begin{pmatrix} 1 & 0 & 0 & 0 \\ 0 & 1 & 0 & 0 \\ 0 & 0 & 1 & 0 \\ 0 & 0 & 0 & -1 \end{pmatrix}$$

회로도에서는 *CZ* 연산자를 다음과 같이 나타내며,

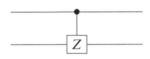

다음과 같이 나타내기도 한다.

CNOT 게이트와 달리 *CZ* 게이트는 대칭적이라는 점을 알아두기 바란다. 두 큐비트 중 어느 것을 제어 큐비트로 쓰든 대상 큐비트로 쓰든 결과가 같다. *CZ* 게이트를 두 회선에 점으로 표현하기도 하는 이유는 이 때문이다.

삼항 연산자

단항 연산자와 이항 연산자를 모두 설명했다. 이제 삼항 연산자 또는 3큐비트 연산자를 살펴보자. 먼저 살펴볼 것은 토폴리 연산자^{Toffoli operator}로, *CCNOT* 게이트라고도 한다[217]. *CNOT* 연산자와 마찬가지로 제어 큐비트와 대상 큐비트가 있다. *CCNOT* 게이트에서는 첫 두 큐비트가 제어 큐비트고 세 번째 큐비트가 대상 큐비트다. 대상 큐비트를 바꾸려면 두 제어 큐비트가 모두 $|1\rangle$ 상태에 있어야 한

다. 이를 바꿔 생각하면 첫 두 큐비트(x와 y)가 불리언 함수 AND를 만족시켜야 한다. AND 함수 결과가 참이면 대상 큐비트인 z에 NOT을 적용하게 된다. 이러한 작용을 다음과 같이 나타낼 수 있다.

$$(x, y, z) \mapsto (x, y, (z \oplus xy))$$

또는 행렬로 다음과 같이 나타낸다.

$$\begin{pmatrix} 1 & 0 & 0 & 0 & 0 & 0 & 0 & 0 \\ 0 & 1 & 0 & 0 & 0 & 0 & 0 & 0 \\ 0 & 0 & 1 & 0 & 0 & 0 & 0 & 0 \\ 0 & 0 & 0 & 1 & 0 & 0 & 0 & 0 \\ 0 & 0 & 0 & 0 & 1 & 0 & 0 & 0 \\ 0 & 0 & 0 & 0 & 0 & 1 & 0 & 0 \\ 0 & 0 & 0 & 0 & 0 & 0 & 0 & 1 \\ 0 & 0 & 0 & 0 & 0 & 0 & 1 & 0 \end{pmatrix}$$

예를 들어 이 게이트를 상태 $|110\rangle$에 적용하면 다음과 같이 된다.

$$\begin{pmatrix} 1 & 0 & 0 & 0 & 0 & 0 & 0 & 0 \\ 0 & 1 & 0 & 0 & 0 & 0 & 0 & 0 \\ 0 & 0 & 1 & 0 & 0 & 0 & 0 & 0 \\ 0 & 0 & 0 & 1 & 0 & 0 & 0 & 0 \\ 0 & 0 & 0 & 0 & 1 & 0 & 0 & 0 \\ 0 & 0 & 0 & 0 & 0 & 1 & 0 & 0 \\ 0 & 0 & 0 & 0 & 0 & 0 & 0 & 1 \\ 0 & 0 & 0 & 0 & 0 & 0 & 1 & 0 \end{pmatrix} \begin{pmatrix} 0 \\ 0 \\ 0 \\ 0 \\ 0 \\ 0 \\ 1 \\ 0 \end{pmatrix} = \begin{pmatrix} 0 \\ 0 \\ 0 \\ 0 \\ 0 \\ 0 \\ 0 \\ 1 \end{pmatrix} = |111\rangle$$

회로도에는 토폴리 게이트를 다음과 같이 나타낸다.

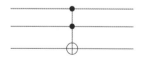

다음으로 알아볼 것은 프레드킨 게이트$^{\text{Fredkin gate}}$로, $CSWAP$ 게이트라고도 한다[89]. 이 연산자를 적용할 때에는 첫 큐비트가 제어 큐비트이고 나머지 두 큐비트가 대

상 큐비트다. 첫 큐비트가 $|0\rangle$ 상태에 있으면 아무것도 하지 않고, $|1\rangle$ 상태에 있으면 나머지 두 큐비트를 서로 맞바꾼다. 이 연산을 나타내는 행렬은 다음과 같다.

$$\begin{pmatrix} 1 & 0 & 0 & 0 & 0 & 0 & 0 & 0 \\ 0 & 1 & 0 & 0 & 0 & 0 & 0 & 0 \\ 0 & 0 & 1 & 0 & 0 & 0 & 0 & 0 \\ 0 & 0 & 0 & 1 & 0 & 0 & 0 & 0 \\ 0 & 0 & 0 & 0 & 1 & 0 & 0 & 0 \\ 0 & 0 & 0 & 0 & 0 & 0 & 1 & 0 \\ 0 & 0 & 0 & 0 & 0 & 1 & 0 & 0 \\ 0 & 0 & 0 & 0 & 0 & 0 & 0 & 1 \end{pmatrix}$$

예를 들어 프레드킨 게이트를 $|110\rangle$에 적용하면 다음과 같이 된다.

$$\begin{pmatrix} 1 & 0 & 0 & 0 & 0 & 0 & 0 & 0 \\ 0 & 1 & 0 & 0 & 0 & 0 & 0 & 0 \\ 0 & 0 & 1 & 0 & 0 & 0 & 0 & 0 \\ 0 & 0 & 0 & 1 & 0 & 0 & 0 & 0 \\ 0 & 0 & 0 & 0 & 1 & 0 & 0 & 0 \\ 0 & 0 & 0 & 0 & 0 & 0 & 1 & 0 \\ 0 & 0 & 0 & 0 & 0 & 1 & 0 & 0 \\ 0 & 0 & 0 & 0 & 0 & 0 & 0 & 1 \end{pmatrix} \begin{pmatrix} 0 \\ 0 \\ 0 \\ 0 \\ 0 \\ 0 \\ 1 \\ 0 \end{pmatrix} = \begin{pmatrix} 0 \\ 0 \\ 0 \\ 0 \\ 0 \\ 1 \\ 0 \\ 0 \end{pmatrix} = |101\rangle$$

회로도에는 프레드킨 연산자를 다음 기호로 나타낸다.

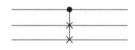

3.2 고전 게이트와의 비교

고전적인 컴퓨팅에서는 일반적으로 사용되는 게이트 집합이 있는데, *AND*, *NOT*, *OR*, *NAND*, *XOR*, *FANOUT* 등이다. 고전적인 컴퓨팅에서는 이러한 게이트들을 조합해 계산을 수행한다. 이 게이트들을 실행할 수 있는 고전적인 컴퓨터를 튜링 완전^{Turing-complete} 또는 범용^{universal} 컴퓨터라 한다. 실제로 *NAND* 게이트만으로도 다른 모든 고전 연산자를 구성하기에 충분하다는 사실을 증명할 수 있다[198]. 이러한 기본 구성 요소들로 반가산기^{half-adder} 회로와 같은 고전 회로를 구성할 수 있다.

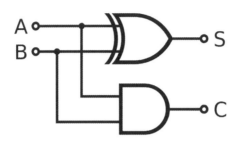

▲ 그림 3.1 고전 컴퓨팅에서의 반가산기(출처: 위키미디어(Wikimedia))

그런 다음 이런 요소들을 사용해 전가산기^{full-adder}를 구성할 수 있다.

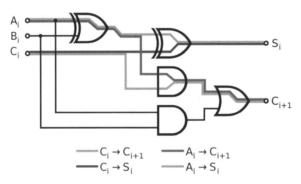

▲ 그림 3.2 고전 컴퓨팅에서의 전가산기(출처: 위키미디어)

양자 컴퓨팅에는 *AND, OR, XOR, NAND, FANOUT* 모두 사용하지 못한다. *AND, OR, XOR, NAND*는 가역적이지 않다. *FANOUT* 게이트는 상태의 중복 또는 복제를 수반하므로 양자 컴퓨팅에 사용하지 못한다. 즉, 복제 불가능 정리에 위배된다. 기본적인 고전 게이트 중에서는 *NOT* 연산자만 가역적이면서 복제를 수반하지 않아 양자 컴퓨팅 체제에 사용할 수 있다.

3.3 양자 연산자의 범용성

*NAND*가 고전 컴퓨팅에 관한 범용 게이트라면 양자 컴퓨팅에 관한 범용 게이트나 게이트 집합도 있을까? 실제로 범용이 되는 단항 연산자와 이항 연산자 조합이 여럿 있다. 단항 게이트만으로 이뤄진 집합으로는 범용 양자 컴퓨터를 달성하지 못한다. 다음과 같이 범용성을 갖는 두 가지 게이트 집합이 있다.

1. 토폴리 게이트는 실수 계수를 가진, 기저를 바꾸는 단항 연산자(H 등)와 쌍을 이룰 때 양자 컴퓨터에 범용적이다[199].
2. {*CNOT*, *T*, *H*}도 범용 게이트 집합이다[44, 161].

3.4 고테스만-닐과 솔로베이-키타예프

고테스만-닐$^{Gottesman-Knill}$ 정리에 따르면 다음 조건을 가정할 때 클리포드 게이트$^{Clifford\ gates}$만으로 구성된 회로를 고전 컴퓨터에서 효율적으로 시뮬레이션할 수 있다.

- 계산 기저로 상태를 준비
- 표준 기저로 측정
- 측정 결과에 기반을 둔 어떠한 고전적 제어도 가능

클리포트 연산자군은 집합 *C* = {*CNOT*, *S*, *H*}에 의해 생성된다[96][168].

이 지점에서 더 생각해 볼만한 정리가 있는데, 솔로베이-키타예프$^{Solovay-Kitaev}$의 정리다. 이 정리가 주장하는 내용은 어떤 단일 큐비트 양자 게이트 집합이 *SU*(2)라는 2 × 2 유니타리 행렬로 이뤄지며 특정 조건을 만족하는 유니타리군의 조밀한 부분집합$^{dense\ subset}$을 생성하는 경우 이 양자 게이트 집합이 *SU*(2)를 빠르게 채운다는 것이다. 즉, 주어진 생성 집합으로부터 의외로 짧은 게이트 시퀀스를 사용해 원하는 게이트에 대한 충분히 가까운 근사치를 얻을 수 있다[62]. 솔로베이-키타예프 정리는 다중 큐비트 게이트와 $SU(d)$의 연산자에 대해 일반화된다[62].

이 말을 단순화하면 모든 유한한 범용 게이트 집합은 어떤 주어진 게이트 집합을 정밀도 δ로 시뮬레이션할 수 있다는 것이다. 좀 더 정확하게는 L이 회로의 크기(즉, 게이트 개수)라면 L의 근사치 L'는 한정된 수의 게이트만을 요구한다. 이를 다음과 같이 빅O 표기법으로 나타낼 수 있다.

$$L' = O\left(L \log^4\left(\frac{L}{\delta}\right)\right)$$

D가 회로의 깊이, 즉 계산 횟수라 하면 D의 근사치 D'는 한정된 깊이를 갖는다. 이를 빅O 표기법으로 나타내면 다음과 같다.

$$D' = O\left(L \log^4\left(\frac{D}{\delta}\right)\right)$$

이와 같이 앞의 식들을 통해 시뮬레이션이 매우 효율적이고 다항 시간보다 더 적은 복잡도를 가짐을 알 수 있다.

3.5 블로흐 구

큐비트 상태를 나타내는 방법은 여러 가지가 있다.

1. 디랙 표기법으로 상태를 나타낼 수 있다. 예를 들어 $|0\rangle$ 상태로 준비된 큐비트에 X 연산자를 적용하면 상태 $|1\rangle$의 큐비트가 되는데(외부 노이즈는 없다고 가정), 이를 디랙 표기법으로는 다음과 같이 나타낸다.

$$X |0\rangle \rightarrow |1\rangle$$

2. 블로흐 구^{Bloch sphere}를 사용해 단일 큐비트의 상태를 나타낼 수 있다. 양자 계산의 모든 상태를 원점에서 시작해서 단위 블로흐 구의 표면에서 끝나는 벡터로 표현할 수 있다. 유니타리 연산자를 상태 벡터에 적용해 상태를 구 주변으로 이동시킬 수 있다. 블로흐 구의 두 대척점^{antipode}은 관례상 구 꼭대기를 $|0\rangle$으로, 밑바닥을 $|1\rangle$로 잡는다.

그림 3.3에서 볼 수 있듯이 블로흐 구를 사용한 시각화의 장점 중 하나는 다음과 같은 중첩 상태를 나타낼 수 있다는 것이다.

$$\frac{|0\rangle + |1\rangle}{\sqrt{2}}$$

이 상태를 X축에서 눈으로 볼 수 있다. X축과 Y축을 따라 표시돼 있는 상태들처럼 서로 다른 위상을 포함하는 상태들을 구별할 수도 있다.

앞서 다뤘던 계산 범용성으로 돌아가 보자. 방금 소개한 블로흐 구를 염두에 두고 다시 범용 계산을 만족시키는 게이트 집합을 생각해보면 블로흐 구의 모든 지점에 도달할 수 있는 게이트 집합으로 생각할 수도 있다.

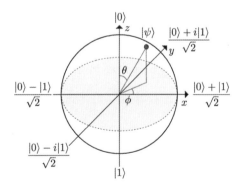

▲ 그림 3.3 블로흐 구(출처: [93])

블로흐 구상의 큐비트를 대화형으로 시각화해보려면 이 책의 온라인 웹 사이트를 참조하기 바란다. 이제 양자 컴퓨터에서 사용하는 주요 유니타리 연산자를 다뤘으니 양자 컴퓨터의 상태 측정으로 넘어가자.

3.6 측정 공준

고전 물리학에서는 측정이 뻔해 보이는 과정이다. 측정이라는 행위가 측정 중인 항목에 영향을 미치지 않는다고 가정한다. 또한 시스템의 어떤 속성을 측정하고 값을 읽은 후 다른 속성을 측정했을 때 처음에 측정한 속성이 관측한 값을 그대로 유지한다고 확신할 수 있다. 양자역학에서는 그렇지 않다. 양자역학에서는 측정 행위가 관측에 엄청난 영향을 미친다.

양자역학의 원리를 바탕으로 측정 공준을 다음과 같이 쓸 수 있다.

3.5 측정 공준

모든 측정 가능한 물리량 o는 상태 Ψ에 작용하는 에르미트 연산자 O에 대응된다.

이 공준에 따르면 각 속성과 연관된 에르미트 연산자Hermitian operator가 존재하며, 이를 관측 가능량observable이라 한다. 예를 들어 관측 가능량 $\hat{x}$는 입자의 위치와 연관이 있다.

에르미트 연산자는 그 자신의 수반 행렬(복소 켤레 전치)과 같다. O가 에르미트 연산자면 $O = O^{\dagger}$라고 말할 수 있다(에르미트 연산자에 관한 자세한 내용은 12장을 참고한다).

에르미트 연산자는 고윳값이 실수임을 보장하는 바람직한 특성을 갖고 있다. 물리계를 측정해 운동량이나 위치와 같은 속성을 얻으려면 실수라는 조건이 있어야 한다.

나올 수 있는 측정의 결과는 각 관측 가능량의 고윳값 λ_i이며, 이 결과는 $|P|\psi\rangle|^2$로 특성화된다. 여기서 P는 관측 가능량의 고유공간 위로 사영하는 사영 연산자 projector다. 벡터를 정규화하기 때문에 측정 후 상태는 고윳값이 λ_i인 관측 가능량의 단위 고유벡터로 표현된다.

앞서 계에서 어떻게 둘 이상의 상태가 중첩되는지 설명했다. 이를 정규직교 기저 벡터의 선형 결합으로 나타낼 수 있다. 예를 들면 다음과 같다.

$$|\Psi\rangle = \frac{1}{\sqrt{2}}|0\rangle + \frac{1}{\sqrt{2}}|1\rangle$$

그러면 어떻게 이런 식으로 필요한 출력을 얻도록 측정을 설정할 수 있을지 궁금해진다. 출력은 각 상태의 진폭에 따라 달라지는데, 앞서 설명한 대로 진폭의 절댓값 제곱이 측정 시에 해당 상태가 출력으로 나타날 확률이기 때문이다(보른 규칙).

양자 회로에서는 측정을 다음과 같이 표현한다.

유니타리 연산자와 측정 연산자를 알아봤으니, 몇 가지 기본 양자 회로를 구성해 보겠다. 이 회로가 무엇을 하는지 알아보자.

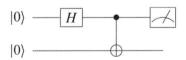

처음에 큐비트 두 개가 있는데, 이를 $q0$와 $q1$이라 부르고, 각각은 $|0\rangle$ 상태로 준비돼 있다고 하자. 그런 다음 아다마르 연산자를 $q0$에 적용해 상태를 중첩시킨다.

$$|q0\rangle = \frac{1}{\sqrt{2}}|0\rangle + \frac{1}{\sqrt{2}}|1\rangle$$

그런 다음 q0과 q1에 *CNOT*를 적용한다. 그러면 두 큐비트가 얽혀 두 큐비트가 분리할 수 없는 결합된 상태를 갖게 된다.

$$\frac{1}{\sqrt{2}}|00\rangle + \frac{1}{\sqrt{2}}|11\rangle$$

이렇게 해서 벨 상태 또는 EPR 쌍이 만들어졌다. 이때 q0을 측정하면 출력으로 0 또는 1의 실수 값이 나올 확률은 50/50이 된다.

3.7 인플레이스 계산

그림 3.4와 같이 회로를 3차원으로 그릴 수 있다. 여기에서 처음에 준비된 상태로 시작한 큐비트들이 뒤따르는 아다마르 단계를 거쳐 모두 중첩되는 것을 볼 수 있다. 그런 다음 *X*, *Y*, *T*, *CZ*와 같은 일련의 단일 큐비트와 2큐비트 연산이 수행된다. 그 후 마지막 단계에서 측정이 이뤄진다.

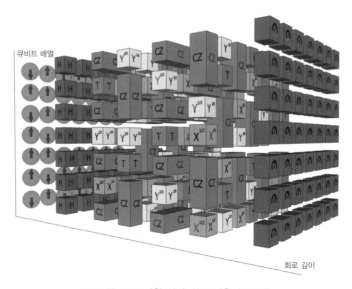

▲ 그림 3.4 3차원 양자 회로도(출처: 구글)

이 그림에서 고전 컴퓨팅과 양자 컴퓨팅의 중요한 차이점을 확인할 수 있다.

3.6 인플레이스 계산

대부분의 게이트 기반 양자 컴퓨팅 형태에서 정보는 큐비트들의 상태로 표현되며, 큐비트들은 시간이 지나면서 유니타리 연산자가 연이어 적용되며 진화한다.

인플레이스 계산^{computation-in-place}은 프로세서 부근의 데이터를 다양한 메모리와 계산 레지스터로 실어 나르는 고전 컴퓨팅과는 완전히 대조적이다. 대부분의 양자 컴퓨터 형태에서는 모든 처리가 큐비트 자체에 이뤄진다. 양자 컴퓨터에서 측정을 하고 나면 실수 값을 갖는 비트가 출력되며, 이를 양자 프로세서를 제어하는 CPU와 공유하고, 필요한 경우 고전 컴퓨터에서 추가적인 처리를 할 수 있다.

이제 양자 컴퓨팅의 핵심 질문 중 하나에 이르렀다. 측정이 각 큐비트 상태의 진폭의 절댓값 제곱을 기반으로 한다면 어떤 큐비트가 출력이 될지 어떻게 사전에 판단할 수 있을까? 도이치, 조사, 번스타인, 바지라니, 쇼어 등은 측정 전에 진폭을 설정해 계산 작업에 필요한 출력이 잘 나오도록 출력에 영향을 줄 수 있다는 사실을 알아냈다.

이러한 목표를 달성하기 위한 방법 중 하나가 양자 푸리에 변환^{QFT, Quantum Fourier Transform}(양자장 이론^{Quantum Field Theory}과 혼동하지 말기 바란다)이다. 측정하기 전에 모든 큐비트에 걸쳐 QFT를 적용하면 진폭 정보 대신 측정 시 위상 정보를 얻을 수 있다.

QFT는 양자 컴퓨터에서 효율적인 과정이다. 2^n개 진폭에 대해 이산 푸리에 변환^{discrete Fourier transform}을 할 때 아다마르 연산자와 위상 전이 연산자를 $O(n^2)$ 만큼만 적용하면 된다(여기서 n은 큐비트의 개수다). QFT에 관해서는 이 책의 뒷부분에서 더 자세히 다룬다.

$n = 4$인 경우의 QFT 회로를 그리면 다음과 같다.

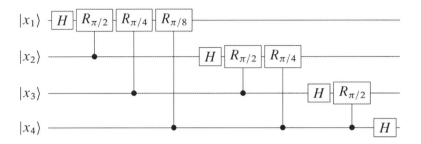

양자 하드웨어로 관심을 돌리기 전에 4장에서 계산 복잡도에 대해 알아보자. 양자 컴퓨터에 어떤 종류의 문제가 적합한지를 이해하는 기초가 될 것이다.

복잡도 이론

양자 컴퓨팅은 계산에 접근하는 방식이 다르기 때문에 고전 프레임워크에서 해결하기 어려웠던 종류의 문제가 이 새로운 체제에서는 해결하기 쉬울 수도 있다. 그러니 다양한 종류의 문제를 따져보자.

4.1 문제와 알고리즘

먼저 계산 문제(또는 작업)와 알고리즘, 프로그램 간의 차이를 분명히 해야겠다. 다음은 계산 문제computational problem의 예다.

주어진 데이터 집합에 n개의 수가 속해 있을 때 이 수들을 오름차순으로 정렬하라.

이러한 문제가 주어지면 퀵 정렬quicksort, 병합 정렬merge sort, 삽입 정렬insertion sort 등 여러 가지 다른 알고리즘을 분석해 문제를 해결할 수 있다. 알고리즘이란 계산 문제를 해결하는 하드웨어 독립적인 **방법**method이다. 일반적으로 우리는 문제를 효율적으로 해결할 수 있는 알고리즘을 찾으려고 노력한다. 프로그램이란 알고리즘을 주어진 코딩 언어로 작성한 특정 구현이다.

알고리즘 분석[Analysis of algorithms]은 알고리즘을 실행하는 데 필요한 자원을 연구하는 분야다.[1] 계산에 드는 시간(단계 수) 차수와 공간(메모리 양) 차수, 둘의 차이에 따라 알고리즘을 분류할 수 있다. 이에 반해 계산 복잡도 이론은 문제 클래스[classes of problems]에 대해 연구하는 분야다. 여기에서 몇 가지 중요한 문제 클래스를 정의할 것이다.

복잡도 클래스를 정의할 때에는 주어진 입력에 대해 '예'/'아니요' 둘 중 하나로 답할 수 있는 수학 문제인 의사 결정 문제에 중점을 둔다. 다음과 같은 문제들이 의사 결정 문제다.

주어진 x는 소수(prime number)인가?
x와 y가 주어졌을 때 x는 y로 나눠떨어지는가?

의사 결정 문제에 대해 복잡도 분석을 하면 답을 내놓는 데 필요한 계산 자원을 알아낼 수 있다. 일반적으로 이러한 판단을 위해서는 최악의 시나리오 때의 특성을 살펴본다.

4.2 시간 복잡도

앞서 설명한 대로 빅O 표기법으로 어떤 문제에 대해 최악의 경우에 해당하는 상한을 나타낼 수 있다. 예를 들어 일련의 항목을 정렬하는 경우 빅O 시간 복잡도는 선택한 정렬 알고리즘이 무엇이냐에 따라 달라진다. 많이 쓰이는 몇 가지 정렬 알

---

1. 알고리즘의 시간과 메모리 자원 요구 사항을 분석할 때 흔히 알고리즘의 시간 복잡도와 공간 복잡도를 언급한다. 엄밀한 정의대로라면 '복잡도'는 계산 문제에만 해당하는 개념이지만, 알고리즘의 맥락에서도 여기저기에서 충분히 널리 사용되고 있다.

고리즘의 복잡도 차수는 다음과 같다.

- **삽입 정렬**^{Insertion sort}: $O(n^2)$
- **병합 정렬**^{Mergesort}: $O(n \log(n))$
- **팀 정렬**^{Timsort}: $O(n \log(n))$

n이 크면 이러한 차이가 중요해진다. 알고리즘을 실행하는 데 필요한 계산 자원을 파악하려고 알고리즘을 분석한다는 말은 점근적 분석^{asymptotic analysis}을 수행하고 있다는 것이다. 다시 말해 입력 n이 매우 커졌을 때 어느 정도의 자원이 필요한지 분석하는 것이다. 그림 4.1에 있는 일반적인 빅O 시간 복잡도 차수를 나타낸 그래프를 참조하기 바란다.

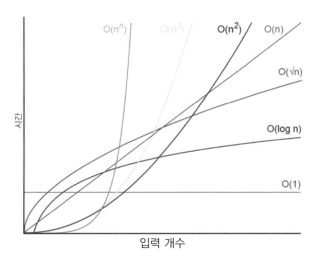

▲ 그림 4.1 빅O 시간 복잡도 차트(출처: [15])

최악의 경우일 때 알고리즘의 복잡도 차수의 상한을 나타내는 빅O 표기법 외에 최악의 경우일 때 복잡도 차수의 하한을 나타내는 빅Ω^{오메가} 표기법을 따져 보기도 한다. 앞서 알아본 리스트에 덧붙여 정렬 알고리즘들에 필요한 계산 자원의 하한과 상한을 비교해보자.

- **삽입 정렬:** $\Omega(n)$, $O(n^2)$
- **병합 정렬:** $\Omega(n \log(n))$, $O(n \log(n))$
- **팀 정렬:** $\Omega(n)$, $O(n \log(n))$

삽입 정렬과 팀 정렬의 하한이 상한보다 훨씬 좋다는 것이 드러난다. 그러나 상한의 경우를 대비해야 하기 때문에 일반적으로 빅O 복잡도에 중점을 둔다.

최악의 경우일 때의 상한(빅O)과 하한(빅Ω)이 일치하는 경우에 사용하는 세 번째 표기법이 있다. 상한과 하한이 일치하는 알고리즘은 빅Θ(세타) 복잡도 차수로 나타낼 수 있으며, 상한과 하한이 서로 일치하므로 빅O와 빅Ω이기도 하다.

좀 더 형식적으로 나타내면 n이 무한대로 갈 때 함수 $f(n)$(입력의 크기가 n인 경우에 알고리즘을 실행하는 데 필요한 시간을 표현하는 함수)이 $g(n)$(주어진 n개 입력에 다른 알고리즘을 수행하는 데 필요한 시간을 표현하는 함수)의 차수를 따른다[on the order]는 것은 n이 무한대로 갈 때 함수 $f(n)$을 함수 $g(n)$으로 나눈 몫의 절댓값의 상극한[limit superior]이 유한하다는 것과 필요충분조건이다.

이를 기호로 나타내면 다음과 같다.

$$f(n) = O(g(n)) \Leftrightarrow \limsup_{n \to \infty} \left| \frac{f(n)}{g(n)} \right| < \infty$$

이 식에서 $\limsup$는 상극한[limit superior] 또는 상한의 극한[supremum limit]이다. 하디[Hardy]와 리틀우드[Littlewood][102]를 따라서, 그리고 크누스[Knuth][121]가 설명한 대로 다음과 같이 쓸 수 있다.

$$f(n) = \Omega(g(n)) \Leftrightarrow g(n) = O(f(n))$$

$$f(n) = \Theta(g(n)) \Leftrightarrow f(n) = O(g(n)) \wedge f(n) = \Omega(g(n))$$

리틀o^{little-o}와 리틀ω^{little-ω}라는 두 가지 표기법이 더 있다. 리틀o에서는 상한이 더 엄격하고(빅O에서 등식 조건이 제거됨) 리틀ω오메가에서는 하한이 엄격하다(빅Ω에서 등식 조건이 제거됨).

완전성^{completeness}이라는 개념도 알아보자. 문제 G가 H라는 클래스에 속하고 H 클래스의 모든 문제를 문제 G로 환원할 수 있으면 문제 G를 H 완전^{H-complete}하다고 말한다. 다시 말해 실행해서 문제 G를 풀 수 있는 서브루틴 S가 있으면 이 서브루틴으로 H에 속하는 어떠한 문제든지 풀 수 있으며, 이때 H의 모든 문제를 G로 환원할 수 있고 G는 H 완전하다고 말한다.

4.3 복잡도 클래스

먼저 고전적인 컴퓨팅에서 일반적으로 다루는 여러 가지 복잡도 클래스를 정의해보자.

P–다항 시간^{Polynomial time}: 다항 시간으로 풀 수 있는 문제. 즉, 고전적인 컴퓨터에서 합리적인 시간 내에 풀 수 있는 문제다. 예를 들면 $O(1)$, $O(\log(n))$, $O(n)$, $O(n \log(n))$, $O(n^2)$인 문제들이 P 클래스에 속한다. $\log(n)$이 n의 다항식은 아니어서 $O(\log(n))$은 다항 시간 문제 같지 않아 보이지만, $O(\log(n))$의 상한이 다항 시간 문제인 $O(n^2)$이기 때문에 P에 속한다.

PSPACE와 관련 복잡도 클래스
(출처: 위키미디어)

NP-비결정론적 다항 시간^{Non-deterministic Polynomial time}: 답이 '예'일 때는 언제나 답이 '예'라는 증거나 증명을 다항 시간 알고리즘으로 검증할 수 있는 문제가 NP 클래스에 속한다. 튜링 기계^{Turing machine}가 있는데, 다음에 바뀔 상태가 이전 상태에 의해 한 가지 상태로 결정되지 않는다고 상상해보자. 이런 식의 움직임을 통해 우연히 올바른 해를 우연히 발견한다면 이 해를 다항 시간에 검증하는 것은 가능하다.

문제 A가 NP 완전^{NP-Complete}하다는 것은 다음 두 조건과 필요충분조건이다.

(1) A가 NP에 속한다.
(2) 모든 NP 문제를 다항 시간에 A로 환원할 수 있다.

문제 A가 반드시 조건 (1)을 만족하지는 않더라도 조건 (2)를 만족하는 경우 A를 NP 난해^{NP-hard}하다고 한다.

복잡도 클래스 P가 NP와 동등한지 여부를 알아내는 문제는 클레이 수학 연구소^{Clay Mathematics Institute}에서 2000년에 선정한 세계 7대 난제^{Millennium Problems} 중 하나다. 각 문제에는 100만 달러의 상금이 걸려 있으며, 이 문제는 컴퓨터 과학과 가장 밀접한 관련이 있는 문제로서 가장 최근에 추가됐으며, 아직도 활발히 연구가 이뤄지고 있다.

예시 문제

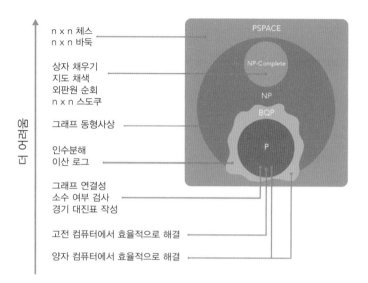

예측 중요도

- n x n 체스
- n x n 바둑
- 상자 채우기
- 지도 채색
- 외판원 순회
- n x n 스도쿠
- 그래프 동형사상
- 인수분해
- 이산 로그
- 그래프 연결성
- 소수 여부 검사
- 경기 대진표 작성
- 고전 컴퓨터에서 효율적으로 해결
- 양자 컴퓨터에서 효율적으로 해결

PSPACE / NP-Complete / NP / BQP / P

▲ 그림 4.2 복잡도 클래스 - 참고: 그래프 동형사상(graph isomorphism)이 P인지 여부는 미입증됨(출처: [2])

PSPACE−다항 공간^{Polynomial SPACE}: 시간이 아니라 메모리 자원에 초점을 맞춘다. PSPACE는 모든 인스턴스에 대한 전체 공간 사용량의 상한이 인스턴스 크기에 대해 다항식인 알고리즘으로 풀 수 있는 의사 결정 문제 클래스다. 다른 복잡도 클래스들을 고려한 맥락에서 PSPACE의 위치는 그림 4.2에서 확인하기 바란다.

BPP−유계 오차 확률적 다항 시간^{Bounded-error Probabilistic Polynomial time}: BPP는 P를 포함하는 클래스다. 많은 사람이 BPP = P라고 믿지만, 아직 증명하지는 못했다[3, Lecture 4]. BPP는 모든 인스턴스 중에 적어도 2/3 이상이 성공할 확률을 갖는(무작위 비트의 선택에 따라) 다항 시간 무작위 알고리즘이 존재하는 의사 결정 문제 클래스다. BPP의 핵심 아이디어는 경우에 따라 무작위 알고리즘이 같은 목표를 이루려는 결정론적 알고리즘보다 더 빠른 시간에 결과를 제공한다는 것이다. BPP에 속하는 문제는 다항 시간에 실행될 수 있는 결정론적 알고리즘이 있거나 다항 시간에 틀린 답을 1/3 이하로 내는 확률적 알고리즘이 있다.

1/3이라는 경계 값은 고정된 것은 아니다. 0보다 크고 1/2보다 작은 임의의 값을 하한으로 선택해도 되며, 그래도 BPP는 변하지 않는다. 실행을 많은 횟수만큼 거듭하면 각 실행 시 오차가 나올 확률은 낮기 때문이다. 이를 중심 극한 정리^{central limit theorem}로 설명할 수 있다.

이제 양자 컴퓨팅에서 등장하는 여러 복잡도 클래스를 살펴보자.

BQP-유계 오차 양자 다항 시간^{Bounded-error Quantum Polynomial time}: BQP는 고전 컴퓨팅의 BPP 클래스에 해당하는 양자 컴퓨팅의 복잡도 클래스다. 다항 시간에 실행할 수 있고 높은 확률로 올바른 결과를 얻을 수 있는 의사 결정 문제가 BQP에 속한다. BQP는 양자 컴퓨터에서 주의 깊게 다루는 주요한 복잡도 클래스다.

그림 4.2에서 볼 수 있듯이 BQP에 속하는 문제는 고전적인 컴퓨팅 체계에서는 해결하기 어렵다고 여겨지지만 양자 컴퓨터로는 유계 오차 다항 시간에 해결하기 용이하다고 여겨지는 문제들이다. "여겨진다"고 말한 이유는, 예를 들면 큰 수를 인수분해하는 문제와 같이 이러한 계산 문제가 아직 P에 속하는지 NP에 속하는지 증명되지 않았기 때문이다. 현재로서는 큰 수를 인수분해하는 고전 알고리즘이 없지만, 그런 알고리즘이 존재하지 않는다는 뜻은 아니다. 이와 같이 복잡도 이론가들은 P, NP, PSPACE, BQP의 정확한 위치 관계를 확실히 알지 못한다[161].

EQP-정확한 양자 다항 시간^{Exact Quantum Polynomial time}: 1의 확률로 올바른 답을 구하는 양자 회로로 풀 수 있는 의사 결정 문제들의 집합이다. 바꿔 말하면 EQP 클래스는 유계 오차의 여유 없이 1의 확률로 올바른 답을 낸다는 점만 빼고는 BQP와 동일하다[6].

양자 컴퓨터가 모든 NP 문제를 해결하기 용이하게 만드는 것은 아니다. 양자 컴퓨터를 잘 활용할 수 있는 구조를 가진 문제들만 양자 컴퓨터로 효율적으로 처리할 수 있다. 예를 들어 쇼어의 알고리즘^{Shor's algorithm}은 함수의 주기성을 활용해 큰 수를 인수분해하는 문제와 동등한 문제를 해결한다.

QMA-양자 멀린-아서[Quantum Merlin-Arthur] : QMA는 고전적인 컴퓨팅에서 비확률적 클래스 MA에 해당하는 양자 컴퓨팅의 복잡도 클래스다. 멀린-아서[MA, Merlin-Arthur] 문제에서 증명자(멀린)는 검증자(아서)에게 메시지를 보낸다. 고전적인 복잡도 클래스인 MA에서는 아서가 다항 시간에 메시지를 검증할 수 있다. QMA에 속하는 문제는 다음과 같은 특성을 지닌다[37].

- 대답이 '예'인 경우 검증자가 양자 컴퓨터에서 다항 시간에 실행 가능한 증명을 사용해 검증할 수 있는 확률이 2/3보다 크다.
- 대답이 '아니요'인 경우 검증자가 잘못된 결과로 증명을 기각할 수 있는 확률이 1/3보다 작다.

고전 복잡도 클래스와 양자 복잡도 클래스 비교표[2]

고전 복잡도 클래스	양자 복잡도 클래스
P	EQP
BPP	BQP
NP	QMA

4.4 양자 컴퓨팅과 처치-튜링 논제

이제 양자 컴퓨팅과 처치-튜링 논제[CTT, Church-Turing Thesis]의 관계를 살펴보겠다. 알론조 처치[Alonzo Church]와 앨런 튜링[Alan Turing]은 처음에 다음과 같은 추측[conjecture]을 전개했다.

---

2. 이 주제에 관심이 있는 독자는 복잡도를 모아놓은 '복잡도 동물원(Complexity Zoo)'이라는 목록을 참고하기 바란다[6].

4.1 처치-튜링 논제(CTT)

알고리즘이 어떤 하드웨어(이를테면 현대 개인용 컴퓨터)에서 수행될 수 있다면 그와 정확히 동일한 알고리즘을 수행하는 동등한 범용 튜링 기계^{Universal Turing Machine} 알고리즘이 존재한다[161, p. 5].

이 추측은 그다음에 알고리즘의 효율성을 고려하도록 개정됐다. 알고리즘의 효율성이란 알고리즘을 실행하는 데 사용되는 특정 자원을 정량화하는 것을 말한다. 이러한 분석에서 여러 알고리즘의 효율성을 비교할 때에는 일관성을 유지하는 것이 중요하다. 한 알고리즘의 단계 수를 분석한다면 비교하는 다른 모든 알고리즘도 마찬가지로 단계 수를 분석해야 하며, 분석 도중에 메모리 자원 등 다른 분석으로 빠져 버리면 안 된다. 알고리즘을 효율적으로 실행해야 한다는 추가 요건에 따라 강력 처치-튜링 논제^{SCTT, Strong Church-Turing Thesis}가 나오게 된다.

4.2 강력 처치-튜링 논제(SCTT)

범용 튜링 기계를 사용해 어떠한 알고리즘 절차든지 효율적으로 시뮬레이션할 수 있다[161, p. 5].

그다음에 연구자들은 SCTT에 대한 반례가 될 법한, 즉 무작위성을 활용하는 알고리즘들이 있다는 사실을 깨달았다. 예를 들면 솔로베이^{Solovay}와 스트라센^{Strassen}은 무작위성을 사용하는 알고리즘으로 소수인지 여부를 판별할 수 있음을 보였다[208]. 알고리즘을 유한한 횟수만큼 반복해 거의 확실하게 올바른 해를 얻을 수 있다.

나중에 소수 여부를 검사하는 효율적인 다항 시간 알고리즘이 있다는 것이 밝혀졌지만[8] 역사적으로는 무작위성을 활용한 알고리즘으로 이러한 작업을 할 수 있는 발단이 된 통찰이었고, 이러한 통찰은 SCTT의 개선으로 이어졌다. 이렇게 해서 SCTT가 개정되고 확장 처치-튜링 논제^{ECTT, Extended Church-Turing Thesis}가 나오게 됐다.

4.3 확장 처치-튜링 논제(ECTT)

확률적 튜링 기계$^{\text{Probabilistic Turing Machine}}$를 사용해 어떠한 알고리즘 절차든지
효율적으로 시뮬레이션할 수 있다[161, p. 6].

양자 계산으로 넘어가자. 양자 컴퓨터는 고전 컴퓨터보다 기하급수적으로 더 빨리 특정 문제를 해결할 수 있음을 입증함으로써 ECTT에 도전장을 낸다. 이는 어떤 범용 튜링 기계 혹은 확률적 튜링 기계가 어떤 주어진 알고리즘을 실행하는 데 있어 다른 컴퓨팅 장치를 시뮬레이션할 수 있다는 ECTT의 주장을 약화시킨다[10]. 드디어 아직도 유효한 ECTT의 양자 버전에 다다랐다.

4.4 양자 확장 처치-튜링 논제(QECTT)

결함 허용$^{\text{fault-tolerant}}$ 양자 컴퓨터를 통해 어떠한 실제 물리적 컴퓨팅 장치든
지 효율적으로 시뮬레이션할 수 있다.

양자 연산자와 회로, 복잡도 클래스 등의 기초를 갖췄으니, 이제 어떻게 물리적 양자 컴퓨터를 구축하는지 살펴보자.

2부

하드웨어와 응용

양자 컴퓨터 구축

양자 컴퓨터의 기본적인 작동 원리를 알아봤으니, 이제 이러한 장치를 물리적으로 실현하는 방법을 알아보자. 게이트 기반 양자 컴퓨터에는 다양한 아키텍처와 디자인이 있으며, 각각의 장단점이 있다. 5장에서는 양자 컴퓨팅 하드웨어의 주요 패러다임을 다룬다. 기술이 급속도로 변하고 있으므로 이 책의 온라인 사이트에 업데이트가 있는지 확인하기 바란다.[1]

앞으로 나올 각 아키텍처에는 시스템 제어를 위해 고전적인 컴퓨터가 필요하다. 예를 들면 초전도 큐비트 양자 컴퓨터는 그림 5.1과 같이 고전 컴퓨터를 통해 제어된다. 고전 컴퓨터에서 양자 회로 프로토콜을 고급 언어로 개발한 다음, 고전 컴퓨터에서 양자 시스템을 조작해 회로에 연산자를 적용할 수 있다. 측정 시 양자 컴퓨터의 출력은 고전적인 정보며, 이것은 해독이나 추가적인 처리를 위해 다시 고전 컴퓨터로 들어가게 된다.

---

1. 온라인 사이트: https://github.com/jackhidary/quantumcomputingbook
   한국어판 깃허브 사이트: https://github.com/jackhidary/quantumcomputingbook/tree/master/korean

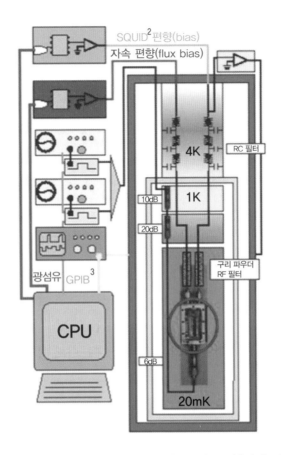

▲ 그림 5.1 초전도 양자 컴퓨터를 제어하는 고전 CPU(출처: [169])

어떤 계산에서 양자 컴퓨터가 담당하는 부분을 훨씬 더 큰 계산의 서브루틴^{subroutine}
으로 생각할 수 있으며, 대부분의 계산은 고전 컴퓨팅 체계에서 일어날 것이다. 예
를 들어 쇼어 알고리즘을 적용할 때 대다수의 작업은 고전 컴퓨터에서 수행되고
어려운 부분, 즉 주기 찾기 알고리즘(소인수분해와 동등한 문제)의 구현부만 서브루
틴으로 양자 컴퓨터에 넘겨진다. 그다음에 출력은 다시 고전 플랫폼에 통합된다.

---

2. 초전도 양자 간섭 소자(Superconducting QUantum Interference Device) – 옮긴이

3. 범용 인터페이스 버스(General Purpose Interface Bus) – 옮긴이

양자 컴퓨터 평가

양자 하드웨어에 많은 진전이 일어나고 있다. 이 분야에 일어난 공학적인 발전의 잠재력을 분석하는 데 유용한 체크리스트를 여기에 실었다.

1. **범용성**^{universality}: 양자 컴퓨터로 제시된 하드웨어 플랫폼에 관해 가장 먼저 묻는 질문은 튜링 완전인지, 혹은 범용인지 여부다. 예를 들면 장치가 범용이 아닌 어닐러^{annealer}[4]일 수도 있다. 2장에서 설명한 디빈센조의 판단 기준을 이용해 범용성을 테스트할 수 있다. 예를 들어 디빈센조 기준에 따르면 양자 컴퓨터에서는 큐비트별로 주소를 매길 수 있어야 한다. 원자들의 앙상블로 구성된 이준위계^{two-level system}가 있는데 큐비트별로 주소를 매길 수 없다면 이 계는 양자 컴퓨터 테스트를 통과하지 못할 것이다.

2. **충실도**^{fidelity}: 각 플랫폼의 큐비트 수만 따지고 싶은 마음이 들겠지만, 먼저 큐비트의 충실도에 대해 주의 깊게 검토하는 편이 좋다. 충실도는 계산을 거치고 나서 큐비트가 결맞음을 유지하는 능력을 나타내는 척도로, 구체적으로 $1 - $ 오차율로 계산한다. 계의 충실도를 따질 때에는 단일 큐비트 연산과 2큐비트 연산 시 큐비트의 충실도를 검토하는 것이 유용하다. 충실도는 $CNOT$과 같이 두 큐비트에 걸쳐 유지하는 것이 X 또는 Y와 같은 단일 큐비트 연산자를 적용할 때 유지하는 것보다 더 어렵다.

3. **확장성**^{scalability}: 아키텍처가 10^6큐비트 이상으로 확장 가능한가? 현재 단계에서 다수의 하드웨어 프레임워크에 걸쳐 NISQ 체제의 양자 컴퓨터를 만드는 이점이 있기는 하지만, 이러한 아키텍처에서 결함 허용 플랫폼을 이룰 수 있는지 살펴보는 것도 중요하다.

4. **큐비트**: 일단 위의 질문들을 고려하고 나면 큐비트 개수로 넘어갈 수 있다. 더 많은 수의 큐비트의 결맞음을 동시에 유지하는 것은 기술적인 난제다.

---

4. 최적화 해를 구하는 데 특화된 장치로 범용은 아니다. - 옮긴이

또한 최근접 연결 등 큐비트의 아키텍처별 제한 사항을 살펴보는 것이 중요하다. 예를 들어 일부 플랫폼에서는 인접한 두 큐비트에 대해 작용을 하면 누화^{crosstalk5}가 일어나 다른 인접한 큐비트들을 동시에 사용할 수 없다.

5. **회로 깊이**^{circuit depth}: 결맞음이 무너지기 전에 구현할 수 있는 연산수를 나타낸다. 10만 큐비트 컴퓨터가 있으면 멋지겠지만 결맞음을 잃기 전에 몇 가지 이상의 작업을 구현할 수 없다면 그 가치는 제한적일 것이다.

6. **논리적 연결성**^{logical connectivity}: 어떤 큐비트 쌍에 대해, 또는 특정 쌍에 한해 2큐비트 게이트를 구현할 수 있는가? 논리적 연결성이 제한적이면 좀 더 큰 연결성을 효과적으로 시뮬레이션할 수 있도록 논리 SWAP 연산을 알고리즘에 끼워 넣어야 한다. 연산자가 많을수록 노이즈와 오류의 가능성이 높아진다.

7. **클라우드 접근성**^{cloud access}: 클라우드를 통해 하드웨어를 쉽게 사용할 수 있는가? 대부분의 조직이 자체적으로 양자 컴퓨터를 구매하거나 구축할 것 같지는 않다. 그 대신 클라우드 접근을 제공하는 여러 학계와 상용 공급자에 의존할 것이다. 고려해야 할 기준으로는 계산 사이의 복귀 시간^{reset time}과 플랫폼이 서비스 수준 협약^{SLA, Service Level Agreement}을 충족할 수 있도록 유지하는 데 필요한 업무량 등이 있다.

서론은 이 정도로 하고 주요 양자 컴퓨터 아키텍처를 알파벳 순서로 살펴보겠다. 게시된 추가 논문과 업데이트에 대한 링크는 이 책의 온라인 사이트를 참조하기 바란다. 5장에 요약된 접근 방식의 추가적인 배경 지식을 살펴보려면 [126]을 보기 바란다.

---

5. 서로 다른 전송 선로상의 신호가 정전 결합, 전자 결합 등 전기적 결합에 의해 다른 회선에 영향을 주는 현상 – 옮긴이

중성 원자

중성 원자neutral atom는 양자 컴퓨팅에 흥미로운 접근법을 제시한다. 한동안 이온 트랩 연구가 진행돼 왔으나 좀 더 최근에는 여러 실험실에서 중성 원자의 앙상블을 제어하는 능력을 키워 왔다.

중성 원자의 계를 구현하고자 공학자들은 자기 광학 트랩MOT, Magneto-Optical Trap을 형성하려고 원자 앙상블 주위에 네 개의 레이저 빔을 설치하기도 한다. 실험실에서는 일반적으로 이 작업에 세슘Cs 또는 루비듐Rb 원자를 사용한다. 이 4중 레이저 시스템으로 원자를 제한함으로써 원자를 mK 온도[6]까지 식힐 수 있다. 저장체에 수억 개의 중성 원자가 있으므로, 적은 수의 중성 원자를 주소 지정이 가능한 배열로 옮길 수 있다(그림 5.2 참고).

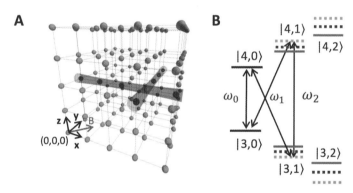

▲ 그림 5.2 A) 5x5x5 배열의 중성 원자의 주소 지정을 나타낸 그림. 각각의 주소 지정 빔(addressing beam)은 5마이크로초(μs) 이내에 어떠한 원자 라인으로든지 평행하게 옮겨질 수 있으며, 따라서 어떠한 지점이든 빔의 교차점이 될 수 있다. 주소 지정 빔은 원형으로 편광되며, 140밀리가우스(mG) 자기장이 동일한 평면에 있다. B) 대상 원자의 주소 지정을 위한(스케일링하지 않도록) 바닥상태 에너지 준위 구조의 관련 부분에서는 어떤 다른 원자의 AC 슈타르크 이동(AC Stark shift)[7]을 두 번 겪게 된다(이동이 주황색 점선으로 표시돼 있다). 즉, 저장 기저인 $|3, 0\rangle$과 $|4, 0\rangle$에서 시작해, 각기 ω_1로 공명한다. 계산 기저인 $|3, 1\rangle$과 $|4, 1\rangle$로 옮겨진 후에 각기 ω_2로 공명한다.(출처: [228])

---

6. 0.001K = −273.149 ℃ – 옮긴이

7. 외부 전기장에 의해 원자나 분자의 방출 스펙트럼 선이 움직이거나 여러 개로 갈라지는 효과를 슈타르크 효과(Stark effect)라고 하며, 이때 슈타르크 효과에 의해 선이 움직이는 양을 슈타르크 이동이라 한다. – 옮긴이

하버드 루킨 연구소[Lukin Lab at Harvard]는 중립 원자계에 대해 훌륭한 진전을 이뤘다[172, 133]. 펜 스테이트[Penn State]의 데이비드 바이스[David Weiss]와 그의 연구 팀도 중성 원자 플랫폼을 중점적으로 연구하고 슈테른-게를라흐[Stern-Gerlach] 실험[8]에서 영감을 얻어 중성 원자 실험을 시연했다[228, 238].

중성 원자계는 디빈센조의 양자 컴퓨터 판단 기준을 충족한다. 큐비트는 개별적으로 분리 가능하고 주소 지정을 할 수 있으며, 상태를 유지할 수 있고 상태 측정을 수행할 수 있다. 마크 사프먼[Mark Saffman]은 동료들과 함께 중성 원자계상의 게이트 구현에 대한 좋은 리뷰 논문을 내놓았다[193]. 이제 당면 과제는 그러한 시스템을 확장하는 것이다. 이에 대해서는 [232]의 리뷰 내용이 유용하니 참고하기 바란다.

5.3 NMR

초기에 양자 컴퓨팅을 실증한 일부 사례에서는 핵자기 공명[NMR, Nuclear Magnetic Resonance] 장치를 써서 스핀 큐비트를 이용했다. 추앙[Chuang]과 동료들은 액체 상태 NMR[LSNMR, Liquid-State NMR] 장비로 쇼어의 알고리즘을 이용한 숫자 15의 인수분해를 시연했다[219]. 15라는 수를 인수분해하는 것은 사소한 일이지만, 양자 원리를 물리적으로 실현 가능한 시스템에 적용해 계산을 할 수 있다는 사실을 입증한 초기 사례 중 하나였다. 그 후에 연구자들은 5.4절에서 설명할 질소-빈자리 중심[Nitrogen-Vacancy center]을 갖는 다이아몬드를 사용해 고체 상태 NMR[SSNMR, Solid-State NMR]로 실험을 수행했다. 많은 연구자가 NMR 플랫폼을 사용해 다양한 양자 컴퓨터 현상을 테스트하지만, NMR 플랫폼을 결함 허용[fault-tolerant] 양자 계산용으로 확장하기는 거의 불가능할 듯싶다. 그런 장치에는 수백만 개의 물리적 큐비트(수천 개의 논리적 큐비트로 변환됨)가 필요한데, 현재 구현된 NMR로는 그 정도의 규모에 사용하기가 현실적으로 불가능하다.

---

8. 오토 슈테른(Otto Stern)과 발터 게를라흐(Walther Gerlach)가 1922년에 실시한 실험으로, 원자의 스핀이 존재하며 그 스핀이 양자화돼 있다는 사실을 밝혀낸 실험 – 옮긴이

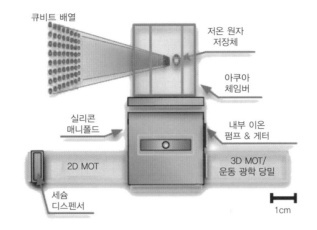

아쿠아셀(AQuACell) 측면도 · 아쿠아셀(AQuACell) 평면도

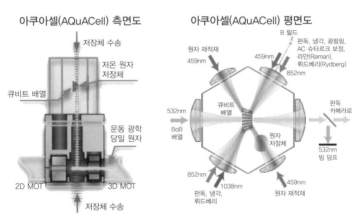

▲ 그림 5.3 중성 원자계 장비(출처: [14])

5.4 다이아몬드 내 NV 중심

다이아몬드 내 질소 빈자리 중심을 이용한 양자 컴퓨터 방법에서는 다이아몬드
격자에서 탄소 원자 두 개가 누락되고, 그중 하나가 질소 이온으로 대체된다. 그
결과로 얻게 되는 계에 큐비트 역할을 할 수 있는 상자성paramagnetic[9] 결함이 생긴다.

---

9. 외부의 자기장이 있으면 자성을 갖고, 외부의 자기장이 사라지면 자성을 잃는 성질 – 옮긴이

큐비트 상태를 마이크로파 장^{microwave field}으로 조작하고 광학적으로 판독할 수 있다. 많은 실험실에서 기본적인 NV 시스템을 실증해 보였다[195, 218].

질소를 섞는 대신 일부 실험실에서는 실리콘을 섞기도 했다[110, 76]. 재료들은 각각 고유한 장단점이 있다[53, 122]. NV 접근법에 대한 유용한 리뷰를 살펴보려면 [55, 71]을 참조하기 바란다.

연구자들은 현재 이 플랫폼상에서 2큐비트 연산자를 성공적으로 적용하는 방법을 연구하고 있다[135, 28, 171, 109].

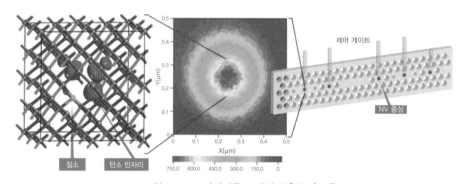

▲ 그림 5.4 NV 다이아몬드 개념도(출처: [173])

5.5 광자학

광자학^{photonics}을 게이트 기반 양자 컴퓨터를 구성하는 데 사용하기도 한다. 선형 광학 양자 컴퓨팅^{LOQC, Linear Optics Quantum Computing}에서는 선형 광학 요소들(거울, 빔 분할기^{beam splitter}, 위상 전이기^{phase shifter} 등)을 이용해 양자 정보를 처리한다[7, 120, 123]. 이러한 광학 요소들은 입력으로 들어오는 빛의 결맞음을 보존하며, 따라서 유한한 수의 큐비트에 유니타리 변환을 적용하는 것과 동등하다. 그러나 광자는 진공 상태에서 서로 상호작용하지 않는다. 다른 매질을 통해서만 간접적으로 상호작용할 수 있다.

2001년에 KLM(닐[Knill], 라플램[Laflamme], 밀번[Milburn])[120]은 단일 광자와 선형 광학, 광검출[photodetection]과 사후 처리를 이용해 확장 가능한 양자 컴퓨팅을 구현하는 방법을 제시했다. 이러한 요소들은 비선형 연산을 선형 광학 요소만으로 적용할 수 있게 한다[123]. 또한 일방향, 측정 기반 양자 컴퓨터[MBGC, Measurement-Based Quantum Computer] 혹은 클러스터 상태 양자 컴퓨터[cluster-state quantum computer][179, 180, 181, 182]라 불리는 패러다임도 있는데, 여기서는 먼저 고도로 얽힌 다중 입자 클러스터 상태를 준비한다. 그런 다음 양자 회로를 구현하고자 일련의 단일 큐비트 사영 측정[projective measurement]을 수행한다. 이전 측정 결과에 따라 뒤이은 모든 측정이 선택된다.

임의의 2큐비트 처리를 하려면 양자 컴퓨팅 회로 모델에서 연속적인 세 개의 얽힌 게이트와 동등한 것이 필요한데[101], 이는 실질적으로 자유 공간 양자 광학[free-space quantum optics]으로 구성하고 유지할 수 있는 복잡도를 넘어선다[143, 52]. 광자 칩[photonic chip]은 갖춰져 있는 실리콘 기반 인프라스트럭처를 활용해 LOQC를 소형화하고 비용을 절감할 수 있는 이점이 있다[201]. 브리스톨 대학[University of Bristol] 연구원들은 중국의 국방과기대[National University of Defense Technology] 연구원들과 함께 실리콘 광자 칩에 광자 양자 프로세서를 실증해 보였다. 이 프로세서는 두 개의 광자 큐비트를 생성하고 거기에 얽힘 연산을 비롯한 임의의 2큐비트 유니타리 연산을 수행한다[178]. 양자 프로세서는 성숙한 CMOS[Complementary Metal Oxide Semiconductor](상보형 금속 산화막 반도체)와 처리가 호환되도록 제작됐고, 200개 이상의 양자 컴포넌트로 이뤄진다. 이 프로세서는 서로 다른 98개 2큐비트 유니타리 연산을 평균 양자 처리 충실도 $93.2 \pm 4.5\%$로 구현하도록 프로그래밍됐다.

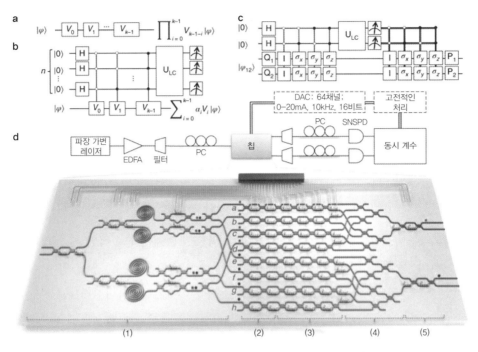

▲ 그림 5.5: 양자 정보 처리 회로와 실험 설정 개념도(출처: [178])

반도체 양자 트랜지스터

이 접근 방식으로 양자 계산을 할 때 문제는 결정론적 광자-광자 상호작용이 결여돼 있다는 것이다. 단일 광자로 광학 신호를 결정론적으로 제어하려면 양자 메모리와의 강한 상호작용이 있어야 한다. 양자 방출체^{emitter}에 결합된 나노 광자 구조가 콤팩트 고체 상태 장치에서 단일 광자 비선형성을 실현하는 매력적인 방법이 될 수 있다. 최근에 광자를 고체 상태 큐비트로 제어하는 것[16, 205, 30]뿐만 아니라 고체 큐비트를 광자로 제어[212]하는 데 있어서도 큰 진전이 있었다.

메릴랜드 대학교$^{University\ of\ Maryland}$와 공동 양자 연구소$^{Joint\ Quantum\ Institute}$의 연구원들은 반도체 칩을 사용한 고체 상태 양자 메모리에 힘입어 최초의 단일 광자 스위치와 트랜지스터를 실현했다[211]. 이 장치를 사용하면 한 광자를 다른 광자로 전환할 수 있으며, 따라서 강하고 제어된 광자-광자 상호작용을 만들어낼 수 있다. 이 장치는 나노 광자 공동nanophotonic cavity에 강하게 결합된 스핀 큐비트로 구성된다 (두안Duan과 킴블Kimble이 최초로 제안한 아이디어[72]). 이러한 상호작용은 반도체 멤브레인semiconductor membrane과 양자점quantum dot10들을 결합해 함께 배열의 가운데에 자리하게 한다. 이 배열은 광결정photonic crystal을 형성하는데, 광결정에는 트랩 주위에서 빛이 반사되는 브래그 반사 메커니즘Bragg reflection mechanism이 적용된다. 그러면 스핀 성질을 갖는 단일 전자를 이용해 양자점에 광자에 관한 정보를 저장할 수 있게 된다. 광자 손실이 광자 큐비트에 오차가 생기는 주요 원인을 차지할 것이므로, 양자 정보 처리에 적합한 확장성이 좋은 장치를 구성하려면 효율성을 더 높여야 할 것이다.

위상 광자 칩

위상 절연체topological insulator란 내부는 절연되지만 표면은 전도되는 별난 물질이다 [105, 177]. 위상 절연체는 일방향 전파, 노이즈에 대한 강건성robustness 등 주목할 만한 성질을 보인다. 이러한 물질의 상phase들을 발견한 이후로 집적 광자학integrated photonics을 이용해 여러 가지 위상학적 효과가 관찰됐다[138, 167, 240, 229, 99, 183, 100, 32, 153, 239, 54, 162, 134, 125, 221, 220, 244, 33, 154].

위상 광자학topological photonics은 강력한 자기장이 필요 없다는 장점이 있으며, 본질적으로 결맞음성이 높고, 실온에서 작동이 가능하고 조작이 쉽기 때문에 확장성 높은 양자 컴퓨터용으로 유망한 선택지다. 최근에 호주 RMIT 대학의 과학자들은 밀라노 공과대학Politecnico di Milano과 ETH 취리히Zurich의 연구원들과 협업해 양자 정보를 인코딩, 처리, 원격 전송하는 위상 광자 칩topological photonic chip을 개발했다[214].

---

10. 입자의 크기가 수 nm 수준으로 작아지면 입자의 전기, 광학적 성질이 크게 변하는데, 이러한 반도체 나노 입자를 양자점이라 한다. – 옮긴이

이들은 광자 칩을 사용해 93.1 ± 2.8% 가시도로 유명한 홍-오우-만델[HOM, Hong-Ou-Mandel] 실험을 재현함으로써 위상학적 상태가 양자 간섭을 받을 수 있다는 사실을 입증했다[112].

5.6 스핀 큐비트

실리콘 기반의 스핀 큐비트 기술로 대표되는 또 다른 양자 계산 방식도 있다. 일반적인 반도체 물질로 큐비트를 구성할 수 있다면 수십 년에 걸친 집적 칩 업계의 노하우를 활용해 시스템을 확장할 수 있을 것이다. 그러나 표준 CMOS 플랫폼상에서 안정적이고 주소 지정이 가능한 큐비트를 개발하는 것은 어려운 일이다. 초기 프로토타입이 시연됐지만, 성능을 높이면서 큐비트를 안정화하기가 어려웠다. 이러한 초기 시도에서는 한 쌍의 양자점이 실리콘 반도체 기판의 전통적인 CMOS 구성에서 원천[source]과 싱크[sink] 사이에 배치된다. 전체 장치를 희석 냉동기에 넣고 온도를 약 1K까지 낮춘다. 큐비트를 초전도화하는 데 필요한 온도보다는 훨씬 따뜻하다. 그런 다음 마이크로파 펄스를 사용해 유니타리 연산자를 큐비트에 적용한다[230].

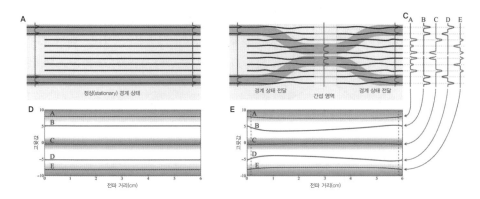

▲ 그림 5.6: 광자 경계 상태 빔 분할기. (A) 위상학적인 정상 경계 상태(빨갛게 음영된 부분)를 장치의 가장자리에서 전파되게 구현한 도파관(waveguide)[11] 배열을 나타낸 그림. 경계 상태가 배열 내부에서 전파되는 동안 보존되는지 확인하는 데 사용된다. (B) 두 위상학적 경계 상태가 간섭을 일으키는 위상 빔 분할기(TBS, Topological Beam Splitter)를 구현한 도파관 배열을 나타낸 그림. (C) 두 장치의 시작과 끝 부분 배열의 광자 슈퍼모드(고유벡터(eigenvector)).[12] (D, E) 배열의 길이(A, B)에 따른 띠 구조(고유에너지(eigenenergy)). 빨간색으로 강조 표시한 띠가 위상학적 띠(B, D), 파란색으로 음영 처리된 띠가 내부 띠(A, C, E)다.(출처: [214])

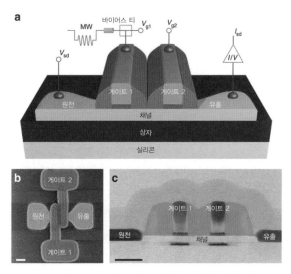

▲ 그림 5.7: 스핀 큐비트 실험 시스템(출처: [145]

---

11. 마이크로파 이상의 높은 주파수를 지닌 전기 신호나 전기 에너지를 전하는 데 쓰는 가운데가 빈 금속관 – 옮긴이
12. 모드(mode)는 도파관에서 전자파가 진행하는 형태를 의미하며, 도파관의 형태에 따라 결정된다. 슈퍼모드
(supermode)는 결합 멀티코어 광섬유(coupled multi-core fiber) 구조에서 발생하는 결합된 모드다[214]. – 옮긴이

인텔^{Intel}, HRL 연구소$^{HRL\ Laboratories}$뿐만 아니라 캠브리지 대학교$^{Cambridge\ University}$), 델프트 공과대학교$^{Delft\ University\ of\ Technology}$, 하버드, 뉴 사우스 웨일스 대학교$^{UNSW,\ University\ of\ New\ South\ Wales}$의 연구실에서 실리콘 기반 스핀 큐비트 접근 방식을 연구하고 있다.

5.7 초전도 큐비트

초전도 큐비트$^{superconducting\ qubit}$로 양자 컴퓨터를 구축하는 그룹들도 여럿 있다. 설계의 핵심 부분은 조지프슨 접합$^{Josephson\ junction}$을 이용해 쿠퍼 쌍$^{Cooper\ pair}$으로 만든 큐비트를 기반으로 한다[42]. 큐비트를 제어하고자 마이크로파 리드$^{microwave\ lead}$가 큐비트에 부착된다. 제어하는 동안 물리적인 큐비트에 특정 마이크로파 주파수 펄스를 전송함으로써 사용자는 여러 유니타리 연산자를 적용할 수 있다. 이러한 시스템을 작동시키려면 전체 장치를 10mK 미만으로 냉각해야 한다. 또한 결어긋남을 일으킬 수 있는 자기장이나 다른 요인들로부터 시스템을 보호해야 한다.

NAS[13] 보고서에 다양한 유형의 초전도 큐비트가 다음과 같이 요약돼 있다[159, C-1쪽].

> **주파수 고정(fixed-frequency) vs. 주파수 조정 가능(frequency-tunable):** 주파수 조정 가능 큐비트는 제작 과정에서 발생하는 차이 혹은 장치 노화의 결과로 인해 큐비트 주파수 변동이 발생했을 때 이를 보정하고 바로잡을 수 있다. 하나의 마이크로파 톤(tone)으로 여러 큐비트를 제어할 수 있어 하드웨어 비용을 절감할 수 있다는 이점이 있다. 이러한 이점을 얻으려면 주파수를 조정하는 제어 신호가 추가로 필요하며 노이즈가 큐비트로 들어가는 추가 경로가 더해진다. 오늘날 디지털 초전도 양자 컴퓨팅에 가장 널리 사용되는 두 가지 큐비트는 '트랜스몬 큐비트(transmon qubit)'와 '자속 큐비트(flux qubit)'다. 트랜스몬 큐비트는 조정이 불가능한 단일 접합 형태와 조정이 가능한 이중 접합 형태가 있다. ... 두 트랜스몬 설계 모두 최첨단 기술에 사용되고 있다.

---

13. 미국 국립 과학 아카데미(National Academy of Sciences) - 옮긴이

정적 결합(static coupling) vs. 조정 가능 결합(tunable coupling): 큐비트 간의 정적 결합, 예를 들어 상호작용을 중재하려고 축전기(capacitor) 또는 유도기(inductor)를 사용하는 경우에 해당하는 정적 결합은 설계상 고정되는 '항상 켜져 있는(always-on)' 결합이다. 두 큐비트를 공명시키면 '켜지고' 공명을 해제하면 꺼진다. 그러나 꺼진 상태라 하더라도 여전히 작은 잔류 결합(residual coupling)이 남아 있다. 두 큐비트 사이에 다른 결합기 큐비트(coupler qubit)나 공명기(resonator)를 세 번째 객체로 추가하면 이러한 조정을 더 줄일 수 있다. 그런 다음 두 큐비트와 공명기를 적절한 주파수로 조정하면 두 큐비트가 결합된다.

구글, IBM, 리게티^{Rigetti}, QCI[14]를 비롯해 여러 그룹이 초전도 큐비트 양자 컴퓨터를 연구하고 있다(그림 5.8 참조)[165, 190]. 이 책의 깃허브 사이트에서 이 분야의 최신 정보를 확인하기 바란다. 크란츠^{Krantz}와 동료들은 초전도 큐비트를 이용한 접근법에 관한 유용한 리뷰 논문을 내놓았다[124].

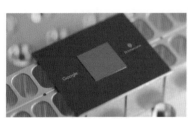 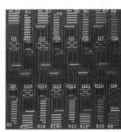 

▲ 그림 5.8: 초전도 프로세서(왼쪽부터 오른쪽 방향): 구글, IBM, 리게티(Rigetti)[15](출처(왼쪽부터 오른쪽 방향): 구글, [113], [241])

---

14. 미국의 양자 컴퓨팅 기업인 퀀텀서킷(Quantum Circuits, Inc.) - 옮긴이
15. 양자 컴퓨터 개발 스타트업 회사 - 옮긴이

위상학적 양자 계산

앞서 다룬 플랫폼 외에도 양자 컴퓨팅 장치를 구축하려는 다른 시도가 많았다. 위상학적 접근 방식은 애니온^{anyon}의 독특한 성질을 활용한다. 애니온은 2차원 준입자^{quasiparticle}로, 보손(예를 들어 광자)도 아니고 페르미온(예를 들어 전자)도 아니다. 4D 시공간에서 애니온의 진로를 꼬아서 이론적으로 결어긋남 효과에 크게 영향받지 않는 계를 이론적으로는 구축할 수 있다(그림 5.9 참조). 이는 계가 가진 꼬임 특성 때문으로 계에 일련의 미동이 있더라도 계의 위상은 변하지 않게 되며, 따라서 결맞음을 유지하며 양자 계산을 계속할 수 있다. 이러한 접근법의 더 자세한 내용을 보려면 로이^{Roy}와 디빈센조^{DiVincenzo}의 논문을 참조하기 바란다[192].

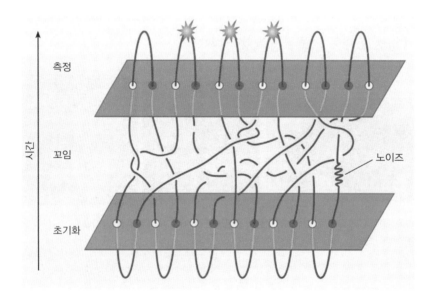

▲ 그림 5.9: 위상학적 컴퓨팅을 위한 꼬임 애니온(braided anyons)(출처: [204])

알렉세이 키타예프^{Alexei Kitaev}는 란다우 이론 물리 연구소^{Landau Institute of Theoretical Physics}에 있을 당시 처음으로 위상학적 양자 컴퓨팅에 관한 아이디어를 제안했다[119]. 프리드맨^{Freedman}과 키타예프 및 동료들은 이러한 위상학적 컴퓨터가 튜링 완전할 것임을 입증했다[90]. 프리드맨과 다른 연구자들은 마이크로소프트에서 위상학적 양자 컴퓨터를 물리적으로 실현하기 위한 연구 프로그램을 시작했다. 이에 관한 동향 조사 논문을 살펴보려면 [127]을 참조하기 바란다.

5.9 이온 트랩

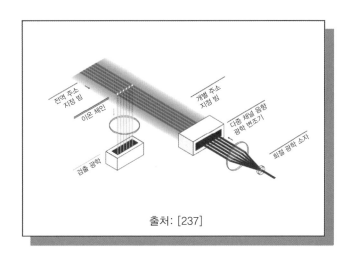

출처: [237]

이온 트랩 방식에서는 이테르븀[ytterbium] 원자(또는 다른 원소)를 레이저로 이온화해 전기 퍼텐셜[electric potential]16에 가둬 큐비트 라인을 형성한다. 그런 다음 큐비트의 상태를 측정할 때에는 추가적인 레이저를 사용한다. 이온 트랩 시스템의 지지자들은 다른 여러 접근 방식과 달리 시스템을 mK 범위로 냉각시키지 않고도 시스템을 가동할 수 있는 능력을 그 이유로 든다. 시랙[Cirac]과 졸러[Zoller]는 이 분야에서 선구적인 연구를 했다[59]. 메릴랜드 대학교 칼리지 파크 캠퍼스[University of Maryland, College Park]의 크리스 먼로[Chris Monroe]와 듀크 대학교[Duke University]의 김정상 교수는 이 분야에서 활발히 활동하면서 여러 가지 진척 사항을 발표했다[12, 21]. 그 외에도

---

16. 일정한 세기를 가진 전기장에서 전하가 갖는 전기적 에너지로, 일반적으로 전위라고 하면 이를 가리킨다. – 옮긴이

NIST[35], 옥스퍼드^{Oxford}[139], 인스브루크^{Innsbruck}[92], MIT[131], ETH[86] 등 여러 그룹이 이에 관한 연구를 수행하고 있다.

그림 5.10은 이온 트랩 시스템에서 실현 가능한 두 가지 유형의 큐비트, 즉 광학 큐비트^{optical qubit}와 초미세 큐비트^{hyperfine qubit}를 자세히 보여준다. 광학 큐비트는 바닥 준안정 상태^{ground metastable state} 간의 에너지 준위차를 활용한다. 초미세 큐비트는 서로 다른 두 바닥상태를 구별한다. 이온 트랩 방식에 대한 유용한 리뷰 논문을 살펴보려면 [50]과 [159]를 참조하기 바란다.

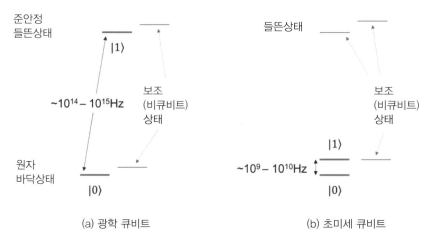

(a) 광학 큐비트　　　　　　　　(b) 초미세 큐비트

▲ 그림 5.10: 원자 이온 큐비트. (a) 광학 큐비트는 원자 바닥상태 하나와 준안정 들뜬상태 하나로 이뤄지며, 약 1014 내지 1015Hz에서 구분된다. (b) 초미세 큐비트는 바닥상태 둘로 이뤄지며, 약 109 내지 1010Hz에서 구분된다. 일반적으로 들뜬상태를 써서 큐비트 조작 연산을 지원한다. 두 경우 모두 큐비트를 나타내기로 정한 상태 이외에 바닥상태, 들뜬상태, 준안정 들뜬상태인 다른 (보조) 상태가 있다.(출처: [159, 부록 B])

요약

연구자들은 결함을 허용하며 확장성 좋은 범용 양자 컴퓨터를 만들고자 다양한 아키텍처를 탐구하고 있다. 양자 컴퓨팅 하드웨어 분야는 지금 시기가 고전적인 컴퓨팅의 1940년대 내지 1950년대와 가장 비슷할 것이다. 현재 연구 그룹들은 아직 어떤 아키텍처가 확장 가능하고 이러한 플랫폼으로 해결할 수 있는 문제의 종류가 어떤 것인지 파악하고 있다. 양자 하드웨어 개발은 앞장서고 있는 전 세계의 학계와 업계 연구자 커뮤니티의 혜택을 받아 더 빠른 속도로 발전할 것이다.

그림 5.11을 보면 우리가 10^2에서 10^3큐비트인 NISQ 시대에 살고 있다는 것이 드러난다. 우리는 완전한 오류 정정 양자 컴퓨터를 구축하고자 10^6큐비트에 도달하는 것을 목표로 삼고 있다. 현재 양자 오류 정정 기술에는 논리적 큐비트마다 약 1,000개의 물리적 큐비트가 필요하다. 쇼어 알고리즘이나 여러 중요한 알고리즘에는 적어도 수천 개의 논리적 큐비트가 필요하기 때문에 이 목표를 실현하려면 10^6 내지 10^7 체계에 있어야 할 것이다.

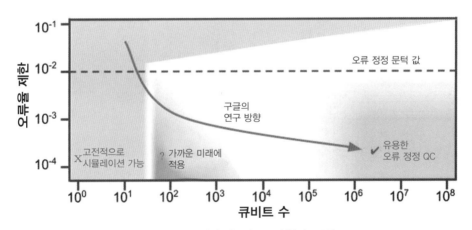

▲ 그림 5.11: 양자 컴퓨팅 로드맵(출처: 구글)

양자 컴퓨팅 하드웨어에 대한 다양한 접근 방식을 둘러봤으니 이제 양자 컴퓨터 개발 플랫폼과 소프트웨어로 넘어가자.

양자 컴퓨터 프로그래밍용
개발 라이브러리

양자 컴퓨팅에 대한 관심이 높아지면서 양자 컴퓨팅용 개발 라이브러리와 개발 도구의 수가 증가하고 있다. 파이썬^{Python}, C/C++, 자바^{Java}를 비롯해 모든 주요 언어에 개발 환경과 시뮬레이터가 존재한다. 전체 리스트는 이 책의 웹 사이트에서 볼 수 있다.

주요 양자 컴퓨터 연구 센터들은 대부분 양자 회로를 구축하는 언어로 파이썬을 선정해 주로 사용하고 있다. 파이썬을 선정한 이유 중 하나는 프로그래머가 형식적인 세부 사항에 너무 많이 신경 쓸 필요 없이 해결하려는 문제에 집중할 수 있는 유연한 고급 언어라는 점이다. 예를 들어 파이썬은 동적 타입 언어이며(변수 타입을 프로그래머가 선언할 필요가 없음), 인터프리터 언어다(바이너리 실행 파일로 사전 컴파일 할 필요가 없음). 이를 비롯한 여러 이유로 인해 파이썬은 새로운 사용자에게 비교적 쉬운 학습 곡선을 갖고 있으며, 양자 컴퓨터 커뮤니티에서도 이미 강력한 지지를 받고 있다.

6장에서는 양자 컴퓨터 프로그래밍 라이브러리가 어떻게 작동하는지 개략적으로 알아보고 각 프레임워크에 대한 예시 코드들을 살펴본다. 다음 장들에서 이러한 라이브러리들을 써서 알고리즘을 구현한 예시 코드들을 더욱 자세히 살펴볼 것이다. 이러한 양자 개발 라이브러리에는 이 책에서 다루는 주요 단항 연산자와 이항 연산자에 해당하는 메서드가 모두 들어 있다. 일부 라이브러리에서는 삼항 연산자에 해당하는 내장 모듈을 제공하기도 하며, 라이브러리에서 제공하지 않으면 이러한 모듈을 만들면 된다.

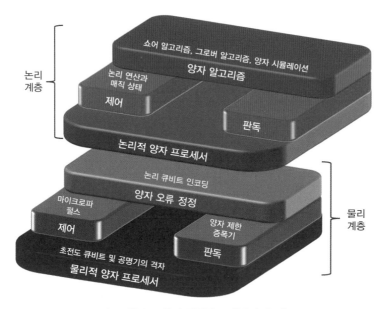

▲ 그림 6.1: 양자 컴퓨팅 스택(출처: [94])

그림 6.1은 양자 컴퓨팅 스택의 개념도인데, 최상위 단계인 양자 알고리즘과 응용에서부터 양자 컴퓨터의 물리적 구현 단계까지 보여주고 있다. 그 사이에 제어, 판독, 그리고 향후에 들어갈 양자 오류 정정 모듈과 같은 여러 구성 요소가 자리 잡고 있다. 양자 프로그래밍 언어^{QPL, Quantum Programming Language}는 스택의 최상위 층과 인터페이스하는 데 사용된다[129]. 양자 언어는 어떤 게이트가 어떤 큐비트에 수행될지 나타내는 저수준 명령어로 구성된다. 이를 손수 프로그래밍하는 일은 매우

지루하기 때문에 양자 컴퓨터 프로그래밍을 할 때에는 개발 라이브러리를 이용해 고급 양자 프로그래밍 언어로 인터페이스한다.

함수형 언어functional language와 명령형 언어imperative language를 비롯해 많은 QPL이 나와 있다. 함수형 언어로는 키스킷Qiskit, 리퀴드LIQUil>1, Q#, 퀴퍼Quipper 등이 있다. 양자 컴퓨터 프로그래밍용 명령형 언어로는 서큐Cirq, 스캐폴드Scaffold, 프로젝트 QProjectQ 등이 있다. 양자 컴퓨팅용 오픈소스 프레임워크에 대한 유용한 리뷰 논문을 보려면 [85]를 참고하기 바란다.

6.1 양자 컴퓨터와 양자 컴퓨팅 시뮬레이터

클라우드 양자 컴퓨터를 사용하면 실제 양자 하드웨어에서 알고리즘을 실행할 수 있는데, 여기에 개발 라이브러리가 제 몫을 한다. 코드를 양자 컴퓨터에서 실행하기 전에 먼저 테스트할 용도로 대부분의 양자 컴퓨터 프레임워크에서는 고전 컴퓨터에서 실행되는 양자 컴퓨팅 시뮬레이터를 제공한다. 시뮬레이터는 로컬에서 실행할 수도 있고 클라우드에서 실행할 수도 있다. 물론 시뮬레이터는 고전 컴퓨터에서 실행되므로 실제 양자 상태를 처리할 수는 없지만, 코드 구문과 흐름을 테스트하는 데 유용하다.

양자 회로를 고전적으로 시뮬레이션하는 다양한 기법이 있는데, 전부 고전적인 메모리의 '기하급수적 폭발exponential explosion' 문제로 어려움을 겪는다. n 큐비트 시스템의 가장 일반적인 상태를 저장하려면 이 시스템의 파동 함수에 대해 2^n가지 복소수를 모두 저장해야 한다. 저장하는 데 얼마나 많은 메모리가 필요할까? 간단히 설명하기 위해 각 복소수를 저장하는 데 1바이트를 사용한다고 가정하자. 그러면 $n = 30$ 큐비트인 경우 2^{30}바이트, 즉 기가바이트gigabyte 만큼의 메모리가 필요하

---

1. 맨 뒤에 있는 |〉는 D를 디랙 표기법 기호를 이용해 표기한 것이다. - 옮긴이

다. $n = 40$이라면 테라바이트^{terabyte}만큼의 메모리가 필요하고, $n = 50$인 경우에는 페타바이트^{petabyte}가 있어야 한다. 큐비트 수가 그리 많지 않는 경우에도 필요한 메모리양이 이미 오늘날 최고의 슈퍼컴퓨터의 한계에 다다르고 있다. 좀 더 큰 시스템을 시뮬레이션하는 일은 파동 함수를 기록할 메모리가 충분하지 않기 때문에 바랄 수가 없다.

양자 컴퓨터를 시뮬레이션하는 가장 기본적인 방법은 양자 회로가 단순히 파동 함수 $|\psi\rangle$에 대한 유니타리 변환 U를 나타낸다는 사실을 이용하는 것이다. 그러면 양자 컴퓨팅 시뮬레이터 알고리즘에서는 그냥 다음과 같이 행렬 곱셈을 해서 결과 상태 $|\psi'\rangle$를 얻으면 된다.

$$|\psi'\rangle = U\,|\psi\rangle$$

이 방법을 사용할 때 유의할 점은 (파동 함수를 저장하는 것 이외에) $2^n \times 2^n$ 행렬인 회로의 전체 유니타리 행렬을 메모리에 저장해야 한다는 것이다.

이러한 메모리 필요량을 개선하는 방법으로 파동 함수만 저장한 다음 1큐비트 게이트와 2큐비트 게이트를 파동 함수에 개별적으로 적용해 작동하는 방법이 있다.

다음의 단일 큐비트 게이트를 i번째 큐비트에 적용한다면

$$G = \begin{bmatrix} G_{11} & G_{12} \\ G_{21} & G_{22} \end{bmatrix}$$

i번째 비트의 인덱스가 다른 진폭 α 각각에 행렬 곱을 적용한다[91, 206].

$$\alpha_{*\cdots*0_i*\cdots*} = G_{11}\alpha_{*\cdots*0_i*\cdots*} + G_{12}\alpha_{*\cdots*1_i*\cdots*}$$
$$\alpha_{*\cdots*1_i*\cdots*} = G_{21}\alpha_{*\cdots*0_i*\cdots*} + G_{22}\alpha_{*\cdots*1_i*\cdots*}$$

여기서 0 또는 1에 있는 아래 첨자 i는 이 인덱스가 i번째 위치임을 나타내며, 별표 (*)는 방정식의 양변끼리 서로 같은 인덱스를 나타낸다. 2큐비트 게이트에 대해서도 이와 유사한 업데이트 방정식이 존재한다. 이때 이 '상태 벡터' 또는 '파동 함수' 시뮬레이터에 대한 알고리즘은 회로의 모든 단일 큐비트 게이트와 2큐비트 게이트에 대해 반복하면서 적절한 업데이트 방정식을 적용하는 과정으로 이뤄진다.

다른 유형의 양자 컴퓨팅 시뮬레이터도 있다. 예를 들어 클리포드^{Clifford} 회로 시뮬레이터는 수백 내지 수천 큐비트를 효율적으로 시뮬레이션할 수 있다. 그러나 3장에서 설명했듯이 이러한 회로들은 범용이 아니다. 6장에서는 범용 양자 컴퓨터와 양자 컴퓨팅 시뮬레이터 프로그래밍에 초점을 맞춘다. 프로그램이 양자 백엔드 ^{backend}로 전달되면 먼저 컴퓨터가 실제로 구현할 수 있는 게이트들로 컴파일된다. 컴파일하고 나면 프로그램은 컴퓨터에 전달되는 양자 어셈블리^{quantum assembly}나 명령어 언어^{instruction language} 같은 저수준 언어로 표현된다. 가장 낮은 수준에서는 게이트가 큐비트에 작용하는 물리 연산들로 구현된다. 이러한 물리 연산에는 마이크로파 펄스, 레이저 펄스, 그 외에 큐비트에 작용하는 여러 상호작용 등이 있으며, 큐비트가 물리적으로 어떻게 구현됐는지에 따라 달라진다.

6.2 서큐

서큐(Cirq) 개요

기관	구글
최초 릴리스	v0.1, 2018년 4월 17일
오픈소스 여부	예
라이선스	아파치 2.0
깃허브	https://github.com/quantumlib/Cirq
설명 문서	https://cirq.readthedocs.io/en/stable/
OS	맥, 윈도우, 리눅스
고전 언어	파이썬

▲ 그림 6.2: 서큐 개발 라이브러리 개요([129]의 내용을 허락 받고 수정함)

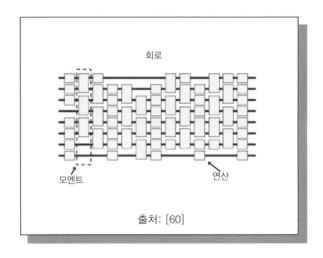

서큐[Cirq]는 구글의 양자 컴퓨팅 개발 라이브러리다. 서큐를 이용해 이 책에서 다룬 모든 일반적인 단항, 이항, 삼항 연산자로 구성된 양자 회로를 구축하고 실행할 수 있다. 이 책 전반에 걸쳐 대부분의 예시 코드에 서큐를 사용할 것이다.

이 언어에 익숙해지도록 서큐로 작성한 예시 프로그램을 다음에 실었다[60]. 이 프로그램은 큐비트가 하나인 양자 회로를 생성하고 *NOT* 연산자를 수행한 다음 측정을 하는 프로그램이다. 회로를 여러 번 시뮬레이션해서 측정 결과를 콘솔에 표시한다. 전체 프로그램은 다음과 같다.[2]

```python
""" 간단한 Cirq 프로그램 """

# Cirq 패키지 임포트
import cirq

# 큐비트 선택
qubit = cirq.GridQubit(0, 0)

# 회로 생성
circuit = cirq.Circuit.from_ops([
    cirq.X(qubit),                # NOT 연산자
    cirq.measure(qubit, key='m')  # 측정
    ]
)

# 회로 표시
print("회로:")
print(circuit)

# 회로를 실행할 시뮬레이터 획득
simulator = cirq.Simulator()

# 회로를 여러 번 시뮬레이션
result = simulator.run(circuit, repetitions=10)

# 결과 출력
print("결과:")
print(result)
```

---

2. 6장에 나오는 프로그램들은 각 개발 라이브러리의 최신 릴리스에서 작동하는 버전이 이 책의 깃허브 페이지에 있으니 확인하기 바란다.

이 회로에서는 먼저 그리드 패턴으로 큐비트를 설정한다. 서큐에서는 근래에 가장 많이 사용되는 선형 큐비트 배열과 2차원 큐비트 배열을 모두 지원하므로, 필요한 경우 선형으로 큐비트를 설정할 수도 있다. 그런 다음 *NOT* 연산자를 큐비트에 적용한다. 큐비트가 이전에 $|0\rangle$ 상태였으면 이제 $|1\rangle$ 상태가 되며, 그 반대도 마찬가지다. 그런 다음 큐비트를 측정해 측정 결과의 고전적인 비트를 출력한다. 측정 연산에 키워드 인자 key='m'을 넣으면 cirq.TrialResult 클래스의 histogram 메서드를 사용해 측정 결과에 쉽게 접근할 수 있다는 점도 알아두기 바란다. 여기서는 간단한 프로그램이라 필요하지 않지만, 좀 더 복잡한 프로그램에서는 유용한 도구가 될 수 있다.

그 뒤에 나오는 코드 몇 줄은 양자 컴퓨팅 시뮬레이터를 획득한 후 회로를 열 번 실행하는 부분이다. 그다음 회로를 실행한 결과를 화면에 출력한다. 이 프로그램을 실행한 출력 결과의 예는 다음과 같다.

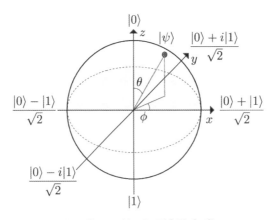

▲ 그림 6.3: 블로흐 구(출처: [93])

```
회로:
(0, 0): ---X---M('m')---
결과:
m=1111111111
```

114

회로는 서큐에서 회로를 그리는 표준에 따라 ASCII 텍스트로 표시되며, 결과는 일련의 이진수로 나온다. 예상한 대로 노이즈 없는 양자 컴퓨팅 시뮬레이터의 모든 측정 결과는 1과 같다. 마지막으로 측정 결과 문자열에 측정 키 m이라는 레이블이 측정 연산에 키워드 인자를 넣은 대로 붙는다는 점을 알아둔다.

이 회로에서 X 연산자를 적용한 것을 블로흐 구$^{Bloch\ sphere}$상에 나타낼 수 있다(그림 6.3 참고). 블로흐 구는 극점에서 $|0\rangle$과 $|1\rangle$의 계산 기저 상태를 나타낸다는 점을 기억해보자. $|0\rangle$으로 준비된 상태에 X 게이트를 적용하면 큐비트가 $|1\rangle$ 상태로 바뀐다. 그런 다음 아다마르 게이트를 적용하면 블로흐 구상에 다음에 해당하는 수평 벡터로 새로운 큐비트 상태를 나타낼 수 있다.

$$\frac{|0\rangle - |1\rangle}{\sqrt{2}}$$

연산자가 많은 회로의 경우 큐컨트롤$^{Q\text{-}Ctrl}$ 사이트(또는 안내 웹 사이트에 나열된 다른 사이트들)에서 동적 블로흐 구 시뮬레이션 소프트웨어를 사용해 유니타리 변환을 시각화할 수 있다.

6.3 키스킷

키스킷^{Qiskit}은 양자 정보 과학 킷$^{Quantum\ Information\ Science\ Kit}$을 줄인 말로, IBM에서 만든 양자 컴퓨팅 개발 라이브러리다. 키스킷 개발 라이브러리는 양자 컴퓨터 프로그래밍용 유연한 프레임워크로, 양자 컴퓨팅 스택에 걸쳐 나뉜 네 가지 핵심 모듈로 구성된다.

키스킷(Qiskit) 개요

기관	IBM
최초 릴리스	0.1, 2017년 3월 7일
오픈소스 여부	예
라이선스	아파치 2.0
홈페이지	https://qiskit.org/
깃허브	https://github.com/Qiskit
설명 문서	https://qiskit.org/documentation/
OS	맥, 윈도우, 리눅스
고전 호스트 언어	파이썬
양자 언어	OpenQASM

▲ 그림 6.4: Qiskit 개발 라이브러리 개요([129]의 내용을 허락 받고 수정함)

- **키스킷 테라**[Qiskit Terra]: 회로와 펄스 수준에서 양자 프로그램을 작성하고 특정 물리 양자 프로세서의 제약 조건에 맞게 최적화하기 위한 핵심 요소를 제공하는 모듈이다.
- **키스킷 에어**[Qiskit Aer]: 노이즈 모델을 생성해서 실제 장치에서 수행하는 동안 발생하는 오차를 고려한 현실적인 노이즈 있는 시뮬레이션을 수행하기 위한 C++ 시뮬레이터 프레임워크와 도구를 제공하는 모듈이다.
- **키스킷 이그니스**[Qiskit Ignis]: 양자 회로와 장치의 노이즈를 이해하고 완화하기 위한 프레임워크다.
- **키스킷 아쿠아**[Qiskit Aqua]: 근래의 양자 컴퓨팅 응용을 구축할 수 있는 교차 도메인 양자 알고리즘 라이브러리를 포함하는 모듈이다.

이 책을 쓰는 시점에는 아쿠아[Aqua]를 제외한 모든 구성 요소가 키스킷과 함께 자동으로 설치되고 있다. 아쿠아 모듈은 별도로 설치할 수 있으며 핵심 키스킷 라이브

러리가 작동하도록 설치돼 있어야 한다. 키스킷의 코딩 문법을 보여주고자 앞서
서큐에서 살펴본 것과 동일한 예시 프로그램을 실었다.

```python
""" 간단한 Qiskit 프로그램"""

# Qiskit 패키지 임포트
import qiskit

# 큐비트 하나짜리 양자 레지스터 생성
qreg = qiskit.QuantumRegister(1, name='qreg')

# 큐비트 하나짜리 고전 레지스터 생성
creg = qiskit.ClassicalRegister(1, name='creg')

# 위의 레지스터로 양자 회로 생성
circ = qiskit.QuantumCircuit(qreg, creg)

# 큐비트에 NOT 연산 추가
circ.x(qreg[0])

# 큐비트에 대한 측정 추가
circ.measure(qreg, creg)

# 회로를 표시
print(circ.draw())

# 실행할 백엔드 획득
backend = qiskit.BasicAer.get_backend("qasm_simulator")

# 백엔드에서 회로를 실행하고 측정 결과 획득
job = qiskit.execute(circ, backend, shots=10)
result = job.result()

# 측정 결과 출력
print(result.get_counts())
```

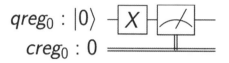

이 키스킷 프로그램은 서큐 프로그램과 흡사하며, 언어 설계나 문법, 표기법으로 인한 약간의 차이만 있다. 이 프로그램은 키스킷 개발 라이브러리를 임포트한 후 큐비트 하나짜리 양자 레지스터와 고전 레지스터를 선언한 다음 이를 사용해 회로를 만든다. 서큐와 어떻게 다른지 주의하자. 서큐에서는 (1) 고전 레지스터를 명시적으로 생성하지 않으며, (2) 연산을 추가할 때만 회로에서 큐비트를 참조한다. 키스킷 프로그램을 계속 살펴보면 그 뒤에 회로에 알맞은 연산(NOT과 측정)을 추가한 다음 회로를 그려 출력한다.

키스킷은 텍스트 형태로 출력하는 기능 외에 회로를 그리고 파일로 저장하는 기능도 갖고 있다. 그림 6.5는 다음의 코드로 이 프로그램의 회로를 그린 모습이다.

```
circ.draw(filename="qiskit-circuit", output="latex")
```

회로를 표시한 후 양자 회로를 실행하고자 백엔드를 선언한다. 남은 부분에서는 회로를 실행한 후 결과를 조회하고, 마지막으로 측정 통계(횟수)를 화면에 표시한다. 이 프로그램의 출력 결과의 예는 다음과 같다. 텍스트 표현으로 회로도 콘솔로 출력되지만, 여기서는 생략하기로 한다.

```
{'1': 10}
```

키스킷에서 측정 결과는 딕셔너리(키-값 쌍으로 구성되는 파이썬 데이터 타입)로 저장되며, 여기서 키는 비트열^{bit string}이고 값은 각 비트열이 측정된 횟수다. 여기 나와 있는 측정 결과는 측정 시 비트열 1만 나왔다는 뜻이다. 서큐의 결과와 마찬가지로 노이즈 모델을 활성화하지 않고 양자 컴퓨팅 시뮬레이터에서 이 프로그램을 실행하고 있기 때문에 모든 측정 결과는 예상대로 1이 된다.

6.4 포레스트

포레스트(Forest) 개요

기관	리게티(Rigetti)
최초 릴리스	v0.0.2, 2017년 1월 15일
오픈소스 여부	예
라이선스	아파치 2.0
홈페이지	https://www.rigetti.com/forest
깃허브	https://github.com/rigetti/pyquil
설명 문서	https://pyquil.readthedocs.io/en/latest/
OS	맥, 윈도우, 리눅스
고전 언어	파이썬
양자 프로그래밍 라이브러리	파이퀼(pyQuil)
양자 언어	퀼(Quil)

▲ 그림 6.6: Forest 개발 라이브러리 개요([129]의 내용을 허락 받고 수정함)

포레스트[Forest]는 리게티[Rigetti]에서 만든 개발 라이브러리다. 앞의 두 라이브러리와 마찬가지로 포레스트는 파이썬 기반이며 효과적인 양자 프로그래밍용 도구 모음을 제공한다. 사용자가 파이퀼[pyQuil]로 양자 프로그램을 입력하면 저수준 명령어가 퀼[Quil], 즉 양자 명령어 언어[Quantum Instruction Language]로 양자 컴퓨터에 전달된다. 포레스트라는 이름은 퀼, 파이퀼, 그리고 파이퀼로 작성한 양자 알고리즘 모음인 그로브^{Grove}를 비롯해 각종 구성 요소를 포함하는 프로그래밍 도구 모음이라는 의미다.

언어에 대한 감을 잡기 위해 'NOT과 측정' 프로그램을 파이퀼로 구현해보자.

```python
""" 간단한 pyQuil 프로그램"""

# pyQuil 라이브러리 임포트
import pyquil

# 양자 프로그램 생성
prog = pyquil.Program()

# 고전 레지스터 선언
creg = prog.declare("ro", memory_type="BIT", memory_size=1)

# 큐비트에 NOT 연산과 측정 추가
prog += [
    pyquil.gates.X(0),
    pyquil.gates.MEASURE(0, creg[0])
    ]

# 프로그램 출력
print("프로그램:")
print(prog)

# 실행할 양자 컴퓨터 획득
computer = pyquil.get_qc("1q-qvm")

# 프로그램을 여러 번 시뮬레이션
prog.wrap_in_numshots_loop(10)

# 획득한 컴퓨터에서 프로그램을 실행. 참고: QVM이 실행 중이어야 함
result = computer.run(prog)

# 결과 출력
print(result)
```

여기서는 먼저 파이퀼 라이브러리를 임포트한 후 서큐나 키스킷으로 만들었던 회로에 해당하는 프로그램을 생성한다. 프로그램을 생성한 후 1비트짜리 고전 레지스터를 선언하고, 회로에 *NOT*과 측정 연산을 추가한다. 파이퀼에서는 큐비트의 인덱스가 동적으로 지정되므로, 큐비트 레지스터에 대한 명시적인 참조자는 없고 그 대신 게이트 연산에 인덱스(0)를 넣는다. 이와 달리 고전 메모리는 명시적으로 선언해야 한다. 그런 다음 큐비트를 측정해 고전 레지스터로 넣는다.

명령어를 확인하기 위해 프로그램을 출력한 다음, 양자 컴퓨터에 명령어를 전달해 실행한다. 여기에 들어간 문자열 키 **"1q-qvm"**은 1큐비트(1q) 양자 가상 머신 quantum virtual machine(qvm)을 원한다는 것을 나타내며, 양자 가상 머신이란 리게티에서 양자 컴퓨팅 시뮬레이터를 지칭하는 용어다. 프로그램을 여러 번 시뮬레이션하고자 프로그램에서 **wrap_in_numshots_loop** 메서드를 반복(shots) 횟수를 넣어 호출한다. 마지막으로 명시한 컴퓨터에서 프로그램을 실행하고 결과를 출력한다. 터미널에서 다음 명령으로 QVM을 시작하면 양자 가상 머신에서 이 프로그램을 실행할 수 있다.

```
qvm -S
```

프로그램을 QVM에서 실행하고 나면 다음과 같은 결과가 나올 것이다.

```
프로그램:
DECLARE ro BIT[1]
X 0
MEASURE 0 ro[0]

결과:
[[1]
 [1]
 [1]
```

          [1]
          [1]
          [1]
          [1]
          [1]
          [1]
          [1]]

서큐나 키스킷과는 달리 파이퀼에서는 프로그램의 회로도를 생성하지 않고 퀼 명령어를 한 줄 한 줄 표시한다. 지금 살펴보고 있는 퀼 프로그램에서는 ro라는 판독 레지스터를 선언하고 큐비트 0에 *NOT* 연산을 적용한 다음, 큐비트 0의 측정 결과를 판독 레지스터에 저장한다. 회로를 시뮬레이션한 결과는 리스트의 리스트로 표시된다. 각각의 내부 리스트는 회로의 개별 실행에 대한 측정 결과를 나타낸다. 내부 리스트 개수는 회로가 실행된 총 횟수와 같다. 내부 리스트 전체를 외부 리스트가 감싸고 있으며 외부 리스트는 모든 시뮬레이션 결과를 포함한다. 앞에 나온 프로그램과 마찬가지로 모든 측정 결과는 노이즈 없는 양자 컴퓨팅 시뮬레이터에서 실행돼 예상대로 1이 나온다.

6.5 QDK

QDK^{Quantum Development Kit}는 마이크로소프트에서 만든 양자 컴퓨팅 개발 라이브러리다. 앞서 살펴본 언어들이 파이썬 기반이었던 것과 달리 QDK에는 양자 프로그램을 작성하기 위한 Q#('Q샵'으로 발음)이라는 자체 언어가 포함돼 있다.

QDK 개요

기관	마이크로소프트
최초 릴리스	0.1.1712.901, 2018년 1월 4일
오픈소스 여부	예
라이선스	MIT
홈페이지	https://www.microsoft.com/en-us/quantum/development-kit
깃허브	https://github.com/Microsoft/Quantum
설명 문서	https://docs.microsoft.com/en-us/quantum/?view=qsharp-preview
OS	맥, 윈도우, 리눅스
양자 프로그래밍 언어	Q#

▲ 그림 6.7: QDK 개발 라이브러리 개요([129]의 내용을 허락을 받고 수정함)

Q# 언어는 서큐, 키스킷, 파이퀼과 같은 파이썬 기반 라이브러리와 비교하면 여러 측면에서 차이가 난다. Q#에서는 명시적으로 타입을 선언해야 하며, 파이썬에서 하는 들여쓰기 대신 중괄호를 사용해야 한다. 또한 QDK를 사용해 프로그램을 실행하려면 다음과 같이 별도의 세 가지 파일이 필요하다.

1. .qs로 끝나는 파일. 양자 연산(파이썬의 함수에 해당)을 저장한다.
2. .cs로 끝나는 드라이버 파일. 메인 프로그램에서 양자 연산을 실행하는 파일이다.
3. .csproject로 끝나는 파일. 프로젝트를 정의하고 컴퓨터 아키텍처와 패키지 참조에 대한 메타데이터를 담고 있다.

다른 언어에서 살펴본 'NOT과 측정' 회로를 실행하는 Q# 프로그램의 예는 다음과 같다. 먼저 양자 연산을 정의하는 .qs 파일을 살펴보자. 나중에 드라이버 파일에서 이 양자 연산들을 사용할 것이다.

```
namespace Quantum.Simple
{
    // 라이브러리 임포트
    open Microsoft.Quantum.Primitive;
    open Microsoft.Quantum.Canon;

    // 큐비트를 원하는 상태로 설정
    operation Set(desired_state: Result, qubit: Qubit) : Unit {
        let current = M(qubit);
        if (current != desired_state) {
            X(qubit);
        }
    }

    // 입력한 반복 횟수만큼 NOTandMeasure 회로를 실행하고
    // 측정된 1의 개수를 리턴
    operation NotAndMeasure(repetitions: Int) : Int {
        // 측정된 1의 개수를 저장하는 변수
        mutable num_ones = 0;

        // 사용할 큐비트 획득
        using (qubit = Qubit()) {
            // 원하는 횟수만큼 반복 실행
            for (test in 1..repetitions) {
                // 0인 상태로 큐비트 획득
                Set(Zero, qubit);

                // NOT 연산 수행
                X(qubit);

                // 큐비트 측정
                let res = M(qubit);

                // 측정해서 나온 1의 개수를 추적
                if (res == One) {
                    set num_ones = num_ones + 1;
                }
```

```
        }
        // '해제된 큐비트'는 0의 상태여야 한다.
        // 그렇지 않으면 System.AggregateException이 발생한다.
        Set(Zero, qubit);
    }
    // 측정된 1의 개수를 리턴
    return num_ones;
    }
}
```

첫 번째 줄에서 연산이 속하는 네임스페이스^{namespace}를 정의한다. 이 네임스페이스는 드라이버 파일에서 연산에 접근할 때 사용된다. 다음 두 줄은 파이썬의 패키지 임포트와 동일하며, QDK에 정의돼 있는 연산을 프로그램에서 사용할 수 있게 만든다(예를 들면 X 게이트). 그런 다음 원하는 계산 기저 상태와 임의의 큐비트 상태를 입력하는 Set이라는 연산을 선언한다. 그 후 원하는 상태에 맞게 큐비트 상태를 변경한다. 그렇게 하려면 계산 기저로 큐비트를 측정한 다음, 필요한 경우 NOT 연산을 수행한다.

그런 다음 양자 회로를 설정하고 사용자가 지정한 횟수만큼 큐비트를 측정하는 NotAndMeasure 연산을 정의한다. 명시적으로 이 연산은 앞서 정의한 Set 연산을 사용해 큐비트를 0의 상태로 설정하고 NOT 연산을 수행한 후 측정을 수행하면서 측정된 1의 수를 추적한다. 전체 반복 횟수만큼 반복 실행한 후 측정된 1의 개수가 리턴된다.

이 파일을 사용하려면 이 연산들을 실행하는 .cs로 끝나는 별도의 드라이버 파일을 정의해야 한다. 이 프로그램을 실행하는 드라이버 파일은 다음과 같다.

```
using System;
using Microsoft.Quantum.Simulation.Core;
using Microsoft.Quantum.Simulation.Simulators;
```

```
namespace Quantum.Simple {
    class Driver {
        static void Main() {
            // 양자 컴퓨팅 시뮬레이터를 획득
            using (var qsim = new QuantumSimulator()) {
                // NotAndMeasure 연산을 실행해 결과를 얻음
                var num_ones = NotAndMeasure.Run(qsim, 10).Result;

                // 콘솔에 측정 결과를 출력
                System.Console.WriteLine(
                    $"측정된 1의 개수: {num_ones, 0}.");
            }
        }
    }
}
```

여기서는 콘솔에 출력할 때 사용할 System과 QDK에서 양자 컴퓨팅 시뮬레이터를 사용하는 데 필요한 도구들을 임포트한다. 그런 다음 앞에서 살펴본 .qs 파일에 선언된 네임스페이스를 호출하고 드라이버 클래스 내에 Main 함수를 정의한다. Main 함수는 양자 컴퓨팅 시뮬레이터를 사용해 NotAndMeasure 연산을 실행한 후 결과를 콘솔에 출력한다. 이 프로그램의 출력 결과는 다음과 같다.

```
측정된 1의 개수: 10.
```

다른 언어에서처럼 모두 1이 측정된 올바른 결과가 나온다. 이 코드를 실행하는 데 마지막으로 필요한 .csproj 파일은 이 책의 깃허브 사이트에 올라와 있다. 이 파일은 QDK의 프로젝트마다 거의 동일하므로 여기서는 생략한다.

6.6 개발 라이브러리 요약

같은 예시 프로그램을 여러 라이브러리로 작성해보면서 양자 회로를 구성하는 데 있어 대부분의 프레임워크가 상당히 비슷하다는 사실을 확인했다. 각 프레임워크를 아우르는 일반적인 비법은 다음과 같다.

1. 양자 레지스터 그리고/또는 고전 레지스터로 구성된 양자 회로를 만든다.
2. 회로에 연산을 추가한다.
3. 회로를 시뮬레이션한다.

그러나 여러 라이브러리 사이에 차이점도 조금 있다. 예를 들어 서큐에서는 큐비트를 양자 회로와 별도로 정의하는 반면, 키스킷에서는 큐비트를 양자 회로에 입력으로 넣어야 한다. 마찬가지로 키스킷에서는 연산을 수행하기 전에 모든 큐비트를 양자 레지스터에 할당해야 하지만, 파이퀼로 프로그래밍할 때에는 큐비트를 동적으로 할당해도 된다.

이러한 차이는 작다고 볼 수도 있는 부분인데, 각 개발 라이브러리에 포함된 기능들은 더 차이가 크다. 예를 들면 일부 라이브러리에는 노이즈를 시뮬레이션하거나, 알고리즘을 임의 아키텍처로 컴파일하거나, 디버깅을 위해 파동 함수에 접근하는 등의 기능이 있다. 이러한 차이 때문에 특정 알고리즘을 구현하기 더 편한 라이브러리가 생기게 된다. 대부분의 작업은 한 가지 개발 라이브러리만으로 충분하지만, 여러 라이브러리의 사용 경험이 있으면 특정 사례에 적합한 라이브러리를 선택하는 데 도움이 된다.

라이브러리 사용

이 책의 나머지 부분에서는 이러한 개발 라이브러리들을 활용해 기본적인 양자 컴퓨팅과 최신 양자 컴퓨터 기법들을 구성하는 핵심 알고리즘을 살펴볼 것이다. 서큐 라이브러리를 주로 사용하면서 일부 프로그램은 비교를 위해 다른 라이브러리로 살펴볼 것이다. 이 책의 핵심 부분으로 넘어가기 전에 아직 다루지 않은 다른 개발 라이브러리들에 대해 간단히 알아보자.

기타 개발 라이브러리

앞서 얘기했듯이 클라우드 양자 컴퓨팅이 출현하기 전에는 대다수의 양자 컴퓨팅 시뮬레이터가 C++(예, Quantum++)에서부터 자바(예, jSQ), 러스트^{Rust}(예, QCGPU)에 이르는 다양한 언어로 개발됐다. 양자 컴퓨팅 시뮬레이터의 전체 리스트를 https://quantiki.org/wiki/list-qc-simulators에서 확인할 수 있다. 이러한 시뮬레이터 중 상당수가 오래돼 사용이 불가능하거나 지원이 끊겼지만, 여전히 활발하게 개발이 이뤄져 개선되고 있는 시뮬레이터도 많다. 사실 고전적인 알고리즘으로 양자 회로를 시뮬레이션하는 문제는 난해한 문제로 유명하기는 하지만, 더 빠른 속도로 더 많은 큐비트를 시뮬레이션하는 새로운 방법을 찾으려는 연구가 여전히 활발히 이뤄지고 있다.

앞서 설명한 라이브러리 이외에 관심을 가질 만한 라이브러리는 다음과 같다.

- **프로젝트Q**^{ProjectQ}: 고성능 C++ 양자 컴퓨팅 시뮬레이터를 갖춘 파이썬 라이브러리
- **스트로베리 필즈**$^{Strawberry Fields}$: 연속 변수 양자 컴퓨팅 위주로 만든 파이썬 라이브러리
- **오션**^{Ocean}: 디웨이브$^{D-Wave}$ 양자 컴퓨터의 양자 어닐링$^{quantum\ annealing}$용 파이썬 라이브러리

XACC라는 하드웨어 독립적인 양자 프로그래밍 프레임워크도 활발히 개발 진행 중이다. 전체 오픈소스 양자 소프트웨어 프로젝트 리스트를 보고 싶다면 이 책의 웹 사이트를 참조하기 바란다.

추가적인 양자 프로그램

원칙적으로 회로를 프로그래밍하고 시뮬레이션한 다음 측정 결과를 얻는 방법을 알면 뒷부분에서 양자 알고리즘을 코딩하는 데 필요한 핵심 기술은 갖춘 것이다. 간단한 'NOT과 측정' 프로그램에 이 세 가지 주요 과정이 모두 들어 있기는 한데, 너무 단순하다. 앞으로 나올 좀 더 복잡한 프로그램과의 괴리를 좁히고자 이 절에서는 두 가지 예시 양자 프로그램을 추가로 알아본다.

벨 상태

흔히 쓰이는 회로 패턴 중 하나로 바닥상태에서 네 가지 벨 상태^{Bell state} 중 하나를 준비하는 연산자 집합이 있다.

$$|\Phi^+\rangle = \frac{1}{\sqrt{2}} \left[|00\rangle + |11\rangle \right]$$

첫 번째 큐비트에 아다마르 게이트를 적용한 다음 첫 번째 큐비트를 제어 큐비트로 삼아 두 큐비트 사이에 *CNOT* 게이트를 적용하도록 구성하면 이러한 회로가 된다. 이것은 쉽게 검증할 수 있는 사실이다. 이러한 구조는 양자 순간 이동 회로에서 두 주체 간에 얽힌 큐비트 쌍을 생성하는 경우 등에 쓰인다.

벨 상태를 준비하는 회로를 서큐로 작성하면 다음과 같다. 익히는 것이 목적이므로 벨 상태 준비 회로 뒤에 측정을 추가해 측정 결과가 어떻게 나오는지 확인하겠다.

```
""" 벨 상태 |Φ^{+}>를 준비하는 서큐 스크립트 """

# 서큐 라이브러리 임포트
import cirq
```

```
# 큐비트와 회로 획득
qreg = [cirq.LineQubit(x) for x in range(2)]
circ = cirq.Circuit()

# 벨 상태 준비 회로 추가
circ.append([cirq.H(qreg[0]),
            cirq.CNOT(qreg[0], qreg[1])])

# 회로 출력
print("회로")
print(circ)

# 측정 추가
circ.append(cirq.measure(*qreg, key="z"))

# 회로 시뮬레이션
sim = cirq.Simulator()
res = sim.run(circ, repetitions=100)

# 결과 출력
print("\n측정:")
print(res.histogram(key="z"))
```

이 서큐 프로그램에서는 histogram 메서드를 사용해 얻은 측정 결과에 접근하는 데 측정 키를 활용하고 있다는 점에 유의한다. 이 프로그램의 출력 결과의 예는 다음과 같다.

```
회로
0: ---H---@---
          |
1: -------X---

측정:
Counter({3: 53, 0: 47})
```

여기 나온 회로도는 아다마르 게이트와 *CNOT* 게이트로 구성된 벨 상태 준비 회로를 나타낸다. 그다음에 나오는 측정 결과는 0의 상태와 3의 상태가 측정된 횟수를 나타낸다. 0과 3은 비트열의 이진 표현이다. 즉, 0은 00을, 3은 11을 나타낸다. 예상대로 이 프로그램에서는 측정 결과가 두 가지만 나오는데, 두 큐비트의 측정이 완전한 상관관계를 이룬다는 의미다. 한 큐비트가 0(1)로 측정되면 나머지 큐비트도 항상 0(1)로 측정된다.

파라미터를 갖는 게이트

각도에 관해 정의되는 양자 게이트가 여럿 있다. 예를 들어 표준 회전 게이트 $R_x(\theta)$, $R_y(\theta)$, $R_z(\theta)$가 이에 해당한다. 비용을 최소화하고자 이러한 각도, 혹은 파라미터의 조정을 반복하는 양자 알고리즘이 많으며, 이를 변분 양자 알고리즘variational quantum algorithm이라 한다. 예를 들어 변분 양자 고윳값 계산기variational quantum eigensolver에서는 해밀토니안 $\langle\psi(\theta)|H|\psi(\theta)\rangle$의 기댓값을 최소화하고자 게이트 파라미터를 조정한다. 응용에 상관없이 이러한 변분 양자 알고리즘에서는 게이트 파라미터를 업데이트하고 변경하는 능력이 매우 중요하다.

그렇기 때문에 대부분의 양자 컴퓨팅 개발 라이브러리에는 파라미터화된 게이트를 다루는 내장 기능과 메서드가 들어 있다. 다음에 나오는 서큐 프로그램은 이러한 기능을 보여준다. 구체적으로 설명하면 파라미터화된 게이트가 하나 있는 간단한 양자 회로를 설정한 후 파라미터로 취할 값의 범위(스윕sweep)에 걸쳐 알고리즘을 실행하고 측정 결과를 그래프로 나타낸다.

```
""" Cirq에서 파라미터화된 게이트 다루기 """

# 임포트
import matplotlib.pyplot as plt
import sympy
```

```
import cirq

# 큐비트와 회로 획득
qbit = cirq.LineQubit(0)
circ = cirq.Circuit()

# 심벌(symbol) 획득
symbol = sympy.Symbol("t")

# 파라미터화된 게이트 추가
circ.append(cirq.XPowGate(exponent=symbol)(qbit))

# 측정
circ.append(cirq.measure(qbit, key="z"))

# 회로 출력
print("회로:")
print(circ)

# 스윕(sweep) 획득
sweep = cirq.Linspace(key=symbol.name, start=0.0, stop=2.0, length=100)

# 스윕 안의 모든 값에 대해 회로를 실행
sim = cirq.Simulator()
res = sim.run_sweep(circ, sweep, repetitions=1000)

# 스윕 안의 각 값마다 측정 결과를 표시
angles = [x[0][1] for x in sweep.param_tuples()]
zeroes = [res[i].histogram(key="z")[0] / 1000 for i in range(len(res))]
plt.plot(angles, zeroes, "--", linewidth=3)

# 그래프 옵션와 서식화
plt.ylabel("0 측정 빈도수")
plt.xlabel("X 게이트의 지수")
plt.grid()

plt.savefig("param-sweep-cirq.pdf", format="pdf")
```

이 프로그램에 있는 중요한 구성 요소 몇 군데를 짚어보겠다. 먼저 서큐에서는 회로를 실행하기 이전에 나중에 결정될 파라미터의 수치를 나타내고자 심벌^{symbol}이라는 것을 사용한다. 회로를 출력하면(다음의 출력 결과 참조) 심벌의 이름이 회로에 나타난다.

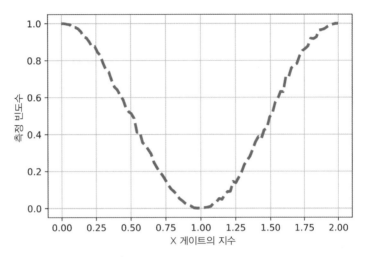

▲ 그림 6.8: 회로 $X^t|0\rangle$에서 지수 $t \in [0, 2]$인 각 값에서의 측정 결과

```
회로:
0: --- X^t---M('z')---
```

다음으로 스윕은 심벌이 취할 값들의 집합이다. 서큐의 시뮬레이터에는 스윕의 모든 값에 대해 회로를 실행하는 run_sweep이라는 메서드가 있다. 스윕의 각 값마다 repetitions 키워드 인자로 설정된 횟수만큼 회로가 시뮬레이션된다. 나머지 프로그램 코드는 run_sweep의 결과를 그림 6.8과 같이 그래프로 나타내기 위한 것이다.

다양한 양자 컴퓨팅 개발 라이브러리를 살펴봤으니 이제 세 가지 프로토콜, 즉 양자 순간 이동^{quantum teleportation}, 초밀집 부호화^{superdense coding}, 벨 부등식 테스트^{Bell's}

^{inequality test}를 알아본 후 양자 컴퓨팅 분야의 기반이 된 기본적인 양자 알고리즘들을 살펴보기로 하자.

양자 순간 이동, 초밀집 부호화, 벨 부등식

아주 흥미로운 양자 회로 중 두 가지를 이용해 고전적인 체계에서는 불가능한 방식으로 정보를 전송할 수 있다. 7장에서는 이 두 회로를 어떻게 구성하는지 익힌다. 그런 다음 양자역학을 근본적으로 발전시킨 벨 부등식^{Bell Inequality}을 살펴본다.

7.1 양자 순간 이동

양자 순간 이동^{quantum teleportation}은 이름처럼 어떤 물체가 순간 이동하는 것은 아니다. 양자 순간 이동은 큐비트의 상태를 어떤 주어진 거리만큼 떨어진 곳에 완전히 안전한 방식으로 전송한다. 양자역학이 공식화된 뒤 70년이 더 지나고 나서야 이러한 프레임워크로 새로운 형태의 보안 통신이 가능하다는 것을 깨달았다는 사실은 놀랍다. 이 프로토콜은 베넷^{Bennett}, 브라사르^{Brassard}와 동료들에 의해 1993년에 개발

되고[26], 1997년에 실험적으로 검증됐다[41]. 베넷과 브라사르는 1984년에 BB84 라는 양자 키 분배^{quantum key distribution}를 개발하기도 했다[25].

양자 순간 이동의 중요한 통찰 중 하나는 얽힌 상태를 자원으로 취급할 수 있다는 것이다. 얽힌 상태(EPR 쌍 또는 벨 상태라고 함)를 사용해 고전적인 방법으로는 해낼 수 없는 다양한 작업을 수행할 수 있다.

양자 순간 이동으로 발신자인 앨리스^{Alice}가 수신자인 밥^{Bob}에게 큐비트 상태 Q를 전송하려고 한다고 하자. 이 알고리즘에는 총 세 개의 큐비트가 필요하다. 프로토콜을 자세히 살펴보자.

1. 큐비트가 셋인 계를 준비한다.

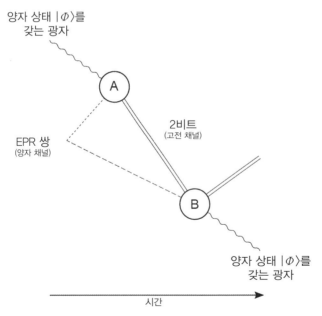

▲ 그림 7.1: 양자 순간 이동 개념도. 본문의 표기법에 맞춰 보면 $|\Phi\rangle$는 큐비트 Q의 상태이며, A = R이고 B = S이다. (출처: 위키미디어)

(a) 앨리스는 상태가 $|\Phi\rangle$인 큐비트 Q를 갖고 있다. 앨리스는 상태 $|\Phi\rangle$를 안전한 방식으로 밥에게 전송하고 싶다.

(b) 이 목표를 달성하고자 앨리스는 먼저 두 개의 추가적인 큐비트 R, S를 갖고 시작한다. 두 큐비트 중 하나(S라고 하자)는 밥에게 보내고 다른 하나는 앨리스가 그대로 갖고 있다. 실제로 큐비트가 광자라면 S를 광섬유와 같은 양자 채널을 통해 전송할 수 있다.

2. 앨리스가 큐비트 R과 S로 벨 상태를 준비한다. 아다마르 게이트를 큐비트 R에 적용한 다음, R을 제어 큐비트로 삼고 R과 S 간에 *CNOT*을 적용하면 된다. 이 시점에서 앨리스는 큐비트 S를 밥에게 보낸다.

3. 앨리스는 이제 원래의 큐비트 Q와 EPR 쌍의 절반인 R에 대해 벨 측정을 수행한다. 그러려면 Q를 제어 큐비트로 삼아 큐비트 간에 *CNOT*을 수행한 다음, Q에 아다마르 게이트를 수행하고 마지막으로 두 큐비트를 계산 기저로 측정하면 된다.

4. 측정을 수행하고 나면 앨리스는 측정된 각 큐비트에서 한 비트씩, 두 비트의 고전적인 정보를 갖고 있다. 이제 앨리스는 이 두 비트를 고전적인 통신 채널을 통해 밥에게 전송한다. 나올 수 있는 앨리스의 측정 결과는 00, 01, 10, 11의 네 가지 중 하나다.

양자 순간 이동

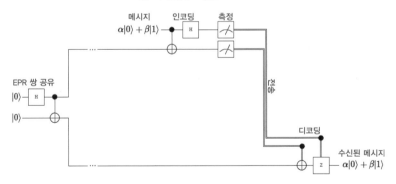

▲ 그림 7.2: 양자 순간 이동 회로도(출처: 위키미디어)

5. 밥은 앨리스로부터 수신한 비트열에 따라 밥이 갖고 있는 큐비트 S에 대해
   일련의 연산을 수행한다. 각 측정 결과에 따라 수행하는 연산의 일람이 다
   음에 나와 있다. 해당하는 연산을 수행하면 밥이 갖고 있는 큐비트 S가 앨
   리스의 원래 큐비트 Q와 동일한 상태가 된다. 심지어 이 상태가 무엇인지
   앨리스와 밥이 몰라도 말이다.

앨리스가 전송한 큐비트의 측정 결과	밥이 적용할 연산자
00	없음 - 밥의 큐비트가 앨리스와 동일한 상태임
01	Z
10	X
11	XZ(Z를 먼저 적용한 다음 X를 적용)

양자 순간 이동을 회로도에 두 가지 방식으로 나타내는데, 그림 7.2와 다음에 나오
는 그림에서 볼 수 있다. 두 방식 모두 의미는 동일하며 회로를 나타내는 여러 방식
에 익숙해지는 편이 좋다.

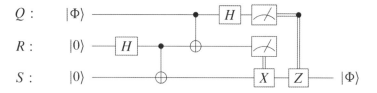

양자 순간 이동에 대해 몇 가지 사항을 강조하면 다음과 같다.

1. 앨리스가 벨 상태를 준비할 때 어떻게 R에 H를 적용하고 큐비트 쌍 R과 S
   에 CNOT을 적용하는지 주목한다.
2. 앨리스가 2비트의 고전적인 정보를 밥에게 어떻게 전송하는지 주목한다.
   이것을 양자 회로에는 이중 회선으로 나타낸다.

3. 이 회로에서 앨리스는 EPR 쌍과 두 개의 고전 비트를 써서 $|\Phi\rangle$ 상태를 밥에게 성공적으로 전송한다. 이 전송을 다음과 같이 나타낼 수도 있다.

$$[qq] + [cc] \geq [q]$$

여기서 $[qq]$는 EPR 쌍을 나타내고 $[cc]$는 고전 비트 쌍을 나타내며 $[q]$는 전송하려는 큐비트의 상태다.

양자 순간 이동은 양자 통신에 사용할 수 있는 도구임은 물론 양자 컴퓨팅에도 적용할 수 있다[58]. 잠재적으로 규모를 갖춘 양자 컴퓨터에서 양자 순간 이동을 사용해 양자 상태를 한 모듈에서 다른 모듈로 보내는 식으로 양자 컴퓨팅용 모듈식 아키텍처를 만들 수 있다([58] 참고).

7.2 초밀집 부호화

초밀집 부호화superdense coding는 발신자로부터 수신자에게 단 하나의 큐비트만 보내 여러 고전적인 비트를 전송하는 방법이다. 앨리스가 두 고전 비트를 밥에게 보낼 때 고전 채널을 사용하면 두 비트를 사용해야 한다. 그러나 초밀집 부호화를 사용하면 단 하나의 큐비트만 전송해서 두 비트를 전달할 수 있다.

이 프로토콜은 베넷Bennett과 위즈너Wiesner[27]에 의해 처음 개발됐으며, 그 후에 보안 통신 프로토콜로 특화됐다[226]. 안톤 차일링거Anton Zeilinger는 1995년에 실험으로 초밀집 부호화 전송을 입증했다[144].

초밀집 부호화를 수행하려면 먼저 앨리스는 EPR 쌍을 준비한다. 그런 다음 EPR 쌍의 앨리스 측 절반에 네 가지 연산 중 하나를 수행한다. 한 쌍의 광자로 EPR 쌍을 만든다고 가정해보자. 그렇게 하려면 앨리스는 양자 순간 이동 프로토콜에서 EPR 쌍을 준비할 때와 마찬가지로 먼저 아다마르 게이트를 자신의 광자에 적용한 다음 *CNOT* 게이트를 두 광자에 적용한다. 이제 광자 쌍은 얽혀 있는 상태다.

이제 앨리스는 보내려는 메시지에 따라 밥에게 전송할 고전적인 상태를 네 가지 상태 중에서 선택한다. 보내려는 메시지에 따라 앨리스는 특정 양자 연산자를 자신의 광자에 적용한다.

앨리스가 보내려는 메시지	앨리스가 적용할 연산자
00	I(항등 연산자)
01	X
10	Z
11	ZX(X를 먼저 적용한 다음 Z를 적용)

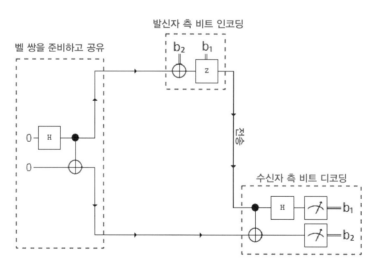

▲ 그림 7.3: 초밀집 부호화 회로도(출처: 위키미디어)

그다음에 앨리스는 얽힘을 보존하는 양자 통신 채널을 통해 밥에게 자신의 광자를 보낸다. 밥은 광자를 받으면 아다마르 게이트를 앨리스의 광자에 적용한 후 *CNOT* 게이트를 광자 쌍에 적용한다. 그런 다음 측정을 수행한다. 결과는 두 고전

비트로 이뤄진 정보가 된다. 측정 결과가 고전적인 정보임을 기억하자.

초밀집 부호화를 다음과 같이 간단히 표현할 수 있다.

$$[q] + [qq] \geq [cc]$$

7.3 양자 순간 이동과 초밀집 통신을 위한 코드

양자 순간 이동을 서큐로 작성한 프로그램을 살펴보자. 이 프로그램은 앨리스의 큐비트에 임의의 양자 상태를 인코딩한 후 이 큐비트에 해당하는 블로흐 구의 (x, y, z) 성분을 출력한다. 그런 다음 양자 순간 이동 회로를 실행하고 밥의 큐비트에 해당하는 블로흐 구의 (x, y, z) 성분을 출력한다.

```python
""" Cirq로 작성한 양자 순간 이동.
        quantum_teleportation.py 예시 코드를 수정함.

https://github.com/quantumlib/Cirq/tree/master/examples
"""

# 임포트
import random
import cirq

def make_quantum_teleportation_circuit(ranX, ranY):
    """양자 순간 이동 회로를 리턴한다."""
    circuit = cirq.Circuit()
    msg, alice, bob = cirq.LineQubit.range(3)

    # 앨리스와 밥 사이에 공유할 벨 상태 생성
    circuit.append([cirq.H(alice), cirq.CNOT(alice, bob)])

    # 메시지에 해당하는 임의의 상태 생성
    circuit.append([cirq.X(msg)**ranX, cirq.Y(msg)**ranY])
```

```python
    # 메시지와 앨리스의 얽힌 큐비트에 대해 벨 측정
    circuit.append([cirq.CNOT(msg, alice), cirq.H(msg)])
    circuit.append(cirq.measure(msg, alice))

    # 두 개의 고전 비트를 사용해 벨 측정 결과로부터
    # 밥의 얽힌 큐비트에 원래의 양자 메시지를 복원
    circuit.append([cirq.CNOT(alice, bob), cirq.CZ(msg, bob)])

    return msg, circuit

def main():
    # 양자 순간 이동할 임의의 상태를 인코딩
    ranX = random.random()
    ranY = random.random()
    msg, circuit = make_quantum_teleportation_circuit(ranX, ranY)

    # 회로 시뮬레이션
    sim = cirq.Simulator()
    message = sim.simulate(cirq.Circuit.from_ops(
        [cirq.X(msg)**ranX, cirq.Y(msg)**ranY]))

    # 앨리스의 큐비트에 해당하는 블로흐 구 출력
    print("앨리스의 큐비트에 해당하는 블로흐 구:")
    b0X, b0Y, b0Z = cirq.bloch_vector_from_state_vector(
        message.final_state, 0)
    print("x: ", round(b0X, 4),
          "y: ", round(b0Y, 4),
          "z: ", round(b0Z, 4))

    # 양자 순간 이동 회로 표시
    print("\n회로:")
    print(circuit)

    # 시뮬레이션의 최종 상태를 기록
    final_results = sim.simulate(circuit)

    # 밥의 큐비트에 해당하는 블로흐 구 출력
    print("\n밥의 큐비트에 해당하는 블로흐 구:")
```

```
    b2X, b2Y, b2Z = cirq.bloch_vector_from_state_vector(
        final_results.final_state, 2)
    print("x: ", round(b2X, 4),
          "y: ", round(b2Y, 4),
          "z: ", round(b2Z, 4))

if __name__ == '__main__':
    main()
```

이 프로그램을 실행하면 다음과 같은 결과가 출력된다.

```
앨리스의 큐비트에 해당하는 블로흐 구:
x: 0.654 y: -0.6177 z: -0.4367

밥의 큐비트에 해당하는 블로흐 구:
x: 0.654 y: -0.6177 z: -0.4367
```

출력 결과에서 볼 수 있듯이 앨리스의 큐비트와 밥의 큐비트의 블로흐 구 성분이 동일하다. 다시 말해 큐비트가 앨리스로부터 밥에게 '순간 이동'됐다.

다음 프로그램은 초밀집 부호화를 서큐로 작성한 것이다.

```
""" 서큐로 작성한 초밀집 부호화 """

# 임포트
import cirq

# 출력을 시각화하기 위한 보조 함수
def bitstring(bits):
    return ''.join('1' if e else '0' for e in bits)

# 두 개의 양자 레지스터와 고전 레지스터 생성
qreg = [cirq.LineQubit(x) for x in range(2)]
circ = cirq.Circuit()
```

```
# 각 메시지별 연산 딕셔너리
message = {"00": [],
    "01": [cirq.X(qreg[0])],
    "10": [cirq.Z(qreg[0])],
    "11": [cirq.X(qreg[0]), cirq.Z(qreg[0])]}

# 앨리스가 벨 쌍을 생성
circ.append(cirq.H(qreg[0]))
circ.append(cirq.CNOT(qreg[0], qreg[1]))

# 앨리스가 보낼 메시지를 선택
m = "01"
print("앨리스의 발신 메시지 =", m)

# 앨리스가 자신의 메시지를 알맞은 양자 연산으로 인코딩
circ.append(message[m])

# 밥이 벨 기저로 측정
circ.append(cirq.CNOT(qreg[0], qreg[1]))
circ.append(cirq.H(qreg[0]))
circ.append([cirq.measure(qreg[0]), cirq.measure(qreg[1])])

# 회로를 출력
print("\n회로:")
print(circ)

# 시뮬레이터 백엔드에서 양자 회로를 실행
sim = cirq.Simulator()
res = sim.run(circ, repetitions=1)

# 밥이 받은 메시지를 출력: 회로의 결과
print("\n밥의 수신 메시지 =",
    bitstring(res.measurements.values()))
```

메시지가 01인 경우 이 프로그램을 실행하면 다음의 예와 같은 결과가 출력된다.

```
앨리스의 발신 메시지 = 01

회로:
0: ---H---@---X---@---H---M---
        |       |
1: -------X-------X-------M---

밥의 수신 메시지 = 01
```

출력 결과에서 볼 수 있듯이 초밀집 부호화를 통해 밥이 수신한 메시지가 앨리스의 발신 메시지와 일치한다.

7.4 벨 부등식 테스트

이제 다른 코드 연습으로 넘어가 보자. 바로 벨 부등식 테스트다. 간략하게 이 실험에 관해 설명한 후 서큐로 작성한 전체 프로그램을 살펴보고 시뮬레이션하겠다.

벨 부등식 테스트는 두 사람이 참여하는 협력 게임이라고 생각하면 가장 잘 이해할 수 있다. 이 게임에서 두 참여자인 앨리스와 밥은 심판이 주는 정보에 근거해 의사 결정을 해야 한다. 앨리스와 밥은 격리돼 있으며(이를테면 다른 방에 앉아 있음) 게임 중에는 서로 의사소통을 할 수 없다. 게임의 각 라운드마다 심판은 앨리스와 밥에게 정보를 한 비트씩 보내는데, 이를 각각 x, y라고 하자. 비트 값에 따라 앨리스는 자신의 비트 $a(x)$를 심판에게 보낸다. 마찬가지로 밥도 자신의 비트 $b(y)$를 심판에게 돌려보낸다. 심판은 두 비트를 모두 보고 앨리스와 밥이 그 라운드에서 이겼는지 졌는지 결정한다. 라운드의 승리 조건은 다음과 같다.

$$a(x) \oplus b(y) = xy$$

여기서 $\oplus$는 모듈로-2 덧셈(아니면 이와 동등한 XOR)을 나타낸다.

앨리스와 밥의 목표는 가능한 한 많은 라운드에서 승리하는 것이다. 앨리스와 밥이 게임 도중에는 의사소통을 할 수 없지만 게임 전에는 서로 만나 전략을 세우는 것은 괜찮다. 예를 들면 "앨리스는 항상 $a(x) = x$를 돌려보내고, 밥은 항상 $a(y) = 0$을 돌려보낸다."와 같은 전략을 세울 수 있다. $a(x)$와 $b(y)$가 가질 수 있는 값은 각각 두 가지이므로 앨리스와 밥이 구현할 수 있는 결정론적 전략은 모두 네 가지다. 또한 게임 전체에 관련된 비트는 네 비트뿐이므로 어렵지 않게 가능한 모든 결과를 열거한 다음 앨리스와 밥이 가장 많은 라운드에서 이길 수 있는 전략(또는 각 라운드에서 승리할 확률이 가장 높은 전략)을 확인할 수 있다.

▼ 표 7.1: 벨 부등식 테스트 게임에서 나올 수 있는 모든 결과: 첫 두 열은 심판이 앨리스(x)와 밥(y)에게 보내는 비트를 나타낸다. 그다음 두 열은 앨리스($a(x)$)과 밥($b(y)$)의 응답이다. 그다음 열은 $a(x) \oplus b(y)$를 계산한 값이며, 그다음 열은 곱 xy를 나타낸다. $a(x) \oplus b(y)$와 xy가 같으면 앨리스와 밥이 승리한다. 마지막 열은 앨리스와 밥이 각 행에서 사용하는 전략(#1 - #4)을 나타낸다.

x	y	$a(x)$	$b(y)$	$a(x) \oplus b(y)$	xy	승리?	전략 #
0	0	0	0	0	0	예	#1
0	0	0	1	1	0	아니요	#2
0	0	1	0	1	0	아니요	#3
0	0	1	1	0	0	예	#4
0	1	0	0	0	0	예	#1
0	1	0	1	1	0	아니요	#2
0	1	1	0	1	0	아니요	#3
0	1	1	1	0	0	예	#4
1	0	0	0	0	0	예	#1
1	0	0	1	1	0	아니요	#2
1	0	1	0	1	0	아니요	#3
1	0	1	1	0	0	예	#4
1	1	0	0	0	1	아니요	#1
1	1	0	1	1	1	예	#2
1	1	1	0	1	1	예	#3
1	1	1	1	0	1	아니요	#4

표 7.1에는 게임에서 나올 수 있는 모든 결과가 나열돼 있다. 각 전략을 분석하면 앨리스와 밥이 최대 75%의 승리를 거둘 수 있음을 알 수 있다. 이 승률을 달성하는 전략은 #1, 즉 $a(x) = b(y) = 0$과 #4, 즉 $a(x) = b(y) = 1$이다. 따라서 고전적인 전략으로 이길 수 있는 최고 승률은 75%다.

앨리스와 밥 사이의 양자 전략을 허용하면 흥미로운 현상이 발생한다. 양자 전략을 허용한다는 말은 앨리스와 밥이 전략을 세울 때 얽힘을 자원으로 사용할 수 있다는 뜻이다. 앞에서 알아본 대로 얽힘은 물리계에서 고전적인 상관관계보다 더 강력한 상관관계를 만든다. 앨리스와 밥이 얽힌 큐비트를 공유할 수 있다면 벨 부등식 테스트 게임에서 더 높은 확률로 이길 수 있다. 최고의 양자 전략으로는 $\cos^2(\pi/8)$, 바꿔 말하면 약 85%의 승리 확률을 달성하게 된다.

이 게임을 위한 양자 전략이 다음의 회로도에 나와 있다. 여기서 제일 위의 (첫 번째) 큐비트는 앨리스의 큐비트이고, 위에서 세 번째 큐비트는 밥의 큐비트다. 회로의 첫 부분에서 앨리스와 밥의 큐비트 사이에 얽힘을 생성한다. 그런 다음 심판은 앨리스와 밥에게 무작위 비트를 '보낸다'. 회로에서는 이 과정이 '새로운 큐비트'($|0\rangle$ 상태인 큐비트)에 아다마르 연산을 수행해 동일하게 중첩시키는 방식으로 이뤄진다. 그런 다음 앨리스와 밥은 자신들의 큐비트에 제어형 $\sqrt{X}$ 연산을 수행하고 측정해서 결과를 기록한다.

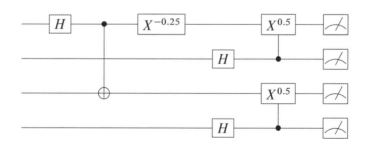

다음에 나오는 프로그램은 이러한 회로를 준비해서 벨 부등식 테스트를 위한 양자 전략을 시뮬레이션하는 전체 서큐 프로그램이다.

```
"""벨 부등식 테스트에 해당하는 회로 생성와 시뮬레이션"""

# 임포트
import numpy as np

import cirq

def main():
    # 회로 생성
    circuit = make_bell_test_circuit()
    print('회로:')
    print(circuit)

    # 시뮬레이션 실행
    print()
    repetitions = 1000
    print('시뮬레이션 {}회 반복 중...'.format(repetitions))
    result = cirq.Simulator().run(program=circuit, repetitions=repetitions)

    # 결과 수집
    a = np.array(result.measurements['a'][:, 0])
    b = np.array(result.measurements['b'][:, 0])
    x = np.array(result.measurements['x'][:, 0])
    y = np.array(result.measurements['y'][:, 0])

    # 승률 계산
    outcomes = a ^ b == x & y
    win_percent = len([e for e in outcomes if e]) * 100 / repetitions

    # 데이터 출력
    print()
    print('결과')
    print('a:', bitstring(a))
    print('b:', bitstring(b))
    print('x:', bitstring(x))
    print('y:', bitstring(y))
    print('(a XOR b) == (x AND y):\n ', bitstring(outcomes))
```

```python
        print('승률: {}%'.format(win_percent))

def make_bell_test_circuit():
    # 앨리스, 밥, 심판이 사용할 큐비트
    alice = cirq.GridQubit(0, 0)
    bob = cirq.GridQubit(1, 0)
    alice_referee = cirq.GridQubit(0, 1)
    bob_referee = cirq.GridQubit(1, 1)

    circuit = cirq.Circuit()

    # 앨리스와 밥이 공유하는 얽힌 상태를 준비
    circuit.append([
        cirq.H(alice),
        cirq.CNOT(alice, bob),
        cirq.X(alice)**-0.25,
    ])

    # 심판이 동전 던지기를 수행
    circuit.append([
        cirq.H(alice_referee),
        cirq.H(bob_referee),
    ])

    # 참여자들은 심판이 동전을 던져 나온 자신의 결과에 따라 sqrt(X)를 수행한다.
    circuit.append([
        cirq.CNOT(alice_referee, alice)**0.5,
        cirq.CNOT(bob_referee, bob)**0.5,
    ])

    # 결과 기록
    circuit.append([
        cirq.measure(alice, key='a'),
        cirq.measure(bob, key='b'),
        cirq.measure(alice_referee, key='x'),
        cirq.measure(bob_referee, key='y'),
    ])
```

```
    return circuit

def bitstring(bits):
    return ''.join('1' if e else '_' for e in bits)

if __name__ == '__main__':
    main()
```

이 프로그램을 실행하면 다음의 예와 같은 결과가 출력된다. 여기서는 출력을 보기 쉽게 나타내려고 시뮬레이션을 75회만 반복한다. 이 프로그램의 출력 결과를 해석하면 다음과 같다. 먼저 앨리스(a)와 밥(b)의 비트열이 나온다. 이 비트열이 각 참여자가 심판에게 돌려주는 비트다(밑줄은 0인 비트를 나타낸다). 그다음에 앨리스(x)와 밥(y)에게 전송된 비트열이 나온다. 마지막으로 승리 조건인 $a(x) \oplus b(y) = xy$ 값이 각 라운드마다 비트열로 표시된다. 승률은 이 비트열에서 승리를 나타내는 1 값의 개수로 계산한다.

```
시뮬레이션 75회 반복 중...

결과
a: 1_1111_1_1111_11_1111_1_1_____1_1__
11_1__111_1_1_111_1111__11_1111_1_1____

b: 1_1__11_1_1_1_11__11__1_1_1_____1___
_11__11_1_1___11_1__1111_1_1___1__11_1

x: 11_11_1_1111_____1_11____11_1__111_1
1__1_11_1___11_111111111__11__1_111__11

y: _1_11111111__11_11__1__1111___1111__
1__111_1__111___1__11__1_111_11___1___1

(a XOR b) == (x AND y):
  1_11111_11__1111111111111_11111111111
```

```
1_1111_11111111111111_11_111_11111__11
승률: 84.0%
```

출력 결과에서 볼 수 있듯이 이 예에서는 84%의 승률을 달성하고 있는데, 순수하게 고전적인 전략에서 달성할 수 있는 승률보다 더 높다. 반복 횟수를 늘려서(즉, 더 많은 라운드를 시뮬레이션해서) 최적의 승률인 $\cos^2(\pi/8) \approx 85\%$의 승률에 점근적으로 수렴하는 것을 확인해보기 바란다.

7.5 요약

양자 순간 이동, 초밀집 부호화, 벨 부등식 테스트는 양자 프로세서에서 가장 흥미로운 회로들이다. 이제 고전적인 컴퓨팅에 비해 양자 우위의 잠재력을 보여주는 주요 양자 알고리즘들을 살펴보기로 하자.

주요 양자 알고리즘: 코드로 알아보기

8장에서는 기본적인 여러 양자 알고리즘을 살펴본다. 모두 초창기에 개발된 양자 알고리즘으로, 양자 컴퓨터로 계산 속도를 향상시킬 수 있음을 처음으로 입증했기 때문에 이 알고리즘들을 카논^{canon}이라고 부른다. 대부분은 2장에서 개괄적으로 설명한 알고리즘들로, 여기서는 더 자세히 살펴본다. 미래에 나올 양자 컴퓨터가 필요한 알고리즘이 많기는 하지만, 이 알고리즘들을 분석함으로써 양자 컴퓨터로 가능한 일이 무엇인지 더 깊게 이해할 수 있다. 또한 이를 변형한 알고리즘들을 통해 근래의 노이즈 없는 양자 컴퓨터[47], 그리고 노이즈 있는 양자 컴퓨터[48]에서도 우위가 있음을 증명할 수 있다.

8장에서 살펴볼 알고리즘 중에 몇 가지를 '블랙박스$^{black\ box}$' 또는 '질의 모델$^{query\ model}$' 양자 알고리즘이라고 한다. 이러한 알고리즘의 경우 우리에게 드러나지 않는 숨겨진 함수가 있다. 그러나 오라클^{oracle}이라는 함수를 만들어 질의를 통해 특정 입력과 특정 출력의 관계를 알아낼 수 있다. 좀 더 구체적으로 말하면 오라클 함수를 양자 레지스터에 있는 특정 입력으로 질의하고 상응하는 오라클 함수의 결과를 해당 레지스터에 가역적으로 쓸 수 있다. 즉, 다음과 같은 오라클 O_f에 접근할 수 있다.

$$O_f |x\rangle = |x \oplus f(x)\rangle \tag{8.1}$$

여기서 $\oplus$는 모듈로-2 덧셈을 나타낸다. O_f가 유니타리(가역)라는 것은 O_f가 자기 역원성self-inverse이 있기 때문에 쉽게 알 수 있다. 처음에는 '속임수'처럼 보일 수도 있다. 어떻게 O_f를 수행하는 회로를 구성할 수 있을까? 효율적인 회로인지는 어떻게 알 수 있을까? 양자 알고리즘을 질의 모델로 생각하는 한 가지 이유는 단계(게이트) 수에 대한 하한이 있기 때문이다. 각 질의는 알고리즘에서 최소한 하나 이상 단계가 되므로, 질의로 효율적으로 수행하지 못하는 경우에는 게이트로도 효율적으로 수행하지 못한다. 따라서 질의 모델은 빠른 양자 알고리즘을 배제하는 데 유용하다.

하지만 질의 모델을 사용해 오라클에 비해 **상대적으로 빠른** 양자 알고리즘을 입증할 수도 있다. 양자 컴퓨터와 고전적인 컴퓨터 모두 동일한 오라클에 접근 가능하게 한 다음 어느 것이 더 성능이 좋은지 확인할 수 있다. 두 경우의 질의 수에 대한 하한이나 정확한 표현식을 증명할 수 있으므로, 오라클에 비해 계산상의 상대 우위를 입증할 수 있다. 상대적인 속도 향상을 입증할 수 있는 양자 알고리즘의 예로는 도이치 알고리즘Deutsch's algorithm과 번스타인-바지라니 알고리즘Bernstein- Vazirani algorithm이 있다.

마지막으로 게이트 수가 입력 레지스터의 크기에 대한 다항식을 따라 변하게 오라클을 인스턴스화하는 방법을 찾을 수 있다면 양자 컴퓨터로 (상대적인 속도 향상이 아니라) '진짜' 속도 향상을 얻을 수 있다. 양자 인수분해를 위한 쇼어 알고리즘Shor's algorithm이 이에 해당한다.[1]

---

1. 인수분해의 고전적인 복잡도는 해결 불가능(intractable)하다고 증명되지는 않았지만, 아직 아무도 효율적인 알고리즘을 발견하지 못했기 때문에 대개 그렇게 받아들이고 있다.

범주	문제/알고리즘	사용한 패러다임	하드웨어	시뮬레이션 일치도
역함수 계산	그로버의 알고리즘	GO	QX4	중간
	번스타인-바지라니	해당 없음	QX4, QX5	높음
정수론 응용	쇼어 인수분해 알고리즘	QFT	QX4	중간
대수 응용	선형계(linear system)	HHL	QX4	낮음
	행렬 원소 군 표현	QFT	QX4	낮음
	행렬 곱 검증	GO	QX4	높음
	부분군 동형사상(subgroup isomorphism)	QFT	없음	해당 없음
	지속적 호몰로지(persistent homology)	GO, QFT	QX4	중간-낮음
그래프 응용	그래프 속성 검증	GO	QX4	중간
	최소 신장 트리(minimum spanning tree)	GO	QX4	중간-낮음
	최대 유량(maximum flow)	GO	QX4	중간-낮음
	근사 양자 알고리즘	SIM	QX4	높음
학습 응용	양자 주성분 분석(PCA)	QFT	QX4	중간
	양자 서포트 벡터 머신(SVM)	QFT	없음	해당 없음
	분할 함수	QFT	QX4	중간-낮음
양자 시뮬레이션	슈뢰딩거 방정식 시뮬레이션	SIM	QX4	낮음
	횡적 이징 모델(transverse ising model) 시뮬레이션	VQE	없음	해당 없음
양자 유틸리티	상태 준비	해당 없음	QX4	중간
	양자 단층분석	해당 없음	QX4	중간
	양자 오류 정정	해당 없음	QX4	중간

▲ 그림 8.1: 연구된 양자 알고리즘 개요. 패러다임에는 그로버 연산자(GO, Grover Operator), 양자 푸리에 변환(QFT, Quantum Fourier Transform), 해로/하시딤/로이드(HHL, Harrow/Hassidim/Lloyd), 변분 양자 고유 해결기(VQE, Variantal Quantum Eigensolver), 직접 해밀토니안 시뮬레이션(direct Hamiltonian Simulation, SIM) 등이 있다. 시뮬레이션 일치도 열은 하드웨어 양자 결과가 시뮬레이터 결과와 얼마나 일치하는지를 나타 낸다.(표와 설명문 출처: [61])

쇼어 알고리즘은 질의 모델 알고리즘으로 인위적인 문제를 해결하는 이전 연구를 발전시켰다. 쇼어는 이 연구를 수정해 오라클을 인스턴스화해서 분명한(즉, 오라클에 접근하지 않는) 인수분해 알고리즘을 만들 수 있었다. 인수분해는 명백히 인위적인 문제가 아니다. 대부분의 공개 키 암호화가 인수분해를 하기 어렵다는 가정에 근거하므로 이는 굉장히 중요하다. 이에 대해서는 8.5절에서 더 자세히 설명한다.

그에 앞서 쇼어 알고리즘까지 이어져 온 역사적인 양자 알고리즘들을 설명하겠다. 이러한 블랙박스/오라클 알고리즘은 특정한 범주에 속하는 양자 알고리즘이다. 그림 8.1에 양자 시뮬레이션을 비롯한 여러 알고리즘 범주가 정리돼 있다. 뒤에 나올 장들을 통해 NISQ 체계의 프로세서에 중점을 둔 알고리즘에 관한 응용과 코드를 다루겠다. 여기서는 기본적인 알고리즘들을 다룬다.

8.1 도이치-조사 알고리즘

도이치 알고리즘$^{\text{Deutsch's algorithm}}$은 고전적인 컴퓨팅에 비해 양자 컴퓨팅이 갖는 이점을 확실히 보인 최초의 알고리즘이다. 도이치 문제$^{\text{Deutsch's problem}}$에서는 1비트의 불리언 함수를 계산하는 블랙박스가 주어진다. 다시 말해 1비트를 입력으로 받아 1비트를 출력하는 함수다. 이러한 함수 f를 다음과 같이 나타낼 수 있다.

$$f : \{0, 1\} \rightarrow \{0, 1\} \tag{8.2}$$

예를 들어 데이비드 도이치$^{\text{David Deutsch}}$가 주목한 대로 블랙박스 함수가 어떤 복잡한 함수, 이를 테면 라우팅 알고리즘을 계산해서 어떤 경로가 선택됐는지를 나타내는 결과(0 또는 1)를 출력으로 내보낸다고 하자[66].

입력과 출력이 하나인 불리언 함수는 딱 네 가지가 있다.[2]

---

2. 도이치-조사 알고리즘의 코드와 설명은 [60]의 내용을 수정했다.

x	f_0	f_1	f_x	$f_{\bar{x}}$
0	0	1	0	1
1	0	1	1	0

앞의 두 가지 함수 f_0와 f_1은 **상수 함수**^{constant function}다. 즉, 항상 일정한 값을 출력한다. 다른 두 함수 f_x와 $f_{\bar{x}}$는 **균형 함수**^{balanced function}라고 부른다. 이 두 함수에서는 입력 0과 1에 대해 진리표에 같은 수의 0과 1이 나온다.

이제 도이치 문제를 설명해도 되겠다.

> 입력이 1비트이고 출력이 1비트인 불리언 함수에 접근할 수 있을 때 이 함수를 가능한 한 적은 횟수만큼 질의해서 이 함수가 균형 함수인지 상수 함수인지 판단하라.

이 문제에 고전적인 방식으로 접근하면 적어도 두 번 이상 함수를 질의해야 한다. 먼저 입력이 0일 때 출력을 확인한 후 입력이 1일 때 출력을 확인하는 것이다. 데이비드 도이치의 놀라운 발견은 양자 컴퓨터에서는 한 번만 질의하면 된다는 것이다. 원래의 도이치 알고리즘은 이러한 1비트 불리언 오라클의 경우를 다룬다[65]. 도이치-조사 알고리즘^{DJ algorithm, Deutsch-Jozsa algorithm}은 이러한 접근 방식을 일반화해서 입력이 n인 불리언 함수를 다룬다[67]. 고전적인 방식을 사용하면 n비트 불리언 함수를 적어도 n번 이상 질의해야 한다는 것을 쉽게 알 수 있다. DJ 알고리즘은 이 문제를 단 한 번의 질의로 해결한다.

8.3 도이치-조사 알고리즘에 의해 증명된 양자 우위

고전적인 방식으로는 균형 함수인지 상수 함수인지를 판별하려면 1비트 불리언 함수를 두 번 질의해야 한다. n비트 불리언 함수의 경우에는 n번 질의해야 한다. 양자 컴퓨터에서는 도이치-조사 알고리즘을 사용하면 한 번만 질의하면 된다.

이제 이 문제를 양자 컴퓨팅에서는 어떤 방식으로 접근하는지 알아보자. 앞에서 상수 함수 f_0 및 f_1과 같이 비트에 대해 가역적이지 않은 고전 함수를 설명했다. 즉, 출력값을 알아도 입력값을 유일하게 알아낼 수 없다. 하지만 이를 양자 컴퓨터에서 실행하려면 이러한 계산이 가역적이어야 한다. 고전적인 비가역 함수를 가져와 가역으로 만드는 비결은 여분의 레지스터에 값을 계산하는 것이다(아니면 함수에 대한 입력을 여분의 레지스터에 저장해도 이와 동등하다). n비트 입력 x가 있고 (잠재적으로 비가역 함수인) 불리언 함수 $f(x)$를 계산한다고 가정해보자. 그러면 $n + 1$ 큐비트에 작용하는 유니타리 변환 U_f를 통해 이를 구현할 수 있다.

$$U_f \left(|x\rangle |y\rangle \right) := |x\rangle |y \oplus f(x)\rangle$$

여기서 $\oplus$는 모듈로-2 덧셈(또는 XOR)을 나타낸다. 앞의 식에서 U_f가 모든 계산 기저 상태 $|x\rangle$와 단일 출력 큐비트 $|y\rangle$에 대해 어떻게 작용하는지 알 수 있다. 계산 기저에 대해 U_f를 정의했으므로 선형성에 따라 그 정의를 상태 공간의 모든 벡터로 확장할 수 있다. 이것이 가역적임을 확인하려면 이 변환을 두 번 적용해서 상태가 원래대로 돌아오는지 확인하면 된다. 또한 U_f는 정규직교 계산 기저^{orthonormal} computational basis를 그 자체로 사상하고 이에 따라 U_f가 작용하는 벡터의 길이를 보존하므로 U_f는 유니타리 변환이다.

이 알고리즘의 핵심 아이디어는 측정을 계산 기저와 다른 기저로 수행한다는 것이다. 계산 기저(예를 들면 z 기저)로 측정하면 기저 상태가 $|0\rangle$과 $|1\rangle$의 두 가지가 있는데, 이것이 고전 비트 0과 1에 해당하기 때문에 양자 우위를 얻지 못한다. 이 알고리즘이 잘 작동하게 만드는 비결 중 하나는 측정을 $|0\rangle$과 $|1\rangle$의 중첩 상태인 아다마르 기저 상태로 수행한다는 점이다[137]. 그림 8.2에 도이치-조사 알고리즘의 회로도가 나와 있다.

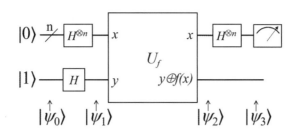

▲ 그림 8.2: 도이치-조사 회로(출처: 위키미디어)

서큐에서 이러한 기능을 어떻게 구현하는지 살펴보자. f_0은 다음의 변환 작용을 일으킨다.

$$|00\rangle \rightarrow |00\rangle$$
$$|01\rangle \rightarrow |01\rangle$$
$$|10\rangle \rightarrow |10\rangle$$
$$|11\rangle \rightarrow |11\rangle$$

이것은 그냥 항등변환, 즉 빈 회로다. f_1은 다음의 변환 작용을 일으킨다.

$$|00\rangle \rightarrow |01\rangle$$
$$|01\rangle \rightarrow |00\rangle$$
$$|10\rangle \rightarrow |11\rangle$$
$$|11\rangle \rightarrow |10\rangle$$

이것은 두 번째 큐비트에 대한 비트 플립[bit flip] 게이트다.

새로 정의한 가역 연산자가 어떻게 작동하는지 이해하기 위해 예로 $U_{f_x}(|0\rangle|0\rangle)$을 계산해 보겠다. $|00\rangle$는 $|0\rangle|0\rangle$를 간단히 나타낸 표현임을 기억하자. 그러면 정의에 따라 다음과 같이 된다.

$$U_{f_x}(|00\rangle) = U_{f_x}(|0\rangle|0\rangle) := |0\rangle|0 \oplus f_x(0)\rangle = |0\rangle|0 \oplus 1\rangle = |0\rangle|1\rangle$$

$|0\rangle|1\rangle$과 $|1\rangle|0\rangle$, $|1\rangle|1\rangle$ 각각의 경우에 대해 U_{f_x}를 계산해 보는 게 좋겠다. f_x가 다음 변환 작용을 일으키는지 확인하자.

$$|00\rangle \rightarrow |00\rangle$$
$$|01\rangle \rightarrow |01\rangle$$
$$|10\rangle \rightarrow |11\rangle$$
$$|11\rangle \rightarrow |10\rangle$$

이것은 첫 번째 큐비트부터 두 번째 큐비트까지 $CNOT$을 적용하는 것과 같다. 마지막으로 f_x는 다음과 같은 변환 작용을 일으킨다.

$$|00\rangle \rightarrow |01\rangle$$
$$|01\rangle \rightarrow |00\rangle$$
$$|10\rangle \rightarrow |10\rangle$$
$$|11\rangle \rightarrow |11\rangle$$

이것은 첫 번째 큐비트부터 두 번째 큐비트까지 $CNOT$을 한 다음 두 번째 큐비트에 비트 플립을 하는 것과 같다. 회로에서 필요할 때 이러한 함수들을 작용시키고자 딕셔너리에 오라클 이름을 연산으로 사상하도록 다음과 같이 캡슐화할 수 있다.

```
# Cirq 라이브러리 임포트
import cirq

# 두 큐비트, 즉 데이터 큐비트와 대상 큐비트 획득
q0, q1 = cirq.LineQubit.range(2)

# 오라클 딕셔너리
oracles = {'0': [], '1': [cirq.X(q1)], 'x': [cirq.CNOT(q0, q1)],
      'notx': [cirq.CNOT(q0, q1), cirq.X(q1)]}
```

이제 도이치 알고리즘으로 넘어가자. 앞에서 정의한 가역적인 오라클 함수에 접근할 수 있다고 가정하자. 비가역적인 고전 함수에 대해서는 비슷한 논증에 따라이 오라클을 한 번만 사용해서는 균형 함수인지 상수 함수인지를 판별하지 못한다는 것을 보일 수 있다. 그러나 이제 이런 의문이 든다. 이 함수를 중첩으로 질의한다면, 즉 양자 컴퓨팅의 힘을 사용하면 어떻게 될까?

도이치는 함수를 한 번만 질의해서 양자 컴퓨터로 이 문제를 해결할 수 있음을 보였다. 이것이 어떻게 가능한지 알려면 간단한 통찰 두 가지가 필요하다. 두 번째 큐비트를 다음과 같은 중첩 상태로 준비한 후 오라클을 적용한다고 생각해보자.

$$|-\rangle = \frac{1}{\sqrt{2}}(|0\rangle - |1\rangle)$$

연산자 U_f의 선형성을 이용해 두 번째 등식을 얻은 후 관측을 통해 세 번째 등식을 얻으면 다음과 같이 되는 것을 확인할 수 있다.

$$U_f|x\rangle|-\rangle = U_f|x\rangle\frac{1}{\sqrt{2}}(|0\rangle - |1\rangle)$$
$$= |x\rangle\frac{1}{\sqrt{2}}(|f(x)\rangle - |f(x) \oplus 1\rangle) = (-1)^{f(x)}|x\rangle|-\rangle$$

이것이 위상 킥백$^{phase\ kickback}$ 기법이다. 중첩 상태인 대상에 U_f를 적용하면 함수의 값이 결국 전역 위상이 되며, 이와 같이 함수가 상수 함수인지 균형 함수인지 판단하는 데 필요한 정보가 킥백^{kickback}된다. 즉, 정보가 위상에 인코딩된다.

어떻게 이것을 활용해 상수 함수인지 균형 함수인지를 판별할 수 있을까? 상수 함수의 경우에는 적용되는 위상이 모든 입력 $|x\rangle$에 대해 동일하지만, 균형 함수의 경우에는 위상이 x의 값마다 다르다. 오라클 각각에 위상 킥백 기법을 사용하고자 첫 번째 큐비트에 다음의 변환을 적용한다.

$$f_0 \rightarrow I$$
$$f_1 \rightarrow -I$$
$$f_x \rightarrow Z$$
$$f_{\bar{x}} \rightarrow -Z$$

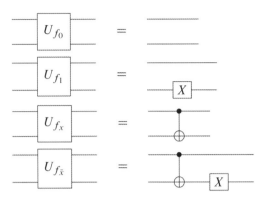

이제 첫 번째 큐비트에 대해서는 항등 게이트인지 Z 게이트인지만 구별하면 된다. 다음의 등식을 잊지 않고 활용하면 구별할 수 있다.

$$HZH = X$$

$$H = \frac{1}{\sqrt{2}} \begin{pmatrix} 1 & 1 \\ 1 & -1 \end{pmatrix}$$

이는 위상 플립 전후에 아마마르 게이트를 적용하면 위상 플립을 비트 플립으로 바꿀 수 있음을 뜻한다. 상수 함수와 균형 함수를 살펴보면 상수 함수는 I에 비례하고 균형 함수는 X에 비례함을 알 수 있다. 레지스터에 $|0\rangle$를 넣으면 상수 함수의 경우에는 $|0\rangle$만 나오고, 균형 함수의 경우에는 $|1\rangle$이 나올 것이다. 바꿔 말하면 오라클에 하나의 질의만 해서 상수 함수인지 균형 함수인지를 판별할 수 있다.

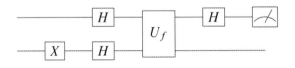

```
# cirq 라이브러리 임포트
import cirq

# 두 큐비트, 즉 데이터 큐비트와 대상 큐비트 획득
```

162

```python
q0, q1 = cirq.LineQubit.range(2)

# 오라클 딕셔너리
oracles = {'0': [], '1': [cirq.X(q1)], 'x': [cirq.CNOT(q0, q1)],
        'notx': [cirq.CNOT(q0, q1), cirq.X(q1)]}

def deutsch_algorithm(oracle):
    """오라클을 구현하는 연산이 주어지면 도이치 알고리즘 회로를 넘겨준다."""
    yield cirq.X(q1)
    yield cirq.H(q0), cirq.H(q1)
    yield oracle
    yield cirq.H(q0)
    yield cirq.measure(q0)

# 모든 오라클에 대한 각 회로를 표시
for key, oracle in oracles.items():
    print('{}에 대한 회로...'.format(key))
    print(cirq.Circuit.from_ops(deutsch_algorithm(oracle)),
        end="\n\n")

# 시뮬레이터 획득
simulator = cirq.Simulator()

# 각 오라클에 대한 회로를 실행해 상수 함수인지 균형 함수인지 판별
for key, oracle in oracles.items():
    result = simulator.run(
        cirq.Circuit.from_ops(deutsch_algorithm(oracle)),
        repetitions=10
    )
    print('오라클: {:<4} 결과: {}'.format(key, result))
```

이제 도이치 문제를 앞의 경우처럼 단일 입력 함수뿐 아니라 n개의 불리언 입력을
받는 불리언 함수로 확장해보자. 앞에서 도이치 알고리즘을 사용하면 고전적으
로는 두 번의 질의를 해야 하지만 양자 방식에서는 하나의 질의만 함으로써 속도
를 두 배로 늘릴 수 있음을 알아봤다.

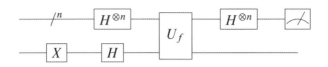

n비트 오라클을 한 번만 질의해서 함수가 상수 함수인지 균형 함수인지 판단할 수 있으면 시간 복잡도는 $O(1)$이 되는데, $O(n)$ 질의 대비 상당한 속도 향상을 얻게 된다. 입력이 1비트인 모든 불리언 함수는 상수 함수 아니면 균형 함수다. 입력이 2비트인 불리언 함수의 경우 상수 함수는 $f(x_0, x_1) = 0$과 $f(x_0, x_1) = 1$의 두 가지가 있으며, 균형 함수는 $\binom{4}{2} = 6$가지가 있다. 다음 코드는 이러한 함수를 질의하는 연산을 제공한다.

```python
"""서큐로 작성한 3큐비트용 도이치-조사 알고리즘"""

# cirq 라이브러리 임포트
import cirq

# 3개의 큐비트(데이터 2개, 대상 큐비트 1개) 획득
q0, q1, q2 = cirq.LineQubit.range(3)

# 상수 함수용 오라클
constant = ([], [cirq.X(q2)])

# 균형 함수용 오라클
balanced = ([cirq.CNOT(q0, q2)],
    [cirq.CNOT(q1, q2)],
    [cirq.CNOT(q0, q2), cirq.CNOT(q1, q2)],
    [cirq.CNOT(q0, q2), cirq.X(q2)],
    [cirq.CNOT(q1, q2), cirq.X(q2)],
    [cirq.CNOT(q0, q2), cirq.CNOT(q1, q2), cirq.X(q2)])

def your_circuit(oracle):
    """3큐비트용 도이치-조사 알고리즘 회로를 넘겨준다."""
    # 위상 킥백 기법
    yield cirq.X(q2), cirq.H(q2)
```

```
    # 입력 비트에 대해 동일 비중으로 중첩
    yield cirq.H(q0), cirq.H(q1)

    # 함수 질의
    yield oracle

    # 간섭을 해서 결과를 가져오고, 마지막 큐비트에 |1>을 넣음
    yield cirq.H(q0), cirq.H(q1), cirq.H(q2)

    # 최종 큐비트에 결과를 넣는 마지막 OR 게이트
    yield cirq.X(q0), cirq.X(q1), cirq.CCX(q0, q1, q2)
    yield cirq.measure(q2)

# 시뮬레이터 획득
simulator = cirq.Simulator()

# 상수 함수용 오라클을 위한 회로 실행
print('상수 함수에 대한 결과')
for oracle in constant:
    result =
        simulator.run(cirq.Circuit.from_ops(your_circuit(oracle)),
        repetitions=10)
    print(result)

# 균형 함수용 오라클을 위한 회로 실행
print('균형 함수에 대한 결과')
for oracle in balanced:
    result =
        simulator.run(cirq.Circuit.from_ops(your_circuit(oracle)),
        repetitions=10)
    print(result)
```

이제 입력이 n비트 불리언 값인 오라클을 질의해서 상수 함수인지 균형 함수인지 확인할 수 있다.

번스타인-바지라니 알고리즘

이 책의 앞부분에서 언급했던 번스타인-바지라니^{BV, Bernstein-Vazirani} 알고리즘을 살펴보겠다[29]. DJ와 마찬가지로 블랙박스 불리언 함수의 특성을 확인하는 것이 BV의 목표다. DJ가 고전적인 컴퓨팅에 비해 양자 컴퓨팅의 이점을 보여주는 것은 사실이지만, 작은 오차율을 허용하는 경우에는 이러한 이점이 사라지고, 두 방식 모두 $O(1)$의 시간 복잡도를 갖는다[137].

BV는 오차를 허용하는 경우에도 양자 컴퓨팅과 고전 컴퓨팅 사이의 명확한 차이를 보여주는 최초의 알고리즘이다. 즉, 비결정론적인 진정한 속도 향상이다. BV 문제를 서술하면 다음과 같다.

다음과 같이 입력이 n개인 알려지지 않은 함수가 주어졌다고 하자.

$$f(x_{n-1}, x_{n-2}, ..., x_1, x_0)$$

a를 2^n보다 작고 음수가 아닌 정수라 하자. $f(x)$는 그러한 다른 정수 x를 취한 다음 a를 곱해 모듈로-2 합을 구하는 함수라 하자. 따라서 이 함수의 출력은 다음과 같다.

$$a \cdot x = a_0 x_0 \oplus a_1 x_1 \oplus a_2 x_2 ....$$

오라클에 대해 하나의 질의로 a를 구하라[151].

DJ에서와 마찬가지로 두 가지 큐비트 집합, 즉 데이터 레지스터 큐비트와 대상 큐비트를 준비한다. 데이터 레지스터 큐비트들은 $|0\rangle$으로 설정되고 대상 큐비트는 $|1\rangle$로 설정된다. 그런 다음 두 큐비트 집합에 H를 적용해 중첩시킨다. 데이터 레지스터 큐비트에 H를 적용하면 측정할 때 X 기저로 측정하게 된다.

그런 다음 유니타리 변환 U_f와 H를 데이터 레지스터 큐비트들에 적용한 다음 측정한다. U_f를 한 번만 적용했기 때문에 BV의 시간 복잡도는 $O(1)$이다.

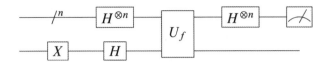

번스타인-바지라니 알고리즘

"""서큐로 작성한 번스타인-바지라니 알고리즘

```python
# 임포트
import random

import cirq

def main():
    """BV 알고리즘을 실행한다."""
    # 큐비트 개수
    qubit_count = 8

    # 회로를 표본 실행할 횟수
    circuit_sample_count = 3

    # 사용할 큐비트 선택
    input_qubits = [cirq.GridQubit(i, 0) for i in range(qubit_count)]
    output_qubit = cirq.GridQubit(qubit_count, 0)

    # 오라클에 관한 계수 선택과 오라클을 질의할 회로 생성
    secret_bias_bit = random.randint(0, 1)
    secret_factor_bits = [random.randint(0, 1) for _ in range(qubit_count)]
    oracle = make_oracle(input_qubits,
        output_qubit,
        secret_factor_bits,
        secret_bias_bit)
    print('비밀 함수:\nf(x) = x*<{}> + {} (mod 2)'.format(
        ', '.join(str(e) for e in secret_factor_bits),
        secret_bias_bit))
```

```python
    # 오라클을 단 한 번 질의할 특수한 양자 회로 안에 오라클을 포함
    circuit = make_bernstein_vazirani_circuit(
            input_qubits, output_qubit, oracle)
    print('\n회로:')
    print(circuit)

    # 회로를 표본 실행
    simulator = cirq.Simulator()
    result = simulator.run(circuit, repetitions=circuit_sample_count)
    frequencies = result.histogram(key='result', fold_func=bitstring)
    print('\n표본 실행 결과:\n{}'.format(frequencies))

    # 실제로 비밀 값을 찾았는지 검사
    most_common_bitstring = frequencies.most_common(1)[0][0]
    print('\n가장 많이 나온 비트열과 비밀 인자의 일치 여부:\n{}'.format(
            most_common_bitstring == bitstring(secret_factor_bits)))

def make_oracle(input_qubits,
    output_qubit,
    secret_factor_bits,
    secret_bias_bit):
    """함수 f(a) = a*factors + bias (mod 2)를 구현하는 게이트."""
    if secret_bias_bit:
        yield cirq.X(output_qubit)

    for qubit, bit in zip(input_qubits, secret_factor_bits):
        if bit:
            yield cirq.CNOT(qubit, output_qubit)

def make_bernstein_vazirani_circuit(input_qubits, output_qubit, oracle):
    """한 번의 질의로 f(a) = a*factors + bias (mod 2)의 factors를 구한다."""
    c = cirq.Circuit()

    # 큐비트 초기화
    c.append([
        cirq.X(output_qubit),
        cirq.H(output_qubit),
```

```
        cirq.H.on_each(*input_qubits),
    ])

    # 오라클을 질의
    c.append(oracle)

    # X 기저로 측정
    c.append([
        cirq.H.on_each(*input_qubits),
        cirq.measure(*input_qubits, key='result')
    ])

    return c

def bitstring(bits):
    """비트를 순회하면서 비트열을 생성한다."""
    return ''.join(str(int(b)) for b in bits)

if __name__ == '__main__':
    main()
```

여기서는 X 연산자로 대상(또는 출력) 레지스터를 $|1\rangle$로 초기화하고, H를 데이터 레지스터 큐비트들에 적용해 상태 $|0\rangle$을 $|+\rangle/|-\rangle$ 기저로 초기화한다. 그런 다음 오라클을 질의하고, 각 입력 큐비트에 H를 적용한 후 입력 큐비트를 측정한다. 이렇게 해서 한 번의 질의로 답을 구할 수 있다. 따라서 입력 수에 관계없이 $O(1)$ 시간으로 이 알고리즘을 수행할 수 있다. 출력 결과의 예는 다음과 같다.

```
비밀 함수:
f(x) = x*<0, 1, 1, 1, 0, 0, 1, 0> + 1 (mod 2)

표본 실행 결과:
Counter({'01110010': 3})
가장 많이 나온 비트열과 비밀 인자의 일치 여부:
True
```

사이먼의 문제

BV의 연구 결과가 나오고 얼마 되지 않아 다니엘 사이먼^{Daniel Simon}은 양자 컴퓨터에서 함수의 주기성을 고전 컴퓨터에 비해 기하급수적으로 더 빠르게 판단할 수 있음을 입증했다.

함수란 서로 다른 두 입력을 같은 출력으로 사상할 수는 있지만 같은 입력을 두 개의 다른 출력에 사상해서는 안 된다는 것을 기억하자. 즉, 2:1은 허용되지만 1:2는 허용되지 않는다. 예를 들어 각 입력을 제곱하는 함수 $f(x) = x^2$은 함수다. 두 개의 다른 입력, 이를테면 1과 −1이 둘 다 1로 사상된다. 즉, $f(x)$가 2:1이다. 함수, 단사 함수^{injective function}(일대일 함수), 전사 함수^{surjective function}(위로의 함수), 전단사 함수^{bijective function}(일대일 대응 함수)에 대해 복습하려면 3부를 참고하기 바란다.

함수가 2:1 유형임을 알아내고 나면 그다음 목표는 함수의 주기를 조사하는 것이다(주기에 대해서는 8.5절 참고). 이것이 사이먼의 문제의 핵심 목표다. 좀 더 형식을 갖춘 언어로 문제를 서술하면 다음과 같다.

> 사이먼의 문제(Simon's problem)는 $m \geq n$일 때 n비트열을 m비트열에 사상하는 함수 $f: \{0, 1\}^n \rightarrow \{0, 1\}^m$을 구현하는 오라클을 가정한다. 여기서 f는 0이 아닌 주기 $s \in \{0, 1\}^n$을 갖는 1:1 유형의 함수(각 입력에 대해 출력이 서로 다름) 또는 2:1 유형의 함수(두 입력의 출력이 같음)로, $f(x) = f(x_0)$이기 위한 필요충분조건이 모든 x, x_0에 대해 $x_0 = x \oplus s$인 함수다. $\oplus$는 모듈로−2 덧셈을 뜻한다.[3] 함수 f의 유형을 판별하고, 함수가 2:1 유형인 경우 주기 s를 알아내는 문제가 사이먼의 문제다.[215]

사이먼의 문제는 도이치의 문제와 같은 맥락에 있다. 주어진 오라클은 블랙박스 함수며, 특정 입력에 대한 출력값을 관찰할 수는 있지만 숨겨진 함수를 알 수는 없다. 목표는 이러한 블랙박스 과정이 두 개의 다른 입력을 같은 출력으로 보내는지 여부를 알아내고, 그렇다면 얼마나 자주 발생하는지 알아내는 것이다. 이 알고리

---

3. 모듈로−2 덧셈을 하면 2는 0과 동일하다. 예를 들어 $1 \oplus 1 = 0$이며 이를 "1과 1의 모듈로−2 합은 0이다."라고 말한다.

즘에서는 블랙박스 안에 숨겨진 함수가 무엇인지 알 수 없으며, 상자 외부에서 입력과 출력 간의 관계만 알 수 있다. 실제 함수는 매우 복잡할 수도 있으며, 입력/출력 관계보다 분석하려면 더 많은 단계가 필요할지도 모른다. 오라클의 개념에 대해서는 8장의 뒷부분에서 더 깊이 살펴본다.

사이먼은 이 문제를 해결해 양자 컴퓨터에서 함수의 주기성을 고전 컴퓨터에 비해 기하급수적으로 더 빨리 알아낼 수 있음을 성공적으로 증명했다. 쇼어는 함수의 주기성을 찾는 문제와 큰 합성수를 인수분해하는 문제가 서로 동형^{isomorphic}임을 깨닫고, 사이먼의 주요 결과를 바탕으로 큰 수를 인수분해하는 자신의 알고리즘을 개발했다.

사이먼이 자신의 문제를 제시한 지 20년이 지난 후 연구자들은 실제로 양자 시스템을 사용해 함수의 주기성을 알아내는 데 성공했다[215]. 사이먼의 문제에 대한 예시 코드를 보려면 이 책의 웹 사이트를 확인하기 바란다.

8.4 양자 푸리에 변환

3장에서 양자 푸리에 변환$^{QFT, Quantum Fourier Transform}$을 이용해 필요한 정보가 있는 큐비트를 측정하기 유리하도록 진폭을 설정했었다. QFT 회로는 NISQ 하드웨어에 어렵지 않게 구현할 수 있다. 다음은 QFT의 표준 회로도다.

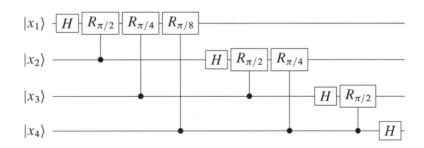

이제 QFT를 수행하는 코드를 살펴보자. 다음 절에 설명할 쇼어 알고리즘에서 이 기법을 사용할 것이다. 프로그램을 단계별로 살펴보고 대략적인 수준의 사항을 먼저 설명한 후 세부적인 구현 관련 사항들을 설명하겠다.

먼저 서큐 라이브러리를 비롯해 이 프로그램에 필요한 패키지들을 임포트한다.

```python
"""4큐비트 시스템에 대한 양자 푸리에 변환(QFT)용 회로 생성과 시뮬레이션"""

# 임포트
import numpy as np

import cirq
```

다음으로 메인 함수를 정의한다. 메인 함수에서는 단순히 회로 생성 함수를 호출한 후 시뮬레이터를 실행한다. 그러면 프로그램에서 QFT를 적용한 다음 파동 함수의 최종 상태를 출력하게 된다.

```python
def main():
    """양자 푸리에 변환을 시연한다."""

    # 회로 생성과 출력
    qft_circuit = generate_2x2_grid_qft_circuit()
    print('회로:')
    print(qft_circuit)

    # 시뮬레이션 실행과 최종 상태 수집
    simulator = cirq.Simulator()
    result = simulator.simulate(qft_circuit)

    # 최종 상태 표시
    print('\n최종 상태')
    print(np.around(result.final_state, 3))
```

그다음 QFT 회로를 구축하는 데 쓰이는 헬퍼 함수[helper function]를 정의한다. 이 함수는 입력 큐비트에 대한 제어형 R_z 회전과 *SWAP* 게이트를 생성해 돌려준다.

```
def cz_and_swap(q0, q1, rot):
    """입력 큐비트에 대한 제어형 Rz 회전과 SWAP 게이트를 생성해 돌려준다."""
    yield cirq.CZ(q0, q1)**rot
    yield cirq.SWAP(q0,q1)
```

마지막으로 헬퍼 함수를 사용해 전체 회로를 구성한다. 이 과정은 다음에 나오는 함수에서 수행된다. 먼저 2 × 2 그리드의 큐비트를 정의하고 *a*부터 *d*까지 레이블을 지정한다. 대다수의 양자 컴퓨팅 시스템에는 큐비트가 서로 상호작용하는 데 제약 조건이 있다. 예를 들면 가장 가까운 이웃 큐비트끼리만 상호작용할 수 있다. 그러면 앞에서 설명한 표준 QFT 회로를 적용하지 못한다. 그 대신 그림 8.3과 같이 *SWAP* 연산을 포함하는 수정된 QFT 회로를 적용해야 한다. 예에서 구현할 회로가 이것이다.

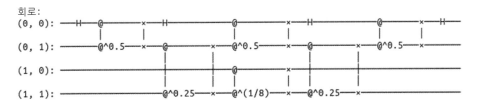

▲ 그림 8.3: 2 x 2 그리드의 큐비트에 실행하는 데 적합하며 SWAP 연산을 포함하고 가장 가까운 이웃 큐비트와 상호작용하는 수정 QFT 회로

회로도에 표시된 대로 일련의 아다마르 연산자와 제어 회전 연산자가 적용된다. 예에서는 (1, 0, 0, 0, 0, 0, 0, 0, 0, 0, 0, 0, 0, 0, 0, 0) 벡터에 양자 푸리에 변환을 수행한다. 이는 바닥상태 |0000⟩에 QFT 회로를 작용시킨다는 뜻이다.

```python
def generate_2x2_grid_qft_circuit():
    """ 2x2 평면 큐비트 아키텍처에 대한 QFT 회로를 리턴한다.

    https://arxiv.org/pdf/quant-ph/0402196.pdf의 회로를 수정했다.
    """
    # 2*2 정사각형 그리드의 큐비트 생성
    a, b, c, d = [cirq.GridQubit(0, 0), cirq.GridQubit(0, 1), cirq.GridQubit(1, 1),
            cirq.GridQubit(1, 0)]

    # 회로 생성
    circuit = cirq.Circuit.from_ops(
        cirq.H(a),
        cz_and_swap(a, b, 0.5),
        cz_and_swap(b, c, 0.25),
        cz_and_swap(c, d, 0.125),
        cirq.H(a),
        cz_and_swap(a, b, 0.5),
        cz_and_swap(b, c, 0.25),
        cirq.H(a),
        cz_and_swap(a, b, 0.5),
        cirq.H(a),
        strategy=cirq.InsertStrategy.EARLIEST
    )

    return circuit
```

마지막으로 메인 함수를 호출해 이 회로를 실행하면 된다.

```python
if __name__ == '__main__':
    main()
```

이 프로그램의 출력 결과는 다음과 같다.

최종 상태
```
[0.25+0.j 0.25+0.j 0.25+0.j 0.25+0.j 0.25+0.j 0.25+0.j 0.25+0.j 0.25+0.j
 0.25+0.j 0.25+0.j 0.25+0.j 0.25+0.j 0.25+0.j 0.25+0.j 0.25+0.j 0.25+0.j]
```

그림 8.4는 QFT의 적용 과정을 보여준다.

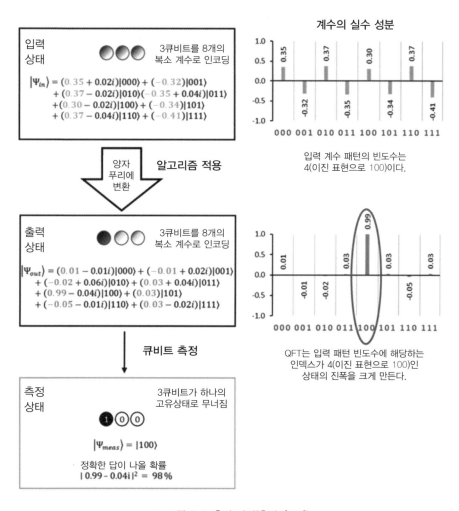

▲ 그림 8.4: 측정 과정(출처: [159])

8.5 쇼어 알고리즘

RSA 암호화

앨리스가 인터넷을 통해 밥에게 비밀 메시지를 보내려 한다고 가정해보자. 앨리스의 메시지가 전달되는 도중 악의적인 도청자인 이브[Eve]가 메시지를 가로챌 수도 있다. 앨리스가 밥에게 중요하지 않은 메모를 보내는 중이라면 당혹스럽기는 하더라도 손해는 없지만, 신용카드 번호를 보내는 중이라면 큰 문제가 된다. 어떻게 인터넷을 통해 안전하게 메시지를 보낼 수 있을까?

암호학이란 비밀 코드를 만들고 깨는 데 관한 연구 분야다. **암호화**[cryptography]는 비밀 코드를 작성하는 것을 가리키고, 암호 해독[cryptanalysis]은 비밀 코드를 깨는 것을 가리킨다. RSA 암호화는 인터넷을 통해 정보를 안전하게 전송하는 데 널리 사용되는 암호화 기법이다. RSA는 이 기법을 개발한 세 명의 선구자, 라이베스트[Rivest], 샤미르[Shamir], 애들먼[Adleman]을 기리는 명칭이다[188].

RSA 암호화의 핵심 가정은 큰 소수[prime number] 두 개를 곱하는 것이 **트랩도어 함수**[trapdoor function]라는 것이다. 즉, 큰 소수 두 개를 곱하기는 쉽지만 곱셈을 한 후에는 두 인수를 알아내기는 어렵다. 8장의 뒷부분에서 결함을 허용하는 양자 컴퓨터가 인수분해 과정으로 인한 어려움을 극복할 능력을 갖추게 되면 전체 RSA 체계가 위험에 빠지게 된다는 사실을 살펴볼 것이다[200]. 이러한 이유에서 포스트 양자 암호화[post-quantum cryptography]가 나오게 됐는데, 수학과 물리학, 컴퓨터 과학이 망라된 매혹적인 분야다.

1994년, 피터 쇼어[Peter Shor]는 소인수분해를 위한 양자 알고리즘을 발표한 기념비적인 논문을 출간했다[200]. 소인수분해 문제는 인수 하나를 구하는 문제로 환원시킬 수 있는데, 인수를 하나만 찾아내면 찾은 인수로 원래의 수를 나눠 더 작은 인수들을 따지면 되기 때문이다. 결국 (문자 그대로) 나눠 정복하는 전략[divide and

^{conquer}을 사용하면 소인수들을 모두 구할 수 있다.

쇼어의 기법에서는 임의의 수 n의 인수를 구할 때 특정 함수 f의 주기 r을 알아낸 후 이 함수의 주기에 대한 지식을 이용해 인수를 구한다.

함수의 주기

두 개의 큰 소수의 곱을 인수분해하는 문제는 어떤 의미에서 함수의 주기를 구하는 문제와 동등하다. 함수의 주기를 알아내는 방법으로 어떤 수, 이를테면 2와 같은 수를 더 높이 거듭제곱해서 키운 후 그 결과 값을 두 소수의 곱, 예를 들어 91 = 13 · 7과 같은 수로 모듈로 연산을 취하는 방법이 있다. 예를 들면 다음과 같다.

$$
\begin{array}{c|c}
2^0 \ (\text{mod } 91) & 1 \\
2^1 \ (\text{mod } 91) & 2 \\
2^2 \ (\text{mod } 91) & 4 \\
2^3 \ (\text{mod } 91) & 8 \\
2^4 \ (\text{mod } 91) & 16 \\
2^5 \ (\text{mod } 91) & 32 \\
2^6 \ (\text{mod } 91) & 64 \\
2^7 \ (\text{mod } 91) & 37 \\
2^8 \ (\text{mod } 91) & 74 \\
\vdots & \vdots
\end{array}
$$

모듈로 연산 때문에 숫자가 계속 커지지 않음을 알 수 있다. 예에서 보면 $2^6 \ (\text{mod } 91) = 64$인데, 그다음에 더 높은 수로 거듭제곱한 값은 $2^7 \ (\text{mod } 91) = 37$이다.

8.4 연습문제

앞의 표에서 2의 거듭제곱이 다시 한 바퀴 돌아 값이 1이 되는지 알아보라. 더 정확하게 말하면 다음을 만족하는 0보다 큰 가장 작은 수 n을 구하라.

$$2^n \ (\text{mod } 91) = 1$$

끈기 있게 계산한 보람이 있을 것이다. 이 연습문제를 해보면 $2^{12} \pmod{91} = 1$이 되고, 12가 0보다 큰 가장 작은 수라는 것을 알아냈을 것이다. 1로 돌아가는 것이 확실한가? 12라는 수를 다음과 같이 정의된 함수의 주기라고 말한다.

$$f(n) := 2^n \pmod{91}$$

일반적으로 다음과 같이 정의된 어떤 함수가 있을 때

$$f(n) := a^n \pmod{N}$$

N과 서로소인 어떤 $a \in \{1, 2, \ldots, N{-}1\}$에 대해 다시 $f(n) = 1$을 만족하는 0보다 큰 가장 작은 수 n을 함수 f의 주기^period라 한다. 즉, $n = 0$일 때

$$a^0 \pmod{N} = 1$$

이므로, 그다음에 다시 아래의 조건을 만족하는 n을 구해야 한다.

$$a^n \pmod{N} = 1$$

어떤 수 a와 N의 최대공약수가 1, 즉 $gcd(a, N) = 1$인 것은 a와 N이 서로소^relative prime 이기 위한 필요충분조건이다.

이러한 함수를 모듈러 함수^modular function라 한다. 이때 숫자 n은 $(\mathbb{Z}/N\mathbb{Z})^\times$ 군의 원소 a의 차수^order라 한다. 여기서 $(\mathbb{Z}/N\mathbb{Z})^\times$ 군은 기본 집합^underlying set이 N과 서로소인 $\{1, 2, \ldots, N{-}1\}$의 부분집합이고, 위와 같이 이항 연산이 모듈로 N 곱셈인 곱셈군을 뜻한다.

8.5 연습문제

기본 원소 집합이 N과 서로소인 $\{1, 2, ..., N-1\}$의 부분집합이고 이항 연산이 모듈로 N 곱셈인 $(\mathbb{Z}/N\mathbb{Z})^{\times}$이 정말로 군^{group}이라는 것을 확인하라. 임의의 수 N에 대해 $(\mathbb{Z}/N\mathbb{Z})^{\times}$ 군은 얼마나 많은 원소를 갖는가? N에 대해 $(\mathbb{Z}/N\mathbb{Z})^{\times}$에 속하는 원소 개수와 관련된 패턴을 찾을 수 있는가?

대단히 흥미로운 점은 여러분만 특별히 함수 $f(x) = 2^n \pmod{91}$의 주기를 찾으면서 어려움을 겪었던 것이 아니라는 점이다. 심지어 (고전적인) 컴퓨터라도 이 함수의 주기를 찾아내는 데 어려움을 겪을 것이다. 피터 쇼어는 양자 컴퓨팅을 활용해 그러한 함수의 주기를 빠르게 알아낼 수 있음을 깨달았다[200]. 이제 함수의 주기를 인수분해 알고리즘의 입력으로 사용해 어떻게 RSA 암호화를 깰 수 있는지 설명하겠다.

인수분해 알고리즘에 대한 입력으로서의 함수 주기

어떤 수 N을 인수분해하라는 요청을 받았는데, 앞에서 설명한 것처럼 모듈러 함수의 주기를 구하는 방법을 알고 있다고 가정해보자. N을 인수분해하는 문제는 N의 아무 인수를 구하는 더 단순한 문제로 환원됨을 기억하자. 그러면 모듈러 함수의 주기를 구할 수 있다는 점을 활용해 어떻게 N의 인수를 구하는지 살펴보자.

1. 난수 $a < N$을 선택한다.
2. 확장 유클리드 알고리즘$^{extended\ Euclidian\ algorithm}$을 사용해 $\gcd(a, N)$을 계산한다.
3. $\gcd(a) \neq 1$, 즉 a와 N이 서로소가 아니면 a는 이미 N의 자명하지 않은 인수이므로 목표를 이뤘다.

4. 그렇지 않은 경우 다음 모듈러 함수의 주기 r을 구한다.

$$f(n) := a^n \, (\text{mod} N)$$

5. r이 홀수이거나 $a^{r/2} = -1 \,(\text{mod } N)$이면 새로운 난수를 선택해 다시 시작한다.

6. 그렇지 않으면 고전 정수론에 따라 $\gcd(a^{r/2} + 1, N)$과 $\gcd(a^{r/2} - 1, N)$이 N의 자명하지 않은 두 인수임이 보장된다.

8.6 연습문제

위의 알고리즘을 실행해 $N = 21$을 인수분해하라.

이 연습문제에 다음과 같이 접근했으면 성공했을 것이다.

1. $a = 2$로 시작한다.
2. $\gcd(a, N) = \gcd(2, 21) = 1$
3. (3단계는 $\gcd(a, N) = \gcd(2, 21) = 1$이므로 생략한다)
4. 모듈러 함수 $f(n) := 2^n \,(\text{mod } 21)$의 주기 $r = 6$을 찾아낸다.
5. $r = 6$은 홀수가 아니고, 다음 방정식을 만족하지도 않는다.

$$a^{\frac{r}{2}} = -1 \,(\text{mod}) N$$

6. $\gcd(a^{r/2} + 1, N) = \gcd(2^{6/2} + 1, 21) = \gcd(8 + 1, 21) = \gcd(9, 21) = 3$과 $\gcd(a^{r/2} - 1, N) = \gcd(2^{6/2} - 1, 21) = \gcd(2^3 - 1, 21) = \gcd(7, 21) = 7$이 $N = 21$의 자명하지 않은 두 인수가 된다.

임의의 모듈러 함수의 주기를 구할 수 있다는 것이 인수분해의 핵심임을 알 수 있다. 이 책의 앞부분에서 설명한 대로 양자 푸리에 변환[QFT]을 사용하면 주기를 찾을 수 있다. 쇼어는 이 알고리즘을 개발할 때 사이먼의 알고리즘과 BV에서 영감을 받았다. 쇼어는 BV에서 QFT를 사용한 것과 사이먼의 알고리즘에서 주기를 구한 것을 기반으로 자신의 인수분해 알고리즘에 이르렀다.[4] 쇼어 알고리즘에 대한 회로도는 다음과 같다.

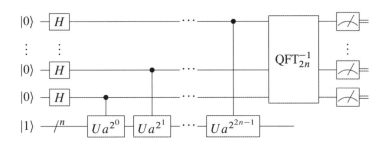

이제 쇼어 알고리즘의 예시 코드를 살펴보겠다. 이 코드는 [234]에서 가져온 것이다.

```
"""
toddwildey/shors-python
@toddwildey toddwildey 상태 벡터를 사용해 파이썬 3.X로 구현한 쇼어 알고리즘

470 lines (353 sloc) 12.1 KB
#!/usr/bin/env python

shors.py: 양자 정수 인수분해를 위한 쇼어 알고리즘"""

import math
import random
import argparse

__author__ = "Todd Wildey"
__copyright__ = "Copyright 2013"
__credits__ = ["Todd Wildey"]
```

---

4. 사이먼의 알고리즘에 대한 예시 코드는 이 책의 깃허브 사이트를 참조하기 바란다.

```python
__license__   = "MIT"
__version__   = "1.0.0"
__maintainer__ = "Todd Wildey"
__email__     = "toddwildey@gmail.com"
__status__    = "Prototype"

def printNone(str):
    pass

def printVerbose(str):
    print(str)

printInfo = printNone

# 양자 컴포넌트
class Mapping:
    def __init__(self, state, amplitude):
        self.state = state
        self.amplitude = amplitude

class QuantumState:
    def __init__(self, amplitude, register):
        self.amplitude = amplitude
        self.register = register
        self.entangled = {}

    def entangle(self, fromState, amplitude):
        register = fromState.register
        entanglement = Mapping(fromState, amplitude)
        try:
            self.entangled[register].append(entanglement)
        except KeyError:
            self.entangled[register] = [entanglement]

    def entangles(self, register = None):
        entangles = 0
        if register is None:
```

```python
                for states in self.entangled.values():
                    entangles += len(states)
            else:
                entangles = len(self.entangled[register])

            return entangles

class QubitRegister:
    def __init__(self, numBits):
        self.numBits = numBits
        self.numStates = 1 << numBits
        self.entangled = []
        self.states = [QuantumState(complex(0.0), self) for x in
                range(self.numStates)]
        self.states[0].amplitude = complex(1.0)

def propagate(self, fromRegister = None):
    if fromRegister is not None:
        for state in self.states:
            amplitude = complex(0.0)

            try:
                entangles = state.entangled[fromRegister]
                for entangle in entangles:
                    amplitude += entangle.state.amplitude * entangle.amplitude
                    state.amplitude = amplitude
            except KeyError:
                state.amplitude = amplitude

    for register in self.entangled:
        if register is fromRegister:
            continue

        register.propagate(self)

# map은 mapping에 의해 리턴되는 각 원소 v가 v * v.conjugate() = 1의 성질을 갖는 경우
# mapping을 유니타리 텐서로 변환한다.
```

```python
def map(self, toRegister, mapping, propagate = True):
    self.entangled.append(toRegister)
    toRegister.entangled.append(self)

    # 공변(covariant)/반변(contravariant) 표현 생성
    mapTensorX = {}
    mapTensorY = {}
    for x in range(self.numStates):
        mapTensorX[x] = {}
        codomain = mapping(x)
        for element in codomain:
            y = element.state
            mapTensorX[x][y] = element

            try:
                mapTensorY[y][x] = element
            except KeyError:
                mapTensorY[y] = { x: element }

    # 사상(mapping)을 정규화한다.
    def normalize(tensor, p = False):
        lSqrt = math.sqrt
        for vectors in tensor.values():
            sumProb = 0.0
            for element in vectors.values():
                amplitude = element.amplitude
                sumProb += (amplitude * amplitude.conjugate()).real

            normalized = lSqrt(sumProb)
            for element in vectors.values():
                element.amplitude = element.amplitude / normalized

    normalize(mapTensorX)
    normalize(mapTensorY, True)

    # 레지스터들을 얽히게 함
    for x, yStates in mapTensorX.items():
```

```python
        for y, element in yStates.items():
            amplitude = element.amplitude
            toState = toRegister.states[y]
            fromState = self.states[x]
            toState.entangle(fromState, amplitude)
            fromState.entangle(toState, amplitude.conjugate())

    if propagate:
        toRegister.propagate(self)

def measure(self):
    measure = random.random()
    sumProb = 0.0

    # 상태 선택
    finalX = None
    finalState = None

    for x, state in enumerate(self.states):
        amplitude = state.amplitude
        sumProb += (amplitude * amplitude.conjugate()).real

        if sumProb > measure:
            finalState = state
            finalX = x
            break

    # 상태가 발견된 경우 시스템을 업데이트
    if finalState is not None:
        for state in self.states:
            state.amplitude = complex(0.0)

        finalState.amplitude = complex(1.0)
        self.propagate()

    return finalX

def entangles(self, register = None):
```

```
        entangles = 0
        for state in self.states:
            entangles += state.entangles(None)

        return entangles

    def amplitudes(self):
        amplitudes = []
        for state in self.states:
            amplitudes.append(state.amplitude)

        return amplitudes

def printEntangles(register):
    printInfo("얽힘: " + str(register.entangles()))

def printAmplitudes(register):
    amplitudes = register.amplitudes()
    for x, amplitude in enumerate(amplitudes):
        printInfo('상태 #' + str(x) + '의 진폭: ' + str(amplitude))

def hadamard(x, Q):
    codomain = []
    for y in range(Q):
        amplitude = complex(pow(-1.0, bitCount(x & y) & 1))
        codomain.append(Mapping(y, amplitude))

    return codomain

# 양자 모듈러 거듭제곱
def qModExp(a, exp, mod):
    state = modExp(a, exp, mod)
    amplitude = complex(1.0)
    return [Mapping(state, amplitude)]

# 양자 푸리에 변환
def qft(x, Q):
    fQ = float(Q)
```

```
    k = -2.0 * math.pi
    codomain = []

    for y in range(Q):
        theta = (k * float((x * y) % Q)) / fQ
        amplitude = complex(math.cos(theta), math.sin(theta))
        codomain.append(Mapping(y, amplitude))

return codomain
```

얽힘과 QFT에 대한 함수들을 정의했으니 이제 핵심적인 주기 찾기 함수를 정의할
수 있다. 이는 양자 하드웨어에서 실행해야 하는 주요 서브루틴임을 기억하자.

```
def findPeriod(a, N):
    nNumBits = N.bit_length()
    inputNumBits = (2 * nNumBits) - 1
    inputNumBits += 1 if ((1 << inputNumBits) < (N * N)) else 0
    Q = 1 << inputNumBits

    printInfo("주기를 찾는 중...")
    printInfo("Q = " + str(Q) + "\ta = " + str(a))

    inputRegister = QubitRegister(inputNumBits)
    hmdInputRegister = QubitRegister(inputNumBits)
    qftInputRegister = QubitRegister(inputNumBits)
    outputRegister = QubitRegister(inputNumBits)

    printInfo("레지스터 생성 완료")
    printInfo("입력 레지스터에 아다마르 수행 중")

    inputRegister.map(hmdInputRegister, lambda x: hadamard(x, Q), False)
    # inputRegister.hadamard(False)

    printInfo("아다마르 완료")
    printInfo("입력 레지스터를 출력 레지스터로 사상, 여기서 f(x)는 a^x mod N")
```

```
hmdInputRegister.map(outputRegister, lambda x: qModExp(a, x, N), False)

printInfo("모듈러 거듭제곱 완료")
printInfo("출력 레지스터에 양자 푸리에 변환 수행 중")

hmdInputRegister.map(qftInputRegister, lambda x: qft(x, Q), False)
inputRegister.propagate()

printInfo("양자 푸리에 변환 완료")
printInfo("출력 레지스터에 측정 수행 중")

y = outputRegister.measure()

printInfo("측정된 출력 레지스터\ty = " + str(y))

# 보고 싶으면 주석을 해제한다.
# printAmplitudes(inputRegister)
# printAmplitudes(qftInputRegister)
# printAmplitudes(outputRegister)
# printEntangles(inputRegister)

printInfo("주기성 레지스터에 측정 수행 중")

x = qftInputRegister.measure()

printInfo("측정된 QFT 레지스터\tx = " + str(x))

if x is None:
    return None

printInfo("연분수를 통해 주기를 찾는 중")

r = cf(x, Q, N)

intInfo("후보 주기\tr = " + str(r))

turn r
```

이제 고전 하드웨어에서 실행될 함수들을 정의할 수 있다.

```python
BIT_LIMIT = 12

def bitCount(x):
    sumBits = 0
    while x > 0:
        sumBits += x & 1
        x >>= 1

    return sumBits

# 최대 공약수
def gcd(a, b):
    while b != 0:
        tA = a % b
        a = b
        b = tA

    return a

# 확장 유클리드
def extendedGCD(a, b):
    fractions = []
    while b != 0:
        fractions.append(a // b)
        tA = a % b
        a = b
        b = tA

    return fractions

# 연분수
def cf(y, Q, N):
    fractions = extendedGCD(y, Q)
    depth = 2

    def partial(fractions, depth):
        c = 0
        r = 1
```

```
        for i in reversed(range(depth)):
            tR = fractions[i] * r + c
            c = r
            r = tR

        return c

    r = 0
    for d in range(depth, len(fractions) + 1):
        tR = partial(fractions, d)
        if tR == r or tR >= N:
            return r

        r = tR

    return r

# 모듈러 거듭제곱
def modExp(a, exp, mod):
    fx = 1
    while exp > 0:
        if (exp & 1) == 1:
            fx = fx * a % mod
        a = (a * a) % mod
        exp = exp >> 1

    return fx

def pick(N):
    a = math.floor((random.random() * (N - 1)) + 0.5)
    return a

def checkCandidates(a, r, N, neighborhood):
    if r is None:
        return None

    # 배수 검사
    for k in range(1, neighborhood + 2):
```

```
        tR = k * r
        if modExp(a, a, N) == modExp(a, a + tR, N):
            return tR

    # 아래 근방(lower neighborhood) 검사
    for tR in range(r - neighborhood, r):
        if modExp(a, a, N) == modExp(a, a + tR, N):
            return tR

    # 위 근방(upper neighborhood) 검사
    for tR in range(r + 1, r + neighborhood + 1):
        if modExp(a, a, N) == modExp(a, a + tR, N):
            return tR

    return None
```

이제 생성한 다른 모든 함수를 호출할 함수를 정의할 준비가 됐다. 이 함수는 주기를 찾았는지 여부를 반복적으로 테스트한다.

```
def shors(N, attempts = 1, neighborhood = 0.0, numPeriods = 1):
    if(N.bit_length() > BIT_LIMIT or N < 3):
        return False

    periods = []
    neighborhood = math.floor(N * neighborhood) + 1

    printInfo("N = " + str(N))
    printInfo("근방(neighborhood) = " + str(neighborhood))
    printInfo("주기 수 = " + str(numPeriods))

    for attempt in range(attempts):
        printInfo("\n시도 #" + str(attempt))

        a = pick(N)
        while a < 2:
            a = pick(N)
```

```python
d = gcd(a, N)
if d > 1:
    printInfo("인수들을 고전적으로 찾음, 재시도")
    continue

r = findPeriod(a, N)

printInfo("후보 주기, 근방의 값, 배수 검사 중")

r = checkCandidates(a, r, N, neighborhood)

if r is None:
    printInfo("주기를 찾지 못함, 재시도")
    continue

if (r % 2) > 0:
    printInfo("주기가 홀수임, 재시도")
    continue

d = modExp(a, (r // 2), N)

if r == 0 or d == (N - 1):
    printInfo("주기가 자명한 값임, 재시도")
    continue

printInfo("찾아낸 주기\tr = " + str(r))

periods.append(r)
if(len(periods) < numPeriods):
    continue

printInfo("\n모든 주기의 최소 공배수를 구하는 중")

r = 1
for period in periods:
    d = gcd(period, r)
    r = (r * period) // d

b = modExp(a, (r // 2), N)
```

192

```
        f1 = gcd(N, b + 1)
        f2 = gcd(N, b - 1)

        return [f1, f2]

    return None
```

마지막으로 커맨드라인 기능에 대한 다양한 플래그를 정의한다.

```
def parseArgs():
    parser = argparse.ArgumentParser(description='N에 대한 쇼어 알고리즘을
        시뮬레이션한다.')
    parser.add_argument('-a', '--attempts', type=int, default=20,
        help='수행할 양자 시도 횟수')
    parser.add_argument('-n', '--neighborhood', type=float, default=0.01,
        help='후보를 검사할 근방의 크기(N에 대한 비율로 지정)')
    parser.add_argument('-p', '--periods', type=int, default=2,
        help='최소 공배수를 알아내기 이전에 얻을 주기 수')
    parser.add_argument('-v', '--verbose', type=bool, default=True,
        help='상세 메시지')
    parser.add_argument('N', type=int, help='인수분해할 정수')
    return parser.parse_args()

def main():
    args = parseArgs()

    global printInfo
    if args.verbose:
        printInfo = printVerbose
    else:
        printInfo = printNone

    factors = shors(args.N, args.attempts, args.neighborhood, args.periods)
    if factors is not None:
        print("인수:\t" + str(factors[0]) + ", " + str(factors[1]))
```

```
if __name__ == "__main__":
    main()
```

이것이 그 유명한 쇼어 알고리즘이다. 임의의 유의미한 큰 키 값에 대해 쇼어 알고리즘을 실행할 수 있는 결함 허용 하드웨어가 아직 없기는 하지만, 쇼어 알고리즘은 양자 컴퓨팅의 잠재력을 잘 보여준다. 쇼어 알고리즘은 다항 시간에 실행(즉, 인수분해할 정수의 비트 수에 대한 다항식으로 표현) 가능함이 증명됐지만, 다항식의 상수 계수들을 낮추고 전반적인 자원 필요량을 줄이려면 더 많은 연구가 이뤄져야 한다. 쇼어 알고리즘의 자원 필요량에 관해 논의한 기드니[Gidney]와 이케라[Ekera]의 연구[95]를 참조하기 바란다.

이 프로그램을 사용해 15를 인수분해하는 예가 다음에 나와 있다. 이 코드(이 책의 웹 사이트에 'shor.py'라는 파이썬 모듈로 저장돼 있음)는 키맨드라인에서 인수분해할 수를 인자로 받아 실행하게 돼 있다. 다음을 실행해보자.

```
python shor.py 15
```

다음과 같은 출력 결과가 나타난다.

```
N = 15
근방(neighborhood) = 1
주기 수 = 2

시도 #0
주기를 찾는 중...
Q = 256 a = 8
레지스터 생성 완료
입력 레지스터에 아다마르 수행 중
아다마르 완료
입력 레지스터를 출력 레지스터로 사상, 여기서 f(x)는 a^x mod N
```

모듈러 거듭제곱 완료
출력 레지스터에 양자 푸리에 변환 수행 중
양자 푸리에 변환 완료
출력 레지스터에 측정 수행 중
측정된 출력 레지스터 y = 1
주기성 레지스터에 측정 수행 중
측정된 QFT 레지스터 x = 192
연분수를 통해 주기를 찾는 중
후보 주기 r = 4
후보 주기, 근방의 값, 배수 검사 중
찾아낸 주기 r = 4

시도 # 1
인수들을 고전적으로 찾음, 재시도

시도 # 2
인수들을 고전적으로 찾음, 재시도

시도 # 3
주기를 찾는 중...
Q = 256 a = 2
레지스터 생성 완료
입력 레지스터에 아다마르 수행 중
아다마르 완료
입력 레지스터를 출력 레지스터로 사상, 여기서 f(x)는 a^x mod N
모듈러 거듭제곱 완료
출력 레지스터에 양자 푸리에 변환 수행 중
양자 푸리에 변환 완료
출력 레지스터에 측정 수행 중
측정된 출력 레지스터 y = 2
주기성 레지스터에 측정 수행 중
측정된 QFT 레지스터 x = 128
연분수를 통해 주기를 찾는 중
후보 주기 r = 2
후보 주기, 근방의 값, 배수 검사 중
찾아낸 주기 r = 4

```
모든 주기의 최소 공배수를 구하는 중
인수: 5, 3
```

이 예에서는 쇼어 알고리즘의 양자 부분이 4번 실행된 것을 확인할 수 있다('시도 #0'부터 '시도 #3'으로 표시됨). 그중 두 번은 회로에서 주기를 찾는 데 성공한 반면 나머지 두 번은 운이 좋아 고전적으로 인수를 찾아 프로그램이 양자 부분을 다시 시도했다. 주기를 두 번 찾아낸 후에는 쇼어 알고리즘의 고전적인 부분이 뒤이어 실행되고, 찾아낸 모든 주기의 최소 공배수를 계산한다. 이렇게 해서 소인수를 3과 5로 올바르게 알아낸다.

8.6 그로버의 검색 알고리즘

1996년, 로브 그로버$^{\text{Lov Grover}}$는 양자 컴퓨터에서 알고리즘 기반 검색$^{\text{algorithmic search}}$ 시 고전적인 컴퓨터보다 제곱으로 속도 향상을 얻을 수 있음을 보였다[98]. 기하급수적인 속도 향상은 아니지만, 그럼에도 상당한 의미를 지닌다.

검색 문제는 다음과 같이 정의할 수 있다. $f(a^*) = -1$이고 그 외의 모든 함수 값은 1인 함수 $f(x)$가 주어졌을 때 a^*를 구하라. 다시 말하면 전수 검색$^{\text{exhaustive search}}$ 알고리즘, 특히 알고리즘 기반 검색 프로토콜을 찾는 것이다. 알고리즘 기반 검색 프로토콜은 검색 결과에 대해 함수 값을 평가해서 검색 중인 항목을 찾았는지 검증할 수 있는 프로토콜이다. 그러므로 분석적인 접근법을 찾을 가능성은 없어졌고, 결국 무차별 대입 검색$^{\text{brute force search}}$을 해야 한다.

고전적인 컴퓨터에서는 어떤 $x = \{0, n\}$ 범위에 대해 n번의 연산을 사용해 전수 검색을 하게 된다. 아니면 평균적으로 범위의 절반을 검색한 후에 목표 대상을 찾는다 해도 최소한 $n/2$ 단계를 거쳐야 한다. 그러나 양자 컴퓨터에서는 훨씬 더 잘 할 수 있다. n 또는 $n/2$ 대신 $O(\sqrt{n})$ 단계에 a^*를 찾을 수 있다. 그다음에 베넷[Bennett]과 동료들은 양자 컴퓨터에서 실행되는 알고리즘 기반 검색 문제를 해결하는 알고리즘은 어떤 알고리즘이든 오라클을 최상의 경우에도 $\Omega(\sqrt{n})$만큼 질의하리라는 것을 보였다. 그러므로 그로버 알고리즘은 최적이다[24].

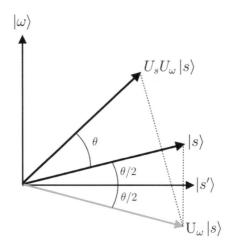

▲ 그림 8.5: 목표 대상에 가까워질 때의 그로버 알고리즘을 나타낸 그림(출처: 위키미디어)

그로버 알고리즘은 DJ나 BV보다 약간 더 복잡하다. 세 개의 유니타리 연산자를 적용해야 하며, 그중 뒤의 두 연산자는 목표 대상을 찾을 때까지 반복문으로 구현된다. 데이비드 도이치의 방식대로 이 세 연산자를 H, M, XX라 하자[66].

지금까지 살펴본 다른 알고리즘과 마찬가지로 데이터 입력 큐비트는 $|0\rangle$인 상태, 출력 큐비트는 $|1\rangle$인 상태로 준비한다. 그런 다음 모든 데이터 입력 큐비트와 출력 큐비트에 H를 적용한다.

이제 오라클을 질의한다.

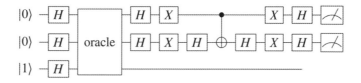

```python
"""Cirq로 작성한 그로버 알고리즘"""

# 임포트
import random

import cirq

def set_io_qubits(qubit_count):
    """지정한 개수의 입력 큐비트와 출력 큐비트를 추가한다."""
    input_qubits = [cirq.GridQubit(i, 0) for i in range(qubit_count)]
    output_qubit = cirq.GridQubit(qubit_count, 0)
    return (input_qubits, output_qubit)

def make_oracle(input_qubits, output_qubit, x_bits):
    """함수 {f(x) = 1 if x==x', f(x) = 0 if x!= x'}를 구현한다."""
    # 오라클 생성
    # (1, 1)의 경우에는 토폴리 게이트와 같다.
    # 그렇지 않은 경우에는 0인 비트를 반전시킨다.
    yield(cirq.X(q) for (q, bit) in zip(input_qubits, x_bits) if not bit)
    yield(cirq.TOFFOLI(input_qubits[0], input_qubits[1], output_qubit))
    yield(cirq.X(q) for (q, bit) in zip(input_qubits, x_bits) if not bit)

def make_grover_circuit(input_qubits, output_qubit, oracle):
    """sqrt(N)을 시도해서 오라클이 인식한 값을 찾는다."""
    # 입력 큐비트가 2큐비트인 경우 그로버 연산자는 한 번만 사용된다.
    c = cirq.Circuit()

    # 큐비트 초기화
    c.append([
        cirq.X(output_qubit),
        cirq.H(output_qubit),
        cirq.H.on_each(*input_qubits),
    ])

    # 오라클을 질의
    c.append(oracle)

    # 그로버 연산자 생성
```

```
        c.append(cirq.H.on_each(*input_qubits))
        c.append(cirq.X.on_each(*input_qubits))
        c.append(cirq.H.on(input_qubits[1]))
        c.append(cirq.CNOT(input_qubits[0], input_qubits[1]))
        c.append(cirq.H.on(input_qubits[1]))
        c.append(cirq.X.on_each(*input_qubits))
        c.append(cirq.H.on_each(*input_qubits))

        # 결과 측정
        c.append(cirq.measure(*input_qubits, key='result'))

        return c

def bitstring(bits):
    return ''.join(str(int(b)) for b in bits)

def main():
    qubit_count = 2
    circuit_sample_count = 10

    # 입력 큐비트와 출력 큐비트 준비
    (input_qubits, output_qubit) = set_io_qubits(qubit_count)

    # x'를 선택
    x_bits = [random.randint(0, 1) for _ in range(qubit_count)]
    print('비밀 비트열: {}'.format(x_bits))

    # x'를 인식할 오라클(블랙박스) 생성
    oracle = make_oracle(input_qubits, output_qubit, x_bits)

    # 그로버 알고리즘을 구현하는 양자 회로에 오라클을 내장
    circuit = make_grover_circuit(input_qubits, output_qubit, oracle)
    print('회로:')
    print(circuit)

    # 회로를 지정한 횟수만큼 표본 실행
    simulator = cirq.Simulator()
    result = simulator.run(circuit, repetitions=circuit_sample_count)
```

```
frequencies = result.histogram(key='result', fold_func=bitstring)
print('표본 실행 결과:\n{}'.format(frequencies))

# 실제로 비밀 값을 찾았는지 검사
most_common_bitstring = frequencies.most_common(1)[0][0]
print('가장 많이 나온 비트열: {}'.format(most_common_bitstring))
print('비밀 값과 일치 여부: {}'.format(
most_common_bitstring == bitstring(x_bits)))

if __name__ == '__main__':
    main()
```

이제 코드를 실행하면 다음의 예와 같은 출력 결과를 얻는다.

```
비밀 비트열: [1, 0]

표본 실행 결과:
Counter({ '10': 10})
가장 많이 나온 비트열: 10
비밀 값과 일치 여부: True
```

8.7 요약

8장에서는 기본적인 양자 알고리즘들을 살펴봤다. 1980년대부터 1990년대까지 일어난 이런 획기적인 발전으로 인해 양자 우위에 대한 잠재력이 확립됐다. 쇼어 알고리즘과 그로버 알고리즘을 유의미한 규모로 실행할 하드웨어는 아직 없지만, 앞으로 등장할 그런 하드웨어의 위력을 암시한다. 9장에서는 NISQ 체계의 다양한 양자 컴퓨팅 기법들을 다룬다.

다양한 양자 컴퓨팅 기법

9장에서는 NISQ 프로세서에서 실행할 수 있는 다양한 양자 컴퓨팅 프로그램을 살펴본다. 최적화, 화학, 머신러닝, 그 외 여러 분야에서의 양자 컴퓨팅 기법을 다룰것이다.

9.1 변분 양자 고윳값 계산기

먼저 변분 양자 고윳값 계산기$^{\text{VQE, Variational Quantum Eigensolver}}$[170]를 살펴보자. VQE를 사용하면 어떤 계의 해밀토니안을 나타내는 큰 행렬의 고윳값을 찾을 수 있다. 계의 바닥상태 에너지를 나타내는 최저 고윳값을 찾아야 하는 경우가 꽤 많다. VQE나 VQE 류의 알고리즘을 사용해 들뜬상태 에너지를 나타내는 추가 고윳값을 계산할 수도 있다[150, 111]. VQE는 고전 방식과 양자 방식을 혼합해 문제를 해결하는 접근법의 좋은 예다(VQE에 대한 자세한 내용은 [170, 231, 165, 227, 202]를 참고한다). VQE는 처음에 해밀토니안의 바닥상태를 찾고자 개발된 것인데, 양자 회로로 표현할 수 있는 주어진 어떤 목적 함수의 최솟값을 찾는 데 쓰이기도 한다. 변분 방식으로 인해 응용 대상이 상당히 넓어졌다.

변분 방식에서는 바닥상태를 최선의 추측 값, 혹은 가설 풀이^{ansatz1}로 두고 시작한다. 좀 더 구체적으로 말하면 양자 상태 $|\psi(\theta)\rangle$를 파라미터로 나타내는 것이며, 여기서 θ는 파라미터 집합이다. VQE가 해결하는 문제는 다음과 같다.

> 일반적으로 수소나 물 분자와 같은 물리계로부터 나온 해밀토니안 H가 주어졌을 때 다음의 최적화 문제를 풀어 바닥상태 에너지(H의 최소 고윳값)의 근사치를 구하라.

$$\min_{\theta} \ \langle\psi(\theta)|\, H\, |\psi(\theta)\rangle \tag{9.1}$$

양자역학의 변분 원리^{variational principle}에 따라, 다음의 양^{quantity}은 결코 바닥상태 에너지보다 더 작아지지 못한다.

$$\langle\psi(\theta)|\, H\, |\psi(\theta)\rangle$$

따라서 이 양을 최소화하면 바닥상태 에너지의 근사치를 얻게 된다.

VQE 알고리즘에서 $|\psi(\theta)\rangle$는 양자 컴퓨터에서 준비되므로, 가설해는 보통 파라미터화된 양자 게이트로 개발된다. 이러한 양자 게이트의 예를 들면 회전 게이트 R_σ (φ), 그리고 $CNOT$ 혹은 제어형 Z 게이트와 같이 여러 '정적' 양자 게이트를 들 수 있다. 여기서 σ는 파울리 연산자다.

VQE의 목적상 여기서 다룰 해밀토니안은 [150]과 같이 일정한 계수로 가중치를 부여한 파울리 연산자의 텐서곱의 합으로 표현된다고 가정하겠다.

$$H = \sum_{i=1}^{m} c_i H_i \tag{9.2}$$

---

1. 주어진 문제에 대해 가설을 세우고 풀이한 해 – 옮긴이

파울리 연산자의 텐서곱이 에르미트 행렬의 기저를 형성하므로, 원칙적으로 어떠한 해밀토니안이든 이러한 방식으로 표현할 수 있다. 그러나 계의 크기에 기하급수적으로 증가하는 항이 여럿 생기게 된다. 이러한 일반적인 경우 표현을 달리 해서 해밀토니안의 항의 수를 제한해 양자 알고리즘에 필요한 자원의 양을 제한하는 것이 중요하다. 여기서는 식 (9.2)의 해밀토니안 중에서 m이 계의 크기에 대해 다항식에 따라 증가하는, 즉 $m = O(n^k)$인 것들로만 한정해서 논의하기로 한다. 이러한 가정은 관심을 갖는 대다수의 물리계에 타당하다.

VQE 알고리즘은 양자 회로를 사용해 각 항 H_i의 기댓값을 계산한 다음, 고전적인 방식으로 총 에너지를 더한다. 고전적인 최적화기optimizer는 총 에너지를 최소화하고자 가설해 파동 함수의 값을 변경한다. 근사적인 최솟값을 찾은 다음, VQE는 바닥상태 에너지와 그 고유 상태를 리턴한다.

VQE를 오차 완화error-mitigation에 적용할 수도 있다. 맥클린McClean과 동료들은 이러한 측면에서 VQE를 탐구했다.

여기서 우리는 정확히 해를 구할 수 있는 변분 상태 준비(variational state preparation) 채널 모델을 도입해서 변분 방식으로 체계적이지 않은 결어긋남 오차까지 자동으로 억제할 수 있다는 가설에 대한 증거를 제시한다. 또한 고전적인 추가 자원으로 점차 정확한 해를 구하는 일반적인 측정과 고전 계산 체계에 양자-고전적 변분 기법이 어떻게 잘 들어맞는지 보인다[148].

부분공간 확장subspace expansion을 이용해 오차를 완화하는 연구 문헌이 점점 많이 나오고 있으니 살펴보기 바란다[147].

파이퀼pyQuil과 그로브Grove 라이브러리를 사용해 간단한 해밀토니안에 대해 VQE를 구현한 프로그램이 다음에 나와 있다.[2] 이 프로그램을 단계별로 살펴보면서 각

---

2. 이 책의 예시 코드는 여러 양자 컴퓨터 프레임워크로 작성돼 있다. 각각의 프레임워크로 이러한 기법과 알고리즘들을 구현할 수 있으므로 이 책의 온라인 사이트에서 다른 여러 라이브러리로 작성한 예시 코드들을 확인하기 바란다.

부분을 설명하겠다. 먼저 필요한 패키지를 임포트하고 QVM^{Quantum Virtual Machine}에 연결한다.

```
# 임포트
import numpy as np
import matplotlib.pyplot as plt
from scipy.optimize import minimize

from pyquil.quil import Program
import pyquil.api as api
from pyquil.paulis import sZ
from pyquil.gates import RX, X, MEASURE

from grove.pyvqe.vqe import VQE
```

그런 다음 가설 풀이를 준비한다. 이 경우에는 파라미터를 하나 갖는 x축 기준 회전 행렬이다.

```
# 가설 풀이(ansatz)를 생성하는 함수
def small_ansatz(params):
    """파라미터가 하나인 가설 풀이 프로그램을 리턴한다."""
    return Program(RX(params[0], 0))

# 파라미터가 예시 값일 때의 가설 풀이를 표시한다.
print("파라미터가 예시 값일 때의 가설 풀이:")
print(small_ansatz([1.0]))
```

프로그램 중 파이퀼 회로로 가설 풀이를 보여주는 이 부분의 출력 결과는 다음과 같다.

```
파라미터가 예시 값일 때의 가설 풀이:
RX(1.0) 0
```

다음으로 해밀토니안을 준비한다. 앞에서 설명한 대로 파울리 연산자의 텐서곱이 에르미트 행렬의 기저를 형성하므로, 어떤 해밀토니안이든 파울리 연산자의 텐서곱의 선형 결합으로 나타낼 수 있다. 실제로는 먼저 해밀토니안을 큐비트 연산자로 변환해야 양자 컴퓨터를 사용해 기댓값을 측정할 수 있다. 자명하지 않으며 구별되는distinct 해밀토니안 (9.2)의 항이 m개인 경우 계산해야 할 구별되는 기댓값이 m개가 된다. VQE의 양자 회로는 각각 하나의 기댓값을 계산하므로 실행할 개별 양자 회로는 m개다.

간단히 설명하고자 파울리 연산자가 $H = Z$인 간단한 경우를 살펴보자(이 절에서는 H가 아다마르 연산자가 아니라 해밀토니안을 나타낸다는 점에 유의한다). 그로브 라이브러리에서 가져온 VQE 클래스를 사용해 VQE 알고리즘의 인스턴스를 생성한 다음 예시 각도의 가설 풀이에 대한 기댓값을 계산한다.

```
# 파라미터가 예시 값일 때의 가설 풀이를 표시한다.
print("파라미터가 예시 값일 때의 가설 풀이:")
print(small_ansatz([1.0]))

# 해밀토니안 H = Z_0를 생성한다.
hamiltonian = sZ(0)

# 최소화 방법을 넬더-미드(Nelder-Mead) 방법으로 하는 VQE의 인스턴스를 만든다.
vqe_inst = VQE(minimizer=minimize, minimizer_kwargs={'method': 'nelder-mead'})

# 특정 각도, 즉 2.0 라디안의 경우에 대해 수동으로 VQE를 확인한다.
angle = 2.0
print("Expectation of Hamiltonian at angle = {}".format(angle))
print(vqe_inst.expectation(small_ansatz([angle]), hamiltonian, 10000, qvm))
```

최적화 문제에 대한 전반적인 그림을 살펴보려면 $[0, 2\pi]$ 범위의 값들에 대해 훑어보자. 이 경우에는 가설 풀이에 하나의 파라미터만 있기 때문에 계산 비용이 크지 않다. 가설 풀이에 파라미터가 더 많으면 가능한 모든 값에 대해 그리드 검색을 구현하기는 현실적으로 불가능하므로, 고전적인 최적화 알고리즘을 사용해 근사적인 최솟값을 찾아야 한다.

```
# 각도 범위에 대해 샘플링을 하지 않고 반복문을 수행한 다음 기댓값을 그래프로 나타낸다.
angle_range = np.linspace(0.0, 2.0 * np.pi, 20)
exact = [vqe_inst.expectation(small_ansatz([angle]), hamiltonian, None, qvm)
        for angle in angle_range]

# 정확한 기댓값을 그래프로 나타낸다.
plt.plot(angle_range, exact, linewidth=2)

# 각도의 범위에 대해 샘플링을 하면서 반복문을 수행한 다음 기댓값을 그래프로 나타낸다.
sampled = [vqe_inst.expectation(small_ansatz([angle]), hamiltonian, 1000, qvm)
        for angle in angle_range]

# 샘플링을 거친 기댓값을 그래프로 나타낸다.
plt.plot(angle_range, sampled, "-o")

# 그래프 표시 옵션
plt.xlabel('각도[라디안]')
plt.ylabel('기댓값')
plt.grid()
plt.show()
```

프로그램의 이 부분을 실행하면 그림 9.1의 그래프가 나온다. 여기서 해밀토니안의 최소 에너지(임의 단위)가 가설 풀이 파동 함수에서 각도 $\theta = \pi$ 부근에서 나타나는 것을 시각적으로 확인할 수 있다. 설명한 대로 가설 풀이에 더 많은 파라미터가 필요한 더 큰 해밀토니안의 경우에는 모든 각도에 대해 기댓값을 나열하기가 현실적으로 불가능하다. 그 대신 최적화 알고리즘을 사용해 최적화 지형을 탐색해서 (이상적으로는) 전역 최솟값을 찾아야 한다.

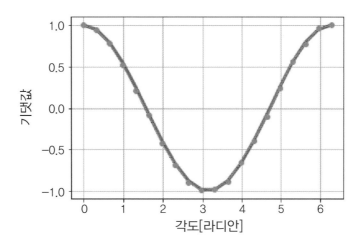

▲ 그림 9.1: 가설 풀이 파동 함수 $|\psi(\theta)\rangle = R_x(\theta)$의 모든 각도 $\theta \in [0, 2\pi]$에 대한 간단한 해밀토니안 $H = Z$의 기댓값

SciPy의 **Optimize** 패키지에 구현된 넬더-미드^{Nelder-Mead} 최적화 알고리즘의 예는 다음과 같다.

```
# 최소화를 수행한 다음 최상의 각도를 리턴한다.
initial_angle = [0.0]
result = vqe_inst.vqe_run(small_ansatz, hamiltonian, initial_angle, None, qvm=qvm)
print("\n최소 에너지 =", round(result["fun"], 4))
print("최상의 각도 =", round(result["x"][0], 4))
```

프로그램의 가장 마지막 부분인 이 부분의 출력 결과는 다음과 같다.

```
최소 에너지 = -1.0
최상의 각도 = 3.1416
```

보이는 바와 같이 최적화기를 사용해 전역 최소 에너지 $E = \langle \psi | H | \psi \rangle = -1.0$ (임의 단위)인 경우인 정확한 각도 $\theta = \pi$를 구할 수 있다.

노이즈를 고려한 VQE

VQE 알고리즘은 근래의 양자 컴퓨터를 사용할 때 효과적이도록 설계됐다. 따라서 NISQ 프로세서와 같이 노이즈가 있는 환경에서 성능을 분석하는 것이 중요하다. 앞에서는 VQE 회로를 시뮬레이션하는 데 노이즈 없는 QVM을 사용했다. 이제 특정 노이즈 모델을 갖춘 QVM으로 VQE 알고리즘을 다시 실행해보자.

다음의 코드 블록은 노이즈 있는 QVM을 준비하는 코드를 파이퀼로 작성한 것으로, 실제로 노이즈가 있음을 보여준다. 이 프로그램은 앞에 나온 프로그램을 확장한 것이며, 모든 패키지가 그대로 임포트돼 있다고 가정한다.

```
# 각 시간 단계에서 각 게이트가 10%의 확률을 갖는 노이즈 모델을 생성한다.
pauli_channel = [0.1, 0.1, 0.1]
noisy_qvm = api.QVMConnection(gate_noise=pauli_channel)

# 시뮬레이터에 정말 노이즈가 있는지 확인한다.
p = Program(X(0), MEASURE(0, 0))
res = noisy_qvm.run(p, [0], 10)
print(res)
```

이 프로그램의 출력 결과 예(|1⟩ 상태를 측정)를 보면 시뮬레이터에 정말 노이즈가 있는지 알 수 있다. 노이즈가 없으면 측정된 비트에 0이 나오지 않을 것이다.

```
"노이즈가 있는 시뮬레이터에서 NOT과 MEASURE 회로의 결과:"
[[0], [1], [1], [1], [0], [1], [1], [1], [1], [0]]
```

노이즈가 있는 시뮬레이터가 있으므로, 이제 노이즈가 있는 환경에서 VQE 알고리즘을 실행할 수 있다. 여기서는 초기 심플렉스^{simplex}를 더 크게 해서 초기 최솟값에 갇히지 않도록 고전적인 최적화기를 수정한다. 그런 다음 이전과 동일하게 지형 그래프(에너지 vs. 각도)로 시각화하는데, 이번에는 노이즈가 있는 환경이다.

```
# 더 큰 초기 심플렉스로 시작하도록 VQE의 최소화기를 업데이트한다.
vqe_inst.minimizer_kwargs = {"method": "Nelder-mead",
    "options":
      {"initial_simplex": np.array([[0.0],
          [0.05]]),
        "xatol": 1.0e-2}
      }

# 각도의 범위에 대해 샘플링을 하면서 반복문을 수행한 다음 기댓값을 그래프로 나타낸다.
sampled = [vqe_inst.expectation(small_ansatz([angle]), hamiltonian,
    1000, noisy_qvm)
      for angle in angle_range]

# 샘플링을 거친 기댓값을 그래프로 나타낸다.
plt.plot(angle_range, sampled, "-o")

# 그래프 표시 옵션
plt.title("노이즈기 있는 시뮬레이터상의 VQE")
plt.xlabel("각도[라디안]")
plt.ylabel("기댓값")
plt.grid()
plt.show()
```

프로그램의 이 부분을 실행하면 그림 9.2와 같은 그래프가 나온다. 여기서 지형의 모양이 거의 같지만 약간 왜곡돼 있다는 점에 유의한다. 곡선의 최솟값은 여전히 $\theta = \pi$인 최적 값에 가깝지만, 여기서는 에너지의 값이 수직 방향으로 이동돼 있다. 노이즈가 없는 경우에는 최소 에너지가 −1.0이었는데, 여기서는 최소 에너지가 약 −0.6(임의 단위)이다.

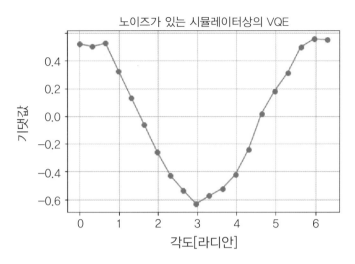

▲ 그림 9.2: 파울리 채널 노이즈가 있는 시뮬레이터에서 VQE를 실행한 결과

그렇지만 최솟값은 여전히 $\theta = \pi$ 부근에서 발생하므로 VQE는 노이즈에 크게 영향 받지 않음을 알 수 있다. 여전히 최적의 파라미터를 찾을 수 있으며, 최소 에너지의 수직 오프셋offset은 고전적인 후처리postprocessing 과정에서 처리할 수 있다.

고려할 노이즈 모델이 오로지 파울리 채널 노이즈Pauli channel noise만 있는 것은 아니다. 이 책의 온라인 사이트에서는 이 VQE 프로그램을 측정 노이즈measurement noise 가 있는 시뮬레이터로도 시연하고 있다. VQE는 앞에서 얘기한 것과 같은 의미에서 측정 노이즈에 크게 영향 받지 않는다는 사실을 알 수 있다. 지형 곡선은 일반적인 동일한 모양을 가지며, 최솟값은 역시 $\theta = \pi$ 부근에서 발생한다.

더 정교한 가설 풀이

앞서 이야기한 대로 해밀토니안이 더 커지면 가설 풀이에 파라미터가 더 많아야 바닥상태 파동 함수를 더 가깝게 근사할 수 있다. 파이퀼로는 다음과 같이 게이트를 추가해 프로그램의 파라미터 개수를 늘릴 수 있다.

```
# 파라미터가 두 개인 가설 풀이를 얻기 위한 함수
def smallish_ansatz(params):
    """파라미터가 두 개인 가설 풀이를 리턴한다."""
    return Program(RX(params[0], 0), RZ(params[1], 0))

print("게이트가 둘이고 파라미터가 두 개인 가설 풀이(예시 값의 경우):")
print(smallish_ansatz([1.0, 2.0]))

# VQE 인스턴스 획득
vqe_inst = VQE(minimizer=minimize, minimizer_kwargs={'method': 'nelder-mead'})

# 최소화를 수행한 다음 최상의 각도를 리턴
initial_angles = [1.0, 1.0]
result = vqe_inst.vqe_run(smallish_ansatz, hamiltonian, initial_angles,
        None, qvm=qvm)
print("\n최소 에너지 =", round(result["fun"], 4))
print("최상의 각도 =", round(result["x"][0], 4))
```

이 프로그램에서는 게이트가 둘이고 파라미터가 두 개인 가설 풀이를 생성하고 화면에 출력한 후 이 가설 풀이로 VQE 알고리즘을 실행한다. 프로그램의 출력 결과는 다음과 같다.

```
게이트가 둘이고 파라미터가 두 개인 가설 풀이(예시 값의 경우):
RX(1.0) 0
RZ(2.0) 0

최소 에너지 = -1.0
최상의 각도 = 3.1416
```

여기서 최소화기^{minimizer}가 새로운 가설 풀이로 정확한 바닥상태 에너지를 찾아내는 것을 볼 수 있다. 이는 예상된 결과인데, R_x 게이트 하나만으로도 해밀토니안의 기댓값을 최소화할 수 있음을 알고 있기 때문에 두 번째 게이트인 R_z는 불필요하다. 하지만 해밀토니안이 더 크고 자명하지 않은 경우에는 그렇지 않으며, 파라미터가 더 많이 필요할 것이다.

이 절에서는 명확히 설명하고자 실습용으로 간단한 가설 풀이를 사용했다. 일반적으로는 알맞은 가설 풀이를 선택하는 것과 가설 풀이의 파라미터 초깃값을 좋은 값으로 선택하는 것 둘 다 성공적으로 VQE를 구현하는 데 매우 중요하다. 무작위로 생성한 가설 풀이를 사용하면 회로 크기가 큰 경우에 기울기가 소실될 가능성이 높아[146] 파라미터에 대한 최적화를 수행하기가 현실적으로 불가능까지는 아니지만 매우 어렵다. 이러한 이유로 실제로는 파라미터화된 무작위 양자 회로 외에 유니타리 결합 클러스터나 QAOA(9.3절 참고)와 같은 구조화된 가설 풀이가 사용된다.

9.2 양자 화학

이제 양자 화학, 더 일반적으로는 양자 시뮬레이션의 응용을 살펴보겠다.[3] 양자 시뮬레이션에서는 다음의 슈뢰딩거 방정식에 따라 어떤 해밀토니안 H에 대해 파동함수의 동적 진화를 모델링한다.

$$i \frac{\partial |\psi\rangle}{\partial t} = H |\psi\rangle \tag{9.3}$$

여기서 $\hbar = 1$로 뒀다. 시간 진화 연산자$^{\text{time evolution operator}}$는 다음과 같이 나타낸다.

$$U(t) = \exp(-iHt) \tag{9.4}$$

여기서 초기 상태 $|\psi(0)\rangle$는 시점 t에 다음 식을 통해 최종 상태로 진화한다.

$$|\psi(t)\rangle = U(t)|\psi(0)\rangle \tag{9.5}$$

---

3. 여기서 쓰인 '양자 시뮬레이션'이라는 용어는 6장에서 설명한 양자 컴퓨터의 작용을 시뮬레이션하는 프로그램과는 다른 뜻이다.

그러나 어떤 계의 해밀토니안을 거듭제곱해서 유니타리 시간 진화 연산자 $U(t)$를 고전적으로 계산하는 일은 희박한[sparse] 해밀토니안의 경우라 해도 일반적으로 매우 어렵다. 양자 컴퓨터에서 양자 시뮬레이션을 수행하면 유니타리 시간 진화를 좀 더 쉽게 계산할 여지가 생긴다. 양자 시뮬레이션은 시간 종속적인 과정을 고전적으로 시뮬레이션하는 것이 유용하다는 사실과 동일한 관점에서 유용하다. 즉, 양자 시뮬레이션을 통해 복잡한 물리계의 행동을 분석하고, 관측 가능한 성질을 계산하며, 이 두 가지를 모두 사용해 새로운 예측을 하거나 예측 결과를 실험 결과와 비교할 수 있다. 그러한 예로 오말리[O'Malley]와 동료들은 양자 위상 추정[QPE, Quantum Phase Estimation]을 사용한 양자 시뮬레이션을 VQE와 함께 사용해 수소 분자의 잠재적인 표면 에너지 계산을 시연했다[165].

해밀토니안 분자[molecular Hamiltonians]의 양자 시뮬레이션은 양자 화학 응용에 유용하다. 다음 프로그램에 서큐[Cirq]를 오픈소스 양자 화학 패키지로서 서큐와 통합할 수 있는 오픈페르미온[OpenFermion]과 함께 사용해[149][4] 해밀토니안의 초기 상태의 진화를 시뮬레이션하는 방법이 나와 있다. 설명하는 것이 목적이므로 여기에 사용된 예시 코드에서는 무작위로 해밀토니안과 초기 상태를 생성한다. 실제 환경에서는 이를 권장하지 않는데, 그 이유는 맥클린과 동료들의 연구[146]에 서술돼 있다.

이제 프로그램을 단계별로 살펴보겠다. 먼저 필요한 패키지를 임포트하고 시뮬레이션용 상수 몇 가지를 정의한다. 정의하는 상수는 큐비트 수 n, 최종 시뮬레이션 시간 t, 결과를 재현 가능하도록 난수 생성기에 들어가는 시드[seed] 등이다.

```
# 임포트
import numpy
import scipy
```

---

4. OpenFermion과 Cirq 사이의 가교 역할로 OpenFermion-Cirq 패키지가 사용된다.

```
import cirq
import openfermion
import openfermioncirq

# 큐비트 수, 시뮬레이션 시간, 재현을 위한 시드 설정
n_qubits = 3
simulation_time = 1.0
random_seed = 8317
```

다음의 코드 블록에서는 무작위로 행렬 형태의 해밀토니안을 생성한다. 이 해밀
토니안으로 양자 회로를 실행하려면 먼저 양자 연산자로 나타내야 한다. 그다음
에 나오는 코드 몇 줄에서 오픈페르미온의 기능을 이용해 이 과정을 수행한다.

```
# 무작위로 일체(one-body) 연산자 생성
T = openfermion.random_hermitian_matrix(n_qubits, seed=random_seed)
print("해밀토니안:", T, sep="\n")

# 해밀토니안의 오픈페르미온 "FermionOperator" 형태를 계산
H = openfermion.FermionOperator()
for p in range(n_qubits):
    for q in range(n_qubits):
        term = ((p, 1), (q, 0))
        H += openfermion.FermionOperator(term, T[p, q])
print("\n페르미온 연산자:")
print(H)
```

프로그램의 이 부분에 대한 출력 결과는 다음과 같다.

```
해밀토니안:
[[ 0.53672126+0.j -0.26033703+3.32591737j 1.34336037+1.54498725j]
 [-0.26033703-3.32591737j -2.91433037+0.j -1.52843836+1.35274868j]
 [ 1.34336037-1.54498725j -1.52843836-1.35274868j 2.26163363+0.j ]]
```

페르미온 연산자:
```
(0.5367212624097257+0j) [0^ 0] +
(-0.26033703159240107+3.3259173741375454j) [0^ 1] +
(1.3433603748462144+1.544987250567917j) [0^ 2] +
(-0.26033703159240107-3.3259173741375454j) [1^ 0] +
(-2.9143303700812435+0j) [1^ 1] +
(-1.52843836446248+1.3527486791390022j) [1^ 2] +
(1.3433603748462144-1.544987250567917j) [2^ 0] +
(-1.52843836446248-1.3527486791390022j) [2^ 1] +
(2.261633626116526+0j) [2^ 2]
```

첫 번째 부분에는 해밀토니안이 행렬 형태로 표시되고, 그다음 부분에는 행렬이 오픈페르미온 연산자 형식으로 표시된다. 여기서 쓰인 오픈페르미온 표기법 [p^ q]는 사이트 p와 q에 대한 페르미온 생성과 소멸 연산자의 곱 $a_p^\dagger a_q$를 나타내며, 다음과 같은 정준 교환 관계를 만족한다.

$$\{a_p^\dagger, a_q\} = \delta_{pq} \tag{9.6}$$
$$\{a_p, a_q\} = 0 \tag{9.7}$$

이제 사용 가능한 형태의 해밀토니안을 갖고 있으니 회로 구성을 시작할 수 있다. 양자 시뮬레이션 알고리즘[161]에서 흔히 하는 것처럼 먼저 해밀토니안의 고유 기저^{eigenbasis}로 회전한다. 해밀토니안을 (고전적으로) 대각화한 다음 오픈페르미온으로 회로를 구성해서 이러한 기저 변환을 수행하면 된다.

```python
# T를 대각화해서 기저 변환 행렬("u")을 얻음
eigenvalues, eigenvectors = numpy.linalg.eigh(T)
basis_transformation_matrix = eigenvectors.transpose()

# 큐비트 레지스터 초기화
qubits = cirq.LineQubit.range(n_qubits)
```

```
# 고유 기저로 회전
inverse_basis_rotation = cirq.inverse(
    openfermioncirq.bogoliubov_transform(qubits, basis_transformation_matrix)
)
circuit = cirq.Circuit.from_ops(inverse_basis_rotation)
```

이제 해밀토니안의 진화에 해당하는 게이트를 추가하면 된다. 해밀토니안의 고유 기저로 회전했기 때문에 이러한 게이트는 파울리 Z 회전을 시키는 대각 연산자에 해당하며, 회전 각도는 고윳값과 최종 시뮬레이션 시간에 비례한다. 마지막으로 기저를 계산 기저로 다시 바꾼다.

```
# 회로에 대각 위상 회전을 추가
for k, eigenvalue in enumerate(eigenvalues):
    phase = -eigenvalue * simulation_time
    circuit.append(cirq.Rz(rads=phase).on(qubits[k]))

# 마지막으로 기저를 계산 기저로 다시 변경
basis_rotation = openfermioncirq.bogoliubov_transform(
    qubits, basis_transformation_matrix
)
circuit.append(basis_rotation)
```

이제 시간 진화 연산자를 양자 회로에 구성한다. 먼저 다음과 같이 무작위로 초기 상태를 얻는다. 이 프로그램은 시연용이라는 점에 유의한다. 실제 시나리오에서는 무작위가 아니라 다양한 기법을 써서 초기 상태를 결정할 것이다.

```
# 무작위로 초기 상태를 설정
initial_state = openfermion.haar_random_vector(
      2 ** n_qubits, random_seed).astype(numpy.complex64)
```

이제 행렬을 거듭제곱해서 시간 진화를 수치로 계산한 후 양자 컴퓨팅 시뮬레이터로 시간 진화를 시뮬레이션한다. 두 방법으로 모두 최종 상태를 얻은 후에 둘의 충실도^{fidelity} (오버랩 제곱)를 계산해 그 값을 화면에 출력한다.

```python
# 올바른 회로의 출력을 수치로 계산
hamiltonian_sparse = openfermion.get_sparse_operator(H)
exact_state = scipy.sparse.linalg.expm_multiply(
    -1j * simulation_time * hamiltonian_sparse, initial_state
)

# 서큐 시뮬레이터를 사용해 회로를 적용
simulator = cirq.google.XmonSimulator()
result = simulator.simulate(circuit, qubit_order=qubits,
initial_state=initial_state)
simulated_state = result.final_state

# 최종 충실도를 화면에 출력
fidelity = abs(numpy.dot(simulated_state, numpy.conjugate(exact_state)))**2
print("\n충실도 =", round(fidelity, 4))
```

이 코드 부분의 출력 결과는 다음과 같다.

```
충실도 = 1.0
```

이는 양자 회로가 초기 상태를 분석적인 진화와 정확히 동일하게 진화시켰음을 의미한다.

물론 계가 더 큰 경우에는 분석적인 진화를 계산하지 못하므로 오로지 양자 컴퓨터에 의지할 수밖에 없다. 이렇게 원리대로 계산해본 작은 증명을 통해 이러한 방법이 유효함을 알 수 있다.

마지막으로 서큐에는 IBM의 양자 컴퓨터 외에도 구글의 Xmon 아키텍처 양자 컴퓨터용으로 양자 회로를 컴파일할 수 있는 기능이 있다. 다음의 조각 코드에 이를 수행하는 방법이 나와 있다.

```python
# 구글의 Xmon 아키텍처로 회로를 컴파일
xmon_circuit = cirq.google.optimized_for_xmon(circuit)
print("\nXmon에 최적화된 회로:")
print(xmon_circuit)

# IBM 하드웨어용 OpenQASM 코드를 출력
print("\nOpenQASM 코드:")
print(xmon_circuit.to_qasm())
```

서큐에서 이 회로에 대해 자동 생성한 OpenQASM 코드가 다음에 나와 있다. 이 프로그램을 실행하면 전체 회로도와 이 코드의 나머지 출력 결과를 볼 수 있다. 이 프로그램은 이 책의 깃허브 사이트에서 구할 수 있다.

```
// Generated from Cirq v0.4.0

OPENQASM 2.0;
include "qelib1.inc";

// Qubits: [0, 1, 2]
qreg q[3];

u2(pi*-1.0118505646, pi*1.0118505646) q[2];
u2(pi*-1.25, pi*1.25) q[1];
u2(pi*-1.25, pi*1.25) q[0];
cz q[1],q[2];
u3(pi*-0.1242949803, pi*-0.0118505646, pi*0.0118505646) q[2];
u3(pi*0.1242949803, pi*-0.25, pi*0.25) q[1];
cz q[1],q[2];
u3(pi*-0.3358296941, pi*0.4881494354, pi*-0.4881494354) q[2];
u3(pi*-0.5219350773, pi*1.25, pi*-1.25) q[1];
cz q[0],q[1];
```

```
u3(pi*-0.328242091, pi*0.75, pi*-0.75) q[1];
u3(pi*-0.328242091, pi*-0.25, pi*0.25) q[0];
cz q[0],q[1];
u3(pi*-0.2976584908, pi*0.25, pi*-0.25) q[1];
u3(pi*-0.7937864503, pi*0.25, pi*-0.25) q[0];
cz q[1],q[2];
u3(pi*-0.2326621647, pi*-0.0118505646, pi*0.0118505646) q[2];
u3(pi*0.2326621647, pi*-0.25, pi*0.25) q[1];
cz q[1],q[2];
u3(pi*0.8822298425, pi*0.4881494354, pi*-0.4881494354) q[2];
u3(pi*-0.2826706001, pi*0.25, pi*-0.25) q[1];
cz q[0],q[1];
u3(pi*-0.328242091, pi*0.75, pi*-0.75) q[1];
u3(pi*-0.328242091, pi*-0.25, pi*0.25) q[0];
cz q[0],q[1];
u3(pi*-0.3570821075, pi*0.25, pi*-0.25) q[1];
u2(pi*-0.25, pi*0.25) q[0];
rz(pi*0.676494835) q[0];
cz q[1],q[2];
u3(pi*0.1242949803, pi*0.9881494354, pi*-0.9881494354) q[2];
u3(pi*-0.1242949803, pi*0.75, pi*-0.75) q[1];
cz q[1],q[2];
u2(pi*-0.0118505646, pi*0.0118505646) q[2];
u2(pi*-0.25, pi*0.25) q[1];
rz(pi*-0.4883581348) q[1];
rz(pi*0.5116418652) q[2];
```

9.3 양자 근사 최적화 알고리즘(QAOA)

앞에 나온 두 양자 컴퓨팅 방법은 물리와 화학 응용에 초점이 맞춰져 있는 반면 양자 근사 최적화 알고리즘[QAQA, Quantum Approximate Optimization Algorithm]은 일반적인 최적화 문제에 초점을 맞추고 있다. 파리[Farhi]와 동료들은 이러한 종류의 문제를 처리하기 위해 QAOA를 내놓았다[78, 79]. 여기서 목표는 다음과 같은 비용 함수를 최대화 또는 최소화하는 것이다.

$$C(\mathbf{b}) = \sum_{\alpha=1}^{m} C_\alpha(\mathbf{b}) \tag{9.8}$$

비용 함수는 비트열 $\mathbf{b} \in \{0,1\}^n$에 대한 m개 항 $C_\alpha(\mathbf{b})$의 합으로 표현되며, 비트열과 스핀 간의 일대일 대응 사상이 존재하므로[5] 각 비트를 스핀 $z_i \in \{-1, +1\}^n$으로 생각해도 무방하다.

최대 절단[MaxCut] 문제는 QAOA를 정규 그래프[regular graph][6]에 적용시킨 문제의 예로, 비용 함수를 스핀에 대해 다음과 같이 나타낼 수 있다.

$$C(\mathbf{z}) = \frac{1}{2} \sum_{\langle i,j \rangle} (1 - z_i z_j) \tag{9.9}$$

여기서 합은 그래프의 간선[edge] $\langle i, j \rangle$에 대해 계산하며, 각 항 $(1 - z_i z_j)$가 0이 아닌 항으로서 비용의 일부를 차지한다는 것은 스핀 z_i와 z_j가 반대로 정렬돼 있다[anti-aligned](즉, 다른 값을 갖는다)는 것과 필요충분조건이다. 이 문제를 더 일반화한 경우에는 각 간선 사이에 임의의 가중치 w_{ij}를 고려한다[243]. 더 큰 가중치를 가진 항이 비용에 더 많은 영향을 미친다는 의미다. 뒤이어 나올 내용에서는 이러한 경우를 다룬다.

각 스핀을 (고윳값이 ±1인) 파울리 Z 연산자에 적용하면 비용을 다음과 같이 비용 해밀토니안으로 나타낼 수 있다.

$$C \equiv H_C = \frac{1}{2} \sum_{\langle i,j \rangle} w_{ij} (I - \sigma_z^{(i)} \sigma_z^{(j)}) \tag{9.10}$$

---

5. 비트 b와 스핀 z는 일대일 대응 사상 $z = 1 - 2b \Leftrightarrow b = (1 - z)/2$의 관계가 있다. 따라서 비트에 대한 임의의 문제를 스핀에 대한 문제로 표현하거나 그 반대로 표현할 수 있다.
6. 모든 정점(vertex)이 동일한 수의 이웃을 갖는 그래프 – 옮긴이

여기서 I는 항등 연산자이고 $\sigma_z^{(i)}$는 i번째 스핀에 대한 파울리 Z 연산자를 나타낸다. 이 비용 해밀토니안이 계산 기저로 대각임을 쉽게 확인할 수 있다. 이어서 설명하겠지만, 이것이 양자 근사 최적화 알고리즘에 들어가는 일반적인 입력이다.

QAOA의 정의는 다음과 같다. 식 (9.10) 형태의 비용 해밀토니안 $H_C \equiv H$가 주어졌을 때 파라미터 γ에 종속되는 유니타리 연산자를 정의하라.

$$U(H_C, \gamma) := e^{-i\gamma H_C} = \prod_{\alpha=1}^{m} e^{-i\gamma C_\alpha} \tag{9.11}$$

두 번째 등호는 각 항 C_α가 계산 기저로 대각이기 때문에 성립하며, 그러므로 모든 $\alpha, \beta \in \{1, ..., m\}$에 대해 $[C_\alpha, C_\beta] = 0$[7]이다. 또한 앞 절에 비춰 볼 때 이것을 해밀토니안 H_C를 사용해 시간을 γ만큼 진화시키는 것으로 해석할 수도 있다. 그러나 C가 정수 값을 갖기 때문에 '시간'을 0에서 2π 사이로 제한할 수 있다. 따라서 파라미터 γ를 회전 각도와 똑같이 생각해도 된다.

다음으로 믹서 해밀토니안^{mixer Hamiltonian}이라고 부르는 연산자 $B \equiv H_B$를 정의한다. 이는 관례상 다음과 같이 나타내며,

$$B \equiv H_B = \sum_{j=1}^{n} \sigma_x^{(j)} \tag{9.12}$$

여기서 $\sigma_x^{(j)}$는 스핀 j에 대한 파울리 X 연산자다. 이로부터 다음과 같은 유니타리 연산자가 형성된다.

$$U(H_B, \beta) := e^{-i\beta B} = \prod_{j=1}^{n} e^{-i\beta \sigma_x^{(j)}} \tag{9.13}$$

---

7. $[A, B]$는 교환자(commutator) 연산을 나타내며, $[A, B] = AB - BA$를 뜻한다. 그러므로 여기서는 $[C_\alpha, C_\beta] = C_\alpha C_\beta - C_\beta C_\alpha = 0$을 뜻한다. – 옮긴이

두 번째 등호는 해밀토니안의 모든 항이 서로 교환 가능하기 때문에 성립한다. 항 $e^{-i\beta\sigma_x^{(j)}}$는 스핀 j에 대해 각도 2β 만큼 x축 기준으로 회전하는 것으로 볼 수 있다.

이러한 정의를 바탕으로 QAOA의 양자 부분을 단계별로 설명하면 다음과 같다.

1. 각 큐비트 $H^{\otimes n}|0\rangle^{\otimes n}$에 아다마르 변환을 적용해 초기 상태를 다음과 같이 모든 비트열(스핀)에 대해 동일하게 중첩한 상태로 두고 시작한다.

$$|s\rangle = \frac{1}{\sqrt{2^n}} \sum_{b \in \{0,1\}^n} |b\rangle \qquad (9.14)$$

2. $U(H_C, \gamma)$를 구현해 비용 해밀토니안으로 각도 γ만큼 진화한다.

3. $U(H_B, \beta)$를 구현해 믹서 해밀토니안으로 각도 β만큼 진화한다.

4. 각 단계 $i = 1, \dots p$마다 서로 다른 파라미터 γ_i, β_i로 단계 2와 3을 p회 반복해 다음의 상태를 형성한다.

$$|\gamma, \beta\rangle := \prod_{i=1}^{p} U(H_B, \beta_i)U(H_C, \gamma_i)|s\rangle \qquad (9.15)$$

5. 이 상태에서 HC의 기댓값을 계산하고자 계산 기저로 측정한다.

$$F_p(\gamma, \beta) := \langle \gamma, \beta | H_C | \gamma, \beta \rangle \qquad (9.16)$$

6. (고전적인) 최적화 알고리즘을 사용해 $F_p(\gamma, \beta)$의 최댓값 또는 최솟값을 (근사적으로) 계산한다. 혹은 최적의 각도를 결정하는 다른 방법이 있는 경우 이를 사용해도 된다.

7. 양자 회로 식 (9.15)의 출력 분포에서 샘플링을 해서 비트열 b의 집합을 얻는다. 가장 높은 확률을 갖는 비트열이 비용 함수에 대한 근사 최적값을 인코딩한다.

QAOA의 양자 회로에 대한 전체 회로도는 다음과 같다.

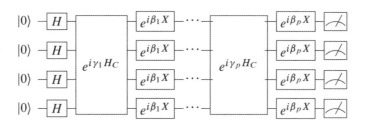

단열 정리^{adiabatic theorem}는 계가 섭동^{perturbation}의 영향을 받는다 하더라도 섭동이 충분히 느리고 서서히 일어나며 그 상태의 고윳값과 계의 나머지 고윳값(계의 스펙트럼) 사이에 차이가 있는 한 계가 고유 상태를 유지한다는 것이다[39, 40, 115]. 다시 말하면 측정된 상태의 계가 있고 그 상태가 계의 다른 가능한 상태와 충분히 차이가 있는 경우 계를 충분히 천천히 섭동시키면 다른 고유 상태로 넘어가지 않는다. 단열 정리를 사용해 다음을 보일 수 있다.

$$\lim_{p \to \infty} \max_{\gamma, \beta} F_p(\gamma, \beta) = \max_b C(b). \tag{9.17}$$

즉, 충분한 개수의 파라미터 γ, β가 주어지면 문제의 정확한 해를 얻을 수 있음을 보장할 수 있다. 이에 따라 파라미터 p는 하이퍼파라미터^{hyperparameter}로 간주할 수 있다. 양자 근사 최적화 알고리즘에서는 근사적으로 계산하고자 p 값을 유한하게 제한하곤 한다. 또 다른 형태의 근사법으로는 고전적인 최적화기로 최적값을 찾는 방법이 있다.

그러나 특수한 경우에는 $p = 1$ 계층에 대해 성능 보장을 증명할 수 있다. 예를 들어 3 정규 그래프에 대해 $p = 1$인 경우 QAOA로 적어도 최적의 절단 크기 대비 0.6924배인 절단^{cut}을 항상 찾을 수 있다[78]. 최악의 경우 또는 평균의 경우에 대해 성능 보장을 증명하는 문제는 QAOA의 분석 측면에서 흥미로운 연구 방향이다. QAOA의 휴리스틱^{heuristic} 측면에서는 더 좋은 고전적인 최적화 알고리즘을 개발하는 분야가 흥미롭다.

QAOA의 구현 예

QAOA의 작동 방식을 더 잘 이해하고자 이제 구현으로 넘어가 보자. 이 예에서는 다음과 같이 가로 방향 장 이징 모델[transverse field Ising model]8을 비용 해밀토니안으로 간주한다.

$$H_C = - \sum_{\langle i,j \rangle} J_{ij} \sigma_z^{(i)} \sigma_z^{(j)} - \sum_i h_i \sigma_x^{(i)} \tag{9.18}$$

설명을 간단히 하고자 가로 방향 필드 계수를 0으로($h_i = 0$), 각각의 상호작용 계수를 1로 정하겠다($J_{ij} = 1$). 이를 일반화해 직관적인 방법으로 해밀토니안을 수정할 수도 있지만, QAOA를 처음 접할 때 이러한 세부 사항은 중요하지 않다. 이렇게 하는 또 다른 이유는 이 계가 해석적으로 풀이할 만큼 자명해서 QAOA로 구한 해를 정확한 해와 비교할 수 있기 때문이다. 이렇게 단순화를 하고 나면 비용 해밀토니안은 다음과 같은 형태를 갖는다.

$$H_C = - \sum_{\langle i,j \rangle} \sigma_z^{(i)} \sigma_z^{(j)} \tag{9.19}$$

그래프(즉, 스핀 배열)는 2D 격자상에 최근접 이웃[nearest neighbor] 구성으로 돼 있다. 그러므로 다음의 유니타리 연산자를 구현할 방법이 필요하다.

$$U(H_C, \gamma) := e^{-iH_C\gamma} = \prod_{\langle i,j \rangle} e^{i\gamma Z_i Z_j} \tag{9.20}$$

간단히 설명하고자 여기서부터는 $\sigma_z^{(i)}$를 Z_i로 바꿔 쓰겠다. 이 유니타리 전체를 구현하려면 각 $e^{i\gamma Z_i Z_j}$ 항을 구현하는 일련의 게이트가 필요하며, 여기서 i와 j는 그래프

---

8. 이징 모델(Ising model)은 물질의 자성을 기술하는 격자 모델로, 강자성체를 위치가 고정돼 있는 자기 쌍극자의 격자로 나타낸다. 각 쌍극자는 +1 또는 −1 두 가지 상태를 가질 수 있고, 격자 위에서 바로 옆에 있는 쌍극자와 상호작용한다. 1, 2차원 이징 모델은 해석적인 정확한 해를 구할 수 있다. − 옮긴이

에서 이웃이다. γ를 재조정하고 유니타리 $e^{i\pi\gamma Z_i Z_j}$를 구현하는 방법을 생각하는 편이 수월할 것이다. 이를 수행하는 방법을 이해하려면 알아야 할 것이 있는데, 연산자 $Z \otimes Z$는 계산 기저로 대각이므로, 따라서 $e^{i\pi\gamma Z \otimes Z}$는 그냥 각 대각 성분을 거듭제곱한 것이 된다는 사실이다($i\pi\gamma$를 곱함).

$$\exp(i\pi\gamma Z \otimes Z) = \begin{bmatrix} e^{i\pi\gamma} & 0 & 0 & 0 \\ 0 & e^{-i\pi\gamma} & 0 & 0 \\ 0 & 0 & e^{-i\pi\gamma} & 0 \\ 0 & 0 & 0 & e^{i\pi\gamma} \end{bmatrix} \tag{9.21}$$

제어형 Z 게이트가 대각 형태이고 $C(Z) = \mathrm{diag}(1, 1, 1, -1)$라는 사실에 주의를 기울이면 표준 게이트로 이 연산자를 어떻게 구현할지 감이 좀 온다. $-1 = e^{i\pi}$로 쓰면 $C(Z) = \mathrm{diag}(1, 1, 1, e^{i\pi})$이 되며, 따라서 다음과 같게 된다.

$$C(Z^\gamma) = \begin{bmatrix} 1 & 0 & 0 & 0 \\ 0 & 1 & 0 & 0 \\ 0 & 0 & 1 & 0 \\ 0 & 0 & 0 & e^{i\pi\gamma} \end{bmatrix} \tag{9.22}$$

우리가 구현하고자 하는 유니타리 (9.21)에 있는 대각 항 하나를 얻었다. 나머지 다른 항들을 얻으려면 적절한 큐비트에 X 연산자를 적용하면 된다. 예를 들면 다음과 같다.

$$(I \otimes X) \begin{bmatrix} 1 & 0 & 0 & 0 \\ 0 & 1 & 0 & 0 \\ 0 & 0 & 1 & 0 \\ 0 & 0 & 0 & e^{i\pi\gamma} \end{bmatrix} (I \otimes X) = \begin{bmatrix} 1 & 0 & 0 & 0 \\ 0 & 1 & 0 & 0 \\ 0 & 0 & e^{i\pi\gamma} & 0 \\ 0 & 0 & 0 & 1 \end{bmatrix} \tag{9.23}$$

이런 식으로 계속해서 네 개의 대각 성분을 모두 얻은 다음(대각 행렬들의 곱은 대각이라는 사실을 이용해) 이 대각 성분들을 모두 곱하기만 하면 전체 유니타리 (9.21)을 얻을 수 있다.

다음의 서큐 코드에서는 유니타리 $e^{-i\pi\gamma Z_iZ_j}$을 구현하는 회로를 돌려주는 함수를 작성한다. 그런 다음 이 함수를 테스트하고자 임의의 값 γ로 큐비트 i와 j의 예시 집합에 대한 회로를 화면에 출력하고, 이 회로의 유니타리 행렬이 예상대로 나오는지 확인한다.

```python
# 임포트
import numpy as np
import matplotlib.pyplot as plt

import cirq

# 각도를 gamma로 두고 큐비트 a, b에 대한 ZZ 게이트를 구현하는 함수
def ZZ(a, b, gamma):
    """exp(-iπγZ_i Z_j)를 구현하는 회로를 리턴한다."""
    # 회로 획득
    circuit = cirq.Circuit()

    # 네 번째 대각 성분 지정
    circuit.append(cirq.CZ(a, b)**gamma)

    # 세 번째 대각 성분 지정
    circuit.append([cirq.X(b), cirq.CZ(a,b)**(-1 * gamma), cirq.X(b)])

    # 두 번째 대각 성분 지정
    circuit.append([cirq.X(a), cirq.CZ(a,b)**-gamma, cirq.X(a)])

    # 첫 번째 대각 성분 지정
    circuit.append([cirq.X(a), cirq.X(b), cirq.CZ(a,b)**gamma, cirq.X(a),
        cirq.X(b)])

    return circuit

# 회로에서 나오는 행렬이 올바른지 확인
qreg = cirq.LineQubit.range(2)
zzcirc = ZZ(qreg[0], qreg[1], 0.5)
print("ZZ 게이트 회로:", zzcirc, sep="\n")
print("\n회로의 유니타리:", zzcirc.to_unitary_matrix().round(2), sep="\n")
```

이 코드의 출력 결과는 다음과 같다.

```
ZZ 게이트 회로:
0: ---@-----------@-----------X---@--------X---X---@-------X---
      |           |               |                |
1: ---@^0.5---X---@^-0.5---X-------@^-0.5-------X---@^0.5---X---

회로의 유니타리:
[[0.+1.j 0.+0.j 0.+0.j 0.+0.j]
 [0.+0.j 0.-1.j 0.+0.j 0.+0.j]
 [0.+0.j 0.+0.j 0.-1.j 0.+0.j]
 [0.+0.j 0.+0.j 0.+0.j 0.+1.j]]
```

(9.21)과 비교해 보면 알 수 있듯이 이 회로는 구현하고자 한 유니타리 연산자를 정말로 구현하고 있다. 회로가 최적은 아니라는 점에 유의한다. 큐비트 0에 대한 순차적인 X 연산자를 소소히 제거할 수도 있고, 그 외에 다른 최적화도 가능하다. 하지만 여기서는 그런 최적화는 신경 쓰지 않기로 한다.

다음의 코드 블록에서는 2×2큐비트 격자를 정의한다.

```
ncols = 2
nrows = 2
qreg = [[cirq.GridQubit(i,j) for j in range(ncols)] for i in range(nrows)]
```

그다음에는 연산자 $U(H_C, \gamma)$와 $U(H_B, \beta)$를 구현하는 함수를 작성한다.

```
# 비용 해밀토니안을 구현하는 함수
def cost_circuit(gamma):
    """비용 해밀토니안 회로를 리턴한다."""
    circ = cirq.Circuit()
    for i in range(nrows):
        for j in range(ncols):
```

```
        if i < nrows - 1:
            circ += ZZ(qreg[i][j], qreg[i + 1][j], gamma)
        if j < ncols - 1:
            circ += ZZ(qreg[i][j], qreg[i][j + 1], gamma)

    return circ

# 믹서 해밀토니안을 구현하는 함수
def mixer(beta):
    """U(H_B, β) 계층(믹싱 계층) 생성기"""
    for row in qreg:
        for qubit in row:
            yield cirq.X(qubit)**beta
```

이 함수들을 이용해 전체 QAOA 회로를 구성할 수 있다. 다음의 함수는 임의의 p 개의 파라미터에 따라 회로를 구성한다.

```
# QAOA 회로를 구성하는 함수
def qaoa(gammas, betas):
    """QAOA 회로를 리턴한다."""
    circ = cirq.Circuit()
    circ.append(cirq.H.on_each(*[q for row in qreg for q in row]))

    for i in range(len(gammas)):
        circ += cost_circuit(gammas[i])
        circ.append(mixer(betas[i]))

    return circ
```

주어진 파라미터 집합에 따라 QAOA 회로를 구축할 수 있으므로 최종 상태 (9.16) 에서 비용 해밀토니안의 기댓값을 계산할 수 있다. 회로 자체에서 샘플링하지 않고 서큐에서 지원하는 기능을 이용해 간단히 파동 함수에 접근해서 이 기댓값을 계산한다. 회로를 적용한 후 파동 함수에 접근하는 방법이 다음 함수에 나와 있다.

```python
def simulate(circ):
    """회로를 적용한 후 파동 함수를 리턴한다."""
    sim = cirq.Simulator()
    return sim.simulate(circ).final_state
```

다음 함수에서는 파동 함수를 사용해 기댓값을 계산한다.

```python
def energy_from_wavefunction(wf):
    """파동 함수로부터 이징 모델의 사이트당 에너지를 계산한다."""
    # Z는 (n_sites x 2**n_sites) 크기의 배열이다. 성분이 2**n_sites 개인 각 행은
    # 큐비트들 중 하나에는 파울리 Z 행렬을 작용시키고
    # 나머지 큐비트들에는 항등원을 곱하는 연산자의 0이 아닌 성분들로 구성된다.
    # (i*n_cols + j) 번째 행이 큐비트 (i, j)에 해당한다.
    Z = np.array([[(-1)**(np.arange(2**nsites) >> i) for i in range(nsites-1,-1,-1)]])

    # 가장 가까운 이웃 큐비트 쌍에 대해
    # 상호작용 에너지를 모두 합하는 연산자를 생성
    ZZ_filter = np.zeros_like(wf, dtype=float)
    for i in range(nrows):
        for j in range(ncols):
            if i < nrows-1:
                ZZ_filter += Z[i*ncols + j]*Z[(i+1)*ncols + j]
            if j < ncols-1:
                ZZ_filter += Z[i*ncols + j]*Z[i*ncols + (j+1)]

    # 에너지의 기댓값을 사이트 개수로 나눈다.
    return -np.sum(np.abs(wf)**2 * ZZ_filter) / nsites
```

마지막으로 편의상 파라미터 집합에서 직접 에너지/비용을 계산하는 함수를 정의한다. 이 함수는 파라미터를 사용해 회로를 구성하고 최종 상태의 파동 함수를 가져온 다음, 마지막으로 앞에서 설명한 함수로 에너지/비용을 계산한다.

```
def cost(gammas, betas):
    """이 문제의 비용 함수를 리턴한다."""
    wavefunction = simulate(qaoa(gammas, betas))
    return energy_from_wavefunction(wavefunction)
```

QAOA에 필요한 함수들이 준비됐으니 이제 비용을 최소화하고자 파라미터를 최적화해보자. 설명하려는 목적상 QAOA를 $p = 1$ 계층으로 구현하고 격자 검색^{grid} search을 수행해 각 파라미터 γ와 β에 대한 2D 비용 지형을 그래프로 나타내 보겠다. 파라미터의 범위에 대해 격자 탐색을 수행하는 함수가 다음에 나와 있다.

```
def grid_search(gammavals, betavals):
    """모든 파라미터 값에 대해 격자 검색을 수행한다."""
    costmat = np.zeros((len(gammavals), len(betavals)))

    for (i, gamma) in enumerate(gammavals):
        for (j, beta) in enumerate(betavals):
            costmat[i, j] = cost([gamma], [beta])

    return costmat
```

마지막으로 메인 스크립트에서 이 함수를 사용해 비용 지형을 그래프로 나타내는 코드는 다음과 같다.

```
# 지정한 범위의 파라미터 획득
gammavals = np.linspace(0, 1.0, 50)
betavals = np.linspace(0, np.pi, 75)

# 격자 검색을 이용해 모든 파라미터에 대한 비용을 계산
costmat = grid_search(gammavals, betavals)

# 비용 지형을 그래프로 표시
plt.imshow(costmat, extent=(0, 1, 0, np.pi), origin="lower", aspect="auto")
```

```
plt.colorbar()
plt.show()
```

프로그램 중 이 부분의 출력 결과가 그림 9.3에 나와 있다. 표시된 대로 비용 지형에 상당히 많은 부분이 대칭이다. 이런 현상은 변분 양자 알고리즘에서 일반적이다. 이징 해밀토니안에서 자연히 발생하는 대칭 이외에 가설 풀이 회로에서도 비용 지형의 대칭적이고 주기적인 형태가 발생한다. 이러한 대칭을 활용하면 고전적인 최적화 알고리즘에서 더 빨리 좋은 해를 이끌어낼 수 있다.

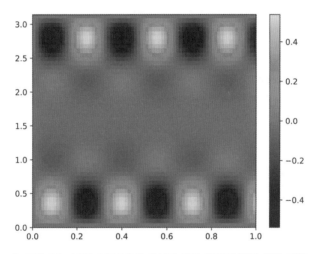

▲ 그림 9.3: 1계층 QAOA에서 계산된 이징 해밀토니안의 비용 지형

이제 비용 지형에서 최솟값의 좌표를 취해 최적의 파라미터 집합을 얻을 수 있다. 다음에 나와 있는 짧은 코드 블록을 실행하면 이러한 일을 한 다음 해당 파라미터의 경우에 대한 비용을 수치로 출력한다.

```
# 비용 격자에서 좌표 획득
gamma_coord, beta_coord = np.where(costmat == np.min(costmat))

# 좌표에 해당하는 값 획득
```

```
gamma_opt = gammavals[gamma_coord[0]]
beta_opt = betavals[beta_coord[0]]
```

이제 파라미터들의 최적 값을 얻었으므로 이 파라미터로 QAOA 회로를 실행하고
계산 기저로 측정해 원래 최적화 문제를 해결하는 비트열을 얻을 수 있다. 다음
함수는 QAOA 회로를 실행한 다음 측정 결과를 리턴한다.

```
def get_bit_strings(gammas, betas, nreps=10000):
    """QAOA 회로를 계산 기저로 측정해 비트열을 얻는다."""
    circ = qaoa(gammas, betas)
    circ.append(cirq.measure(*[qubit for row in qreg for qubit in row], key='m'))

    # 회로 시뮬레이션
    sim = cirq.Simulator()
    res = sim.run(circ, repetitions=nreps)

    return res
```

마지막으로 이 함수를 사용해 앞서 찾은 최적 파라미터에서 회로를 샘플링한다.
그런 다음 결과를 파싱해서 회로에서 샘플링된 비트열 중 가장 많이 나온 두 비트
열을 화면에 표시한다.

```
# 샘플링해서 비트열을 얻은 다음 히스토그램으로 변환
bits = get_bit_strings([gamma_opt], [beta_opt])
hist = bits.histogram(key="m")

# 가장 많이 나온 비트열 획득
top = hist.most_common(2)

# 측정된 비트열 중 가장 많이 나온 두 비트열을 출력
print("\n가장 많이 나온 비트열:")
print(format(top[0][0], "#010b"))
```

```
print("\n두 번째로 가장 많이 나온 비트열:")
print(bin(top[1][0]))
```

이 코드 부분에 대한 출력 결과의 예는 다음과 같다.

```
가장 많이 나온 비트열:
0b000000000

두 번째로 가장 많이 나온 비트열:
0b111111111
```

이 비트열들은 비용 함수를 최소화할 것으로 예상한 바로 그것이다. 여기서 가정한 이징 해밀토니안을 생각해보자. 이징 해밀토니안은 고전적으로 나타내면 다음과 같은 형태를 갖는다.

$$C(z) = -\sum_{\langle i,j \rangle} z_i z_j \tag{9.24}$$

여기서 $z_i = \pm 1$은 스핀이다. 위의 비트열 출력 결과의 경우 $b = 0$은 스핀업, $b = 1$은 스핀다운($z = -1$)에 해당한다. 반대 스핀 $z_i \neq z_j$은 합에서 양의 부분을 차지하는 항을 생성하기 때문에(앞에 전체 빼기 부호가 있다는 점을 잊지 말자), 모든 스핀이 정렬^{align}돼 있을 때 비용 함수가 최솟값이 된다. 즉, 모든 i, j에 대해 $z_i = z_j$다. 앞에서 측정된 비트열은 모두 스핀다운으로 정렬된 경우와 모두 스핀업으로 정렬된 경우에 해당한다. 따라서 이 비트열들은 실제로 비용 함수를 최솟값으로 만들며, QAOA는 비용을 성공적으로 최적화할 수 있었다.

비용 함수가 더 복잡한 큰 최적화 문제의 경우 QAOA 가설 풀이(즉, $p > 1$)에 계층이 더 많이 필요할 수 있다. 계층이 많을수록 변분 양자 회로에 파라미터가 더 많다는 뜻이며, 이로 인해 최적화 문제가 더 어려워진다. 이러한 최적화 문제는 빠르게 해결 불가능intractable한 문제이므로, 값에 대한 단순한 격자 검색으로 풀 수 없다. 그보다는 경사 기반gradient-based 또는 무경사gradient-free 최적화 알고리즘을 사용해 근사적으로 최적인 파라미터 집합을 계산해야만 한다.

여기서 구현한 QAOA의 전체 프로그램은 이 책의 온라인 사이트에서 제공하고 있다.

9.4 양자 프로세서에서의 머신러닝

여러 그룹에서 양자 컴퓨팅을 머신러닝에 사용하는 방안을 모색하고 있다. 머신러닝 분야에 양자 컴퓨터가 어떤 이점이 있는지 궁금한 것이 당연하다. 양자 머신러닝QML, Quantum Machine Learning에서 고려해 볼 이점이 속도 향상만 있는 것이 아니다. 양자 컴퓨터를 사용하면 양자 센서에서 나오는 전체 범위의 양자 정보 데이터를 보유하고 있는 양자 센서에서 직접 처리할 가능성이 생긴다. 그림 9.4는 양자 데이터를 양자 처리와 매치할 경우를 나타낸다. 양자 컴퓨터에 분류기classifier를 두고 데이터 스트림을 직접 분석해 패턴을 찾는 것이 데이터를 고전적인 컴퓨터에 파이프pipe로 보내는 것보다 나을 것이다.

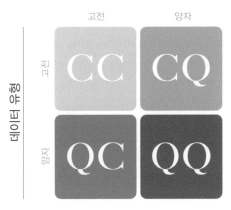

프로세서 유형

고전   양자

CC   CQ

QC   QQ

▲ 그림 9.4: 데이터 유형과 프로세서 유형

다음과 같이 여러 연구 그룹에서 이 분야에 논문을 출간했다.

1. 알란 아스푸루-구직[Alan Aspuru-Guzik]과 동료들은 양자 머신러닝과 고전-양자 혼합 모델을 탐구했다[51, 189].

2. 리게티[Rigetti] 연구 팀은 고전-양자 혼합 방식의 비지도 머신러닝을 연구했다[166].

3. 파리[Farhi]와 네븐[Neven]은 양자 프로세서상의 신경망[QNN]을 이용한 분류 기법을 제시했다[82].

4. 위텍[Wittek]과 고골린[Gogolin]은 양자 플랫폼상의 마르코프 논리 회로망을 탐구했다[236].

5. QML에 대한 추가 연구를 보려면 [31]을, 온라인 과정을 보려면 [235]를 참고하기 바란다.

다음에 나와 있는 QNN 코드는 [132]에서 가져온 것이다. 먼저 QNN을 다음과 같이 정의한다.

```python
import cirq
import numpy as np

class ZXGate(cirq.ops.eigen_gate.EigenGate, cirq.ops.gate_features.TwoQubitGate):
    """가중치 변수를 갖는 ZXGate."""
    def __init__(self, weight=1):
        """ZX 게이트를 위상까지 초기화한다.

        Args:
            weight: 회전 각도, 주기 2
        """
    self.weight = weight
    super().__init__(exponent=weight) # 1 이외의 가중치를 자동으로 처리

def _eigen_components(self):
    return [
        (1, np.array([[0.5, 0.5, 0, 0],
              [ 0.5, 0.5, 0, 0],
              [0, 0, 0.5, -0.5],
              [0, 0, -0.5, 0.5]])),
        (-1, np.array([[0.5, -0.5, 0, 0],
              [ -0.5, 0.5, 0, 0],
              [0, 0, 0.5, 0.5],
              [0, 0, 0.5, 0.5]]))
    ]

# 가중치를 Symbol로 만든다. 파라미터화하는 데 유용하다.
def _resolve_parameters_(self, param_resolver):
    return ZXGate(weight=param_resolver.value_of(self.weight))

# 게이트를 ASCII 다이어그램으로 표시
def _circuit_diagram_info_(self, args):
    return cirq.protocols.CircuitDiagramInfo(
        wire_symbols=('Z', 'X'),
        exponent=self.weight)

# 총 데이터 큐비트 개수
```

```
INPUT_SIZE = 9

data_qubits = cirq.LineQubit.range(INPUT_SIZE)
readout = cirq.NamedQubit('r')

# 회로 파라미터 초기화
params = {'w': 0}

def ZX_layer():
    """각 데이터 큐비트와 판독 큐비트 사이에 ZX 게이트를 추가한다.
    모든 게이트에 가중치로 동일한 cirq.Symbol이 들어간다."""
    for qubit in data_qubits:
        yield ZXGate(cirq.Symbol('w')).on(qubit, readout)

qnn = cirq.Circuit()
qnn.append(ZX_layer())
qnn.append([cirq.S(readout)**-1, cirq.H(readout)]) # 기저 변환
```

이렇게 구성한 QNN 회로를 시각화하면 다음과 같다.

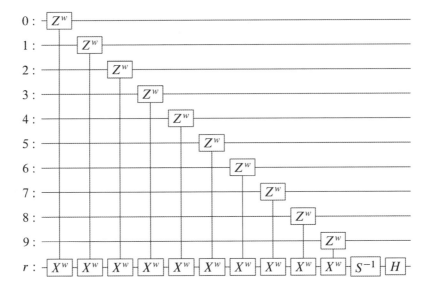

$Z^w - X^w$ 표기는 가중치가 w인 ZX 게이트를 나타낸다. r이라고 표시된 마지막 큐비트는 판독 큐비트다. 마지막에 있는 S^{-1}과 H 연산은 기저 변환을 수행해 최종 측정값이 Y 기저를 갖게 한다.

그런 다음 Z의 기댓값과 QNN의 손실 함수를 얻는 데 필요한 함수들을 정의한다.

```python
def readout_expectation(state):
    """상태 정보를 0과 1의 배열로 받아 판독 큐비트에서 Z의 기댓값을 리턴한다.
    시뮬레이터를 사용해 파동 함수를 정확하게 계산한다."""

    # 편의상 상태를 정수로 표현
    state_num = int(np.sum(state*2**np.arange(len(state))))

    resolver = cirq.ParamResolver(params)
    simulator = cirq.Simulator()

    # 어떤 큐비트가 판독 큐비트인지 알 수 있게 명시적으로 큐비트 순서를 지정
    result = simulator.simulate(qnn, resolver,
            qubit_order=[readout]+data_qubits, initial_state=state_num)
    wf = result.final_state

    # 큐비트 순서를 지정했으므로,
    # 최상위 비트가 판독 큐비트의 Z 값이 된다.
    Z_readout = np.append(np.ones(2**INPUT_SIZE), -np.ones(2**INPUT_SIZE))

    # np.real을 사용해 +0j 항 제거
    return np.real(np.sum(wf*wf.conjugate()*Z_readout))

def loss(states, labels):
    loss=0
    for state, label in zip(states,labels):
        loss += 1 - label*readout_expectation(state)
    return loss/(2*len(states))

def classification_error(states, labels):
    error=0
```

```
    for state,label in zip(states,labels):
        error += 1 - label*np.sign(readout_expectation(state))
    return error/(2*len(states))
```

이제 간단한 예시 데이터를 생성한다.

```
def make_batch():
    """레이블 집합을 생성한 후 이를 활용해 입력 데이터를 생성한다.
    label = -1 은 이 상태에서 과반수가 0임을 의미하고,
    label = +1 은 과반수가 1임을 의미한다.
    """
    np.random.seed(0) # 시연 시 동일한 결과가 나오도록
    labels = (-1)**np.random.choice(2, size=100) # 배치 크기가 작을수록 계산 속도가 빨라짐
    states = []
    for label in labels:
        states.append(np.random.choice(2, size=INPUT_SIZE,
                p=[0.5-label*0.2,0.5+label*0.2]))
    return states, labels

states, labels = make_batch()
```

마지막으로 파라미터 공간에 대해 무차별 대입 검색^{brute-force search}을 수행해 최적의 QNN을 찾는다.

```
linspace = np.linspace(start=-1, stop=1, num=80)
train_losses = []
error_rates = []
for p in linspace:
    params = {'w': p}
    train_losses.append(loss(states, labels))
    error_rates.append(classification_error(states, labels))
plt.plot(linspace, train_losses)
plt.xlabel('Weight')
```

```
plt.ylabel('Loss')
plt.title('Loss as a Function of Weight')
plt.show()
```

이 회로망의 성능을 확인하고자 손실을 가중치에 대한 함수로 두고 그래프를 그려보자. 그림 9.5에 그래프가 나와 있다. 최소 손실은 약 0.2며, 선형 모델로 얻을 수 있는 값과 일치한다. 더 복잡하게 QNN을 구성하면 [82]에 논의돼 있듯이 더 많은 일을 할 수 있다.

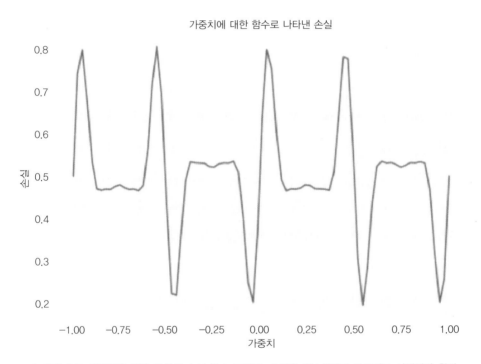

▲ 그림 9.5: 가중치에 대한 QNN의 손실 함수 그래프. 손실을 최소화하게 가중치를 선택해야 한다.

이러한 유형의 분류 문제에 대해 QNN이 기존 모델에 비해 이점이 있는지 여부는 아직 두고 봐야 한다. 더 일반적으로 말하면 아직 이 분야가 초기 단계라 양자 머신 러닝의 장점은 찾아내기 어려워 보인다. 최근 들어 추천 시스템용 양자 알고리즘은 가장 유명한 고전 알고리즘과 비교해 속도를 기하급수적으로 향상시켰다[118]. 간단히 말하면 추천 시스템의 전반적인 아이디어는 다음과 같다. m명의 사용자와 n개의 제품에 대한 사용자들의 피드백으로 이뤄진 불완전한 선호도 행렬$^{preference matrix}$ P가 주어졌을 때 특정 사용자에게 좋은 추천 결과를 내준다. 여기서 '불완전'은 행렬의 성분이 누락돼 있다는 뜻이다. 즉, 모든 사용자가 모든 제품에 대한 피드백을 제공하지는 않았다.

이 연구[118] 이전에 가장 좋은 고전 알고리즘은 실행 시간이 행렬의 차원 mn에 선형으로 비례했다. 양자 추천 알고리즘은 다음과 같이 mn에 다항 로그로 비례한다.[9]

$$O(\text{poly}(\kappa)\text{polylog}(mn))$$

여기서 κ는 P의 조건 개수를 의미한다. 이것이 QML 분야의 주요한 결과물이었지만 양자 알고리즘에서 영감을 받아 등장한 혁신적인 새로운 고전 알고리즘 역시 행렬 차원에 다항 로그로 비례하게 만드는 데 성공했다[216].

이는 관점에 따라 양자 머신러닝의 장점일 수도 있고 단점일 수도 있다. 장점이라면 고전 알고리즘이 양자 알고리즘에 직접적으로 영감을 받았다는 점이다. QML이 없었다면 이러한 통찰을 얻지 못했을 것이다. 단점이라면 QML 분야의 주요 결과물이 '비양자화'됐다는 점이다. 아직 비교적 성숙하지 않은 양자 머신러닝 분야에 대한 가능성과 전망을 탐구하고자 [106, 197, 222]를 비롯해 많은 연구가 계속 이뤄지고 있다.

---

9. poly는 다항 시간을, polylog는 다항 로그 시간을 의미한다.

양자 위상 추정

양자 위상 추정^{QPE, Quantum Phase Estimation}은 유니타리 연산자의 고윳값을 알아내는 알고리즘으로, 위상 추정 알고리즘^{PEA, Phase Estimation Algorithm}이라고도 한다. 고윳값 문제는 다음과 같은 형태를 띤다.

$$A\mathbf{x} = \lambda\mathbf{x} \tag{9.25}$$

여기서 $A \in \mathbb{C}^{2^m \times 2^m}$, $\mathbf{x} \in \mathbb{C}^{2^m}$, $\lambda \in \mathbb{C}$다. 고윳값 문제는 수학이나 물리학 곳곳에서 쓰인다. 수학 분야에서는 그래프 이론에서 편미분 방정식에 이르기까지 응용 범위가 넓다. 물리학에서는 핵, 분자, 물질, 기타 물리계의 바닥상태 에너지, 즉 계의 해밀토니안의 최소 고윳값을 계산하는 데 응용돼 쓰인다. 또한 머신러닝에서 특징 벡터^{feature vectors}의 차원을 줄이는 알고리즘인 주성분 분석^{PCA, Principal Component Analysis}에서는 고윳값 문제가 핵심이다. (9.25)의 응용 분야는 다양한 학문에 폭넓게 걸쳐 있다.

양자 컴퓨팅의 경우에는 유니타리 연산자 U의 고윳값을 찾는 것과 관련된다. 유니타리성^{unitarity}($U^\dagger U = I$)의 정의에 따라 유니타리 연산자의 고윳값은 절댓값이 1이다. 즉, $|\lambda| = 1$이다. 따라서 유니타리 연산자의 어떤 고윳값 λ를 다음의 형태로 쓸 수 있다.

$$\lambda = e^{2\pi i \varphi} \tag{9.26}$$

여기서 φ는 $0 \le \varphi \le 1$이며 위상^{phase}이라고 한다. 이것이 양자 위상 추정이라는 알고리즘의 이름에 나오는 그 위상이다. φ를 추정하면 이 방정식을 통해 고윳값 λ의 추정치를 얻을 수 있다.

φ를 n비트로 정확히 나타낼 수 있다고 가정해보자.[10]

---

10. φ가 유리수인 경우다. φ가 무리수인 일반적인 경우(무한히 많은 비트가 필요함)에도 이와 비슷하지만, 간단히 설명하고자 여기서는 다루지 않겠다. 이에 대한 설명은 [161]을 참조하기 바란다.

$$\varphi = 0.\varphi_1 \varphi_2 \cdots \varphi_n \tag{9.27}$$

이는 위상 φ를 이진수로 표현한 것이다. 여기서 $k = 1, \dots, n$일 때 각 φ_k는 이진수 $\varphi_k \in \{0, 1\}$이다. 이를 동등하게 다음과 같이 쓸 수 있다.

$$\varphi = \sum_{k=1}^{n} \varphi_k 2^{-k} \tag{9.28}$$

QPE를 이해하는 비결은 고유 상태 $|\psi\rangle$에 대한 유니타리 연산자를 제어하는 작용을 고려하는 것이다. 명시적으로 U를 QPE 알고리즘에 입력으로 사용하는 유니타리 연산자라 하자.

$$U|\psi\rangle = \lambda|\psi\rangle \tag{9.29}$$

여기서는 고유 상태 $|\psi\rangle$를 갖고 있다고 가정하자. 이는 QPE에 꼭 필요한 조건은 아니다. 사실 이러한 가정을 하면 $|\psi\rangle$를 알고 있으므로 양자 컴퓨터에 그냥 $U|\psi\rangle$를 수행할 수 있어 알고리즘이 자명해진다. 즉, 설명이 간단해진다. 자, 첫 번째 레지스터에 $|0\rangle$과 $|1\rangle$을 동등하게 중첩한 상태(정규화 인수는 무시)를 준비하고 두 번째 레지스터에는 U의 고유 상태를 준비한다고 가정하겠다.

$$(|0\rangle + |1\rangle) \otimes |\psi\rangle = |0\rangle|\psi\rangle + |1\rangle|\psi\rangle \tag{9.30}$$

얘기했던 대로 이제 이 상태에 제어형 U 연산을 수행한다. 그러면 다음의 상태가 산출된다.

$$|0\rangle|\psi\rangle + |1\rangle U|\psi\rangle = |0\rangle|\psi\rangle + e^{2\pi i 0.\varphi_1 \cdots \varphi_n}|1\rangle|\psi\rangle$$
$$= (|0\rangle + e^{2\pi i 0.\varphi_1 \cdots \varphi_n}|1\rangle) \otimes |\psi\rangle$$

눈여겨볼 점은 두 번째 레지스터가 변경되지 않는다는 점이다. $|\psi\rangle$는 U의 고유 상태이므로 제어형 연산에 영향을 받지 않는다. 그러면 이것을 왜 한 걸까? 위상에

관한 정보가 첫 번째 레지스터에 인코딩된다. 더 자세히 말하면 첫 번째 레지스터의 상태에는 상대 위상 $e^{2\pi i 0.\varphi_1...\varphi_n}$이 들어간다.

이제 정수 $k = 0, ..., n-1$에 대해 제어형 U^{2^k} 연산을 수행해야 한다. $k = 0$의 경우는 앞에서 이미 수행했다. 먼저 U^2의 경우에 대한 결과를 따져보자. 구체적으로 나타내면 다음과 같다.

$$U^2|\psi\rangle = \lambda^2|\psi\rangle = e^{2\pi i(2\varphi)}|\psi\rangle = e^{2\pi i 0.\varphi_2\cdots\varphi_n}|\psi\rangle \tag{9.31}$$

마지막 단계에서는 임의의 $\varphi_1 \in \{0, 1\}$에 대해 $e^{2\pi i\varphi_1} = 1$이라는 사실을 이용했다. 따라서 첫 번째 레지스터에 동일하게 중첩한 상태를 준비하고 두 번째 레지스터에 고유 상태 $|\psi\rangle$를 준비한 다음(9.30), 제어형 U^2 연산을 수행하면 다음의 상태를 얻게 된다.

$$|0\rangle|\psi\rangle + |1\rangle U^2|\psi\rangle = |0\rangle|\psi\rangle + e^{2\pi i 0.\varphi_2\cdots\varphi_n}|1\rangle|\psi\rangle$$

이러한 아이디어를 $k = 0, ..., n-1$의 경우로 일반화하면 다음과 같이 되는 것을 확인할 수 있다.

$$U^{2^k}|\psi\rangle = \lambda^{2^k}|\psi\rangle = e^{2\pi i(2^k\varphi)}|\psi\rangle = e^{2\pi i 0.\varphi_{k+1}\cdots\varphi_n} \tag{9.32}$$

이에 따라 식 (9.30)을 제어형 U^{2^k}로 다음과 같이 변환할 수 있다.

$$|0\rangle|\psi\rangle + |1\rangle|\psi\rangle \longmapsto |0\rangle|\psi\rangle + |1\rangle U^{2^k}|\psi\rangle = (|0\rangle + e^{2\pi i 0.\varphi_{k+1}\cdots\varphi_n}|1\rangle) \otimes |\psi\rangle \tag{9.33}$$

식 (9.33)이 QPE 알고리즘의 핵심이다. 특히 QPE 알고리즘에서는 이 연산을 $k = 0, ..., n-1$에 대해 반복적으로 수행하는데, 최상위 레지스터의 n 큐비트와 최하위 레지스터의 고유 상태 $|\psi\rangle$를 사용한다. QPE의 전체 회로는 다음과 같다.

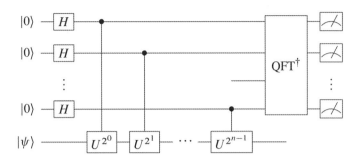

일련의 제어형 U^{2^k} 연산을 수행한 후 최상위 레지스터는 다음의 상태에 있게 된다.

$$(|0\rangle + e^{2\pi i 0.\varphi_1 \cdots \varphi_n}|1\rangle) \otimes (|0\rangle + e^{2\pi i 0.\varphi_2 \cdots \varphi_n}|1\rangle) \otimes \cdots \otimes (|0\rangle + e^{2\pi i 0.\varphi_n}|1\rangle) \quad (9.34)$$

이 상태에서 위상 정보를 추출하고자 푸리에 역변환inverse Fourier transform을 사용한다. 그러면 이 상태가 다음과 같이 곱 상태product state로 변환된다.

$$|\varphi_1\rangle \otimes |\varphi_2\rangle \otimes \cdots \otimes |\varphi_n\rangle \quad (9.35)$$

계산 기저로 측정하고 나면 비트 $\varphi_1, \varphi_2, \ldots, \varphi_n$을 알게 되므로, $\varphi = 0.\varphi_1\varphi_2\ldots\varphi_n$과 다음의 고윳값을 구성할 수 있다.

$$\lambda = e^{2\pi i \varphi} \quad (9.36)$$

QPE 구현

이제 서큐로 구현한 QPE의 예를 살펴보자. 여기서는 다음 유니타리 연산자의 고윳값을 계산해본다.

$$U = X \otimes Z \quad (9.37)$$

물론 U의 고윳값이 ±1임을 알 수 있다. QPE에서도 고윳값이 이 값으로 나오는지 확인해보자.

먼저 필요한 패키지를 임포트한다.

```
# 임포트
import numpy as np

import cirq
```

그런 다음 이진수로 표기된 비트열을 십진수로 변환하는 보조 함수를 정의한다.

```
def binary_decimal(string):
    """문자열 0babc...의 a, b, c, ...가 비트일 때 그에 해당하는 십진수 값을 리턴한다.

    예:
        0b10 --> 0.5
        0b01 --> 0.25
    """
    val = 0.0
    for (ind, bit) in enumerate(string[2:]):
        if int(bit) == 1:
            val += 2**(-1 -ind)
    return val
```

이제 QPE 회로의 최하위 레지스터에 큐비트 개수를 할당한 후 유니타리 행렬을 생성하고 고전적으로 대각화한다. 이 고윳값들은 QPE에서 구한 고윳값과 비교하는 데 쓰인다.

```
# 큐비트 개수와 고유 상태의 차원
m=2

# 두 큐비트에 대한 유니타리 행렬을 획득
xmat = np.array([[0, 1], [1, 0]])
zmat = np.array([[1, 0], [0, -1]])
unitary = np.kron(xmat, zmat)
```

```
# 유니타리 행렬을 콘솔에 출력
print("유니타리:")
print(unitary)

# 유니타리 행렬을 고전적으로 대각화
evals, _ = np.linalg.eig(unitary)
```

이 코드 부분의 출력 결과는 다음과 같다.

```
유니타리:
[[ 0 0 1 0]
 [ 0 0 0 -1]
 [ 1 0 0 0]
 [ 0 -1 0 0]]
```

이제 QPE로 들어가는 입력이 준비됐으니 회로 구축을 시작할 수 있다. 앞에서 설명한 대로 찾아낸 고윳값의 정확성을 판단하고자 최상위 레지스터에 큐비트 개수를 할당한다. 여기서는 이 수를 설정한 후 두 레지스터에 큐비트를 할당한다. 그런다음 회로를 생성하고 아다마르 게이트를 최상위(판독) 레지스터의 각 큐비트에 적용한다.

```
# 판독/응답 레지스터의 큐비트 수(정밀도의 비트 수)
n=2

# 판독 레지스터
regA = cirq.LineQubit.range(n)

# 고유 상태용 레지스터
regB = cirq.LineQubit.range(n, n + m)

# 회로 획득
circ = cirq.Circuit()
```

```
# 판독 레지스터의 모든 큐비트에 아마다르 게이트를 적용
circ.append(cirq.H.on_each(*regA))
```

QPE 알고리즘의 다음 단계는 일련의 제어형 U^{2^k} 연산을 수행하는 것이다. 행렬로 표현된 임의의 2큐비트 유니타리 연산자의 경우에 서큐로 어떻게 수행하는지 알아보겠다. 먼저 유니타리 행렬에서 TwoQubitMatrixGate를 생성한 후 제어형 버전을 만든다.

```
# 유니타리 행렬에 대한 서큐 게이트 획득
ugate = cirq.ops.matrix_gates.TwoQubitMatrixGate(unitary)

# 게이트의 제어형 버전
cugate = cirq.ops.ControlledGate(ugate)
```

이제 제어형 U 게이트가 있으므로, 다음의 코드 블록으로 일련의 변환을 구현할 수 있다.

```
# 제어형 U^{2^k} 연산 수행
for k in range(n):
    circ.append(cugate(regA[k], *regB)**(2**k))
```

QPE의 마지막 단계는 양자 푸리에 역변환을 수행하고 모든 큐비트를 계산 기저로 측정하는 것이다. 다음 코드 블록에서 이 과정이 수행된다.

```
# 양자 푸리에 역변환을 수행
for k in range(n - 1):
    circ.append(cirq.H.on(regA[k]))
    targ = k + 1
    for j in range(targ):
        exp = -2**(j - targ)
```

```
        rot = cirq.Rz(exp)
        crot = cirq.ControlledGate(rot)
        circ.append(crot(regA[j], regA[targ]))
circ.append(cirq.H.on(regA[n - 1]))

# 판독 레지스터의 모든 큐비트를 측정
circ.append(cirq.measure(*regA, key="z"))
```

이제 QPE 회로를 구축했으니 실행하고 결과를 처리할 수 있다. 다음의 코드는 회로를 시뮬레이션한 후 가장 빈도수가 높은 측정 결과 두 가지를 파악한다. 두 가지 결과 각각에서 φ_1과 φ_2를 얻어 고윳값을 계산할 수 있다.

```
# 시뮬레이터 획득
sim = cirq.Simulator()

# 회로를 시뮬레이션해서 가장 빈도수가 높은 측정 결과를 획득
res = sim.run(circ, repetitions=1000)
hist = res.histogram(key="z")
top = hist.most_common(2)
```

두 번째 레지스터를 유니타리 연산자 U의 고유 상태에서 시작하지 않더라도 U의 고유 상태들이 정규직교 기저$^{\text{orthonormal basis}}$를 형성하므로 두 번째 레지스터를 고유 상태들의 선형 결합에서 시작한다고 생각할 수 있다. 다시 말해 어떠한 벡터든지 계수 값을 맞춰 고유 상태들의 선형 결합으로 나타낼 수 있다. 특히 두 번째 레지스터를 바닥상태 $|0\rangle$에서 시작하면 다음과 같이 쓸 수 있다.

$$|0\rangle = \sum_j c_j |j\rangle \tag{9.38}$$

여기서 $|j\rangle$는 U의 고유 상태다. 따라서 가장 유망한 측정 결과는 $|c_j| = |\langle 0|j\rangle|$가 큰 결과다.

가장 많이 측정된 비트열들을 얻었으므로 이를 위상 φ의 십진수 값으로 변환한 다음 고윳값으로 변환할 수 있다. 다음의 코드는 이러한 연산을 수행한 후 QPE로 계산한 고윳값과 고전적인 행렬 대각화 알고리즘으로 계산한 고윳값을 화면에 출력한다.

```python
# QPE로 계산한 고윳값들
estimated = [np.exp(2j * np.pi * binary_decimal(bin(x[0]))) for x in top]

# 추정된 고윳값들을 화면에 출력
print("\nQPE로 계산한 고윳값들:")
print(set(sorted(estimated, key=lambda x: abs(x)**2)))

# 실제 고윳값들을 화면에 출력
print("\n실제 고윳값들:")
print(set(sorted(evals, key=lambda x: abs(x)**2)))
```

다음에 나와 있는 이 코드의 출력 결과는 QPE가 반올림 정밀도 내에서 올바른 고윳값을 찾는다는 것을 보여준다.

```
QPE로 계산한 고윳값들:
{(1+0j), (-1+1.2246467991473532e-16j)}

실제 고윳값들:
{1.0, -1.0}
```

이를 구현한 전체 프로그램은 이 책의 온라인 웹 사이트에서 구할 수 있다. 유니타리 행렬을 바꿔 고윳값을 계산하고 이를 고전적으로 구한 값과 비교해 봐도 좋다. 더 복잡한 유니타리 연산자에 대해 최상위 레지스터 n에 할당하는 큐비트 수를 바꿔 더 많은 정밀도 비트를 얻을 수도 있다.

9.6 선형계 풀이

N개의 변수를 갖는 M개의 방정식으로 이뤄진 선형계$^{\text{linear system}}$를 푸는 문제는 수학, 과학, 공학 여기저기에 등장한다. 이 문제를 형식을 갖춰 정의하면 다음과 같다.

$M \times N$ 행렬 A와 해 벡터(solution vector) $\mathbf{b}$가 주어졌을 때 다음을 만족하는 $\mathbf{x}$를 구하라.

$$A\mathbf{x} = \mathbf{b} \tag{9.39}$$

선형 대수에서는 A가 가역 행렬[11]인 경우에 이 문제를 고전적으로 다음과 같은 방법으로 푼다.

$$\mathbf{x} = A^{-1}\mathbf{b} \tag{9.40}$$

해를 곧바로 구할 수 있기는 하지만 행렬이 큰 경우에는 $\mathbf{x}$의 수치를 계산하기가 현실적으로 어렵다.

명시적으로 A의 역을 계산하는 방법이 일반적으로 가장 많은 비용이 든다. 실제로 대부분의 범용 수치 해결기에서는 가우스 소거법과 후치환을 사용하며, $O(N^3)$ 시간에 실행된다. 여기에서는 정사각 행렬, 즉 $M = N$인 행렬만 다루기로 한다. 더 빠른 고전 알고리즘도 있다. 행렬 A의 희박도^{sparsity}가 s이고 A에 κ개의 조건이 달려 있는 경우 $O(Ns\kappa \log(1/\epsilon))$의 시간에 실행되는 켤레 기울기 알고리즘^{conjugate} $^{\text{gradient algorithm}}$으로 이 계의 해를 정확도 ϵ로 구할 수 있다. $O(N^3)$에 비하면 상당한 속도 향상이다.

선형 방정식(일차 방정식)의 계를 푸는 문제의 양자 버전을 양자 선형계 문제$^{\text{QLSP,}}$ $_{\text{Quantum Linear Systems Problem}}$[64]라고 하며, 푸는 방식은 고전적인 접근 방식과 비슷하다. A가 $N \times N$ 에르미트 행렬이며 단위 행렬식을 갖는다고 하자. $\mathbf{b}$와 $\mathbf{x}$는 $\mathbf{x} = A^{-1}\mathbf{b}$

---

11. 이에 관한 수학 개념을 복습하려면 3부를 참고하기 바란다.

인 N차원 벡터라고 하자. $n = \log_2 N$ 큐비트에 대해 양자 상태 $|b\rangle$와 $|x\rangle$를 다음과 같이 정의한다.

$$|b\rangle = \frac{\sum_i b_i |i\rangle}{\| \sum_i b_i |i\rangle \|_2} \tag{9.41}$$

$$|x\rangle = \frac{\sum_i x_i |i\rangle}{\| \sum_i x_i |i\rangle \|_2} \tag{9.42}$$

여기서 b_i는 b의 i번째 성분이며, x_i도 마찬가지다.

QLSP의 목표는 다음과 같다. 행렬 A와 상태 $|b\rangle$가 주어졌을 때(오라클을 통해 A의 성분에 접근함) 1/2보다 큰 확률로 다음을 만족하는 상태 $|\tilde{x}\rangle$를 출력하라.

$$\| |\tilde{x}\rangle - |x\rangle \|_2 \le \epsilon \tag{9.43}$$

OLSP를 $O(\log(N)s^2\kappa^2/\epsilon)$에 푸는 양자 알고리즘이 해로[Harrow], 하시딤[Hassidim], 로이드[Lloyd]에 의해 발견됐다[103]. 보통 이 알고리즘은 발명자들의 이름을 따서 HHL 알고리즘이라고 부른다. HHL의 차수가 로그이기는 하지만 실제로는 항상 그렇지는 않다. 애론슨[Aaronson]은 다음과 같이 지적했다.

> ... HHL 알고리즘은 로그 시간에 Ax = b를 풀지만, 그렇게 하려면 주의 사항 네 가지를 신경 써야 한다. ... 실제로 사용할 때는 각각의 주의 사항이 아주 중요하다. 긴 이야기를 줄여 말하면 HHL은 로그 시간에 선형 방정식들로 이뤄진 선형계를 푸는 알고리즘이 전혀 아니다. 오히려 $|x\rangle$ 형태의 양자 중첩을 근사적으로 준비하는 알고리즘이다. 여기서 x는 선형계 Ax = b에 대한 해이며, 상태 $|x\rangle$를 신속히 준비할 수 있고, 유니타리 변환 e^{-iAt}을 적용할 수 있다고 가정한다. 이때 실행 시간은 대략적으로 $\kappa s(\log(N))/\epsilon$와 같이 증가하며, 여기서 n은 계의 크기, κ는 계의 조건 수, s는 계의 희박도, ϵ는 목표 오차(desired error)를 나타낸다[4].

이 절의 나머지 부분에서는 HHL에 관련된 수학을 설명한 다음 구현 예를 살펴보겠다. HHL에서는 해밀토니안, 양자 위상 추정과 같이 앞에서 설명했던 몇 가지 양자 알고리즘이 서브루틴으로 쓰인다.

HHL 알고리즘 설명

HHL 알고리즘은 3큐비트 레지스터를 사용하는데, 보조 큐비트를 A, 작업 큐비트를 W, 입/출력 큐비트를 IO로 표기하겠다. HHL 알고리즘에 들어가는 입력은 앞에서 정의한 양자 상태 $|b\rangle$이며, IO 레지스터에 입력된다. 나머지 레지스터들은 $|0\rangle$ 상태에서 시작하므로 HHL에 입력되는 전체 초기 상태를 다음과 같이 나타낼 수 있다.

$$|\psi_0\rangle := |0\rangle_A \otimes |0\rangle_W \otimes |b\rangle_{IO} \tag{9.44}$$

행렬 A도 입력으로 주어진다. A라는 행렬과 위에서 보조 큐비트로 정한 레지스터 A를 혼동하면 안 되며, 여기서는 각각 '행렬 A'와 '레지스터 A'로 지칭하겠다. HHL 알고리즘은 다음과 같이 크게 세 단계가 있다.

1. 유니타리 연산자 $U_A := e^{iAt}$을 이용해 양자 위상 추정^{QPE}을 한다. W 레지스터에 따라 제어되며 IO 레지스터에 U_A를 적용한다.
2. A 레지스터에 대해 특정 각도 θ(뒤에서 설명)만큼 파울리 Y 회전을 한다. W 레지스터에 따라 제어된다.
3. 첫 단계를 W 레지스터에 대해 반대로 수행(역산^{uncomputation})한다.

레지스터 A가 측정되고 $|1\rangle_A$ 결과를 사후 선택하는 경우 IO 레지스터의 상태는 $|x\rangle$에 가까워지게 된다. 이제 단계별로 따라가며 살펴보자.

행렬 A를 고유 기저로 다음과 같이 표현했다고 하자.

$$A = \sum_j \lambda_j |u_j\rangle \langle u_j| \qquad (9.45)$$

간단히 설명하고자 지금은 $|b\rangle$가 행렬 A의 고유벡터 중 하나라 가정하겠다. 즉, 어떤 인덱스 j에 대해 $|b\rangle = |u_j\rangle$다. 이 가정은 조금 후에 완화될 것이다.

일반성을 잃지 않고 행렬 A가 에르미트 행렬이라 가정하자. 행렬 A가 에르미트 행렬이 아닌 경우에는 다음과 같이 에르미트 행렬을 만들어 $\tilde{A}$로 HHL을 수행하면 된다.

$$\tilde{A} := \begin{bmatrix} 0 & A^\dagger \\ A & 0 \end{bmatrix}$$

행렬 A가 에르미트 행렬이므로, 다음 연산자는 유니타리 연산자다.

$$U_A := e^{iAt} \qquad (9.46)$$

고윳값이 $e^{i\lambda_j t}$이고 고유 상태는 $|u_j\rangle$다. HHL의 첫 단계가 끝나면 QPE를 통해 다음의 상태가 된다.

$$|\psi_1\rangle := |0\rangle_A \otimes |\tilde{\lambda}_j\rangle_W \otimes |u_j\rangle_{IO} \qquad (9.47)$$

여기서 $\tilde{\lambda}_j$는 λ_j를 설정한 정밀도까지 나타낸 이진 표현이다. QPE의 결과를 표현할 때 앞서 세운 $|b\rangle = |u_j\rangle$라는 가정을 사용했다.

이제 QPE의 두 번째 단계로 넘어가 다음의 각도만큼 회전하는 제어형 Y 회전 $e^{-i\theta Y}$을 수행한다.

$$\theta = \arccos \frac{C}{\tilde{\lambda}} \qquad (9.48)$$

여기서 C는 알고리즘의 사용자가 설정한 하이퍼파라미터다. C 값의 설정에 관해서는 다음에 나올 구현 예에서 설명하겠다. O 레지스터에 따라 제어되는 이러한 회전을 하고 나면 다음의 상태가 된다.

$$|\psi_2\rangle := \sqrt{1 - \frac{C^2}{\tilde{\lambda}_j^2}}|0\rangle_A \otimes |\tilde{\lambda}_j\rangle_W \otimes |u_j\rangle_{IO} + \frac{C}{\tilde{\lambda}_j}|1\rangle_A \otimes |\tilde{\lambda}_j\rangle_W \otimes |u_j\rangle_{IO} \quad (9.49)$$

이제 $|b\rangle$가 행렬 A의 고유 상태라는 가정을 완화한다. 즉, 어떤 j에 대해 $|b\rangle = |u_j\rangle$라는 가정을 완화한다. 아무 가정을 하지 않아도 다음과 같이 쓸 수 있다.

$$|b\rangle = \sum_j \beta_j |u_j\rangle \quad (9.50)$$

여기서 $\beta_j = \langle u_j|b\rangle$는 복소 계수다. 이렇게 쓸 수 있는 이유는 행렬 A가 에르미트 행렬이라서 해당 고유 상태들이 정규직교 기저를 형성하기 때문이다.

이제 지금까지 설명한 분석 (9.45) – (9.49)를 고유 기저 (9.50)으로 표현한 $|b\rangle$로 수행한다. 그렇게 하면 결국 다음의 상태가 된다.

$$|\psi_3\rangle := \sum_{j=1}^{N} \beta_j \left[\sqrt{1 - \frac{C^2}{\tilde{\lambda}_j^2}}|0\rangle_A + \frac{C}{\tilde{\lambda}_j}|1\rangle_A \right] \otimes |\tilde{\lambda}_j\rangle_W \otimes |u_j\rangle_{IO} \quad (9.51)$$

HHL의 다음 단계는 W 레지스터를 역산하는 것이다. 그렇게 하면 $|\tilde{\lambda}_j\rangle_O \rightarrow |0\rangle_O$으로 바뀐다. 이 상태는 모두 0인 상태이므로 이를 생략하고 역산 후의 상태를 다음과 같이 쓸 수 있다.

$$|\psi_4\rangle := \sum_{j=1}^{N} \beta_j \left[\sqrt{1 - \frac{C^2}{\tilde{\lambda}_j^2}}|0\rangle_A + \frac{C}{\tilde{\lambda}_j}|1\rangle_A \right] \otimes |u_j\rangle_{IO} \quad (9.52)$$

이 상태는 매우 유용한 형태인데, 그 이유를 알려면 주의 깊게 살펴봐야 할 것이다. 다음의 식이 그 이유다.

$$A^{-1}|b\rangle = \sum_{j=1}^{N} \frac{\beta_j}{\lambda_j}|u_j\rangle \qquad (9.53)$$

따라서 레지스터 A를 측정해 $|1\rangle_A$ 결과가 사후 선택되면 식 (9.52)는 (레지스터 A를 무시하면) 다음과 같이 된다.

$$|\psi_5\rangle := \sum_{j=1}^{N} \frac{\beta_j}{\tilde{\lambda}_j}|u_j\rangle_{IO} \approx |x\rangle. \qquad (9.54)$$

그러므로 IO 레지스터에는 $|x\rangle = A^{-1}|b\rangle$에 대한 근삿값이 들어 있게 된다.

이 알고리즘은 가장 유명한 고전 알고리즘보다 기하급수적으로 빠르게 양자 선형계 문제를 풀어낸다. 쇼어 알고리즘이나 QPE처럼 HHL 역시 잠재적인 양자 우위를 실증한다.

그러나 HHL의 산출물이 해 벡터를 양자로 표현한 것뿐이라는 점에 유의한다. **x**의 고전적인 표현 전체가 필요한 경우에는 이것만으로 충분치 않을지 모른다. 양자계의 파동 함수를 측정하고 특성화하는 양자 상태 단층 설명^{quantum state tomography}을 사용해 $|x\rangle$의 각 진폭을 판독할 수 있지만, 이렇게 하면 필요 시간이 큐비트 개수에 따라 기하급수적으로 변하게 된다. 다행히 계산에 해^{solution} **x**의 어떤 특징들만 필요한 응용이 많다. 예를 들면 인덱스의 어떤 인덱스 부분집합의 원소 j에 해당하는 가중치들의 합 등이 있다.

이제 HHL 알고리즘을 살펴봤으니 서큐로 작성된 구현 예를 살펴보자.

HHL 알고리즘의 구현 예

여기서 살펴볼 구현[12] 예에서는 설명을 간단히 하기 위해 2 × 2 선형 방정식 계를

---

12. https://github.com/quantumlib/Cirq/blob/master/examples/hhl.py를 수정했다.

다룬다. 특히 여기서 다룰 행렬 A는 다음과 같다.

$$A = \begin{bmatrix} 4.302134 - 6.015934 \cdot 10^{-8}i & 0.235318 + 9.343861 \cdot 10^{-1}i \\ 0.235318 - 9.343883 \cdot 10^{-1}i & 0.583865 + 6.015934 \cdot 10^{-8}i \end{bmatrix} \quad (9.55)$$

벡터 $|b\rangle$는 다음의 벡터라고 하자.

$$|b\rangle = [0.64510 - 0.47848i \quad 0.35490 - 0.47848i]^T \quad (9.56)$$

목표는 HHL을 사용해 파울리 기댓값 $\langle x|\sigma|x\rangle$를 계산하는 것이며, 여기서 $\sigma \in \{X, Y, Z\}$이다. 이 기댓값들을 (이 계를 고전적으로 푼 다음) 분석적으로 계산하면 다음의 값을 쉽게 구할 수 있다.

$$\langle x|X|x\rangle = 0.144130$$
$$\langle x|Y|x\rangle = 0.413217$$
$$\langle x|Z|x\rangle = -0.899154$$

HHL로 구한 기댓값들을 이 기댓값들과 비교해보자.

프로그램으로 들어가면 먼저 사용할 패키지를 임포트한다.

```
import math
import numpy as np
import cirq
```

그런 다음 HHL 회로를 구성한다. 여기서는 서큐로 새로운 게이트에 해당하는 클래스들을 cirq.Gate 혹은 관련 객체를 상속해 정의한다. 먼저 QPE 단계에서 사용할 $U_A = e^{iAt}$를 나타내는 게이트를 생성한다.

```
class HamiltonianSimulation(cirq.EigenGate, cirq.SingleQubitGate):
    """e^iAt를 구현하는 게이트
```

사용된 행렬이 큰 경우 회로는 실제 해밀토니안 시뮬레이션을
예를 들면 서큐의 선형 연산자 프레임워크 등을 활용해 구현해야 한다.
"""

```python
def __init__(self, A, t, exponent=1.0):
    """HamiltonianSimulation을 초기화한다.

    인자:
        A : numpy.ndarray
            선형계 Ax = b를 정의하는 에르미트 행렬

        t : float
            시뮬레이션 시간. HHL의 하이퍼파라미터
    """
    cirq.SingleQubitGate.__init__(self)
    cirq.EigenGate.__init__(self, exponent=exponent)
    self.A = A
    self.t = t
    ws, vs = np.linalg.eigh(A)
    self.eigen_components = []
    for w, v in zip(ws, vs.T):
        theta = w*t / math.pi
        P = np.outer(v, np.conj(v))
        self.eigen_components.append((theta, P))

def _with_exponent(self, exponent):
    return HamiltonianSimulation(self.A, self.t, exponent)

def _eigen_components(self):
    return self.eigen_components
```

다음으로 QPE에 필요한 일련의 제어형 유니타리 연산을 구현한다. 회로의 위상 킥백 부분이라 하는 단계다(위상 킥백에 대한 설명은 8장을 참고하기 바란다).

```python
class PhaseKickback(cirq.Gate):
    """양자 위상 추정의 위상 킥백 단계에 해당하는 게이트

    일련의 제어형 e^iAt 게이트로 구성된다.
    메모리 큐비트는 대상 큐비트, 각 레지스터 큐비트는 제어 큐비트이며
    큐비트 인덱스에 따라 2의 거듭제곱으로 올라간다.
    """

    def __init__(self, num_qubits, unitary):
        """PhaseKickback 게이트를 초기화한다.

        Args:
            num_qubits : int
                판독 레지스터의 큐비트 수 + 1.

                주의: 마지막 큐비트는 고유벡터를 저장한다.
                      그 외의 모든 큐비트는 추정된 위상을 저장하며, 빅 엔디안 형태다.

            unitary : numpy.ndarray
                위상을 추정할 유니타리 게이트
        """
        super(PhaseKickback, self)
        self._num_qubits = num_qubits
        self.U = unitary

    def num_qubits(self):
        """큐비트 개수를 리턴한다."""
        return self._num_qubits

    def _decompose_(self, qubits):
        """위상 킥백 회로를 위한 생성기"""
        qubits = list(qubits)
        memory = qubits.pop()
        for i, qubit in enumerate(qubits):
            yield cirq.ControlledGate(self.U**(2**i))(qubit, memory)
```

그런 다음 QPE의 마지막 세 번째 단계인 양자 푸리에 변환 게이트를 생성한다.

```python
class QFT(cirq.Gate):
    """양자 푸리에 변환에 해당하는 양자 게이트

    주의: 여기에 스왑(swap)은 빠져 있다. 스왑은 PhaseKickback 게이트에서
    제어 큐비트 순서를 반대로 뒤집으면서 암묵적으로 수행된다.
    """

    def __init__(self, num_qubits):
        """QFT 회로를 초기화한다.

        Args:
            num_qubits : int
                큐비트 개수
        """
        super(QFT, self)
        self._num_qubits = num_qubits

    def num_qubits(self):
        return self._num_qubits

    def _decompose_(self, qubits):
        processed_qubits = []
        for q_head in qubits:
            for i, qubit in enumerate(processed_qubits):
                yield cirq.CZ(qubit, q_head)**(1/2.0**(i+1))
            yield cirq.H(q_head)
            processed_qubits.insert(0, q_head)
```

QPE의 중요한 세 구성 요소가 있으므로 전체 알고리즘을 구현할 수 있다. 앞에서
했던 대로 QPE 인스턴스를 서큐의 게이트로 만든다.

```python
class QPE(cirq.Gate):
    """양자 위상 추정에 해당하는 게이트."""

    def __init__(self, num_qubits, unitary):
```

```
    """"HHL 회로를 초기화한다.

    Args:
        num_qubits : int
            판독 레지스터의 큐비트 수

            주의: 마지막 큐비트는 고유벡터를 저장한다.
                그 외의 모든 큐비트는 추정된 위상을 저장하며, 빅 엔디안 형태다.

        unitary : numpy.ndarray
            위상을 추정할 유니타리 게이트
    """"
    super(QPE, self)
    self._num_qubits = num_qubits
    self.U = unitary

def num_qubits(self):
    return self._num_qubits

def _decompose_(self, qubits):
    qubits = list(qubits)
    yield cirq.H.on_each(*qubits[:-1])
    yield PhaseKickback(self.num_qubits(), self.U)(*qubits)
    yield QFT(self._num_qubits-1)(*qubits[:-1])**-1
```

유니타리 연산자를 $U_A = e^{iAt}$으로 설정하면 이 QPE 인스턴스는 HHL 알고리즘의 첫 번째 부분을 구성하게 된다. 그다음 단계는 제어형 파울리 Y 회전을 구현하는 것이며, 다음의 클래스에서 수행한다.

```
class EigenRotation(cirq.Gate):
    """"EigenRotation은 보조 큐비트에 일련의 회전을 수행한다.
    이것은 메모리 레지스터를 행렬의 각 고윳값으로 나누는 것과 동등하다.

    마지막 큐비트가 보조 큐비트이고, 그 외의 모든 큐비트는
    메모리 레지스터에 있으며, 빅 엔디안을 가정한다.
```

메모리 레지스터로 나타낼 수 있는 각각의 양의 값에 대한
제어형 보조 큐비트 회전으로 구성된다.
각각의 회전은 Ry 게이트이며, 회전 각도는 레지스터 값에
상응하는 고윳값과 정규화 인수 C에 따라 계산된다.
"""

```python
def __init__(self, num_qubits, C, t):
    """EigenRotation을 초기화한다.

    Args:
        num_qubits : int
            큐비트 개수

        C : float
            HHL 알고리즘의 하이퍼파라미터

        t : float
            파라미터
    """
    super(EigenRotation, self)
    self._num_qubits = num_qubits
    self.C = C
    self.t = t
    self.N = 2**(num_qubits-1)

def num_qubits(self):
    return self._num_qubits

def _decompose_(self, qubits):
    for k in range(self.N):
        kGate = self._ancilla_rotation(k)

        # xor의 1비트는 X 게이트의 위치에 해당한다.
        xor = k ^ (k-1)

        for q in qubits[-2::-1]:
            # X 게이트인지 확인
            if xor % 2 == 1:
```

```
        yield cirq.X(q)
    xor >>= 1

    # 제어형 보조 회전 구성
    kGate = cirq.ControlledGate(kGate)

  yield kGate(*qubits)

def _ancilla_rotation(self, k):
  if k == 0:
    k = self.N
  theta = 2*math.asin(self.C * self.N * self.t / (2*math.pi * k))
  return cirq.Ry(theta)
```

이제 HHL 알고리즘의 모든 구성 요소를 갖췄으므로 전체 회로를 구축하는 함수를 다음과 같이 작성할 수 있다.

```
def hhl_circuit(A, C, t, register_size, *input_prep_gates):
  """HHL 회로를 생성해 리턴한다.

  Args:
    A : numpy.ndarray
      선형계 Ax = b를 정의하는 에르미트 행렬

    C : float
      HHL에 관한 하이퍼파라미터

    t : float
      HHL에 관한 하이퍼파라미터

  C와 t는 알고리즘에 관해 조정 가능한 파라미터다.
  register_size는 고윳값 레지스터의 크기다.
  input_prep_gates는 원하는 입력 상태 |b>를 생성하고자
  |0>에 적용하는 게이트들의 리스트다.
  """
```

```python
# 보조 레지스터
ancilla = cirq.GridQubit(0, 0)

# 작업 레지스터
register = [cirq.GridQubit(i + 1, 0) for i in range(register_size)]

# 입력/출력 레지스터
memory = cirq.GridQubit(register_size + 1, 0)

# 회로 생성
circ = cirq.Circuit()

# QPE에 사용할 유니타리 e^{iAt}
unitary = HamiltonianSimulation(A, t)

# 유니타리 e^{iAt}를 사용한 QPE
qpe = QPE(register_size + 1, unitary)

# |b>의 상태 준비 회로를 추가
circ.append([gate(memory) for gate in input_prep_gates])

# 회로에 HHL 알고리즘을 추가
circ.append([
    qpe(*(register + [memory])),
    EigenRotation(register_size+1, C, t)(*(register+[ancilla])),
    qpe(*(register + [memory]))**-1,
    cirq.measure(ancilla)
])

# 파울리 관측값을 화면에 출력
circ.append([
    cirq.pauli_string_expectation(
        cirq.PauliString({ancilla: cirq.Z}),
        key="a"
    ),
    cirq.pauli_string_expectation(
        cirq.PauliString({memory: cirq.X}),
        key="x"
```

```
    ),
    cirq.pauli_string_expectation(
        cirq.PauliString({memory: cirq.Y}),
        key="y"
    ),
    cirq.pauli_string_expectation(
        cirq.PauliString({memory: cirq.Z}),
        key="z"
    ),
])

return circ
```

이 함수에서는 HHL에 사용할 세 가지 큐비트 레지스터를 정의하고 빈 회로를 만든다. 그런 다음 주어진 시간 t 동안 입력 행렬 A로부터 유니타리 연산자 $U_A = e^{iAt}$을 만들고, 이 유니타리를 사용해 QPE 회로를 생성한다. 그다음 줄에서는 상태 준비 회로를 구현해 바닥상태로부터 $|b\rangle$를 준비한다. $|b\rangle$를 HHL에 대한 입력으로 가정하고 있지만 실제로는 상태 준비 회로가 항상 필요하다는 점에 유의한다.

그다음에는 HHL 회로를 단계별로 구성한다. 먼저 QPE 회로를 추가한 후 제어형 Y 회전을 추가하고 역QPE 회로를 추가한다. 서큐에서는 **-1 표기법을 사용해 양자 회로의 역을 매우 쉽게 얻을 수 있다. 마지막으로 기댓값을 쉽게 계산하고자 파울리 연산자를 추가한다.

이제 HHL 회로를 구축했으므로 알고리즘을 실행해 시뮬레이션할 수 있다. 다음의 함수는 HHL 회로를 입력해 시뮬레이션한 후 보조 레지스터에서 $|1\rangle$ 결과를 사후 선택한 후 입력/출력(IO) 레지스터에서 기댓값을 화면에 출력한다.

마지막으로 선형계 A와 입력 상태 $|b\rangle$, 그리고 HHL 알고리즘에 필요한 하이퍼파라미터들을 정의하는 메인 함수를 작성한다.

```python
def main():
    """파일의 메인 스크립트를 실행한다."""
    # 상수
    t = 0.358166 * math.pi
    register_size = 4

    # 선형계 정의
    A = np.array([[4.30213466-6.01593490e-08j,
                   0.23531802+9.34386156e-01j],
                  [0.23531882-9.34388383e-01j,
                   0.58386534+6.01593489e-08j]])

    # 0의 상태에 이 게이트들을 적용해 |b> 벡터를 정의한다.
    # |b> = (0.64510-0.47848j, 0.35490-0.47848j)
    input_prep_gates = [cirq.Rx(1.276359), cirq.Rz(1.276359)]

    # 예상 기댓값
    expected = (0.144130 + 0j, 0.413217 + 0j, -0.899154 + 0j)

    # 회로에 의해 표현 가능한 가장 작은 고윳값을
    # C로 설정한다.
    C = 2*math.pi / (2**register_size * t)

    # 실제 기댓값을 출력
    print("예상 관측값 결과:")
    print("X =", expected[0])
    print("Y =", expected[1])
    print("Z =", expected[2])

    # HHL 알고리즘을 수행해 계산된 기댓값을 출력
    print("\n계산 결과: ")
    hhlcirc = hhl_circuit(A, C, t, register_size, *input_prep_gates)
    expectations(hhlcirc)

if __name__ == "__main__":
    main()
```

이 프로그램의 출력 결과는 다음과 같다.

예상 관측값 결과:
X = (0.14413+0j)
Y = (0.413217+0j)
Z = (-0.899154+0j)

계산 결과:
X = (0.14413303+0j)
Y = (0.41321677+0j)
Z = (-0.89915407+0j)

출력 결과에서 볼 수 있듯이 HHL이 각 파울리 연산자에 대해 올바른(근사) 기댓값을 돌려줬는데, 이는 최종 상태 $|\tilde{x}\rangle$가 해 벡터 $|x\rangle$에 매우 가깝다는 것을 나타낸다.

9.7 양자 난수 생성기

난수random number 생성은 몬테카를로Monte Carlo 기법이나 암호화를 비롯해 많은 응용과 알고리즘에 중요하다. 고전적인 컴퓨터에서는 의사 난수pseudorandom number를 생성하지만, 양자 컴퓨터에 의해 생성된 난수는 양자역학의 법칙에 의해 진정한 난수임이 보장된다.

이 절에서는 현재의 양자 프로세서에서 진정한 난수를 생성하는 간단한 알고리즘을 살펴본다. 이 알고리즘은 바닥상태의 큐비트에 아다마르 게이트를 적용한 다음 계산 기저로 큐비트의 상태를 측정한다. 앞서 알아본 대로 $|0\rangle$에 아다마르 게이트를 작용하면 계산 기저를 동일한 진폭으로 중첩한 상태가 생성된다.

$$H\,|0\rangle = \frac{1}{\sqrt{2}}(|0\rangle + |1\rangle) \tag{9.57}$$

그러므로 이 상태를 측정할 때 바닥상태를 얻을 확률과 들뜬상태를 얻을 확률은 동일하다. 이를 계산상 무작위 비트 생성기로 활용할 수 있다.

무작위 비트를 생성하는 예시 서큐 프로그램을 살펴보자. 이 프로그램은 하나의 큐비트를 사용해 회로를 생성하고, 아다마르 게이트를 적용한 후 측정을 수행한 다. 그런 다음 시뮬레이터에서 회로를 열 번 반복한다.

```python
"""무작위 비트를 생성하는 Cirq 프로그램"""

# 임포트
import cirq

# 결과를 시각화하는 보조 함수
def bitstring(bits):
    return ''.join('1' if e else '0' for e in bits)

# 큐비트와 양자 회로 획득
qbit = cirq.LineQubit(0)
circ = cirq.Circuit()

# 회로에 아다마르 연산과 측정 연산 추가
circ.append([cirq.H(qbit), cirq.measure(qbit, key="z")])

# 회로 시뮬레이션
sim = cirq.Simulator()
res = sim.run(circ, repetitions=10)

# 결과 출력
print("비트열 =", bitstring(res.measurements["z"]))
```

이 프로그램의 예시 출력 결과는 다음과 같다.

```
비트열 = 0011001011
```

이 출력 결과는 맥락에 따라 여러 가지 방식으로 해석할 수 있다. 무작위 비트열로 해석할 수도 있고 다른 어떤 수, 이를테면 정수를 나타내는 무작위 비트열 표현으로 해석할 수도 있다. 십진수로 보면 예시 출력 결과에서 나온 정수는 203이다. 이러한 의미에서 이 프로그램을 정수 범위 $[0, N)$ 안의 균등한 난수 생성기로 해석할 수 있다. 여기서 N은 회로의 반복 횟수다.

$[0, N)$ 범위의 난수를 $n = \log_2 N$개의 큐비트를 사용해 생성하는 것도 가능하다. 이 경우에는 하나의 큐비트로 회로를 여러 번 시뮬레이션하는 대신 n개의 큐비트 각각에 아다마르 게이트를 적용한 다음에 측정한다. 큐비트가 n개인 경우 $2^n = N$가지 비트열이 나올 수 있으므로, 이 방식 또한 $[0, N)$ 범위의 정수로 해석 가능한 무작위 비트열을 생성하는 것이다. 이를 서큐로 구현한 프로그램이 다음에 나와 있다.

```
"""난수를 생성하는 Cirq 프로그램."""

# 임포트
import cirq

# 큐비트 개수
n = 10

# 결과를 시각화하는 보조 함수
def bitstring(bits):
    return ''.join('1' if e else '0' for e in bits)

# 큐비트와 양자 회로를 획득
qreg = [cirq.LineQubit(x) for x in range(n)]
circ = cirq.Circuit()

# 회로에 아다마르 연산과 측정 연산을 추가
for x in range(n):
    circ.append([cirq.H(qreg[x]), cirq.measure(qreg[x])])

# 회로 시뮬레이션
sim = cirq.Simulator()
```

```
res = sim.run(circ, repetitions=1)

# 측정된 비트열 출력
bits = bitstring(res.measurements.values())
print("비트열 =", bits)

# 비트열에 해당하는 정수 출력
print("정수 =", int(bits, 2))
```

여기서는 [0, 1024) 범위의 난수를 생성하고자 $n = 10$ 큐비트를 사용하고 있다. 이 프로그램의 예시 출력 결과는 다음과 같다.

```
비트열 = 1010011100
정수 = 668
```

여기서 정수는 비트열을 십진수로 나타낸 것이다. 이 프로그램은 [0, 1024) 범위의 난수를 균등하게 생성하며, 연이어 실행하면 다른 정수가 나올 것이다.

9.8 양자 보행

양자 보행$^{quantum\ walk}$은 고전적인 무작위 보행$^{random\ walk}$에 비해 계산상의 이점이 있음이 밝혀졌다[11, 81, 9, 116, 56, 57].

고전적인 무작위 보행에서는 입자가 그래프 $G = (V, E)$상의 어떤 초기 위치(정점)에서 시작해 확률론적 방식으로 이웃 정점들로 '보행'한다. 어떤 주어진 정점 V에서 입자를 찾을 최종 확률 분포, 그리고 "입자가 특정 정점에 도달하는 데 얼마나 오래 걸릴까?"와 같은 의문들은 흥미롭고 유용해서 그 양을 계산해봄 직하다. 특정 문제, 예를 들어 2-SAT 문제와 같은 문제를 무작위 보행으로 표현하면 이전에는 알지 못했을 새로운 해를 얻어낼 수도 있다.

고전적인 무작위 보행의 가장 간단한 예는 직선상의 1차원 보행이다. 시점 $t = 0$에 위치 $x(t = 0) = 0$에서 시작하는 입자가 있다고 하자. 시점 $t = 1$에 이 입자는 동일한 확률로 오른쪽($x(t = 1) = 1$) 또는 왼쪽($x(t = 1) = -1$)으로 이동한다. 시점 $t = 1$에서 동일한 확률로 $x(2) = x(1) \pm 1$이 되며, 일반적으로 나타내면 동일한 확률로 $x(t) = x(t-1) \pm 1$이 된다. 단계가 $t = 1, 2, 3, \ldots$과 같이 이산적으로 증가하면서 이뤄지기 때문에 이를 이산 시간$^{\text{disrete-time}}$ 무작위 보행이라 한다. 연속 시간$^{\text{continuous-time}}$ 무작위 보행은 이와 다른 모델이며, 뒤에서 설명하겠다.

고전적인 무작위 보행은 각 시간 단계$^{\text{time step}}$마다 의사 난수를(난수들을) 생성하는 방식으로 구현된다. 입자의 위치는 매 반복마다 난수 생성기의 결과에 따라 업데이트된다. 아니면 각 위치에 있을 확률을 나타내는 값들을 배열에 저장하고, 계의 시간 진화를 결정하는 확률 행렬$^{\text{stochastic matrix}}$을 통해 이를 업데이트해도 된다.

직선상의 이산 시간 양자 보행의 경우 아이디어는 비슷하지만 구현이 다르다. 양자 보행은 두 가지 큐비트 레지스터인 위치 레지스터$^{\text{position register}}$ P와 코인 레지스터$^{\text{coin register}}$ C로 구성된다. 이름에서 알 수 있듯이 위치 레지스터는 입자가 특정 위치 $|0\rangle, |1\rangle, \ldots, |N - 1\rangle$에 있을 확률 분포를 추적하며, 이때 $|N\rangle = |0\rangle$이라는 주기적인 경계 조건을 둔다. 코인 레지스터는 각 시간 단계에 입자의 위치를 업데이트하는 데 사용된다.

입자 위치의 업데이트는 다음의 전이 연산자$^{\text{shift operator}}$로 주어진다.

$$S := |0\rangle\langle 0|_C \otimes \sum_i |i - 1\rangle\langle i|_P + |1\rangle\langle 1|_C \otimes \sum_i |i + 1\rangle\langle i|_P \qquad (9.58)$$

코인 레지스터가 $|1\rangle$ 상태에 있으면 입자가 왼쪽으로 이동하고, 코인 레지스터가 $|0\rangle$ 상태에 있으면 입자가 오른쪽으로 이동한다. 즉, 다음과 같다.

$$S|0\rangle_C \otimes |i\rangle_P = |0\rangle_C \otimes |i - 1\rangle_P \qquad (9.59)$$

$$S|1\rangle_C \otimes |i\rangle_P = |1\rangle_C \otimes |i+1\rangle_P \tag{9.60}$$

코인은 단일 큐비트 게이트를 적용하면 "뒤집어진다(플립된다flipped)". 예를 들어 아다마르 게이트 H를 적용하면 동일하게 중첩된 상태가 산출된다. '치우친biased' 코인을 사용할 수도 있기는 하다. 코인을 뒤집은 다음에 전이 연산자를 적용하게 된다. 이러한 양자 보행의 단계를 다음과 같이 나타낼 수 있다.

$$U = S(H_C \otimes I_P) \tag{9.61}$$

여기서 H_C는 코인에 작용하는 아다마르 게이트며 I_P는 입자에 작용하는 항등 게이트를 나타낸다. 보행의 T 단계는 U^T로 주어진다.

이렇게 무작위 보행의 가장 간단한 예만 보더라도 이미 고전적인 보행과 양자 보행의 경우 사이에 차이가 많이 보인다. 예를 들어 초기 상태 $|0\rangle_C \otimes |0\rangle_P$에서 시작하면 확률 분포가 '왼쪽으로' 옮겨진다. 즉, 입자가 왼쪽으로 이동할 가능성이 더 높아진다. 고전적인 보행에서는 분포가 대칭이다. 양자 보행을 상태 $|1\rangle_C \otimes |0\rangle_P$에서 시작하면 분포가 오른쪽으로 옮겨진다. 이는 진폭의 보강 간섭과 상쇄 간섭 때문인데, 고전적인 경우에는 불가능한 명백한 양자 현상이다. 양자 보행 시의 분포를 대칭으로 만들 수 있다. 예를 들면 상태 $|+\rangle_C \otimes |0\rangle_P$에서 시작하면 되며, 여기서 $|+\rangle = (|0\rangle + |1\rangle)/\sqrt{2}$다.

이 예는 간단하지만 양자 보행이 어떻게 작동하고 양자 보행이 고전적인 보행과 어떻게 다른지 이해하는 데 도움이 된다. 더 깊이 연구하면 더 많은 차이를 알 수 있다. 예를 들면 직선상의 이산 시간 무작위 보행에 대한 고전적인 분포의 분산은 T 시간 단계 후에 $\sigma_c^2 = T$가 되지만 양자 보행의 경우에는 $\sigma_q^2 = T^2$이다[117]. 따라서 양자 보행자가 고전적인 보행자보다 제곱으로 빠르게 퍼져나간다.

양자 보행에 관해 더 자세히 보려면 [117]와 [185], 그리고 해당 참고문헌을 살펴보기 바란다. 양자 보행을 그래프에 적용한 예를 보려면 [9]를 살펴본다. 파리Farhi와 동료들은 양자 보행을 사용해 *NAND* 트리[13]의 속도가 향상됨을 보였다[77].

이제 양자 보행을 구현한 예를 살펴보면서 좀 더 익숙해져 보자.

양자 보행의 구현

이 절에서는 연속 시간 양자 보행[CTQW, Continuous Time Quantum Walk]의 구현 예를 다룬다.
먼저 이산 고전 보행에서 연속 고전 보행으로의 전환에 대해 설명하겠다. 그러면
어떻게 연속 양자 보행을 수행하는지가 보일 것이다. 이산 시간 고전 보행에서는
확률 분포가 벡터 p에 저장되며, 벡터 p는 확률 행렬을 통해 다음과 같이 업데이트
된다.

$$\mathbf{p}(t + 1) = M\mathbf{p}(t) \tag{9.62}$$

이는 이산 시간일 때만 작동한다. 연속일 때도 작동하려면 이 등식을 미분 방정식
으로 다음과 같이 다시 써야 한다.

$$\frac{d\mathbf{p}(t)}{dt} = -H\mathbf{p(t)} \tag{9.63}$$

여기서 H는 시간에 독립인 행렬이며, 그 성분이 다음과 같이 주어진다.

$$\langle i|H|j \rangle = \begin{cases} -\gamma & i \neq j \ \text{and} \ (i, j) \in E \\ 0 & i = j \ \text{and} \ (i, j) \notin E \\ d_i\gamma & i = j \end{cases} \tag{9.64}$$

---

13. NAND 트리는 깊이가 n인 완전 이진 트리며, 단말 노드의 수는 N = 2^n이다. 각 단말 노드에는 0 또는 1의 값이 할당되
며, 단말이 아닌 노드의 값은 바로 연결된 두 노드의 NAND 값이다. 목표는 트리의 루트에서 값을 평가하는 것이다.
– 옮긴이

여기서 γ는 정점 i에서 정점 j로의 전이 속도를 나타내는 상수이고, d_i는 정점 i의 차수^{degree}, 즉 간선의 개수다.

이 미분 방정식의 해는 $\mathrm{p}(t) = e^{-Ht}\mathrm{p}(0)$으로 알려져 있다. 이를 연속 시간 양자 보행으로 만드는 과정은 행렬 H를 다음의 유니타리 진화를 생성하는 해밀토니안으로 처리하는 것이다.

$$U(t) = e^{-iHt} \tag{9.65}$$

$U(t)$는 이산이 아니라 연속이며, 시간 t의 범위에 대해 정의된다.

이제 파이퀼을 사용한 구현 예로 넘어가 보자.[14] 여기서는 흔히 K_4라고 표기하는 정점(노드)이 넷인 완전 그래프$^{complete\ graph}$상에서 연속 시간 양자 보행을 수행하겠다. 완전 그래프는 각 정점이 모든 정점에 연결된 그래프다. 먼저 구현에 사용할 패키지를 임포트한다. 그래프를 다룰 때 많이 쓰이는 파이썬 패키지인 networkx 를 사용한다는 점에 유의한다.

```
import numpy as np
import networkx as nx
import matplotlib.pyplot as plt
from scipy.linalg import expm

import pyquil.quil as pq
import pyquil.api as api
from pyquil.gates import H, X, CPHASE00
```

이제 노드가 넷인 완전 그래프를 만들고 이를 보여준다.

---

14. 이 구현은 오픈소스코드를 수정한 것으로, 원래의 소스코드는 https://github.com/rigetti/forest-tutorials/blob/master/notebooks/QuantumWalk.ipynb에서 구할 수 있다.

```
# 그래프 생성
G = nx.complete_graph(4)
nx.draw_networkx(G)
```

프로그램의 이 부분에 해당하는 출력 결과가 그림 9.6에 나와 있다. 각 정점은 다른 모든 정점과 간선으로 연결돼 있다.

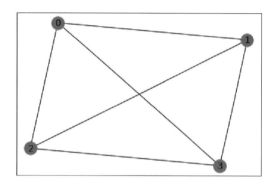

▲ 그림 9.6: 정점이 넷인 완전 그래프. 여기에 연속 시간 양자 보행을 구현한다. 이 그래프를 K_4로 표기한다.

완전 그래프의 스펙트럼(즉, 완전 그래프의 인접 행렬^{adjacency matrix}의 고윳값들)은 매우 간단하다. 그래프 이론에 따르면 고윳값 하나는 $N - 1$이고(여기서 N은 노드 수) 나머지 고윳값들은 -1이 된다. 다음의 코드 블록에서는 K_4 그래프의 인접 행렬을 얻어 대각화한 후 스펙트럼이 예상한 것과 같은지 확인한다.

```
# 인접 행렬 대각화
A = nx.adjacency_matrix(G).toarray()
eigvals, _ = np.linalg.eigh(A)
print("고윳값 =", eigvals)
```

이 코드 블록의 출력 결과는 다음과 같다. 예상한 스펙트럼 값과 같은지 확인한다.

```
고윳값 = [-1. -1. -1. 3.]
```

CTQW의 경우 일반적으로 쓰이는 해밀토니안은 인접 행렬 *A*다. 여기서는 항등 행렬을 추가해 이를 약간 수정하겠다. 즉, $H = A + I$를 사용한다. 이렇게 하면 고윳값이 0인 고유벡터들은 위상을 얻지 않게 돼 적용해야 할 게이트 수가 줄어든다. 다음 코드에서 해밀토니안을 정의한다.

```
# 해밀토니안 획득
ham = A + np.eye(4)
```

완전 그래프는 아다마르 대각화가 가능하다는 것이 밝혀져 있다. 이것은 다음과 같이 쓸 수 있다는 의미다.

$$H = Q \Lambda Q^{\dagger} \qquad (9.66)$$

여기서 $Q = H \otimes H$이고 Λ는 고윳값들의 대각 행렬이다. 잘 작동하는지 확인해 보자.

```
# 아다마르 게이트
hgate = np.sqrt(1/2) * np.array([[1, 1], [1, -1]])

# 해밀토니안을 대각화하고자 행렬 Q = H \otimes H를 형성
Q = np.kron(hgate, hgate)

# 대각 행렬인지 확인하고자 Q^\dagger H Q를 출력
diag = Q.conj().T.dot(ham).dot(Q)
print(diag)
```

프로그램의 이 부분에 해당하는 출력이 다음에 나와 있으며, $Q^{\dagger}HQ$가 정말로 대각 행렬임을 확인할 수 있다(첫 번째 행의 다른 숫자들은 수치상 0이다).

```
[[ 4.00000000e+00 -4.93038066e-32 -4.93038066e-32 4.93038066e-32]
 [ 0.00000000e+00 0.00000000e+00 0.00000000e+00 0.00000000e+00]
 [ 0.00000000e+00 0.00000000e+00 0.00000000e+00 0.00000000e+00]
 [ 0.00000000e+00 0.00000000e+00 0.00000000e+00 0.00000000e+00]]
```

시간 진화 연산자 $U(t) = e^{-iHt}$도 동일한 변환으로 대각화된다. 특히 다음과 같은 결과를 얻게 된다.

$$Q^{\dagger} e^{-iHt} Q = \begin{pmatrix} e^{-i4t} & 0 & 0 & 0 \\ 0 & 1 & 0 & 0 \\ 0 & 0 & 1 & 0 \\ 0 & 0 & 0 & 1 \end{pmatrix} \tag{9.67}$$

이것은 각도를 $-4t$로 한 파이큐빌의 CPHASE00 게이트와 정확히 같다. 더 자세히 설명하고자 CPHASE00은 계산 기저에 다음과 같은 작용을 한다. CPHASE00를 $CZ_{00}(\varphi)$로 표기하기로 한다.

$$CZ_{00}(\varphi)|00\rangle = e^{i\varphi}|00\rangle$$
$$CZ_{00}(\varphi)|01\rangle = |01\rangle$$
$$CZ_{00}(\varphi)|10\rangle = |10\rangle$$
$$CZ_{00}(\varphi)|11\rangle = |11\rangle$$

따라서 유니타리 진화 $U(t) = e^{-iHt}$을 시뮬레이션하는 회로는 각 큐비트에 대한 아다마르 게이트와 $CZ_{00}(-4t)$, 그 뒤에 각 큐비트에 적용되는 또 다른 아다마르 게이트로 구성된다. 다음의 조각 코드에서 이러한 양자 회로를 생성하는 함수를 정의하고 있다.

```
# 완전 그래프에 대한 연속 시간 양자 보행 회로 함수
def k_4_ctqw(t):
    """연속 시간 양자 보행을 구현한 프로그램을 리턴한다."""
    prog = pq.Program()
```

```
    # 대각 기저로 변경
    prog.inst(H(0))
    prog.inst(H(1))

    # 시간 진화
    prog.inst(CPHASE00(-4*t, 0, 1))

    # 계산 기저로 다시 변경
    prog.inst(H(0))
    prog.inst(H(1))

    return prog
```

양자 보행을 고전적인 무작위 보행과 비교해보자. 고전적인 시간 진화 연산자는 $e^{-(M-I)t}$이며, 여기서 M은 그래프의 확률적 전이 행렬stochastic transition matrix이다. 그래프의 인접 행렬에서 M을 다음과 같이 구할 수 있다.

```
# 고전적인 보행에 사용할 확률적 전이 행렬
M = A / np.sum(A, axis=0)
```

초기 조건을 $|\psi(0)\rangle = |0\rangle$로 정해 보행자가 첫 번째 노드에서 시작하게 하자. 이에 따라 대칭성 때문에 $|0\rangle$ 외에 각 노드를 차지할 확률은 같다. 다음에 나와 있는 코드에서는 무작위 보행을 시뮬레이션하고자 최종 시점을 정의하고 최종 시점의 확률 분포를 각각 저장하는 배열을 만든다.

```
# 시뮬레이션 시간 설정
tmax = 4
steps = 40
time = np.linspace(0, tmax, steps)

# 각 시점의 양자 보행의 확률과 고전 보행의 확률을 저장할 배열
quantum_probs = np.zeros((steps, tmax))
```

```
classical_probs = np.zeros((steps, tmax))
```

이제 연속 시간 양자 보행과 고전 보행을 정해 둔 최종 시간만큼 각각 시뮬레이션할 수 있다. 다음의 코드 블록에서 시뮬레이션을 수행하고 최종 확률 분포를 저장한다.

```python
# 고전과 양자 연속 시간 보행을 수행
for i, t in enumerate(time):
    # 양자 프로그램 획득
    prog = k_4_ctqw(t)

    # 회로를 시뮬레이션해서 확률을 저장
    wvf = qvm.wavefunction(prog)
    vec = wvf.amplitudes
    quantum_probs[i] = np.abs(vec)**2

    # 고전 연속 시간 보행을 수행
    classical_ev = expm((M-np.eye(4))*t)
    classical_probs[i] = classical_ev[:, 0]
```

마지막으로 다음 코드는 전체 시간에서의 각 노드의 확률을 그래프로 나타낸다.

```python
_, (ax1, ax2) = plt.subplots(2, sharex=True, sharey=True)

ax1.set_title("양자 진화")
ax1.set_ylabel("확률")

ax1.plot(time, quantum_probs[:, 0], label='최초 노드')
ax1.plot(time, quantum_probs[:, 1], label='잔여 노드들')
ax1.legend(loc='center left', bbox_to_anchor=(1, 0.5))

ax2.set_title("고전 진화")
```

```
ax2.set_xlabel('t')
ax2.set_ylabel("확률")
ax2.plot(time, classical_probs[:, 0], label='최초 노드')
ax2.plot(time, classical_probs[:, 1], label='잔여 노드들')
```

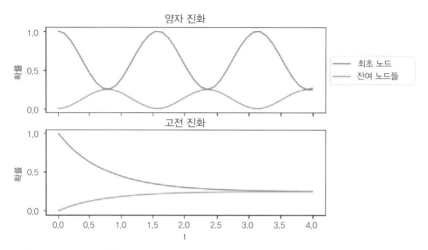

▲ 그림 9.7: 정점이 넷인 완전 그래프상에서 수행한 연속 시간 양자 보행과 고전 보행의 시간 진화

이 코드 블록의 출력 결과가 그림 9.7에 나와 있다. 여기서 양자 보행과 고전 보행의 또 다른 명확한 차이점이 보인다. 즉, 고전 보행의 경우에는 최초 노드에 있을 확률이 기하급수적으로 감쇠하는 반면 양자 보행의 경우에는 이 확률이 진동한다. 이러한 움직임을 각각의 경우에 구성되는 해밀토니안에 근거해 예상할 수 있다. 즉, 양자 보행의 경우에는 e^{-iHt}의 지수에 i가 있는데, 이것이 진동하는 움직임을 만든다. 이에 반해 고전 보행의 경우에는 지수가 실수이므로 기하급수적인 감쇠가 일어난다.

9.9 요약

9장에서는 다양한 양자 컴퓨팅 기법을 설명했다. 양자 컴퓨터가 최적화, 화학 시뮬레이션, 진정한 난수 생성, 여타 기술에 사용될 수 있음을 살펴봤다. 더 많은 알고리즘을 알고 싶다면 양자 알고리즘 동물원^{Quantum Algorithm Zoo}[114]을 참고하기 바라며, 이 웹 사이트에 기여를 해보는 것도 좋겠다. 10장에서는 양자 우위^{quantum supremacy}와 양자 오류 정정^{quantum error correction}, 그리고 양자 컴퓨팅을 향해 나아갈 길을 설명한다.

양자 커뮤니티에서 NISQ 장비로 근시일 내에 실험할 수 있는 기회를 필사적으로 붙잡는 동안 근본적인 장기 목표인 결함 허용 시대의 시작을 앞당기는 일을 잊어서는 안 된다.

— 존 프레스킬(John Preskill)

응용과 양자 우위

이 책에서는 전반적인 양자 컴퓨팅 지형을 탐험해 왔다. 이론적인 토대를 탐구하고 이 분야를 발전시킨 주요 연구와 마일스톤을 논의했으며 다양한 하드웨어 접근 방식과 양자 컴퓨팅 기법을 다뤘다.

공학 측면에서는 10^6 큐비트 이상으로 규모를 확장하는 여전히 어려운 과제가 눈앞에 있다. 결함 허용 양자 컴퓨팅을 이룩하고 나면 더 많은 응용 가능성이 열린다. 현재의 NISQ 체계에서 테스트 사례를 탐색하고 오류 정정 기계를 준비하는 데 해야 할 일이 많다.

10.1 응용

양자 컴퓨팅 지형이 진화하면서 분명해지고 있는 양자 컴퓨터 응용이 많다. 온라인 사이트를 확인하고, 양자 컴퓨터 응용에 대한 최신 소식은 [155]와 [176]을 참고하기 바란다.

양자 시뮬레이션과 화학

현재 고전적인 고성능 컴퓨터를 사용해 새로운 분자 조합을 모델링하고 있다. 이 연구는 연구자들이 새로운 물질이나 신약, 기타 응용에 쓰이는 화합물을 개발하는 데 도움이 된다. 양자 컴퓨터는 이러한 분야에 새로운 역량을 제공할 것이다. 9장에서 설명한 VQE나 양자 화학 시뮬레이션 기법들은 이미 유망한 결과를 보였다. 더 많은 예제를 보려면 [184, 231, 164]를 참고하기 바란다.

확률 분포 샘플링

패턴 인식이나 확률적 추론을 비롯한 많은 응용 분야에서 분포 샘플링을 사용한다. 양자 컴퓨터를 사용하면 훨씬 더 큰 분포에서 샘플링을 할 수 있다. 이것이 분포 샘플링을 사용해 양자 우위를 입증하는 한 가지 이유다. 10장의 뒷부분에서 다시 설명하겠다.

양자 컴퓨터를 이용한 선형 대수 속도 향상

업계에서 선형 대수가 많이 응용된다. 행렬 역변환^{inversion}은 흔히 쓰이는 기법으로, 예를 들면 안테나를 설계하고자 전자기 패턴을 계산하는 데 사용된다[176]. 9장에서 다룬 HHL 기법도 여러 응용에 유용할 것으로 증명된 기법 중 하나다.

최적화

배송 트럭 경로 결정, 온라인 광고 입찰 전략, 전기 자동차 배터리 조성용 다양한 화합물의 혼합 등 업계에는 최적화 응용이 수없이 많다. 양자 컴퓨터를 사용해 이러한 종류의 시스템을 최적화할 수 있다는 것이 분명해지고 있다.

텐서망

텐서망[TN, Tensor Networks]에 양자 계산을 응용하는 것도 유망한 연구 분야다. 이 책의 온라인 사이트에 TN을 소개하는 좋은 참고 자료가 여럿 담겨 있다.

물리학뿐 아니라 심층 학습망과 같은 그 외의 분야에서도 문제를 탐구하는 데 MERA, MPS, TTNs, PEPS 등 다양한 텐서망 아키텍처가 유용한 도구라는 사실이 입증되고 있다. 여러 연구 그룹에서 다양한 텐서망 응용을 실증했다[223, 233, 194, 224, 108, 152].

10.2 양자 우위

양자 우위[quantum supremacy]라는 용어는 2012년에 프레스킬[Preskill]이 처음 고안한 용어로, 고전 방식의 최첨단 슈퍼컴퓨터가 효율적으로 구현할 수 있는 능력을 넘어 양자 컴퓨터에서 효율적으로 수행할 수 있는 계산 작업을 의미한다[175]. 우위[supremacy]라는 강력한 용어 때문에 혼동을 일으킬 수 있는데, 이 기준을 충족시키는 어떠한 계산 작업이든 이에 해당하며, 꼭 유용한 작업이 아니어도 된다.

우위를 입증하는 데 사용되는 알고리즘은 응용 범위가 넓지 않아도 되며, 고전적인 컴퓨터에서는 난해한[intractable] 알고리즘이 양자 프로세서에서 뚜렷하게 효율적으로 실행할 수 있으면 된다[36].

이 절에서는 연구자들이 양자 우위를 입증하고자 고려하고 있는 문제들을 살펴본다. 어떤 문제를 써서 입증했든지 간에 양자 우위는 물리학과 컴퓨터 과학의 역사에서 획기적인 성과다. 양자 계산의 원리 검증은 양자 프로세서상에서 많이 수행됐으나 계산상의 차이를 실험적으로 검증 가능하게 밝히고자 이를 충분히 큰 규모에서 수행하는 것은 처음일 것이다.

이는 대규모 계산을 통해 양자역학을 검증하는 데 영향을 미친다. 우위 실험은 계산 분야의 벨 실험에 해당한다고 생각해도 과언이 아니다[104]. 벨 실험이 국소적인 숨은 변수 모델을 반박한 것처럼 오류 정정 양자 컴퓨터에 대한 우위 실험은 4장에서 설명한 확장 처치–튜링 가설^{ECTT, Extended Church-Turing Thesis}을 반박할 것이다. ECTT는 어떠한 알고리즘 절차든지 확률론적 튜링 기계^{PTM, Probabilistic Turing Machine}을 사용해 효율적으로 시뮬레이션할 수 있다고 단언한다. 이 정도 규모의 양자계를 주의 깊게 제어하는 능력 또한 공학과 실험 물리학의 더없는 성과다.

이 절의 남은 부분에서는 양자 우위를 입증하고자 고려되고 있는 주요 문제를 살펴본다.

무작위 회로 샘플링

양자 회로의 결과 분포에서 샘플링하는 문제는 양자 우위를 입증하는 가장 자연스러운 문제 중 하나다. 이를 고전적인 컴퓨터에서 시뮬레이션하려면 (유니타리 연산자들의 텐서곱으로 쓰여진) 양자 회로를 실행한 후 선형 대수와 행렬 계산을 해서 파동 함수의 최종 상태를 결정해야 한다. 그러나 양자 컴퓨터는 유니타리 연산자들이 물리적으로 구현돼 있으면 단순히 시간이 진화하면서 자연스럽게 이 계산을 수행한다.

양자 회로를 시뮬레이션하는 고전적인 방법들은 일반적으로 큐비트의 수에 기하급수적으로 커진다. 구체적으로 말하면 가장 일반적인 n 큐비트의 상태가 완전히 얽혀 있는 경우 파동 함수에서 추적할 복소 진폭이 2^n개 존재한다. n이 그리 크지 않은 값이라 하더라도 가장 성능이 뛰어난 슈퍼컴퓨터조차 현재의 메모리 한계에 빠르게 도달한다.

▼표 10.1: 접두사와 상응하는 바이트 수를 정리한 표. 큐비트는 가장 일방적인 상태며 진폭이 배정밀도로 저장돼 있다고 가정할 때 마지막 열은 주어진 메모리에 저장할 수 있는 최대 큐비트 수를 나타낸다. 1바이트는 8비트다.

이름	바이트 수	큐비트 수
킬로바이트(KB)	$2^{10} \approx 10^3$	$n = 6$
메가바이트(MB)	$2^{20} \approx 10^6$	$n = 16$
기가바이트(GB)	$2^{30} \approx 10^9$	$n = 26$
테라바이트(TB)	$2^{40} \approx 10^{12}$	$n = 36$
페타바이트(PB)	$2^{50} \approx 10^{15}$	$n = 46$
엑사바이트(EB)	$2^{60} \approx 10^{18}$	$n = 56$
제타바이트(ZB)	$2^{70} \approx 10^{21}$	$n = 66$

파동 함수의 각 진폭은 대개 복소수며, 그에 따라 진폭당 두 개의 부동소수점 실수를 저장하게 된다. 이러한 부동소수점 수는 배정밀도^{double precision} 형식으로 저장된다. 즉, 부동소수점 수당 8바이트로 저장됐다고 가정하자. 이러한 가정하에서 파동 함수를 저장하는 데 필요한 총 메모리는 다음과 같다.

$$2^n \text{ 진폭} \times 2 \text{ 실수/진폭} \times 2^3 \text{바이트/실수}$$

즉, 2^{n+4} 바이트다. 1킬로바이트는 2^{10}바이트, 1메가바이트는 2^{20} 바이트 등이라는 사실을 떠올려보자. 표 10.1을 참고한다.

주요 슈퍼컴퓨터들의 RAM 크기는 페타바이트 내지 엑사바이트 정도다.[1] 앞에서 파동 함수를 저장하는 데 필요한 메모리양에 대해 논의한 내용을 바탕으로 어떤 특정 고전 시스템에 대한 양자 회로 시뮬레이션의 상한을 추정할 수 있다.

---

1. 최신 슈퍼컴퓨터와 사양 리스트는 https://www.top500.org/를 참고한다.

이것이 양자 회로 샘플링을 양자 우위를 입증하기 위한 후보 문제로 채택하는 기본 아이디어다[43, 156]. 양자 회로를 시뮬레이션하는 방법에는 회로의 유니타리 게이트를 명시적으로 구성하는 방법부터 텐서망 축소$^{tensor\ network\ contraction}$ 방법까지 여러 가지가 있지만, 모두 복잡도가 큐비트의 수에 따라 기하급수적으로 변하는 문제를 갖고 있다.

이제 무작위 회로 샘플링을 양자 우위를 입증할 문제로 삼고, 보익소^{Boixo}와 동료들의 연구[160, 36, 142]를 따라 더 자세히 살펴보자. 이 연구에서는 무작위 양자 회로의 결과 분포로부터 샘플링하는 문제를 다루고 있다.

양자 우위 실험을 고찰할 특수한 무작위 회로는 다음 규칙을 통해 구성된다[36].[2]

1. 먼저 각 큐비트에 아다마르 게이트를 적용한다.
2. 수평 패턴과 수직 패턴을 번갈아가며 2차원 그리드에서 이웃 큐비트 간에 제어형 Z(CZ) 연산자를 적용한다. 특정 사이클^{cycle}에서 모든 이웃 큐비트가 CZ를 통해 연결되지는 않을 것이며, CZ 게이트의 수는 사이클마다 달라질 수 있음에 유의한다.[3]
3. CZ 게이트에 영향을 받지 않는 큐비트에게는 집합 $\{X^{1/2},\ Y^{1/2},\ T\}$에 속하는 단일 큐비트 연산자를 다음 기준에 따라 적용한다.
   - 이전 사이클에서 CZ 게이트에 연결된 큐비트이면 가능한 경우[4] 비대각 단항 게이트를 무작위로 선택해서 해당 큐비트에 적용한다.
   - 이전 사이클에서 비대각 단항 게이트에 연결된 큐비트이면 가능한 경우 해당 큐비트에 T 게이트를 적용한다.
   - 이전 사이클에서 단항 게이트에 연결되지 않았던 큐비트(처음의 아다마르

---

2. 보익소가 자신의 깃허브 사이트 https://github.com/sboixo/GRCS에 업데이트한 규칙을 반영했다.
3. 이 맥락에서는 사이클이라는 용어가 서큐 프레임워크의 모멘트를 나타낸다. 사이클이나 모멘트라는 용어를 동시에 적용되는 연산자들의 집합이라 생각하면 된다.
4. '가능한 경우'란 회로가 완료되지 않았거나 현재 사이클에서 해당 큐비트에 CZ 게이트가 없는 경우를 뜻한다.

게이트는 제외)이면 해당 큐비트에 T 게이트를 적용한다. 이 규칙은 필요충분조건(iff)이 아니라 충분조건(if)이라는 점에 주의한다. 즉, T 게이트에 다른 단항 게이트가 뒤따를 수도 있다. 이 규칙에서 명시하는 것은 단순히 이전 사이클에서 해당 큐비트에 단항 게이트가 없으면 현재 사이클에 T 게이트를 배치해야 한다는 것뿐이다. 앞의 두 기준이 이 기준보다 우선한다.

- 앞의 기준 중 충족되는 기준이 하나도 없는 큐비트면 현재 사이클에서는 해당 큐비트에 단항 게이트를 적용하지 않는다.

4. 주어진 사이클 횟수(깊이가 결정됨)만큼 단계 2와 3을 반복한다.

5. 계산 기저 또는 아다마르(X) 기저로 측정한다.

이제 이 규칙들을 프로그램에 포함시켜 양자 우위 회로를 구축해보자. 이러한 목적에 맞게 구현한 예시 서큐 프로그램이 다음에 나와 있다.

```
import cirq

# 큐비트 그리드에서 행의 개수
nrows = 4

# 큐비트 그리드에서 열의 개수
ncols = 4

# 양자 우위 회로에서 CZ 게이트의 깊이
depth = 5

# 양자 우위 회로 생성
supremacy_circuit =
    cirq.experiments.generate_supremacy_circuit_google_v2_grid(
        nrows, ncols, depth, seed=123)

print(supremacy_circuit)
```

여기서 2차원 큐비트 그리드를 만들고자 행과 열의 수를 지정한다. *CZ* 게이트의 깊이 혹은 사이클 횟수를 지정한 것은 양자 우위의 전체 깊이를 결정하기 위해서다. 이 프로그램의 출력 결과가 그림 10.1에 나와 있다. 무작위 회로 샘플러의 버전 혹은 구현에 따라 코드 모듈에서 앞에서 설명한 규칙들을 약간 수정해서 적용할 수도 있으니 유의하기 바란다.

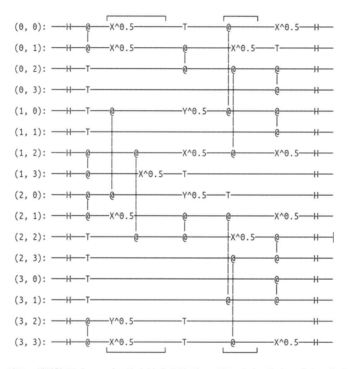

▲ 그림 10.1: 서큐로 생성한 큐비트 그리드상의 양자 우위 회로. 최종 사이클에서 X 기저로 측정하도록 아마다르 게이트가 사용됐는데, Z 기저로 측정해도 된다.

예제에서 다룬 $n = 16$ 큐비트 회로는 고전적인 컴퓨터로도 쉽게 처리할 수 있지만, 앞서 얘기한 대로 고전적인 시뮬레이션은 n에 따라 복잡도가 기하급수적으로 증가하는 문제가 있다. 큐비트가 충분히 큰 수인 n개인 경우 양자 우위를 입증하는 과정을 개략적으로 설명하면 다음과 같다[36].

1. 앞에서처럼 큐비트가 n개이고 깊이가 d인 양자 우위 회로 U를 생성한다.

2. $m \approx 10^3$ 내지 10^6으로 두고 회로에서 m번 샘플링을 해 결과 분포 $\{x_1, \ldots, x_m\}$을 얻는다.

3. 충분히 성능이 좋은 고전적인 컴퓨터로 $j = 1, \ldots, m$일 때 각각의 j에 대해 $\log 1/p_U(x_j)$를 계산한다. 여기서 다음과 같으며,

$$p_U(x_j) := |\langle x_j | \psi \rangle|^2 \qquad (10.1)$$

$|\psi\rangle = U|0\rangle$는 양자 우위 회로의 최종 상태다.

4. 다음의 양^{quantity}을 계산한다.

$$\alpha = H_0 - \frac{1}{m} \sum_1^m \log \frac{1}{p_U(x_j)} \qquad (10.2)$$

여기서 $H0 = \log(2n) + \gamma$ 는 균일하게 비트열로부터 샘플링을 하는 알고리즘의 교차 엔트로피$^{\text{cross-entropy}}$다(여기에 쓰인 로그는 자연 로그임에 유의한다). $\gamma \approx 0.577$은 오일러 상수다.

α라는 양을 계산하고 나면 양자 회로를 시뮬레이션하는 가장 좋은 고전적 알고리즘 A의 결과 분포 p_A에 대해 그에 상응하는 양을 계산해 비교할 수 있다. 교차 엔트로피의 차이는 알고리즘 A가 일반적인 무작위 회로 U의 결과를 얼마나 잘 예측하는지에 대한 척도가 되며, 다음과 같이 구한다.

$$\Delta H(p_A) = H_0 - H(p_A, p_U) \qquad (10.3)$$

이제 무작위 회로들을 앙상블한 R에 대해 $\Delta H(p_A)$의 기댓값을 구해 C에 넣는다.

$$C := \mathbb{E}_R[\Delta H(p_A)] \qquad (10.4)$$

보익소와 동료들의 양자 우위 논문[36]에 따르면 다음의 경우에 실제로 양자 우위

를 달성하는 것으로 밝혀졌다.

$$C \leq \alpha \leq 1 \tag{10.5}$$

유의할 점은 충분히 큰 회로에 대해 $C \to 0$이며, $p_U(x_j)$는 더 이상 수치로 얻을 수 없다는 점이다. 이는 정의에 따라 더 이상 α라는 양을 직접 측정할 수 없음을 의미한다. 그러나 큰 회로의 경우에는 외삽법으로 α를 추정해 무작위 회로 샘플링으로 양자 우위를 보일 수 있다.

양자 우위를 보이는 기타 문제

양자 우위를 입증할 문제로 무작위 회로 샘플링 문제를 고려하는 것은 매우 당연하지만, 이 문제만 있는 것은 아니다. 최근에 나온 해로[Harrow]와 몬타나로[Montanaro][104]의 동향 조사 논문에서는 양자-고전 분리[quantum-classical separation]를 보이고자 고려할 추가적인 주요 문제들에 대해 유익한 논의를 제시하고 있다.

보손[boson] 샘플링 문제도 양자 우위를 입증하기 위한 후보 문제다. [5]에서 최초로 제안된 보손 샘플링에는 n개의 동시 발생 광자[coincident photons]를 무작위로 생성된 $m \gg n$ 모드의 선형-광학 네트워크(빔 스플리터)로 보내는 과정이 수반된다. 이로 인해 유니타리 회전이 무작위로 생성된다. 그런 다음 탐지기를 사용해 광자의 분포로부터 샘플링한다. 이 과정은 고전적인 컴퓨팅에서는 어렵다고 여겨진 것이다. 보손 샘플링 실험은 최대 다섯 개의 광자와 아홉 개의 모드로 수행된 바 있다[209]. 광학 네트워크에서 일어나는 적지 않은 광자 손실로 인해 실험 시스템에서 어려움을 겪고 있다. 또한 좀 더 효율적인 고전적 샘플링 기술이 개발되고 있는 것도 보손 샘플링을 통해 양자 우위를 보이는 데 도전 의식을 북돋우고 있다.[5]

---

5. 이것은 양자 우위에 사용되는 문제 P가 어떤 것이든 해당되는 말이다. 즉, P에 대해 더 나은 고전적 알고리즘이 개발되면 P에 대해 양자 우위를 보이기 위한 문턱 값(threshold)이 더 뒤로 밀려나게 된다.

양자 이점

연구자들은 고전 컴퓨팅과 양자 컴퓨팅을 구별하는 데 있어 양자 이점^{quantum advantage} 이나 양자-고전 분리^{quantum-classical separation}를 비롯해 몇 가지 용어를 만들었다. 양자 이점은 고전 컴퓨팅과 비교해 상수 혹은 선형으로 속도가 향상되는 것을 뜻한다. 양자-고전 컴퓨팅 구분에 관한 관련된 용어와 척도들을 보려면 쩽^{W. Zeng}의 논문을 살펴보기 바란다[242].

10.3 향후 연구 방향

양자 오류 정정

현재의 양자 컴퓨터에는 아직 완전한 양자 오류 정정^{QEC, Quantum Error Correction}을 지원할 만큼 충분한 큐비트가 없지만, QEC에 대한 연구가 계속 늘어나면서 양자 컴퓨팅뿐만 아니라 그 이상에 영향을 미치고 있다. 고전적인 계산에는 다수의 고전 비트에 걸쳐 상태를 복제하는 직관적인 오류 정정 방식을 사용할 수 있다. 그러나 양자 컴퓨터에서는 양자역학의 복제 불가능 정리로 인해 이러한 직접적인 방식을 취하지 못한다.

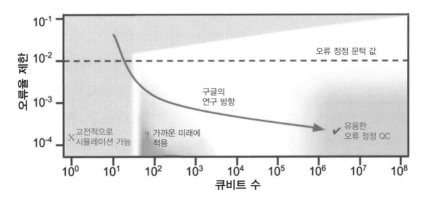

▲ 그림 10.2: 양자 컴퓨팅 로드맵(출처: 구글)

QEC에 대한 접근 방식으로는 하나의 논리 큐비트를 여러 물리 큐비트의 토폴로지 상태로 인코딩하는 표면 코드^{surface code}를 이용하는 방식이 일반적이다[49, 63, 87]. 이러한 물리 큐비트를 측정하면 증상^{syndrome}이라고 부르는 패턴을 볼 수 있다. 증상은 측정 결과로 나오는 특수한 오류 시퀀스를 말한다. 그러면 디코더^{decoder}를 통해 증상을 특정 오류 시퀀스에 사상할 수 있다. 이러한 디코딩에 머신러닝을 사용할 여지가 있다(그러한 예에 대해서는 [20]을 참고한다).

VQE를 다룬 절에서 설명했듯이 맥클린^{McClean}과 동료들은 부분공간 확장을 이용한 오류 완화를 탐구했다[147]. QEC의 손익분기점에 대해 논의한 오펙^{Ofek}과 동료들의 연구도 참고하기 바란다[163].

다른 물리학 전공 분야에서도 오류 정정 기법이 등장했다. 일부 연구자는 반드지터/등각장 이론^{AdS/CFT, Anti-de Sitter/Conformal Field Theory}라는 쌍대성^{duality} 프레임워크에서 파생된 QEC 접근 방식을 연구하고 있다[13]. QEC는 계속 활발히 연구 중인 분야이며 양자 컴퓨터 하드웨어 장치의 규모를 키우는 데 매우 중요하다.

양자 컴퓨터로 물리학하기

이 책의 서문에서 언급했듯이 양자 컴퓨터의 잠재적인 용도 중 가장 흥미로운 것 하나가 바로 물리학에서 아직 해결하지 못하고 있는 문제들에 도전하는 것이다. AdS/CFT 쌍대성 프레임워크는 일반 상대성 이론과 양자역학 사이의 초기 사상을 제시하고 있다. 서스킨드^{Susskind} 외에 여러 연구자는 이러한 쌍대성을 탐구하는 데 양자 컴퓨터를 활용하는 방안을 고찰했다[213]. 규모가 충분히 크고 결함을 허용하는 양자 컴퓨터를 구축해서 그와 같은 실험을 수행하려면 몇 년은 있어야 하지만, 그래도 이러한 탐구에서 배울만한 점을 따져보는 것은 유익한 일이다.

여기서 중요한 본질은 양자 컴퓨팅에서 그저 중첩이나 얽힌 상태를 모델링한 다음 고전적인 컴퓨터에서 해당 모델을 가리키는 것이 아니라는 점이다. 실제로 이러한 상태들을 구현하고 있고, 상태들의 역학 관계에 관해 탐구하고 있다.

10.4 결론

이 분야의 하드웨어와 소프트웨어 부문 둘 다 빠른 속도로 발전하길 기대하고 있다. 훨씬 더 많은 대학과 회사가 자신들의 연구에 이러한 플랫폼이 미치는 영향을 살펴볼 것으로 예상된다. 이 책의 온라인 사이트 https://www.github.com/jackhidary/quantumcomputingbook[6]에 방문해 더 많은 내용과 이 분야의 발전에 따른 최신 변경 사항을 확인하길 바란다. 완전히 오류를 정정하는 양자 컴퓨터로 향하는 길은 분명히 흥미로운 여행이 될 것이다.

---

6. 한국어판 사이트: https://github.com/jackhidary/quantumcomputingbook/tree/master/korean – 옮긴이

3부

수학 도구 모음

수학을 모르는 사람은 자연의 아름다움, 이 가장 깊은 아름다움을 진정
으로 느끼기가 어려워요. … 자연에 대해 배우고 자연의 참모습을 보려
면 자연이 말하는 언어를 이해해야 합니다.

– 리처드 파인만

양자 컴퓨팅에 쓰이는 수학 I

11.1 서론, 자가 진단

20세기 양자역학에서 가장 중요한 발견 중 하나는 바로 존 폰 노이만^{John von Neumann}
이 자신의 책『Mathematical Foundations of Quantum Mechanics』에서 밝힌 것처
럼 모든 양자역학은 선형 대수로 기술할 수 있다는 사실이다[225].

11장을 읽을 필요가 없다고 생각하는 자신 있는 독자라면 획획 넘기면서 공식이
나 방정식 같은 것들만 훑어봐도 괜찮겠다. 여러분에게 자극을 줄 만한 문제들을
실었으니 해보기 바란다. 정답은 바로 뒤에 있다.

11.1 연습문제: 자가 진단

1. 다음 함수는 선형 변환(일차 변환)인가?

$$T : \mathbb{R} \to \mathbb{R}$$

$$T(x) := x + 1$$

2. 이항^{binary} 연산과 이진^{binary} 코드는 연관이 있는가?

3. $\mathbb{R}^4$와 $\mathbb{C}^2$ 중에 어느 공간이 더 차원이 큰가?

4. 다음 식 중에 숫자는 어느 것인가? 벡터는? 행렬은?

    a. $\langle 0|1 \rangle$

    b. $|0\rangle\langle 1|$

    c. $\langle 0|1\rangle|0\rangle$

    d. $\langle i|A|j \rangle$ 여기서 A는 행렬이고 i와 j는 숫자다.

5. 고윳값이 실수가 아닌 에르미트 연산자의 예를 들어보라.

정답:

1. 아니요. 선형일 수가 없다.

2. 아니요. 이항 연산은 특수한 유형의 함수다.

3. $\mathbb{R}^4$와 $\mathbb{C}^2$는 $\mathbb{R}$상에서 차원이 같다.

4. 디랙 표기법으로 나타낸 네 식을 분류하면 다음과 같다.

    a. 식 $\langle 0|1 \rangle$은 숫자다. 사실 $\langle 0|1 \rangle = 0$이다.

    b. 식 $|0\rangle\langle 1|$은 행렬이다. 구체적으로 쓰면 다음과 같은 행렬이다.

$$\begin{pmatrix} 1 & 0 \\ 0 & 0 \end{pmatrix}$$

c. 식 $\langle 0|1\rangle |0\rangle$은 벡터다. $\langle 0|1\rangle$이 0이고 앞에서 얘기했듯이 $|0\rangle$은 다음과 같은 벡터다.

$$|0\rangle := \begin{pmatrix} 1 \\ 0 \end{pmatrix}$$

그러므로 다음과 같이 쓸 수 있다.

$$\langle 0|1\rangle \, |0\rangle = (\langle 0|1\rangle)\,|0\rangle = (0)\,|0\rangle = (0)\begin{pmatrix} 1 \\ 0 \end{pmatrix}$$
$$= \begin{pmatrix} 0 \cdot 1 \\ 0 \cdot 0 \end{pmatrix} = \begin{pmatrix} 0 \\ 0 \end{pmatrix}$$

d. 숫자다. 특히 이 식은 행렬 A의 i번째 행과 j번째 열의 성분을 나타내는 영리한 방법이다.

5. 그런 것은 없다. 에르미트 연산자는 항상 고윳값이 실수다. 이 문장을 증명해보라(이 절에서 증명해볼 것이다).

선형 대수란 것이 아주 복잡해지기도 한다. 하지만 이 책에서는 여러분이 의욕을 잃지 않고 오히려 자신감을 가지길 바란다. 이 책이 양자 컴퓨팅의 기초가 되는 선형 대수와 추상 수학$^{abstract\ mathematics}$으로 가는 여행에 안내자가 되길 바란다. 여기서는 미리 알아야 할 모든 수학 내용을 늘어놓은 다음, 여러 가지 예제를 통해 선형 대수라고 하는 수학적 도구를 양자 컴퓨팅과 연결 지을 것이다. 그러니 편안하다고 느끼는 부분 아무데서나 편하게 시작하기 바란다.

11.2 선형 대수

벡터와 표기법

벡터는 선형 대수에서 중요한 대상 중 하나다. 벡터를 개념화하는 방법은 여러 가지가 있다. 먼저 벡터를 순서가 있는 수의 모임^{collection}(1차원 배열)으로 생각할 수 있다. 예를 들어 다음의 벡터는 1과 2로 이뤄진 순서가 있는 모임이다.

$$\begin{pmatrix} 1 \\ 2 \end{pmatrix} \tag{11.2}$$

벡터를 기하학적 대상으로 생각할 수도 있다. 예를 들어 그림 11.1a처럼 벡터 $\begin{pmatrix} 1 \\ 2 \end{pmatrix}$ 를 2차원 평면에 그래프로 나타낼 수 있다.

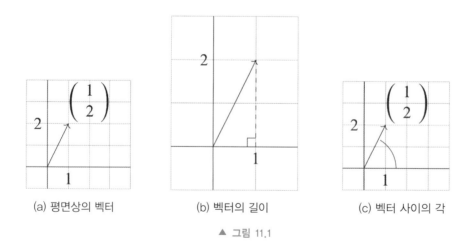

(a) 평면상의 벡터   (b) 벡터의 길이   (c) 벡터 사이의 각

▲ 그림 11.1

기하학적으로 생각하면 벡터는 크기(길이)와 방향을 갖는다. 예를 들어 그림 11.1a의 벡터는 그림 11.1b에 그려져 있듯이 피타고라스 정리에 따라 다음의 길이를 갖는다.

$$\sqrt{1^2 + 2^2} \qquad (11.3)$$

방향은 그림 11.1c와 같이 x축과 화살표의 머리 부분 사이의 각으로 나타낼 수 있다.

벡터는 흔히 **v**처럼 굵은 소문자로 표기하며, 손으로 쓸 때는 화살표를 함께 써서 $\vec{v}$처럼 표기한다. 여기서는 벡터를 간단하게 v로 표기하고 필요한 경우에는 v가 벡터임을 명확히 밝히겠다.

경우에 따라 벡터를 더 분명히 다음과 같이 쓰기도 한다.

$$v = \begin{pmatrix} v_1 \\ v_2 \\ \vdots \\ v_n \end{pmatrix} \qquad (11.4)$$

이는 벡터의 성분 개수를 나타내기 위해서다. 위의 벡터는 성분이 n개다. 벡터를 다음과 같이 각괄호로 표기하기 좋아하는 사람들도 있는데, 어떤 것을 사용하든 상관없다.

$$v = \begin{bmatrix} v_1 \\ v_2 \\ \vdots \\ v_n \end{bmatrix} \qquad (11.5)$$

여기서는 둥근 괄호를 택하겠다.

이 책의 앞부분에서 이미 고전 비트에 대응되는 양자 개념인 큐비트를 접했을 것이다. 앞에서 빛의 편광을 나타내는 큐비트를 예로 들었는데, 여기서도 이 예제를 사용하겠다. 편광은 수직이나 수평일 수도 있고, 두 상태가 중첩될 수도 있다. 1장에서 설명한 대로 수직 편광을 $|0\rangle$으로, 수평 편광을 $|1\rangle$로 표기할 수도 있고, 또는 $|\uparrow\rangle$와 $|\rightarrow\rangle$로 나타낼 수도 있다.

이러한 편광 상태들을 수학 기호로 나타내는 데는 벡터가 편리하다. 예를 들면 '수직 편광' 상태 $|0\rangle = |\uparrow\rangle$를 벡터 $\begin{pmatrix} 1 \\ 0 \end{pmatrix}$으로, '수평 편광' 상태 $|1\rangle = |\rightarrow\rangle$를 벡터 $\begin{pmatrix} 0 \\ 1 \end{pmatrix}$로 표기할 수 있겠다. 흔히 양자역학에서는 행벡터 $\langle\varphi|$를 '브라bra', 열벡터 $|\varphi\rangle$를 '켓ket'이라고 부른다. 따라서 '브라bras'는 행벡터, '켓kets'은 열벡터가 된다. 이 브라켓 표기법bra-ket notation은 폴 디랙Paul Dirac이 발명했으며, 그래서 이를 디랙 표기법Dirac notation이라 한다[68].

기초 벡터 연산

벡터 표기법을 알아봤으니 이제 벡터로 무엇을 할 수 있는지 설명하겠다. 지극히 당연한 연산 두 가지를 생각해 보겠다. 첫 번째 연산은 덧셈이다. 예상대로 두 벡터를 더할 수 있다. 그냥 성분들을 더하면 된다. 예를 들어 다음 두 벡터를 더하면

$$\begin{pmatrix} 1 \\ 0 \end{pmatrix}, \begin{pmatrix} 0 \\ 1 \end{pmatrix}$$

다음과 같이 된다.

$$\begin{pmatrix} 1 \\ 0 \end{pmatrix} + \begin{pmatrix} 0 \\ 1 \end{pmatrix} := \begin{pmatrix} 1+0 \\ 0+1 \end{pmatrix} = \begin{pmatrix} 1 \\ 1 \end{pmatrix} \tag{11.6}$$

':=' 기호는 특정한 상황에만 참이 되는 것이 아니라 정의에 의해 참인 등식을 나타낸다. 예를 들면 $1 + 1 = 2$라고 쓰고 $1 + 1 := 2$라고는 쓰지 않는데, 이는 1과 1의 합이 2라는 사실이 정의에 의한 것이 아니라 다른 사실들의 결과이기 때문이다. 하지만 자연수의 집합을 나타내는 기호 N은 $N := \{0, 1, 2, 3, \ldots\}$이라고 쓰는데, 이는 N이 다른 사실들의 결과에 따라서가 아니라 정의에 의해 집합 $\{0, 1, 2, 3, \ldots\}$과 같기 때문이다.

11.7 연습문제

벡터 $\begin{pmatrix} 1 \\ 2 \end{pmatrix}$과 $\begin{pmatrix} 4 \\ 2 \end{pmatrix}$의 합을 구하라.

성분의 개수가 다른 벡터끼리는 더할 수 없다. 예를 들어 다음의 식은 말이 되지 않는다.

$$\begin{pmatrix} 1 \\ 0 \\ 0 \end{pmatrix} + \begin{pmatrix} 1 \\ 0 \end{pmatrix} \tag{11.8}$$

딱 보면 당연히 그래야 할 것 같다. 두 벡터를 이치에 맞게 어떻게 더해야 할까?[1]

이제 두 번째 연산을 생각해보자. 바로 스칼라 곱셈이라는 특수한 종류의 곱셈이다. 이 연산으로 벡터를 숫자와 곱할 수 있다. 이때 숫자를 스칼라^{scalar}라고 하는데, 벡터의 '크기를 조정^{scale}'하기 때문이다. 스칼라 곱셈도 예상대로 벡터의 각 성분에 숫자를 곱하기만 하면 된다. 예를 들어 벡터 $\begin{pmatrix} 1 \\ 2 \end{pmatrix}$에 스칼라 3을 곱하면 식 (11.9)와 같이 된다.

$$3 \cdot \begin{pmatrix} 1 \\ 2 \end{pmatrix} := \begin{pmatrix} 3 \cdot 1 \\ 3 \cdot 2 \end{pmatrix} = \begin{pmatrix} 3 \\ 6 \end{pmatrix} \tag{11.9}$$

11.10 연습문제

스칼라 곱셈 $4 \cdot \begin{pmatrix} 5 \\ 6 \end{pmatrix}$을 계산하라.

---

1. 컴퓨터 과학자들은 성분이 더 적은 벡터의 뒷부분에 추가로 0을 붙이는 '패딩(padding)'을 해서 덧셈이 가능하게 만들기도 하지만, 여기서는 이러한 방식은 다루지 않겠다.

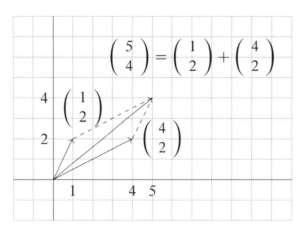

▲ 그림 11.2: 벡터의 덧셈

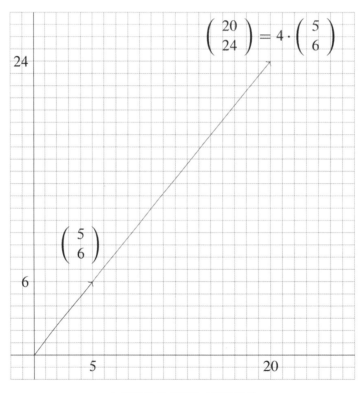

▲ 그림 11.3: 벡터의 스칼라 곱셈

벡터의 덧셈과 스칼라 곱셈 연산은 기하학적으로도 자연스럽게 해석된다. 예전에 수업 때 '머리를 꼬리에 잇는'$^{head\ to\ tail}$ 벡터 덧셈 방법을 배웠을 텐데, 기억날지 모르겠다. 앞에서 대수적으로 설명한 벡터 덧셈은 이 방법을 정확히 식으로 나타낸 것이다(그림 11.2 참고). 숫자를 곱하는 스칼라 곱셈은 그 숫자만큼 벡터의 '크기를 조정'하거나 벡터를 '늘리는' 것에 해당한다(그림 11.3 참고).

각각의 연산에 익숙해지고 나면 이를 엮어서 나타낼 수도 있다. 예를 들어 벡터 $\begin{pmatrix} 1 \\ 0 \end{pmatrix}$에 스칼라 3/5를 곱하면 다음의 벡터가 나오고

$$\frac{3}{5} \cdot \begin{pmatrix} 1 \\ 0 \end{pmatrix} = \begin{pmatrix} \frac{3}{5} \cdot 1 \\ \frac{3}{5} \cdot 0 \end{pmatrix} = \begin{pmatrix} \frac{3}{5} \\ 0 \end{pmatrix} \tag{11.11}$$

벡터 $\begin{pmatrix} 0 \\ 1 \end{pmatrix}$에 스칼라 4/5를 곱하면 다음의 벡터가 나온다.

$$\frac{4}{5} \cdot \begin{pmatrix} 0 \\ 1 \end{pmatrix} = \begin{pmatrix} \frac{4}{5} \cdot 0 \\ \frac{4}{5} \cdot 1 \end{pmatrix} = \begin{pmatrix} 0 \\ \frac{4}{5} \end{pmatrix} \tag{11.12}$$

그런 다음 결과로 나온 두 벡터를 더하면 다음과 같이 된다.

$$\begin{pmatrix} \frac{3}{5} \\ 0 \end{pmatrix} + \begin{pmatrix} 0 \\ \frac{4}{5} \end{pmatrix} = \begin{pmatrix} \frac{3}{5} \\ \frac{4}{5} \end{pmatrix} \tag{11.13}$$

요약하면 다음과 같은 식이 되는데,

$$\frac{3}{5} \cdot \begin{pmatrix} 1 \\ 0 \end{pmatrix} + \frac{4}{5} \cdot \begin{pmatrix} 0 \\ 1 \end{pmatrix} = \begin{pmatrix} \frac{3}{5} \\ \frac{4}{5} \end{pmatrix} \tag{11.14}$$

이를 벡터 $\begin{pmatrix} 1 \\ 0 \end{pmatrix}$과 $\begin{pmatrix} 0 \\ 1 \end{pmatrix}$의 선형 결합(일차 결합)이라 한다. 선형 결합은 뒤에서 더 자세히 살펴보겠다. 디랙 표기법을 사용하면 이 식을 다음과 같이 쓸 수 있다.

$$\frac{3}{5}\,|0\rangle + \frac{4}{5}\,|1\rangle \qquad\qquad (11.15)$$

3장을 어느 정도 읽었다면 이 식이 상태 $|0\rangle$과 $|1\rangle$의 중첩을 나타내는 식임을 알아차렸을 것이다. 이 선형 결합에서 숫자 3/5와 4/5는 **계수**coefficient라고 흔히 부르며, 양자역학 용어로는 상태 $|0\rangle$과 $|1\rangle$의 중첩의 **진폭**amplitude이라고 부른다. 절댓값 세 곱 $\left|\frac{3}{5}\right|^2$과 $\left|\frac{4}{5}\right|^2$은 측정 시에 상태 $|0\rangle$과 $|1\rangle$을 각각 관측할 확률이다. 그러므로 이 예제에서는 $|1\rangle$이 $|0\rangle$보다 관측될 가능성이 더 높다. 참고로 양자역학에서는 대개 진폭으로 실수가 아니라 복소수를 사용한다.

11.16 연습문제

식 (11.15)가 보른 규칙Born's rule에 따라 진정한 의미의 중첩인지 확인하자. 다음과 같이 계수(또는 양자역학 용어로는 진폭) 3/5과 4/5의 절댓값 제곱의 합이 실제로 1이 된다.

$$\left|\frac{3}{5}\right|^2 + \left|\frac{4}{5}\right|^2 = 1$$

11.17 연습문제

상태 $|0\rangle$과 $|1\rangle$이 각각 동일한 측정 확률을 갖는 중첩 상태를 찾을 수 있는가? 계수 또는 진폭의 제곱을 더해서 정확히 1이 되도록 주의해야 한다. 주의 깊게 읽었다면 앞에 나온 장들에서 답을 찾을 수 있을 것이다.

벡터의 노름

이렇게 이렇게 벡터를 기하학적으로 해석하면 그 길이는 어떤 의미인지 궁금해질 법하다. 2차원 공간의 벡터인 경우 그 답은 피타고라스 정리로 주어진다. 예를 들어 벡터 $\begin{pmatrix} 3 \\ 4 \end{pmatrix}$이 있다고 하자. 이 평면의 벡터를 그림 11.4의 화살표로 나타낼 수 있다.

그러면 피타고라스 정리에 따라 이 벡터의 길이가 성분들의 제곱의 합에 제곱근을 취한 값임을 알 수 있다. 즉, $\sqrt{3^2 + 4^2} = 5$이다.

11.19 연습문제

평면에 벡터 $\begin{pmatrix} 5 \\ 12 \end{pmatrix}$를 그려보라. 이 벡터의 길이는 얼마인가?

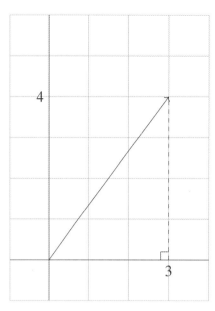

▲ 그림 11.4: 평면상의 또 다른 벡터

성분이 세 개인 벡터는 어떨까? 앞서 2차원 벡터의 길이를 생각해봤듯이 3차원 벡터의 길이를 상상해보자. 벡터 $\begin{pmatrix} 1 \\ 2 \\ 2 \end{pmatrix}$이 있다고 하자. 이 벡터를 3차원 공간에 그리면 그림 11.5와 같다.

이 벡터의 길이를 계산하려면 피타고라스 정리를 두 번 적용하면 되며, 결국 다음 식으로 벡터 $\begin{pmatrix} 1 \\ 2 \\ 2 \end{pmatrix}$의 길이를 구할 수 있다.

$$\sqrt{1^2 + 2^2 + 2^2} = \sqrt{1 + 4 + 4} = \sqrt{9} = 3 \qquad (11.20)$$

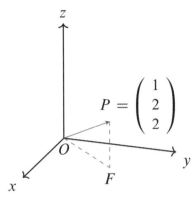

$$P = \begin{pmatrix} 1 \\ 2 \\ 2 \end{pmatrix}$$

▲ 그림 11.5: 공간 내의 벡터

11.21 연습문제

3차원 벡터의 길이를 계산할 때 다음 기법을 사용하면 피타고라스 정리를 두 번 적용하는 것으로 변환된다는 사실을 확인하라. 3차원 공간의 점 P가 있다고 하자. 원점 O와 P를 끝점으로 하는 선분 OP를 그린다. P에서 바닥면을 향해 수직으로 내린다. P를 바닥면에 내린 점을 F라 하자. P와 F를 끝점으로 하는 선분 PF를 그린다. 그런 다음 끝점이 O와 F인 선분 OF를 그린다. 이제 꼭짓점이 O, P, F인 삼각형이 생겼다.

원점에서 점 P를 가리키는 벡터의 길이를 계산하려면 방금 만든 삼각형의 빗변의 길이를 계산해야 한다. 당장은 구할 수가 없다. 선분 OF에 주목하자. OF는 2차원 공간인 바닥면상의 선분이다. 따라서 일반적인 피타고라스 정리를 사용해 선분 OF의 길이를 계산할 수 있다. 선분 PF의 길이는 단순히 점 P가 바닥면에서 떨어져 있는 높이다. 이제 삼각형의 두 변의 길이를 알고 있으므로 일반적인 피타고라스 정리를 다시 한 번 적용하면 세 번째 선분의 길이를 구할 수 있다. 그림을 그려 그림 11.5와 비교해보라.

이제 n차원으로 일반화한 피타고라스 정리를 사용하면 임의의 벡터 $\begin{pmatrix} v_1 \\ v_2 \\ \vdots \\ v_n \end{pmatrix}$의 길

이를 구할 수 있겠다 싶을 것이다.

$$\sqrt{v_1^2 + v_2^2 + \ldots + v_n^2} \tag{11.22}$$

놀랍게도 그러면 된다. 왜 그런지 함께 생각해보자. 그 이유는 앞의 연습문제와
비슷하다. 제곱근이 $\frac{1}{2}$승과 같다는 사실을 감안하면 이 식을 다음과 같이 바꿔 쓸
수 있다.

$$\sqrt{v_1^2 + v_2^2 + \ldots + v_n^2} = \left(v_1^2 + v_2^2 + \ldots + v_n^2\right)^{\frac{1}{2}} \tag{11.23}$$

흥미로운 패턴이 보인다. 2라는 수가 그렇게 특별한 수일까? 다른 수로는 왜 이렇
게 하지 않을까? 예를 들어 2를 3으로 바꿔 다음과 같이 쓰면 어떨까?

$$\sqrt[3]{v_1^3 + v_2^3 + \ldots + v_n^3} = \left(v_1^3 + v_2^3 + \ldots + v_n^3\right)^{\frac{1}{3}} \tag{11.24}$$

벡터의 길이를 표현하는 여러 방법을 **노름**^{norm}이라고 한다. 따라서 일반적으로 벡터
$v = \begin{pmatrix} v_1 \\ v_2 \\ \vdots \\ v_n \end{pmatrix}$이 주어졌을 때 v의 L^p 노름[2]은 다음과 같이 정의된다.

---

2. 정의에 노름의 p 값이 아래 첨자로 표기돼 있다는 사실을 눈치 챈 독자의 마음을 이해한다. 그러나 L^p를 쓸 때는 위
   첨자를 사용한다.

11.25 정의: 벡터의 L^p 노름

$$\| v \|_p := (v_1^p + v_2^p + \ldots + v_n^p)^{1/p}$$

일반적인 벡터의 길이를 L^2 노름을 통해 계산한다는 점을 강조하기 위해 L^2 길이라고 부르기도 한다. 마찬가지로 L^p 노름을 사용해 계산한 벡터의 길이를 L^p 길이라고 한다. 앞으로 다룰 내용에서는 L^2 노름만 생각하기로 한다. 다른 노름을 사용하는 경우에는 명확히 밝히겠다.

점곱

벡터에 작용하는 연산으로 덧셈과 스칼라 곱셈을 설명하는 동안 호기심 많은 독자라면 두 벡터를 곱하는 자연스러운 방법이 있는지 궁금했을지도 모르겠다. 그런데 의외로 서로 대응되는 성분끼리 곱하는 자연스러운 방식은 그다지 바람직하지 않다. 벡터를 이런 식으로 곱하지 않는 한 가지 이유는 0이 아닌 두 벡터의 '곱'이 0이 되는 경우가 잦기 때문이다.[3] 예를 들어 0이 아닌 두 벡터 $\begin{pmatrix} 1 \\ 0 \end{pmatrix}$ 과 $\begin{pmatrix} 0 \\ 1 \end{pmatrix}$을 곱하면 다음의 결과를 얻게 된다.

$$\begin{pmatrix} 1 \\ 0 \end{pmatrix} \times \begin{pmatrix} 0 \\ 1 \end{pmatrix} = \begin{pmatrix} 1 \cdot 0 \\ 0 \cdot 1 \end{pmatrix} = \begin{pmatrix} 0 \\ 0 \end{pmatrix} \tag{11.26}$$

---

3. 이렇게 성분끼리 곱하는 연산을 아다마르 곱(Hadamard product)이라 한다. 자크 아다마르(Jacques Hadamard)의 이름을 따서 명명됐는데, 아마다르 연산자와는 서로 이름이 같다는 것 외에는 관계가 없다.

그러면 안 되는 걸까? 한 가지 이유는 바로 이 연산의 기하학적인 의미가 불분명하기 때문이다.[4] 대신 기하학적으로 자연스럽게 두 벡터를 곱하는 다른 방법이 있다.

흥미롭게도 우리가 주목할 곱은 성분 개수가 같은 두 벡터를 입력으로 받아, 벡터가 아니라 숫자를 결과로 내는 곱이다. 앞에서 말했듯이 어떤 수를 스칼라양^scalar quantity 또는 스칼라^scalar라고 부르는 것은 그 수가 벡터의 '크기를 조정^scale'한다는 점을 상기시키기 위해서다. 좀 더 직관적인 이해를 위해 벡터의 길이 개념으로 다시 돌아가 보자. 벡터 $v = \begin{pmatrix} v_1 \\ v_2 \\ \vdots \\ v_n \end{pmatrix}$이 주어졌을 때 v의 L^2 노름은 다음과 같다.

$$\|v\|_2 := \left(v_1^2 + v_2^2 + \ldots + v_n^2 \right)^{\frac{1}{2}} \tag{11.27}$$

따라서 v의 길이의 제곱은 L^2 노름의 제곱이 된다.

$$\|v\|_2^2 = \left(\left(v_1^2 + v_2^2 + \ldots + v_n^2 \right)^{\frac{1}{2}} \right)^2 = v_1^2 + v_2^2 + \ldots + v_n^2 \tag{11.28}$$

이 식을 더 살펴보면 다음 식을

$$\|v\|_2^2 = v_1^2 + v_2^2 + \ldots + v_n^2 \tag{11.29}$$

동등하게 다음과 같이 나타낼 수 있다.

---

4. 다른 이유도 있다. 널리 사용되는 대부분의 수 체계(number system)에서 두 대상을 곱할 때는 오직 둘 중 하나가 0일 때만 그 곱셈의 결과 또한 0이기 때문이다. 이러한 성질을 갖는 수 체계를 정역(integral domain)이라 하며, 대수학에서 중요하게 다뤄지는 대수 체계들이다. 방정식을 풀 때 수의 이러한 성질을 이용한다. 예를 들어 $x^2 - 1 = 0$이라는 방정식을 풀 때 좌변을 $x^2 - 1 = (x + 1)(x - 1)$로 인수분해한 다음, 곱 $(x + 1)(x - 1)$이 0이 되려면 $x + 1 = 0$이거나 $x - 1 = 0$인 경우밖에 없음을 알게 된다. 이에 따라 $x = -1$ 또는 $x = 1$이라는 결론에 이른다.

$$v_1 \cdot v_1 + v_2 \cdot v_2 + \dots + v_n \cdot v_n \tag{11.30}$$

그러므로 다음 식이 성립한다.

$$\|v\|_2 = (v_1 \cdot v_1 + v_2 \cdot v_2 + \dots + v_n \cdot v_n)^{\frac{1}{2}} \tag{11.31}$$

그리고 양변을 제곱하면 다음의 식을 얻는다.

$$\|v\|_2^2 = v_1 \cdot v_1 + v_2 \cdot v_2 + \dots + v_n \cdot v_n \tag{11.32}$$

다른 것은 몰라도 최소한 이를 통해 어떤 벡터를 자신과 곱하는 방법을 알 수 있는데,

대응되는 성분끼리 곱한 다음 모두 더하는 것이다. 정확하게는 벡터 $v = \begin{pmatrix} v_1 \\ v_2 \\ \vdots \\ v_n \end{pmatrix}$

을 자신과 곱한 $v \cdot v$를 다음과 같이 정의하면 되겠다.

$$v \cdot v := v_1 \cdot v_1 + v_2 \cdot v_2 + \dots + v_n \cdot v_n \tag{11.33}$$

흥미롭게도 v의 L^2 노름의 제곱과 같다. 신기하다. 곱셈을 이와 같이 정의하면 벡터를 자신과 곱하는 특수한 경우 그 결과가 벡터의 길이 제곱, 혹은 벡터의 L^2 노름의 제곱과 같아진다. 예제에서처럼 성분 개수가 같은 다음의 두 벡터가 있을 때

$$u = \begin{pmatrix} u_1 \\ u_2 \\ \vdots \\ u_n \end{pmatrix}, v = \begin{pmatrix} v_1 \\ v_2 \\ \vdots \\ v_n \end{pmatrix}$$

점곱[dot product5]을 다음과 같이 정의하겠다.

---

5. 점곱(dot product)은 학교에서 흔히 내적(inner product)이라고 배운 연산인데, 조금 뒤에 나오겠지만 내적은 벡터의 성분을 복소수까지 확장한 개념이다. 벡터의 성분이 모두 실수인 경우에 한해서는 둘이 같다고 생각해도 무방하다. – 옮긴이

11.34 정의: **두 벡터의 점곱**

$$u \cdot v := u_1 \cdot v_1 + u_2 \cdot v_2 + \ldots + u_n \cdot v_n$$

점곱을 하면 스칼라가 나온다는 점을 강조하고자 두 벡터의 점곱을 스칼라 곱[scalar product]이라 부르기도 한다.

11.35 연습문제

$u = v$인 경우 $u \cdot v$가 벡터 u의 길이 혹은 L^2 노름의 제곱과 같아지는지 확인하라.

11.36 정의: **점곱으로서의 벡터의 L^2 노름**

$$v \cdot v = v_1 \cdot v_1 + v_2 \cdot v_2 + \ldots + v_n \cdot v_n = \|v\|_2^2$$

두 벡터의 곱셈을 이와 같이 정의하면 벡터를 자신과 곱해 나오는 수를 벡터의 길이의 제곱으로 해석할 수 있으므로 기하학적으로 편리하다. 또한 점곱이 0인 벡터들은 서로 직교[orthogonal]한다고 해석할 수 있다.[6]

---

6. 직교(orthogonal)와 수직(perpendicular)이란 용어의 차이점이 무엇인지 궁금할 듯하다. 직교라는 용어는 수직이라는 용어보다 더 일반적인 용어로, 벡터 중 하나가 영벡터(zero vector)인 경우까지 포함한다. 점곱을 하는 벡터 중 영벡터가 있으면 그 값이 0임을 기억하자. 하지만 어떤 벡터와 영벡터 사이에는 실제로 각이 없기 때문에 벡터가 영벡터와 수직이라는 것은 말이 되지 않는다.

11.3 복소수와 내적

복소수

숙련된 독자라면 복소수에 익숙할 것이다. 복소수는 방정식을 풀 때 자연스레 나타난다. 예를 들어 방정식 $x^2 - 1 = 0$을 풀 때에는 문제가 없다. 그러나 방정식 $x^2 + 1 = 0$을 풀 때에는 조금 당혹스럽다. 양변에서 1을 빼면 방정식 $x^2 = -1$이 되는데, 그러면 이제 제곱이 음수인 수를 찾는 문제에 맞닥뜨리게 된다. 제곱이 음수인 실수는 없으므로 제곱이 -1인 i라는 새로운 수를 도입해야 한다.

$$i^2 = -1 \qquad (11.37)$$

본질적으로 i는 $x^2 + 1 = 0$의 해가 된다. 물론 $-i$도 해가 된다(확인해보길 바란다). i를 허수$^{\text{imaginary number}}$라고 부른다.[7] 그러면 실수부와 허수부를 합쳐 다음과 같이 복소수$^{\text{complex number}}$를 만들 수 있다.

$$0 + i, \quad 1 + i, \quad 2 + 3i, \quad \frac{1}{\sqrt{2}} + \frac{1}{\sqrt{2}}i \qquad (11.38)$$

복소수의 복소^{complex}라는 용어는 이 수가 두 부분으로 이뤄져 이를 복합해 만든 수라는 뜻이지 복잡해서 붙은 이름은 아니다(조금 복잡하기는 하지만). 실제로 모든 복소수는 어떤 실수 a와 b에 대해 $a + bi$의 형식으로 고유하게 나타낼 수 있으므로 이와 같이 정의한다. 복소수는 대개 z, w와 같은 기호로 나타내며, $z = a + bi$ 형식의 복소수에 대해 실수부를 $Re(z) = \mathscr{R}(z) = a$라 하고, 허수부를 $Im(z) = \mathscr{I}(z) = b$라 한다. $a + bi$라는 수에서 $b = 0$인 경우에는 $a + 0i = a$와 같이 실수가 되므로, 실수 집합 $\mathbb{R}$은 복소수 집합 $\mathbb{C}$에 포함된다.

---

7. 가우스(Gauss)의 말에 동의하며, 이렇게 바람직하지 못한 이름이 붙은 것을 애도한다.

앞에서 측정 후에 어떤 상태가 결과로 나올 확률이 상태의 진폭 계수의 절댓값 제곱으로 주어진다는 보른 규칙$^{Born's\ Rule}$을 설명했다. 이제 절댓값의 개념과 이 맥락에서 절댓값이 필요한 이유를 살펴보겠다. 계수가 실수인 경우에는 제곱하면 자동으로 양수가 되므로 절댓값을 사용할 필요가 없다. 그러나 복소수를 제곱하는 경우에는 결과가 음수가 될 수 있다. 확률이 음일 수는 없으므로 제곱하기 전에 먼저 절댓값을 적용해야 한다. 복소수 $a + bi$의 절댓값은 다음과 같이 정의된다.

$$\sqrt{a^2 + b^2} \tag{11.39}$$

따라서 절댓값 제곱은 그냥 $a^2 + b^2$이므로 항상 양의 실수가 되는데, 이는 양자계의 측정 확률로 사용하는 데 필요한 조건이다.

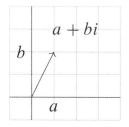

▲ 그림 11.6: 평면상의 복소수

이제 복소수를 탑재했으니, 식 (11.40)과 같이 성분이 복소수인 벡터의 성질을 살펴보자.

$$\begin{pmatrix} 1 + i \\ 1 - i \end{pmatrix} \tag{11.40}$$

성분이 복소수인 벡터를 기하학적으로 해석하는 것은 약간 더 어렵다. 이러한 벡터를 어떻게 공간에 나타내야 할까? 4차원인데 말이다.[8]

---

8. 아직 차원의 정의를 설명하지 않았다는 점을 인정한다. 지금은 차원을 직관적인 의미로 생각하는 것이 좋다. 점은 0차원, 선은 1차원, 평면은 2차원, 공간은 3차원 등과 같이 말이다. 차원의 수학적 정의는 뒤에서 다시 설명하겠다.

하지만 각각의 복소수는 평면의 벡터로서 자유로운 기하학적 해석이 가능하다. 임의의 복소수 $a + bi$를 항상 그림 11.6과 같이 벡터 $\begin{pmatrix} a \\ b \end{pmatrix}$로 나타낼 수 있는지 확인해보자.

11.41 연습문제

실수는 복소평면 어디에 '살고' 있을까? 복소평면에 포함된 실수 선을 그릴 수 있는가?

점곱을 확장한 내적

앞서 $\begin{pmatrix} a \\ b \end{pmatrix}$과 같은 벡터의 노름의 제곱, 혹은 길이의 제곱을 어떻게 구하는지 설명했다. 바로 다음과 같이 계산한다.

$$\left(\sqrt{a^2 + b^2} \right)^2 \tag{11.42}$$

물론 이 방식은 복소수 $a + bi$를 평면에 그렸을 때 그에 해당하는 벡터의 길이의 제곱에 해당하도록 노름을 정의한 것이다. 즉, 복소수 $a + bi$는 벡터 $\begin{pmatrix} a \\ b \end{pmatrix}$로 간주할 수 있으며, 이 복소수의 노름의 제곱은 $a^2 + b^2$으로 정의된다.

복소수의 노름의 정의 때문에 혼란스러울 수도 있는데, 그럴 만하다. 혼란스럽지 않으면 이것도 생각해보자. 모든 수는 성분이 하나뿐인 벡터로 간주할 수 있다. 미묘하지만 철학적으로 중요한 사항이다. 사실 모든 수는 벡터다.[9] 복소수 $a + bi$를 성분이 하나뿐인 벡터 $v = (v1) = (a + bi)$로 생각하면 앞서 나온 벡터의 노름의

---

9. 그리고 모든 벡터는 행렬이다. 12.4절의 행렬에 대한 설명을 참조하기 바란다.

제곱 정의에 따라 $a + b$의 노름의 제곱을 다음과 같이 계산할 수 있다.

$$\|v\|_2^2 := \left(\sqrt{v_1^2}\right)^2 = v_1^2 = (a+bi)^2 = (a+bi)(a+bi) \qquad (11.43)$$

$$= a^2 + a \cdot bi + bi \cdot a + (bi)^2 = (a^2 - b^2) + (2ab)i \qquad (11.44)$$

복소수 $(a+bi), (c+di)$를 곱할 때 일반적인 곱셈의 분배 법칙을 사용하며, $i^2 = -1$이라는 점을 기억하면 위와 같이 계산이 이뤄진다. 예를 들어 복소수 $1 + 2i$와 $3 + 4i$의 곱을 곱셈의 분배 법칙에 따라 계산하면 다음과 같다.

$$(1+2i)\cdot(3+4i) = (1\cdot3 + 1\cdot4i + 2i\cdot3 + 2i\cdot4i) = 1\cdot3 + (1\cdot4)i + (2\cdot3)i + (2\cdot4)i^2 \quad (11.45)$$

$$= 1\cdot3 + (1\cdot4 + 2\cdot3)i + (2\cdot4)(-1) = (1\cdot3 - 2\cdot4) + (1\cdot4 + 2\cdot3)i = -5 + 10i \quad (11.46)$$

i를 x라 생각하고, 계산하다가 x^2이 나오면 -1로 바꿔 쓰면 된다. 실제로 이 방식이 대수학자들이 생각한 바로 그 방식이다.

11.47 연습문제

복소수 곱셈 연습 삼아 다음을 곱해보자.

$$(3 + 4i)(4 + 5i)$$

그리고 다음도 곱해보자.

$$(3 + 4i)(3 - 4i)$$

두 번째 곱셈을 하면서 앞의 '벡터의 노름' 절에서 설명한 내용 중에 뭔가 떠오르는 것이 있는가?

어떻든 간에 지금 계산한 노름의 제곱은 앞에서 복소수 $a + bi$의 노름의 제곱이라고 했던 $a^2 + b^2$과 전혀 생김새가 달라 보인다.

$$\|v\|_2^2 = (a^2 - b^2) + (2ab)i \tag{11.48}$$

더 당혹스러운 것은 $(a^2 - b^2) + (2ab)i$가 허수가 될 수 있다는 점이다. $2ab$가 0이 아닐 가능성이 있기 때문이다(a와 b 둘 다 0이 아닌 경우). 복소수의 노름을 길이로 해석할 수 있어야 좋은데, 이러한 복소수 식은 길이로 쉽게 해석할 수가 없기 때문에 당혹스러운 것이다.[10]

어떻게 된 일일까?

식 $a^2 + b^2$를 좀 더 주의 깊게 살펴보자. 영리한 독자(앞의 연습문제를 해 본 사람)는 식 (11.49)를 알아볼지 모르겠다(분배 법칙을 이용해 확인해보라).

$$a^2 + b^2 = (a + bi)(a - bi) \tag{11.49}$$

$a - bi$를 $a + bi$의 **켤레복소수**complex conjugate라 한다. 복소수를 다루고 있다는 것을 당연히 알 만한 경우에는 간단히 **켤레**conjugate라고 부르기도 한다. 복소수는 흔히 z로 나타내고, z의 켤레는 $\bar{z}$로 나타낸다. 예를 들면 $a + bi$를 z로 나타낸 경우 $\bar{z} = a - bi$가 된다. 복소수를 켤레로 바꾸는 작용을 **켤레화**conjugating라고 한다. $1 - i$ 같은 복소수는 어떻게 켤레화하는지 궁금할지도 모르겠다. 답은 $1 + i$다. 즉, 더하기는 빼기가 되고, 빼기는 더하기가 된다.

---

10. 뒤에 나올 에르미트 연산자에 관한 절에서 복소수를 측정하지 못하는 이유를 설명하고 있으니 참고하기 바란다.

11.50 연습문제

다음의 켤레복소수를 구하라.

$$3 + 4i, \ 3 - 4i, \ -1 - i$$

실수 a를 성분이 하나뿐인 벡터 (a)로 생각하면 어떻게 될까? 그러면 앞의 정의에 따라 이 벡터의 노름의 제곱은 간단히 a^2이 된다. 여기에 (양의) 제곱근을 취하면 a의 노름과 같아지는데, a의 길이는 그야말로 a여야 하므로 이것은 타당한 일이고 복소수의 경우처럼 신경 쓸 만한 부분은 없다.

▲ 그림 11.7: 복소평면

일관적으로 실수를 복소수로 간주해서 이 특수한 경우를 설명할 수도 있다. 사실 복소평면에서 실수 선이 어디 '살고' 있는지 알아보라고 했던 **11.41 연습문제**에서 이를 분명히 알 수 있다. 여러분이 푼 연습문제의 답을 그림 11.7을 참고해 확인해 보자. 이 연습문제에서 의도했던 바는 실수 a를 다음과 같이 복소수로 나타낼 수 있다는 것이었다.

$$a = a + 0i \tag{11.51}$$

a를 $a + 0i$로 쓰면 $a + 0i$는 $a - 0i$는 a이므로 a의 켤레복소수가 그냥 a임을 알 수 있다. 그러면 a와 a의 켤레복소수의 곱은 다음과 같이 된다.

$$(a - 0i)(a + 0i) = a \cdot a = a^2 \tag{11.52}$$

다시 말해 실수에 대한 노름의 제곱의 정의는 켤레 개념을 포함시켜도 그대로다.

이렇게 관찰한 사실을 통해 어떤 수의 노름의 제곱은 그 수가 복소수이든 아니든 관계없이 그 수와 켤레의 곱으로 정의하면 된다는 것을 알 수 있다. 앞에서 소개한 표기법으로 더 정확히 나타내면 다음과 같다.

$$\|z\|_2^2 := \bar{z}z \tag{11.53}$$

문맥상 L^2 노름을 사용하는 것이 확실한 경우에는 이렇게 과하게 표기하는 대신 줄여서 $|z|^2 = \bar{z}z$으로 표기하는 경우도 많다.

어떤 수의 노름의 제곱을 이렇게 정의하고 나면 이와 마찬가지로 어떤 벡터의 노름의 제곱을 성분이 복소수이든 아니든 관계없이 정의할 수 있다. 임의의 벡터

$v = \begin{pmatrix} v_1 \\ v_2 \\ \vdots \\ v_n \end{pmatrix}$가 있을 때 v의 노름의 제곱은 다음과 같이 정의된다.

11.54 정의: 벡터의 노름의 제곱

$$|v|^2 := \bar{v}_1 \cdot v_1 + \bar{v}_2 \cdot v_2 + \ldots + \bar{v}_n \cdot v_n$$

11.55 연습문제

11.54 정의가 실수 벡터에 대해 앞에서 정의한 실수 벡터의 노름의 제곱과 동일한 결과를 내는지 확인하라. 결과적으로 11.54 정의가 실수든 복소수든 노름의 제곱을 계산하는지도 확인해보라.

이를 일반화해서 다음의 두 벡터의 내적$^{\text{inner product}}$을 정의하자(물론 성분 개수가 같은 경우다).

$$u = \begin{pmatrix} u_1 \\ u_2 \\ \vdots \\ u_n \end{pmatrix}, v = \begin{pmatrix} v_1 \\ v_2 \\ \vdots \\ v_n \end{pmatrix}$$

11.56 정의: 두 벡터의 내적

$$\langle u, v \rangle := \bar{u}_1 v_1 + \bar{u}_2 v_2 + \ldots + \bar{u}_n v_n$$

11.57 연습문제

$u = v$가 실수 또는 복소수일 때 11.56 정의가 임의의 실수 또는 복소수의 노름의 제곱과 동일한 결과를 내는지 확인하라. 즉, z가 임의의 실수 혹은 복소수일 때 $\langle z, z \rangle = |z|^2$인지 확인하라. 벡터의 성분이 모두 실수인 경우에도 앞서 소개한 노름의 제곱의 정의와 계산 결과가 같은지 확인하라.

점곱과 내적은 벡터의 성분이 모두 실수인 경우에만 서로 일치한다는 점에 유의해야 한다. 내적은 점곱 연산을 복소수 성분을 갖는 벡터까지 일반화한 것이다.

디랙 표기법을 기억해 보면 $\langle u, v \rangle$ 기호가 $\langle u | v \rangle$와 묘하게 닮았음을 알아차렸을 것이다. 차이점이라고는 중간에 있는 선밖에 없다. 폴 디랙이 표기법을 결정할 때 내적 표기에서 영감을 얻지 않았을까 싶다. 그래서 그런지 디랙 표기법으로 $\langle u |$와 $| v \rangle$로 나타내는 두 벡터가 있을 때 이 두 벡터의 내적을 다음과 같이 쓴다.

$$\langle u | v \rangle := \langle u, v \rangle \tag{11.58}$$

따라서 $\langle u | v \rangle$는 말 그대로 '벡터 u와 v의 내적'을 의미한다.

이에 따라 앞으로는 벡터의 성분에 복소수가 들어 있을 수도 있다고 가정하겠다. 내적에 대해서는 나중에 힐베르트 공간^{Hilbert space}을 설명할 때 더 형식을 갖춰 추상적인 관점에서 살펴볼 것이다.

복소수의 극좌표 표현

이제 복소수와 기하학 사이의 놀라운 연관성을 살펴보려 한다. 모든 복소수는 그림 11.7과 같은 2차원 평면에 위치한다고 간주할 수 있다.

$z := a + bi$ 형식의 복소수를 벡터 $\begin{pmatrix} a \\ b \end{pmatrix}$으로 생각하는 방법은 이미 설명했다. z를 2차원 벡터로 생각하면 복소수의 L^2 노름, 즉 길이를 지정하는 것이 타당하다는 생각이 든다. 구체적으로 말하면 복소수 $z = a + bi$는 벡터 $\begin{pmatrix} a \\ b \end{pmatrix}$으로 생각할 수 있으므로, z의 L^2 노름은 피타고라스 정리에 따라 다음과 같다.

$$\sqrt{a^2 + b^2} \tag{11.59}$$

이러한 방식으로 복소수를 그림으로 나타내면 복소수의 각을 지정하는 것도 타당해진다. 구체적으로, 복소수 $a + bi$의 각 θ를 반시계 방향으로 양의 실수축과 벡터 $\begin{pmatrix} a \\ b \end{pmatrix}$의 머리 부분 사이의 원호에 해당하는 각으로 정한다(그림 11.8).

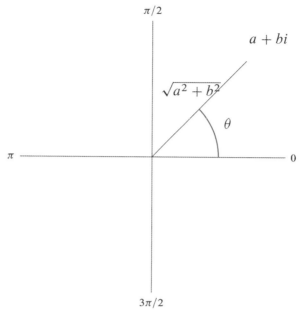

▲ 그림 11.8: 복소수에 대응되는 각

간단한 삼각법으로 이 각을 설명할 수 있다. 이 각을 θ라 하자. 그러면 θ는 그림 11.9의 직각 삼각형에 위치하게 되고 다음의 식을 충족시킨다.

$$\tan(\theta) = \frac{b}{a} \tag{11.60}$$

삼각법에 조금 자신이 없다면 직각 삼각형에서 각 θ의 탄젠트가 밑변 분의 높이임을 기억하자. 역탄젠트 함수는 $\tan^{-1}$ 또는 arctan으로 나타내는데, 여기서는 arctan을 사용하겠다.[11] 역탄젠트 함수의 역할은 숫자를 입력으로 받은 다음 각을 출력 값으로 내보낸다. 예를 들어 arctan(y)는 '탄젠트가 y인 각'을 뜻한다.

$$\tan(\theta) = \frac{b}{a} \tag{11.61}$$

---

11. $\tan^{-1}$은 탄젠트의 역수를 나타내는 함수인 코탄젠트(cotangent)와 혼동의 우려가 있다. $(\tan)^{-1}$ = 1/tan = cot다.

양변에 arctan을 적용하면 다음과 같은 식이 된다.

$$\arctan\left(\tan(\theta)\right) = \arctan\left(\frac{b}{a}\right) \tag{11.62}$$

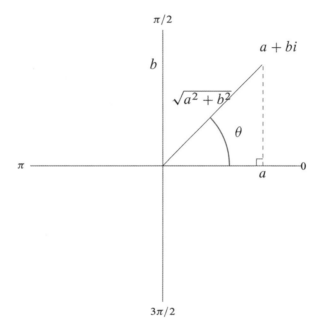

▲ 그림 11.9: 복소수의 각이 위치한 직각 삼각형

그러면 각 θ를 a와 b에 관해 다음과 같이 나타낼 수 있다.

$$\theta = \arctan\left(\frac{b}{a}\right) \tag{11.63}$$

지금까지 말한 것을 종합하면 복소수의 L^2 노름을 반지름으로, 복소수의 각을 음... 그 각으로 나타낼 수 있다는 것이다. 요약하면 복소수 $a + bi$는 반지름이 다음과 같고,

$$r := \sqrt{a^2 + b^2} \tag{11.64}$$

각은 다음과 같다.

$$\theta := \arctan\left(\frac{b}{a}\right) \tag{11.65}$$

복소수는 반지름과 각만으로 나타낼 수 있다. 예를 들어 반지름이 1이고 각 $\theta :=$ $\pi/4$ 라디안(45도)인 복소수가 어떤 복소수인지 따져보자. 복소수를 임시로 $a + bi$ 로 쓰면 반지름 r과 각 θ가 주어졌을 때 숫자 a와 b를 알아내는 문제로 바뀐다.

앞에서 알아봤듯이 $a + bi$ 형식의 복소수의 반지름 r은 다음과 같고

$$r = \sqrt{a^2 + b^2} \tag{11.66}$$

각 θ는 다음과 같다.

$$\theta = \arctan\left(\frac{b}{a}\right) \tag{11.67}$$

식 (11.67)의 양변에 탄젠트를 적용하면 다음의 식을 얻는다.

$$\tan(\theta) = \frac{b}{a} \tag{11.68}$$

$\theta = \pi/4$이므로 다음과 같이 된다.

$$\tan(\theta) = \tan\left(\frac{\pi}{4}\right) = 1 \tag{11.69}$$

그러므로 다음과 같다.

$$1 = \tan\left(\frac{\pi}{4}\right) = \tan(\theta) = \frac{b}{a} \tag{11.70}$$

따라서 다음 식과 같음을 알 수 있다.

$$1 = \frac{b}{a} \qquad (11.71)$$

양변에 a를 곱하면 $a = b$가 된다. 좋아, 이제 $a = b$라는 사실을 알아냈다.

$a = b$라는 것을 알고 다음 식을 다시 살펴보자.

$$r = \sqrt{a^2 + b^2} \qquad (11.72)$$

반지름 r이 1이라고 했으므로 다음과 같다.

$$1 = r = \sqrt{a^2 + b^2} \qquad (11.73)$$

그런데 $a = b$이므로 b를 a로 바꾸면 다음과 같은 식이 된다.

$$1 = r = \sqrt{a^2 + b^2} = \sqrt{a^2 + a^2} = \sqrt{2a^2} \qquad (11.74)$$

양변을 제곱하면 $1 = 2a^2$이 되고, 양변을 2로 나누면 $1/2 = a^2$이 된다. 그런 다음 양변에 제곱근을 취하면 다음을 알 수 있다.

$$a = \sqrt{\frac{1}{2}} \qquad (11.75)$$

그러면 다음 식이 얻어진다.

$$\sqrt{\frac{1}{2}} = \frac{\sqrt{1}}{\sqrt{2}} = \frac{1}{\sqrt{2}} \qquad (11.76)$$

이제 다음과 같음을 알 수 있다.

$$a = b = \frac{1}{\sqrt{2}} \tag{11.77}$$

멋지다. 이제 반지름 1, 각 $\pi/4$로 나타낸 복소수가 사실은 다음과 같다는 것을 알았다.

$$a + bi = \frac{1}{\sqrt{2}} + \frac{1}{\sqrt{2}}i \tag{11.78}$$

그러니까 반지름 1, 각 $\theta = \pi/4$라고 극좌표 표현으로 주어진 복소수를 $\frac{1}{\sqrt{2}} + \frac{1}{\sqrt{2}}i$이라는 직교좌표 표현으로 변환한 것이다.

11.79 정의: 복소수의 직교좌표(데카르트 좌표) 형식과 극좌표 형식

일반적으로 복소수를 $a + bi$ 형식으로 나타낸 것을 직교좌표 또는 데카르트 좌표 형식이라 하고, 반지름 r과 각 θ로 나타낸 것을 극좌표 형식이라 한다.

11.80 연습문제

$z = \frac{1}{\sqrt{2}} + \frac{1}{\sqrt{2}}i$가 위의 성질을 지니는지, 즉 z의 반지름이 1이고 각이 $\pi/4$인지 확인하라.

11.81 연습문제

데카르트 좌표 형식인 $\frac{\sqrt{3}}{2} + \frac{1}{2}i$를 반지름과 각을 구해 극좌표 형식으로 변환해보라.

11.82 연습문제

데카르트 좌표 형식을 극좌표 형식으로 나타내면 '지저분한' 경우가 더러 있다는 사실을 확인하려고 한다. $1 + 2i$를 극좌표로 변환한 다음 반지름이 $\sqrt{5}$ 이고 각이 $\arctan(\frac{2}{1})$인지 확인하라. 안타깝게도 더 친숙한 형태로 각을 나타낼 수가 없다.[12]

삼각법을 약간 기억하고 있다면 이미 구했을 것이다. 반지름 $r = 1$과 각 $\theta = \pi/4$ 라디안이 주어지면 복소수를 그림 11.10과 같이 그릴 수 있다.

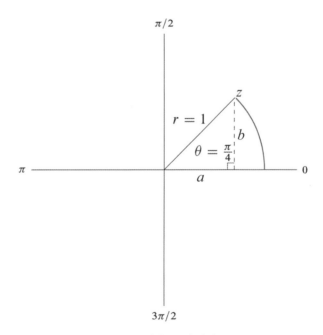

▲ 그림 11.10: 각이 $\pi/4$인 단위 복소수

---

12. 사실 모든 자연수의 역탄젠트 값은 무리수다.

사인과 코사인의 정의를 생각해보면 직각삼각형의 밑변 a의 값은 다음과 같고,

$$a = r \cdot \cos(\theta) \qquad (11.83)$$

높이 b의 값은 다음과 같음을 알 수 있다.

$$b = r \cdot \sin(\theta) \qquad (11.84)$$

이를 다음과 같이 다시 쓸 수 있다.

$$a = 1 \cdot \cos\left(\frac{\pi}{4}\right) = \frac{\sqrt{2}}{2} \qquad (11.85)$$

$$b = 1 \cdot \sin\left(\frac{\pi}{4}\right) = \frac{\sqrt{2}}{2} \qquad (11.86)$$

11.87 연습문제

양변의 분자와 분모를 엇갈려 곱해 $\dfrac{\sqrt{2}}{2} = \dfrac{1}{\sqrt{2}}$ 임을 확인하라.

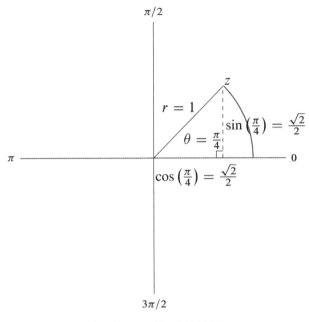

▲ 그림 11.11: 복소수의 삼각법

연습문제를 통해 기초적인 삼각법을 약간만 기억하면 a와 b를 모두 구할 수 있음을 알았다.

자, 복소수에서 반지름과 각을 구하는 방법, 반대로 반지름과 각에서 복소수를 구하는 방법을 설명했다. 이제 두 좌표로 나타낸 표현이 동등하다는 사실을 알게 됐다.

11.88 연습문제

복소수를 $a + bi$ 형식으로 나타내는 것과 반지름 및 각 (r, θ)로 나타내는 것이 서로 동등하다는 사실을 확인하라. $a + bi$ 형식을 직교좌표 또는 데카르트 좌표 형식이라 하고 (r, θ) 형식을 극좌표 형식이라 함을 상기하라.

한 단계 더 나아가 오일러 공식$^{\text{Euler's formula}}$을 알아보자. 오일러 공식은 반지름이 1이고 각이 θ인 복소수 z, 즉 '단위 원'상에 위치한 복소수를 다음과 같이 나타낼 수 있다고 말한다.

$$z = e^{i\theta} = \cos(\theta) + i\sin(\theta) \tag{11.89}$$

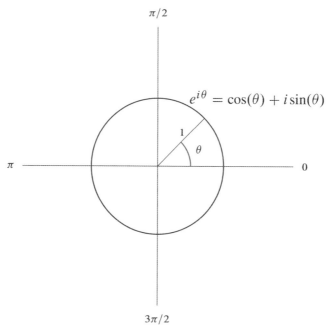

▲ 그림 11.12: 오일러 공식

$z = \cos(\theta) + i\sin(\theta)$라는 것은 앞의 설명에 따르는 것이라 별로 놀랍지 않은데, e라는 수가 여기에 쓰인다는 점이 놀랍다. e라는 수에 익숙하지 않다면 13장의 설명을 참고하기 바란다. 오일러 공식이 모든 수학을 통틀어 가장 아름다운 공식 중하나인데, 이유야 많지만 대수 현상인 복소수와 기하학 간에 깊은 관계가 있음을 밝혀낸 까닭도 있다. 뒤에서 오일러 공식을 더 깊이 설명하고 타당성을 증명할 것이다. 지금은 다음의 아이디어만 기억하면 좋겠다.

11.90 오일러 공식

반지름이 1이고 각이 θ인 복소수 z를 다음과 같이 표현할 수 있다.

$$z = e^{i\theta}$$

복소수 z의 반지름이 1이 아니라 r이고 각이 θ인 경우에는 오일러 공식에 따라 $z = re^{i\theta}$로 쓸 수 있다.

11.91 연습문제

반지름이 r이고 각이 θ인 복소수 z를 오일러 공식을 이용해 $z = re^{i\theta}$로 나타낼 수 있는지 확인하라.

나중에 이러한 개념을 활용해 공간을 어떤 특정한 각만큼 회전시키는 특수한 종류의 변환을 정의할 것이다.

11.4 행렬 기초

기초 행렬 연산

3장을 읽었다면 행렬들과 맞닥뜨렸을 텐데, 숫자들이 직사각형 격자 형태로 생겼다는 생각이 들었을 것이다. 예를 들면 파울리 X 연산자 σ_x(*NOT* 연산자라고도 함)와

$$\sigma_x = X := \begin{pmatrix} 0 & 1 \\ 1 & 0 \end{pmatrix} \tag{11.92}$$

파울리 Z 연산자 σ_z를 3장에서 봤을 것이다.

$$\sigma_z = Z := \begin{pmatrix} 1 & 0 \\ 0 & -1 \end{pmatrix} \tag{11.93}$$

행렬에는 복소수가 들어갈 수도 있다. 파울리 Y 연산자 σ_y가 그러한 예다.

$$\sigma_y = Y := \begin{pmatrix} 0 & -i \\ i & 0 \end{pmatrix} \tag{11.94}$$

행렬에 숫자를 곱할 수 있다. 3장의 아다마르 연산자에서 봤을 것이다. 다음과 같이 행렬의 모든 성분에 그 숫자를 그냥 곱하면 된다.

$$H := \frac{1}{\sqrt{2}} \begin{pmatrix} 1 & 1 \\ 1 & -1 \end{pmatrix} := \begin{pmatrix} \frac{1}{\sqrt{2}} \cdot 1 & \frac{1}{\sqrt{2}} \cdot 1 \\ \frac{1}{\sqrt{2}} \cdot 1 & \frac{1}{\sqrt{2}} \cdot (-1) \end{pmatrix} \tag{11.95}$$

$$= \begin{pmatrix} \frac{1}{\sqrt{2}} & \frac{1}{\sqrt{2}} \\ \frac{1}{\sqrt{2}} & -\frac{1}{\sqrt{2}} \end{pmatrix} \tag{11.96}$$

두 행렬을 더할 수도 있는데, 다음과 같이 서로 대응되는 성분끼리 더하면 된다.

$$\begin{pmatrix} 1 & 2 \\ 3 & 4 \end{pmatrix} + \begin{pmatrix} 5 & 6 \\ 7 & 8 \end{pmatrix} := \begin{pmatrix} 1+5 & 2+6 \\ 3+7 & 4+8 \end{pmatrix} = \begin{pmatrix} 6 & 8 \\ 10 & 12 \end{pmatrix} \tag{11.97}$$

행렬은 선형 변환이라는 좀 더 근본적인 대상의 표현이다. 사실 벡터도 마찬가지다. 벡터를 $n \times 1$ 행렬로 생각할 수 있기 때문이다. **변환**이라는 용어는 뭘 변환한다는 것일까?

11.98 행렬은 공간을 변환한다

행렬은 그저 특정 벡터나 벡터 집합을 변환하는 것이 아니다. 전체 벡터 공간을 변환한다.

몇 가지 기하학적인 예를 살펴보면서 행렬을 어떻게 공간의 변환으로 볼 수 있는지 알아보자. 그러나 그 전에 먼저 행렬과 벡터를 곱하는 방법을 익혀야 한다. 처음에는 조금 이상해 보일 수도 있는데, 나중에 이런 방식으로 정의하는 이유를 설명하겠다.

다음과 같은 벡터와

$$\begin{pmatrix} e \\ f \end{pmatrix} \tag{11.99}$$

다음과 같은 행렬이 있다고 하자.

$$\begin{pmatrix} a & b \\ c & d \end{pmatrix} \tag{11.100}$$

행렬 $\begin{pmatrix} a & b \\ c & d \end{pmatrix}$와 벡터 $\begin{pmatrix} e \\ f \end{pmatrix}$를 다음과 같이 곱한다.

$$\begin{pmatrix} a & b \\ c & d \end{pmatrix} \begin{pmatrix} e \\ f \end{pmatrix} := \begin{pmatrix} a \cdot e + b \cdot f \\ c \cdot e + d \cdot f \end{pmatrix} \tag{11.101}$$

눈썰미가 있다면 $a \cdot e + b \cdot f$가 앞에서 설명한 점곱과 닮았다는 것을 알아차렸을지도 모르겠다. 사실 식 $a \cdot e + b \cdot f$와 $c \cdot e + d \cdot f$는 말 그대로 각각 벡터 $\begin{pmatrix} a \\ b \end{pmatrix}$와 $\begin{pmatrix} e \\ f \end{pmatrix}$의 접곱, 그리고 $\begin{pmatrix} c \\ d \end{pmatrix}$와 $\begin{pmatrix} e \\ f \end{pmatrix}$의 점곱에 해당한다.[13]

다시 말해 성분이 모두 실수뿐인 벡터의 경우 방금 정의한 곱셈을 일련의 내적이라고 생각할 수 있다.

---

13. 그리고 사실 a, b, c, d, e, f가 모두 엄격히 실수인 경우 이러한 점곱들은 말 그대로 벡터의 내적에 해당한다.

파울리 Z 행렬을 생각해보자.

$$Z := \begin{pmatrix} 1 & 0 \\ 0 & -1 \end{pmatrix} \tag{11.102}$$

그리고 다음의 벡터가 있다고 하자.

$$\begin{pmatrix} 0 \\ 1 \end{pmatrix} \tag{11.103}$$

앞에서 행렬

$$\begin{pmatrix} 1 & 0 \\ 0 & -1 \end{pmatrix} \tag{11.104}$$

과 벡터

$$\begin{pmatrix} 0 \\ 1 \end{pmatrix} \tag{11.105}$$

의 곱을 다음과 같이 나타낸다고 설명했다.

$$\begin{pmatrix} 1 & 0 \\ 0 & -1 \end{pmatrix} \begin{pmatrix} 0 \\ 1 \end{pmatrix} \tag{11.106}$$

곱셈을 계산하면 다음과 같다.

$$\begin{pmatrix} 1 & 0 \\ 0 & -1 \end{pmatrix} \begin{pmatrix} 0 \\ 1 \end{pmatrix} := \begin{pmatrix} 1 \cdot 0 + 0 \cdot 1 \\ 0 \cdot 0 + (-1) \cdot 1 \end{pmatrix} = \begin{pmatrix} 0 \\ -1 \end{pmatrix} \tag{11.107}$$

이때 이 행렬이 벡터 $\begin{pmatrix} 0 \\ 1 \end{pmatrix}$ 을 벡터 $\begin{pmatrix} 0 \\ -1 \end{pmatrix}$ 로 변환했다고 말할 수 있다.

11.108 연습문제

파울리 Z 행렬을 사용해 변환하면 벡터 $\begin{pmatrix} 1 \\ 0 \end{pmatrix}$ 이 어디로 보내지는지 구하라. 더 자세히 말하면 행렬 $\begin{pmatrix} 1 & 0 \\ 0 & -1 \end{pmatrix}$ 과 벡터 $\begin{pmatrix} 1 \\ 0 \end{pmatrix}$ 을 곱한 다음 어떤 결과가 되는지 확인하라. 변환된 벡터와 행렬의 열 간의 관계가 보이는가? 가설을 세워 보라.

사실 디랙 표기법으로 행렬 Z와 상태 $|0\rangle$ 및 $|1\rangle$의 관계를 모든 $j \in \{0, 1\}$의 경우에 대해 다음과 같이 표현할 수 있다.

$$Z|j\rangle = (-1)^j |j\rangle \tag{11.109}$$

확인해보기 바란다.

11.110 연습문제

NOT 연산자 $X = \begin{pmatrix} 0 & 1 \\ 1 & 0 \end{pmatrix}$ 를 '비트 플립' 연산자라고도 하는 이유를 알아보자. 행렬 X에 상태 $|0\rangle$을 나타내는 벡터 $\begin{pmatrix} 1 \\ 0 \end{pmatrix}$ 을 곱해 $|1\rangle$로 '상태를 뒤집는지', 즉 벡터 $\begin{pmatrix} 0 \\ 1 \end{pmatrix}$ 이 나오는지 확인하자.

마찬가지로 두 행렬을 다음과 같이 곱할 수 있다.

$$\begin{pmatrix} a & b \\ c & d \end{pmatrix} \begin{pmatrix} e & f \\ g & h \end{pmatrix} := \begin{pmatrix} ae+bg & af+bh \\ ce+dg & cf+dh \end{pmatrix} \tag{11.111}$$

그림 11.13에 행렬의 곱셈을 일목요연하게 나타낸 그림이 나와 있다.

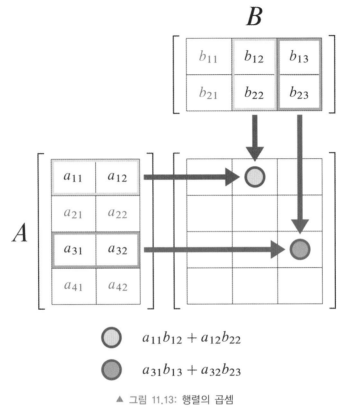

▲ 그림 11.13: 행렬의 곱셈

11.112 연습문제

앞에서 설명한 행렬과 벡터의 곱셈은 벡터를 $n \times 1$ 행렬로 간주하면 사실 두
행렬의 곱셈으로 생각해도 된다는 사실을 확인하라.

11.112 연습문제에 쓰여 있는 대로 행렬–벡터 곱셈을 단순히 행렬–행렬 곱셈으로
간주하는 아이디어를 확장하면 차원이 다른 행렬끼리 곱할 수도 있다. 예를 들어
다음과 같은 두 행렬이 있다고 하자.

$$\begin{pmatrix} a & b \\ c & d \\ e & f \end{pmatrix} \qquad (11.113)$$

$$\begin{pmatrix} g & h & i \\ j & k & l \end{pmatrix} \qquad (11.114)$$

여기서 행렬의 성분 i는 허수 i가 아니라 그냥 문자 기호다. 이때 두 행렬을 다음과 같이 곱할 수 있다.

$$\begin{pmatrix} a & b \\ c & d \\ e & f \end{pmatrix} \begin{pmatrix} g & h & i \\ j & k & l \end{pmatrix} := \begin{pmatrix} ag+bj & ah+bk & ai+bl \\ cg+dj & ch+dk & ci+dl \\ eg+fj & eh+fk & ei+fl \end{pmatrix} \quad (11.115)$$

3×2 행렬과 2×3 행렬을 곱하면 3×3 행렬이 나온다는 점에 유의해야 한다.

행렬과 벡터를 어떻게 곱하는지 알고 있으니 다음과 같이 두 행렬을 곱하는 방법도 살펴보자.

$$\begin{pmatrix} g & h & i \\ j & k & l \end{pmatrix} \begin{pmatrix} a & b \\ c & d \\ e & f \end{pmatrix} := \begin{pmatrix} ga+hc+ie & gb+hd+if \\ ja+kc+le & jb+kd+lf \end{pmatrix} \quad (11.116)$$

깜짝 놀랄 만하다. 두 행렬의 순서를 반대로 곱했더니 2×2 행렬이 나왔다.

11.117 행렬 곱의 크기

일반적으로 A가 $m \times n$ 행렬이고 B가 $n \times p$ 행렬이면 AB는 $m \times p$ 행렬이다.

그림 11.14는 식 (11.115)와 (11.116)을 예로 들어 이러한 현상을 그림으로 나타낸 것이다.

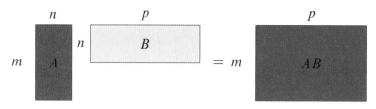

▲ 그림 11.14: 행렬 곱의 크기

이와 같이 두 행렬을 곱할 때에는 '안쪽' 차원이 서로 같아야 하며, 결과 행렬은 두 행렬의 '바깥쪽 차원'과 같은 차원을 갖게 된다.

다음 식을 접하게 되면 한 번에 행렬 세 개를 곱하는 방법은 분명하지 않아서 어떻게 계산하는지 궁금할지도 모르겠다.

$$\begin{pmatrix} 1 & 0 \\ 0 & -1 \end{pmatrix}\begin{pmatrix} 0 & 1 \\ 1 & 0 \end{pmatrix}\begin{pmatrix} 1 & 0 \\ 0 & -1 \end{pmatrix} \tag{11.118}$$

자, 비슷한 시나리오를 생각해보자. 2·3·4를 계산하려면 어떻게 해야 할까? 음, 아마 한 번에 세 가지 수를 곱할 수 있는 사람을 만난 적이 없을 것이다(최소한 필자는 그런 사람을 만난 적이 없다). 그렇지만 결과적으로 세 수의 곱을 계산하려면 온당히 다음 중 하나를 하면 된다는 것을 알고 있다.

$$(2 \cdot 3) \cdot 4 \tag{11.119}$$

위와 같이 계산하거나, 아니면 다음과 같이 계산한다.

$$2 \cdot (3 \cdot 4) \tag{11.120}$$

즉, 먼저 2와 3을 곱한 후 그 결과(6)에 남아 있는 4를 곱하거나, 아니면 3과 4를 먼저 곱한 후 그 결과(12)에 남아 있는 2를 곱하면 된다. 놀라운 점은 어느 방식으로든 같은 답(24)이 나온다는 것이다.

행렬에서도 마찬가지였으면 좋겠다. 다음 연습문제에서 이러한 아이디어를 살펴보자.

11.121 연습문제: 세 행렬의 곱

$$\begin{pmatrix} 1 & 0 \\ 0 & -1 \end{pmatrix} \begin{pmatrix} 0 & 1 \\ 1 & 0 \end{pmatrix} \begin{pmatrix} 1 & 0 \\ 0 & -1 \end{pmatrix}$$

위의 식을 $Z = \begin{pmatrix} 1 & 0 \\ 0 & -1 \end{pmatrix}$이고 $X = \begin{pmatrix} 0 & 1 \\ 1 & 0 \end{pmatrix}$일 때 행렬 곱 ZXZ로 생각하자. 이때 먼저 ZX를 계산한 다음 그 결과에 남아 있는 Z를 오른쪽에 곱해 계산해보라. 더 정확하게 쓰면 $(ZX)Z$를 계산하라. 그런 다음 $Z(XZ)$를 계산하고, 어느 쪽이든 같은 답이 나오는지 확인하라. 그러면 적어도 행렬 곱셈은 이 세 행렬의 경우에 결합 법칙이 성립하는 **결합적 연산**^{associative operation}임을 알 수 있다.

결합적 연산에 대해서는 나중에 벡터 공간의 형식적인 정의를 설명할 때 다시 살펴보겠다. 여기서는 행렬 곱셈에서 일반적으로 결합 법칙이 성립한다는 것을 증명하지는 않는다. 행렬 곱셈이 결합적이라고 말할 때에는 행렬 곱셈이 성립하는, 즉 차원이 서로 맞는 모든 경우의 행렬 A, B, C에 대해 $(AB)C = A(BC)$라는 것을 뜻한다. 실제로 행렬의 곱셈이 함수의 합성과 동등함을 보이기 전까지는 이 문제를 다시 꺼내지 않겠다. 이를 보이고 나면 행렬 곱셈이 결합적이라는 사실이 명백해질 것이다.

따라서 다음과 같은 곱을 마주하면

$$ZX\,|0\rangle = \begin{pmatrix} 1 & 0 \\ 0 & -1 \end{pmatrix} \begin{pmatrix} 0 & 1 \\ 1 & 0 \end{pmatrix} |0\rangle \tag{11.122}$$

일단 오른쪽의 벡터를 2×1 행렬로 생각하자. 그런 다음 알고 있듯이 먼저 왼쪽에 있는 두 행렬의 곱을 다음과 같이 계산하고,

$$ZX = \begin{pmatrix} 1 & 0 \\ 0 & -1 \end{pmatrix} \begin{pmatrix} 0 & 1 \\ 1 & 0 \end{pmatrix} = \begin{pmatrix} 0 & 1 \\ -1 & 0 \end{pmatrix} \tag{11.123}$$

그 결과 행렬을 벡터(2×1 행렬) $|0\rangle$에 다음과 같이 적용하면 된다.

$$\begin{pmatrix} 0 & 1 \\ -1 & 0 \end{pmatrix} |0\rangle = \begin{pmatrix} 0 & 1 \\ -1 & 0 \end{pmatrix} \begin{pmatrix} 1 \\ 0 \end{pmatrix} = \begin{pmatrix} 0 \\ -1 \end{pmatrix} \tag{11.124}$$

또는 두 행렬을 벡터 $|0\rangle$에 거듭 적용해도 되는데, 먼저 X를 적용하면 다음과 같다.

$$X |0\rangle = \begin{pmatrix} 0 & 1 \\ 1 & 0 \end{pmatrix} \begin{pmatrix} 1 \\ 0 \end{pmatrix} = \begin{pmatrix} 0 \\ 1 \end{pmatrix} = |1\rangle \tag{11.125}$$

그런 다음 행렬 Z를 결과 벡터에 적용하면 다음과 같이 된다.

$$Z(X |0\rangle) = Z(|1\rangle) = Z\left(\begin{pmatrix} 0 \\ 1 \end{pmatrix}\right) = \begin{pmatrix} 1 & 0 \\ 0 & -1 \end{pmatrix} \begin{pmatrix} 0 \\ 1 \end{pmatrix} = \begin{pmatrix} 0 \\ -1 \end{pmatrix} \tag{11.126}$$

어느 방식으로 계산하든 같은 결과가 나온다.

일련의 행렬을 벡터에 적용할 때에는 오른쪽부터 왼쪽으로 해 나가야 한다는 점에 유의하기 바란다. 이를 '인사이드-아웃$^{inside-out}$'이라고도 부르는데, 이에 따라 위의 경우에는 X를 먼저 적용한 다음 Z를 적용한다. 그러나 행렬을 곱할 때에는 왼쪽부터 오른쪽으로 해 나간다. 깨달은 것을 정리하면 다음과 같다.

11.127 여러 행렬 곱하기

두 변환을 합성해 공간에 적용한 결과는 변환을 순차적으로 적용한 결과와 같다.

마찬가지로 여기서도 이를 증명하지는 않겠지만 행렬 곱셈(따라서 행렬과 벡터의 곱셈)과 함수의 합성 사이의 대응 관계를 밝히고 나면 분명해질 것이다.

항등 행렬

행렬을 공간의 변환으로 생각하면 공간을 전혀 변환시키지 않는 행렬도 있겠다는 생각이 든다. 다시 말해 곱하는 벡터에 영향을 주지 않는 행렬이 있는지 당연히 궁금할 법하다. 2차원에서는 다음의 행렬이 정답이다.

$$I_2 := \begin{pmatrix} 1 & 0 \\ 0 & 1 \end{pmatrix} \tag{11.128}$$

아래 첨자 2는 이 행렬이 2차원 공간에 대한 항등 행렬임을 뜻한다. 이 행렬을 항등 행렬$^{identity\ matrix}$이라고 부르는데, 작용하는 벡터 자체^{identity}를 보존하기 때문이다.

행렬 I_2가 그 이름에 걸맞는지 확인해보자. 행렬 I_2와 벡터 $\begin{pmatrix} 1 \\ 0 \end{pmatrix}$을 곱하면 무엇이 나오는지 보자.

$$I_2 \cdot \begin{pmatrix} 1 \\ 0 \end{pmatrix} := \begin{pmatrix} 1 & 0 \\ 0 & 1 \end{pmatrix} \cdot \begin{pmatrix} 1 \\ 0 \end{pmatrix} = \begin{pmatrix} 1 \cdot 1 + 0 \cdot 0 \\ 0 \cdot 1 + 1 \cdot 0 \end{pmatrix} = \begin{pmatrix} 1 \\ 0 \end{pmatrix} \tag{11.129}$$

똑같은 벡터다. I_2와 벡터 $\begin{pmatrix} 0 \\ 1 \end{pmatrix}$을 곱해도 그대로 보존되는지 확인하는 일은 여러분에게 맡기겠다.

11.130 연습문제

벡터 $\begin{pmatrix} 0 \\ 1 \end{pmatrix}$를 I_2에 곱해도 변하지 않는지 확인하라.

그러나 방금 설명한 행렬은 2차원 공간의 항등 행렬이다. 3차원 공간에 대한 항등 행렬을 얻고 싶으면 어떻게 해야 할까? 별문제 없다. 그냥 행렬을 조금 크게 만들면 된다.

$$I_3 := \begin{pmatrix} 1 & 0 & 0 \\ 0 & 1 & 0 \\ 0 & 0 & 1 \end{pmatrix} \qquad (11.131)$$

이것 역시 항등 행렬이라고 부른다. 3차원 공간에만 해당되기는 하지만 말이다.

11.132 연습문제

벡터 $\begin{pmatrix} 1 \\ 0 \\ 0 \end{pmatrix}$, $\begin{pmatrix} 0 \\ 1 \\ 0 \end{pmatrix}$, $\begin{pmatrix} 0 \\ 0 \\ 1 \end{pmatrix}$ 각각을 새로운 3차원 항등 행렬에 곱한 다음 이

행렬이 이름에 걸맞는지 확인하라.

사실 예상했겠지만 모든 차원에는 각기 고유한 항등 행렬이 있다. n차원 공간에 대한 항등 행렬을 만들려면 $n \times n$ 행렬을 만든 다음 대각선을 따라 1을 넣고 그 외에는 전부 0을 넣기만 하면 된다.

$$I_n := \begin{pmatrix} 1 & 0 & \dots & 0 \\ 0 & 1 & \dots & 0 \\ \vdots & \vdots & \ddots & 0 \\ 0 & 0 & 0 & 1 \end{pmatrix} \qquad (11.133)$$

이 행렬은 작용하는 n차원 벡터가 어떤 것이든 그대로 보존하는 성질을 지닌다. 확인해보기 바란다.

전치, 켤레, 대각합

이제 모든 행렬이 정사각형 모양일 필요는 없다는 것을 알았다. 예를 들어 다음의 행렬이 있다고 하자.

$$A := \begin{pmatrix} a & b \\ c & d \\ e & f \end{pmatrix}, B := \begin{pmatrix} g & h \\ i & j \end{pmatrix} \tag{11.134}$$

행렬 A는 3행 2열이고, B는 2행 2열이다. 그러므로 B는 정사각 행렬이지만, A는 그렇지 않다. 행렬을 직사각형 격자 형태로 배치한 숫자들이라고 생각하면 당연히 고려해야 할 연산이 전치transpose 연산이다. 행렬 A와 B를 전치한 행렬은 A^T와 B^T로 표기하며, 다음과 같은 행렬이 된다.

$$A^T := \begin{pmatrix} a & c & e \\ b & d & f \end{pmatrix}, B^T := \begin{pmatrix} g & i \\ h & j \end{pmatrix} \tag{11.135}$$

무슨 일이 일어났을까? 전치 연산은 행을 열로 바꾸고 열을 행으로 바꾼다고 설명할 수 있겠다. 시각적으로 배워야 와 닿는 사람들은 행렬의 전치 연산을 행렬의 왼쪽 위 모서리에서 오른쪽 아래 모서리까지 상상의 선을 그린 후 행렬의 성분들을 이 선을 기준으로 접어 반전시키는 것으로 생각해도 된다. 물론 전치한 행렬을 전치할 수도 있다. 즉, $(A^T)^T$와 $(B^T)^T$를 계산할 수 있다. $(A^T)^T$가 그냥 다시 A가 되는지 여부는 이어지는 연습문제에서 확인해보기 바란다.

11.136 연습문제

다음 행렬의 전치행렬을 구하라.

$$\begin{pmatrix} 1 & 2 & 3 \\ 4 & 5 & 6 \\ 7 & 8 & 9 \\ 10 & 11 & 12 \end{pmatrix}$$

11.137 연습문제

이미 전치한 행렬 A^T를 전치하면 A가 나오는지 확인하라. 더 정확히 말하면 $(A^T)^T = A$인지 확인하라. 확인했듯이 전치 연산은 자기 자신의 연산을 되돌린다.

11.138 연습문제

A와 A^T가 서로 같은 행렬 A가 있을까? 그러한 행렬을 대칭^{symmetric} 행렬이라 부른다(좋은 의미에서). 대칭이면서 모든 성분이 실수인 행렬을 실수 대칭$^{\text{real symmetric}}$ 행렬이라 부른다. 나중에 살펴보겠지만, 실수 대칭 행렬은 눈여겨 볼 만한 아주 특별한 행렬이다.

행렬을 전치하듯이 벡터도 전치할 수 있다. 모든 벡터를 행렬로 간주하면 이를 확인할 수 있다. 예를 들어 다음의 벡터를 2×1 행렬로 간주하면

$$\begin{pmatrix} 1 \\ 0 \end{pmatrix}$$

전치한 결과는 다음과 같이 1×2 행렬이 된다.

$$\begin{pmatrix} 1 \\ 0 \end{pmatrix}^T = \begin{pmatrix} 1 & 0 \end{pmatrix} \tag{11.139}$$

11.140 연습문제

벡터 $\begin{pmatrix} 0 \\ 1 \end{pmatrix}$을 전치하라. 즉, $\begin{pmatrix} 0 \\ 1 \end{pmatrix}^T$을 구하라.

벡터 $\begin{pmatrix} 1 \\ 0 \end{pmatrix}$와 이 벡터를 전치한 $\begin{pmatrix} 1 \\ 0 \end{pmatrix}^T = (1\,0)$을 서로 다른 것으로 간주하는 이유를 짚고 가야겠다. 물론 시각적으로도 다르지만, 보이는 것보다 훨씬 큰 차이가 있다.

우선 벡터 $\begin{pmatrix} 1 \\ 0 \end{pmatrix}$에 자신을 곱할 수가 없다. 즉, 다음 식은 말이 되지 않는다.

$$\begin{pmatrix} 1 \\ 0 \end{pmatrix} \begin{pmatrix} 1 \\ 0 \end{pmatrix} \tag{11.141}$$

두 행렬을 곱하려면 차원이 맞아야 한다고 앞에서 설명한 내용을 떠올리면 알 수 있다. 더 분명하게 말하면 벡터 $\begin{pmatrix} 1 \\ 0 \end{pmatrix}$은 차원이 2×1인데, 2×1 행렬을 2×1 행렬과 곱하는 것은 '안쪽' 차원인 1과 2가 서로 다르므로 말이 되지 않는다는 것을 알 수 있다.

그러나 다음 식은 온전히 말이 된다.

$$\begin{pmatrix} 1 \\ 0 \end{pmatrix}^T \begin{pmatrix} 1 \\ 0 \end{pmatrix} = \begin{pmatrix} 1 & 0 \end{pmatrix} \begin{pmatrix} 1 \\ 0 \end{pmatrix} \tag{11.142}$$

보다시피 안쪽 차원이 둘 다 2이기 때문이다. $\begin{pmatrix} 1 \\ 0 \end{pmatrix}^T$ 과 $\begin{pmatrix} 1 \\ 0 \end{pmatrix}$ 을 각각 행렬로 간

주하고 앞에서 설명한 행렬 곱셈의 정의에 따라 계산하면 다음과 같이 된다.

$$\begin{pmatrix} 1 \\ 0 \end{pmatrix}^T \begin{pmatrix} 1 \\ 0 \end{pmatrix} = \begin{pmatrix} 1 & 0 \end{pmatrix} \begin{pmatrix} 1 \\ 0 \end{pmatrix} = 1 \cdot 1 + 0 \cdot 0 = 1 \tag{11.143}$$

1×2 행렬과 2×1 행렬을 곱해 숫자, 즉 1×1 행렬을 얻었으니 타당한 결과다.

행렬에서 수행할 수 있는 또 다른 흥미로운 연산으로 켤레^{conjugate}가 있다. 그렇다. 앞에 나왔던 그 켤레다. 켤레가 어떻게 작용하는지 살펴보자. 다음과 같은 행렬이 있다고 하자.

$$C := \begin{pmatrix} 1+i & 0 \\ 0 & 1-i \end{pmatrix} \tag{11.144}$$

행렬 C의 켤레는 $\overline{C}$ 라고 표기한다.

$$\overline{C} := \begin{pmatrix} \overline{1+i} & \overline{0} \\ \overline{0} & \overline{1-i} \end{pmatrix} = \begin{pmatrix} 1-i & 0 \\ 0 & 1+i \end{pmatrix} \tag{11.145}$$

행렬의 켤레를 구하려면 행렬의 각 성분에 켤레를 취하면 된다.

11.146 연습문제

행렬과 켤레 행렬이 같은 경우가 있는지 확인하라. 힌트: 1×1 행렬, 즉 숫자 가 켤레와 같은 경우는 언제일까?

물론 벡터를 행렬로 보면 어떤 벡터든지 켤레를 취할 수 있다. 예를 들어 벡터 $\begin{pmatrix} 1+i \\ 1-i \end{pmatrix}$ 의 켤레는 다음의 벡터가 된다.

$$\overline{\begin{pmatrix} 1+i \\ 1-i \end{pmatrix}} := \begin{pmatrix} \overline{1+i} \\ \overline{1-i} \end{pmatrix} = \begin{pmatrix} 1-i \\ 1+i \end{pmatrix} \tag{11.147}$$

이제 여러 개념을 종합해 두 벡터의 내적을 지금까지 발전시켜 온 표기법으로 나타내보자.

두 벡터 $u = \begin{pmatrix} u_1 \\ u_2 \\ \vdots \\ u_n \end{pmatrix}$ 와 $v = \begin{pmatrix} v_1 \\ v_2 \\ \vdots \\ v_n \end{pmatrix}$ 가 주어졌을 때 이 두 벡터의 내적을 앞에서

알아본 표기법을 사용해 다음과 같이 표현하겠다.

$$\langle u, v \rangle := \overline{u_1} \cdot v_1 + \overline{u_2} \cdot v_2 + \ldots + \overline{u_n} \cdot v_n \tag{11.148}$$

이 식은 다음과 같이 되며,

$$\overline{u_1} \cdot v_1 + \overline{u_2} \cdot v_2 + \ldots + \overline{u_n} \cdot v_n = \begin{pmatrix} \overline{u_1}, & \overline{u_2}, & \ldots, & \overline{u_n} \end{pmatrix} \begin{pmatrix} v_1 \\ v_2 \\ \vdots \\ v_n \end{pmatrix} \tag{11.149}$$

이를 방금 전에 정의한 전치 기호를 사용해 다음과 같이 나타낼 수 있다.

$$\begin{pmatrix} \overline{u_1}, & \overline{u_2}, & \ldots, & \overline{u_n} \end{pmatrix} \begin{pmatrix} v_1 \\ v_2 \\ \vdots \\ v_n \end{pmatrix} = \begin{pmatrix} \overline{u_1} \\ \overline{u_2} \\ \vdots \\ \overline{u_n} \end{pmatrix}^T \begin{pmatrix} v_1 \\ v_2 \\ \vdots \\ v_n \end{pmatrix} \tag{11.150}$$

행렬(따라서 벡터도 해당)의 켤레를 나타내는 새로운 기호를 써서 이 식을 다음과 같이 간결하게 표현할 수 있다.

$$\begin{pmatrix} \overline{u_1} \\ \overline{u_2} \\ \vdots \\ \overline{u_n} \end{pmatrix}^T \begin{pmatrix} v_1 \\ v_2 \\ \vdots \\ v_n \end{pmatrix} = \bar{u}^T v \tag{11.151}$$

무엇보다도 벡터 u와 v의 내적을 그저 간결하게 $\bar{u}^T v$로 표현할 수 있다니 환상적이다. 따라서 요약하면 두 벡터 u와 v의 내적은 다음과 같이 서로 동등한 표현식으로 나타낼 수 있다.

$$\langle u, v \rangle = \langle u | v \rangle = \bar{u}^T v \tag{11.152}$$

관례상 $\bar{u}^T$를 $u^\dagger$으로 나타낸다. 그러면 다음과 같이 된다.

$$\langle u, v \rangle = \langle u | v \rangle = \bar{u}^T v = u^\dagger v \tag{11.153}$$

더 나아가면 이것을 디랙 표기법과 연관시킬 수도 있다. 앞에 나온 일련의 등식을 통해 유추해보면

$$\langle u | | v \rangle = \bar{u}^T v = \begin{pmatrix} \overline{u_1} \\ \overline{u_2} \\ \vdots \\ \overline{u_n} \end{pmatrix}^T \begin{pmatrix} v_1 \\ v_2 \\ \vdots \\ v_n \end{pmatrix} \tag{11.154}$$

$$= \begin{pmatrix} \overline{u_1}, & \overline{u_2}, & \ldots, & \overline{u_n} \end{pmatrix} \begin{pmatrix} v_1 \\ v_2 \\ \vdots \\ v_n \end{pmatrix} \tag{11.155}$$

벡터 u의 '브라' $\langle u |$를 벡터 $u = \begin{pmatrix} u_1 \\ u_2 \\ \vdots \\ u_n \end{pmatrix}$ 켤레 전치로 취급할 수 있다.

이제 전치 연산과 켤레 연산을 원하는 대로 사용할 수 있으니 행렬에 두 연산을 모두 적용할 수 있으며, 그 결과를 이 행렬의 **켤레 전치**$^{conjugate\ transpose}$라고 한다.

11.156 연습문제

먼저 파울리 Y 연산자 σ_Y, 즉 행렬 $Y = \begin{pmatrix} 0 & -i \\ i & 0 \end{pmatrix}$의 켤레를 구하라. 그런 다음 그 결과를 전치하라. 이것을 행렬 Y의 켤레 전치라고 부른다. Y와 Y의 켤레 전치 사이에 어떤 특별한 관계가 보이는가?

행렬 Y를 전치한 다음에 켤레를 취해도 결과가 동등함을 확인해보자.

먼저 Y를 전치하면 다음의 결과가 나온다.

$$Y^T = \begin{pmatrix} 0 & -i \\ i & 0 \end{pmatrix}^T = \begin{pmatrix} 0 & i \\ -i & 0 \end{pmatrix} \tag{11.157}$$

그런 다음 Y^T의 켤레를 구한다.

$$\overline{(Y^T)} = \overline{\begin{pmatrix} 0 & i \\ -i & 0 \end{pmatrix}} = \begin{pmatrix} \bar{0} & \bar{i} \\ \overline{-i} & \bar{0} \end{pmatrix} = \begin{pmatrix} 0 & -i \\ i & 0 \end{pmatrix} \tag{11.158}$$

11.156 연습문제와 결과가 똑같은지 확인해보라.

이와 같이 일반적으로 행렬의 켤레 전치를 계산할 수 있으며, 어떤 순서로든 켤레 전치를 계산할 수 있다. 켤레를 먼저 취하고 나서 전치를 해도 되고, 전치를 먼저 한 다음 켤레를 취해도 된다.

뒷부분에서 켤레 전치라는 개념이 **유니타리 연산자**$^{unitary\ operator}$라는 종류의 연산자를 정의할 때 중요하다는 사실을 알게 될 것이다. 이 절에서 더 깊이 살펴보겠지만, 유니타리 연산자는 그 역이 켤레 전치가 되는 연산자다. 유니타리 연산자가 중요한 이유는 양자 상태가 힐베르트 공간이라 부르는 공간에 속하며 노름이 1인 벡터로 표현되기 때문이다(이에 대해서는 뒤에서 다시 엄밀히 정의한다). 유니타리 연산자는 작용하는 벡터들의 노름을 보존하는 특별한 성질을 갖고 있다. 그렇기 때문에 노름이 1인 벡터에 유니타리 연산자를 적용하면 역시 노름이 1인 벡터가 나온다.

행렬에 수행할 수 있는 중요한 연산이 또 있는데, 바로 대각합trace을 구하는 것이다. 행렬을 분석할 때 종종 왼쪽 위 모서리부터 오른쪽 아래 모서리까지 이어지는 대각선에 관심을 갖게 되는데, 이를 주대각선main diagonal이라 한다. 행렬 A가 주어졌을 때 A의 주대각선상에 있는 성분들의 합을 다음과 같이 구할 수 있다.

$$A = \begin{pmatrix} 1 & 3 \\ 8 & 4 \end{pmatrix} \mapsto 1 + 4 = 5 \tag{11.159}$$

이를 $Tr(A)$ = 5라고 표기하며, "A의 대각합은 5다."라고 읽는다.

11.60 연습문제

행렬 B = $\begin{pmatrix} 5 & 6 \\ 7 & 8 \end{pmatrix}$의 대각합을 계산하라. 그런 다음 B의 대각합이 B^T의 대각합과 같은지 확인하라. 고급 선형 대수에 행렬과 그 전치의 대각합이 항상 같다는 정리가 있는데, 지금은 이 예제 정도로 만족하자.

대각합은 여러 가지 흥미로운 성질을 갖는데, 다음의 성질도 갖고 있다.

11.161 대각합의 불변성

닮음 행렬 간에는 대각합이 변하지 않는다.

닮음 행렬similar matrix은 같은 선형 변환을 서로 다른 관점에서 표현한 행렬들이라고 생각할 수 있다.[14] 이제 3장에서 언급한 행렬 곱에 관한 등식 리스트를 확인할 준비가 됐다.

이 책의 앞부분에서 정의했던 연산자들을 기억해보자. H는 다음과 같은 아다마르 연산자다.

$$H := \frac{1}{\sqrt{2}} \begin{pmatrix} 1 & 1 \\ 1 & -1 \end{pmatrix}$$

X는 파울리 X 연산자 σ_x인데, NOT(또는 '(큐)비트 플립') 연산자라고도 하며 다음과 같이 정의된다.

$$X := \begin{pmatrix} 0 & 1 \\ 1 & 0 \end{pmatrix}$$

Z는 파울리 Z 연산자 σ_z이며 다음과 같이 정의된다.

$$Z := \begin{pmatrix} 1 & 0 \\ 0 & -1 \end{pmatrix}$$

Y는 파울리 Y 연산자 σ_y이며 다음과 같이 정의된다.

$$Y := \begin{pmatrix} 0 & -i \\ i & 0 \end{pmatrix}$$

그리고 I는 항등 연산자인데, 여기서는 2차원으로 다음과 같이 정의하겠다.

---

14. 안타깝게도 여기서는 닮음 행렬의 개념을 다루지 않지만, 이름에서 몇 가지를 미루어 짐작할 수 있다. 어떤 면에서는 서로 같은 점이 있으니 두 행렬이 닮았다고 할 것이다. 이러한 생각을 더 정확히 얘기하려면 기저의 개념을 이해하고 기저를 바꾼다는 것이 무슨 의미인지 알아야 한다. 두 행렬이 닮음 행렬이라는 것은 두 행렬이 오직 기저의 변환으로 인한 차이만 있다는 것과 필요충분조건이다. 이러한 유사성은 양자 연산자의 종류를 구별하는 데 유용하다.

$$I := \begin{pmatrix} 1 & 0 \\ 0 & 1 \end{pmatrix}$$

임의의 행렬 A에 대해 $A^\dagger$은 A의 켤레 전치를 나타낸다는 것도 기억하자.

11.162 연습문제

행렬에 관한 다음의 등식 리스트를 검증하라.

- $HXH = Z$
- $HZH = X$
- $HYH = -Y$
- $H^\dagger = H$

아다마르 연산자 H는 다음과 같이 그 역이 켤레 전치이므로 유니타리 연산자[15]라고 말할 수 있다.

$$H^{-1} = H^\dagger$$

행렬의 지수 연산

이제 행렬의 지수 연산을 알아보자. 그러려면 먼저 행렬의 거듭제곱부터 알아야한다. 다음과 같이 벡터에 같은 행렬을 연속으로 적용할 수 있다.

$$X(X|\psi\rangle) = X^2|\psi\rangle$$

이 식의 우변에 쓰인 기호는 벡터에 X 연산자(행렬)의 제곱을 적용한다는 뜻이다. 실제로 선형 연산자(행렬)의 거듭제곱은 이러한 방식으로 정의된다. 일반적으로

---

15. 유니타리 연산자에 대해서는 뒤에서 설명한다.

임의의 연산자 A와 양의 정수 k에 대해 기호 A^k는 A를 연속으로 k번 적용하는 것을 의미한다.

이러한 거듭제곱이 자연스레 행렬의 지수 개념으로 이어진다. 행렬의 지수는 $\exp A$ 또는 e^A로 표기한다. 이것을 정의할 때 e^x의 멱급수 혹은 테일러급수, 즉 다음의 식이 쓰인다.

$$e^x = \sum_{n=0}^{\infty} \frac{1}{n!} x^n$$

같은 방법으로 이를 사용해 행렬의 지수를 정의한다.

$$\exp A \equiv e^A := \sum_{n=0}^{\infty} \frac{1}{n!} A^n \tag{11.163}$$

모든 행렬 A에 대해 $A^0 = I$, 즉 항등 행렬로 정의된다. 여기서 증명하지는 않겠지만 식 (11.163)에 나와 있는 무한급수의 합은 A가 어떤 행렬이든 수렴한다는 것이 밝혀져 있으며, 그러므로 행렬의 지수가 잘 정의돼 있음을 알 수 있다.

11.164 연습문제

다음 식을 검증하라.

- $X^2 = I$
- $Y^2 = I$
- $Z^2 = I$
- $H^2 = I$

11.165 연습문제

$A^2 = I$를 만족시키는 임의의 연산자 A에 대해 다음의 항등식이 성립하는지 검증하라.

$$e^{i\theta A} = \cos(\theta)I + i\sin(\theta)A \qquad (11.166)$$

이 연습문제에서는 코사인과 사인에 대한 테일러급수를 기억해 내면 유용할 것이다. 파울리 행렬 X, Y, Z에 대해 이 식을 사용하라.

11.5 외적과 텐서곱

행렬을 만드는 외적 수단으로서의 외적

이제 두 벡터로 행렬을 만드는 연산을 알아보겠다.

벡터 $\begin{pmatrix} 1 \\ 0 \end{pmatrix}^T = (\,1\ 0\,)$과 $\begin{pmatrix} 1 \\ 0 \end{pmatrix}$이 있다고 하자.

앞에서 설명한 대로 두 벡터의 곱을 완벽히 계산할 수 있다.

$$\begin{pmatrix} 1 \\ 0 \end{pmatrix} \begin{pmatrix} 1 & 0 \end{pmatrix} \qquad (11.167)$$

2×1 행렬과 1×2 행렬의 곱이므로, 2×2 행렬이 된다.

11.168 연습문제

행렬 계산을 익히고 위의 행렬 곱셈을 계산하라.

앞의 연습문제를 마쳤다면 다음과 같이 된다는 사실을 알 것이다.

$$\begin{pmatrix} 1 \\ 0 \end{pmatrix} \begin{pmatrix} 1 & 0 \end{pmatrix} = \begin{pmatrix} 1 \cdot 1 & 1 \cdot 0 \\ 0 \cdot 1 & 0 \cdot 0 \end{pmatrix} = \begin{pmatrix} 1 & 0 \\ 0 & 0 \end{pmatrix} \tag{11.169}$$

이렇게 나온 결과 행렬을 벡터 $\begin{pmatrix} 1 \\ 0 \end{pmatrix}$과 자신과의 외적^{outer product}이라고 부른다.

외적은 괜히 거창한 용어라는 점을 짚고 넘어가야겠다. 외적이란 그냥 두 벡터의 행렬 곱일 뿐이다. 첫 번째 벡터를 1×2 행렬로, 두 번째 벡터를 2×1 행렬로 생각할 수 있다. $m \times n$ 행렬과 $n \times p$ 행렬의 곱은 $m \times p$ 행렬이 된다는 사실을 기억하자. 따라서 이 경우에는 2×1 행렬과 1×2 행렬의 곱이므로 2×2 행렬이 나온다.

디랙 표기법으로는 이 예제의 외적을 $|0\rangle\langle0|$으로 표현할 수 있다. 비슷한 방식으로 외적 $|0\rangle\langle1|$, $|1\rangle\langle0|$, $|1\rangle\langle1|$도 행렬로 표현할 수 있다. 이 계산은 다음 연습문제에서 여러분에게 맡기겠다.

11.170 연습문제

외적 $|0\rangle\langle1|$, $|1\rangle\langle0|$, $|1\rangle\langle1|$를 구하라.

조금 도와주면 첫 번째 외적은 다음과 같다.

$$|0\rangle\langle1| := \begin{pmatrix} 1 \\ 0 \end{pmatrix} \begin{pmatrix} 0 & 1 \end{pmatrix} = \begin{pmatrix} 1 \cdot 0 & 1 \cdot 1 \\ 0 \cdot 0 & 0 \cdot 1 \end{pmatrix} = \begin{pmatrix} 0 & 1 \\ 0 & 0 \end{pmatrix} \tag{11.171}$$

나머지도 잘 마치기를 바란다.

끝마친 계산 결과를 갖고 여기에 두 행렬의 덧셈을 어떻게 했는지 되새기면 이제 3장에 나왔던 결과를 확인할 수 있다.

$$X := |0\rangle\langle 1| + |1\rangle\langle 0| = \begin{pmatrix} 0 & 1 \\ 1 & 0 \end{pmatrix} \tag{11.172}$$

바로 살펴보겠지만 두 벡터의 외적은 일반적인 텐서곱 개념의 특수한 경우다. 텐서곱으로 넘어가기 전에 외적과 디랙 표기법이 어떤 관련이 있는지 설명하겠다. 누 벡터 u와 v의 내적 $\langle u|v\rangle$는 사실 $u^{\dagger}v$로 표현할 수 있으며, 여기서 $u^{\dagger}$는 u의 켤레 전치를 나타낸다. 그러면 외적 $|u\rangle\langle v|$를 $uv^{\dagger}$으로 표현할 수 있다는 사실도 그다지 놀랍지는 않을 것이다.

11.173 연습문제

벡터 u와 v에 대해 이러한 외적 $|u\rangle\langle v|$의 계산을 모두 $uv^{\dagger}$의 계산으로 생각해도 되는지 확인하라.

요약하면 다음과 같다.

11.174 내적과 켤레 전치의 관계

어떤 두 벡터 u와 v에 대해 $\langle u|v\rangle = u^{\dagger}v$이며, $|u\rangle\langle v| = uv^{\dagger}$이다.

텐서곱

텐서곱 연산을 알아보기 전에 텐서곱에서 쓰이는 몇 가지 용어를 먼저 알아보자. 앞에서 살펴본 대로 스칼라는 단순히 숫자다.

스칼라는 0-텐서, 즉 차수^{order}가 0인 텐서라고 부르기도 한다. 텐서의 차수를 말할 때 '랭크^{rank}'라는 단어를 쓰기도 하는데, 이 단어는 선형 대수에서 다른 의미로 쓰이므로 권장하지 않는다. 벡터는 1-텐서라고 부른다. 마찬가지로 행렬은 2-텐서라고 부르기도 한다. 3-텐서는 숫자로 이뤄진 직사각기둥이다. 3-텐서를 넘어가면 더 이상 기하학적 해석은 할 수 없다. 하지만 현실 세계에서는 고차 텐서가 필요한 응용 분야가 많으며, 인공 신경망과 같은 시스템에서는 차수가 수천 내지 수백만에 달하기도 한다. 이러한 용어가 그림 11.15에 정리돼 있다.

텐서	용어	예
0-텐서	스칼라	3
1-텐서	벡터	$\begin{pmatrix} 1 \\ 0 \end{pmatrix}$
2-텐서	행렬	$\frac{1}{\sqrt{2}} \begin{pmatrix} 1 & 1 \\ 1 & -1 \end{pmatrix}$

▲ 그림 11.15: 텐서 용어

11.175 연습문제

그림 11.15의 표를 2-텐서라고 말해도 적절한 이유는 무엇일까?

이제 외적을 일반화한 텐서곱에 대한 설명으로 되돌아가자. 외적은 두 1-텐서의 곱이며, 그 결과로 행렬(2-텐서)을 산출한다. 그런데 임의의 순서로 두 텐서에 텐서곱을 취하면 어떻게 될까? 두 1-텐서의 외적을 임의의 두 텐서 A와 B의 텐서곱으로 다음과 같이 일반화할 수 있다.

$$A \otimes B$$

이것이 무엇을 의미하는지 알아보고자 두 벡터 $u := \begin{pmatrix} a \\ b \end{pmatrix}$와 $v := \begin{pmatrix} c & d & e \end{pmatrix}$가 있다고 생각해보자. 이 두 벡터의 텐서곱은 행렬이 된다.

$$u \otimes v = \begin{pmatrix} a \\ b \end{pmatrix} \otimes \begin{pmatrix} c & d & e \end{pmatrix} := \begin{pmatrix} a \cdot c & a \cdot d & a \cdot e \\ b \cdot c & b \cdot d & b \cdot e \end{pmatrix} \tag{11.176}$$

이것을 보면 앞에서 정의한 두 벡터의 외적이 떠오를 것이다. 그야 당연한데, 여기 두 벡터의 텐서곱이 외적이기 때문이다.

두 개의 열벡터의 텐서곱을 살펴보자.

$$\begin{pmatrix} r \\ s \\ t \end{pmatrix} \otimes \begin{pmatrix} x \\ y \end{pmatrix} := \begin{pmatrix} r \cdot x \\ r \cdot y \\ s \cdot x \\ s \cdot y \\ t \cdot x \\ t \cdot y \end{pmatrix} \tag{11.177}$$

이 책의 앞부분에서 벡터 $\begin{pmatrix} 1 \\ 0 \\ 0 \\ 0 \end{pmatrix}$ 을 $|00\rangle$ 으로 나타내거나, 벡터 $\begin{pmatrix} 0 \\ 0 \\ 0 \\ 1 \end{pmatrix}$ 을 $|11\rangle$ 으로

나타낸 경우를 봤을 것이다. 여기서 주목할 점은 $|00\rangle$ 이 $|0\rangle \otimes |0\rangle$ 을 줄여 쓴 기호라는 사실이다. 즉, 다음과 같다.

$$|00\rangle := |0\rangle \otimes |0\rangle = \begin{pmatrix} 1 \\ 0 \end{pmatrix} \otimes \begin{pmatrix} 1 \\ 0 \end{pmatrix} = \begin{pmatrix} 1 \cdot 1 \\ 1 \cdot 0 \\ 0 \cdot 1 \\ 0 \cdot 0 \end{pmatrix} = \begin{pmatrix} 1 \\ 0 \\ 0 \\ 0 \end{pmatrix} \tag{11.178}$$

유의해야 할 점은 앞의 두 텐서곱 예제에서 드러나듯이 텐서곱에서는 벡터가 열벡터인지 행벡터인지에 주의를 기울여야 한다는 사실이다. 잠깐 다시 앞의 예제를 살펴보면 열벡터와 행벡터를 텐서곱한 경우에는 행렬이 나오는 반면, 두 개의 열벡터를 텐서곱한 경우에는 열벡터가 나온다는 것을 확실히 알 수 있다.

11.179 연습문제

두 개의 행벡터를 텐서곱하면 무엇이 나올까?

위의 연습문제에 관해 생각해봤다면 두 행벡터를 텐서곱하면 행벡터가 나온다는 것을 확실히 깨달았기를 바란다.

11.180 행렬의 텐서곱의 크기

$(a \times b)$ 행렬과 $(c \times d)$ 행렬의 텐서곱은 $(a \cdot c) \times (b \cdot d)$ 행렬이다.

11.181 연습문제

$(a \times b)$ 행렬과 $(c \times d)$ 행렬의 텐서곱의 차원에 관한 앞의 공식이, 예를 들어 다음과 같은 경우로 특수화되는지 확인하라.

- 두 행벡터의 텐서곱
- 두 열벡터의 텐서곱

행벡터는 차원이 $1 \times m$인 행렬로, 열벡터는 차원이 $n \times 1$인 행렬로 생각할 수 있다는 점을 참고한다.

이제 우리 주장대로 $|11\rangle$이 실제로 $|1\rangle \otimes |1\rangle$인지 확인해보기 바란다.

11.182 연습문제

$|11\rangle := |1\rangle \otimes |1\rangle$이 실제로 벡터 $\begin{pmatrix} 0 \\ 0 \\ 0 \\ 1 \end{pmatrix}$인지 확인하라. 그런 다음 중간 벡터

들도 예상대로 다음과 같이 되는지 확인하라.

$$|01\rangle = \begin{pmatrix} 0 \\ 1 \\ 0 \\ 0 \end{pmatrix}, |10\rangle = \begin{pmatrix} 0 \\ 0 \\ 1 \\ 0 \end{pmatrix}$$

지금은 텐서곱 개념에 대해 이 정도만 다루겠다. 여기서는 텐서곱을 소개하고 여러분이 텐서곱에 대한 감을 잡기를 바랐다. 텐서곱 개념에 대해서는 벡터 공간과 벡터 공간 간의 선형 변환을 형식적으로 정의한 다음에 다시 살펴볼 것이다. 그때에는 두 벡터의 텐서곱이 사실은 벡터로 표현된 두 선형 변환의 텐서곱이라는 사실을 깨닫게 될 것이다. 텐서곱의 차원이 왜 이런 식으로 결정되는지도 명확히 알게 될 것이다.

11.6 집합론

집합론의 기초

이제 11장을 계속 진행하기 위해 반드시 알아야 할 집합론을 설명하는 데 시간을 조금 할애하겠다. 특히 함수가 무엇인지 알아야 하고(그러려면 애를 좀 써야 한다) 함수가 가역적이라는 뜻이 무엇인지도 확인해야 한다. 가역 함수는 양자 컴퓨팅에서 가장 중요한데, 양자 회로를 구성하는 데 사용하는 양자 게이트는 가역적이어야 하기 때문이다.

신기한 것은 이 게이트들이 행렬로 표현된다는 것이다. 곧 알아보겠지만 사실 이러한 행렬은 공간 변환의 표현이며, 함수 자체이기도 하다. 행렬이 사실은 함수라는 것을 받아들이고 나면 가역 행렬, 즉 가역 양자 게이트라는 개념이 무엇을 의미하는지 합리적으로 생각할 수 있다.

그러니 다음에 나올 내용에 좌절하지 않길 바란다. 기초적인 집합론과 함수론에 대한 단단한 수학적 이해가 있으면 양자 컴퓨팅의 근본적인 아이디어를 파악하는 데 도움이 된다.

먼저 집합 원소의 포함 개념을 나타내는 기호가 있어야겠다. x가 집합 S의 원소일 때 이를 기호로는 $x \in S$라고 나타낸다. '$\in$' 기호는 '원소^{element}'의 'e'와 비슷하게 생겨서 사람들이 기억하기 좋다.

'if and only if(필요충분조건)'라는 문구를 'iff'로 종종 줄여 쓸 것이다. 그러니 'iff'를 보면 'if and only if'라고 생각하기 바란다.[16] 수학을 하다 보면 집합의 포함 관계 개념이 자주 나오므로, 먼저 이에 대한 개념을 확실히 다져 보자.

두 집합 A와 B가 주어졌을 때 모든 원소 $a \in A$가 $a \in B$인 것은 A가 B의 부분집합이 되기 위한 필요충분조건이며, 이를 $A \subset B$로 나타낸다. 즉, A의 모든 것이 B에도 있다.

집합 A가 집합 B에 포함되는 관계를 $A \hookrightarrow B$로 표기하고 "A가 B에 포함된다"고 말하기도 한다. 아니면 이러한 포함 관계를 "A가 B에 내포된다" 혹은 "A가 B에 일대일로 사상된다"고 말하기도 한다.

"A가 B에 일대일로 사상된다"는 용어에서 단사성^{injectivity}이라는 함수의 성질이 엿보이는데, 이에 대해서는 곧 알아볼 것이다.

---

16. 한국어판에서는 '~는 ~와/~이기 위한 필요충분조건'으로 옮겼다. ─ 옮긴이

11.183 연습문제

$\{\} \subset \{0, 1\}$인지 확인하라.

11장에서 다루게 될 중요한 집합 몇 가지를 정의하겠다. 자연수 집합[17]은 $\mathbb{N}$으로 표기하며, 다음과 같이 정의된다.

$$\mathbb{N} := \{0, 1, 2, 3, ...\} \tag{11.184}$$

정수 집합[18]은 $\mathbb{Z}$으로 표기하며, 다음과 같이 정의된다.

$$\mathbb{Z} := \{..., -3, -2, -1, 0, 1, 2, 3, ...\} \tag{11.185}$$

유리수 집합[19]은 $\mathbb{Q}$으로 표기하며, 다음과 같이 정의된다.

$$\mathbb{Q} := \left\{ \frac{p}{q} : p, q \in \mathbb{Z}, q \neq 0 \right\} \tag{11.186}$$

실수 집합은 $\mathbb{R}$로 표기하며, 형식적으로 정의하기가 좀 더 복잡한데, 일련의 유리수를 이용해 임의의 정밀도 수준으로 근사할 수 있는 모든 수를 실수로 생각하면 되겠다. 실수의 예로는 다음과 같은 수들이 있다.

$$0, 1, -1, \frac{3}{4}, \sqrt{2}, e, \pi \tag{11.187}$$

---

17. 자연수를 정의할 때 0을 제외하고 $\mathbb{N} = \{1, 2, 3, ...\}$과 같이 정의하기를 좋아하는 사람들도 있다. 컴퓨터 과학자들이 0을 포함시키는 경향이 있기는 한데, 실제로는 아무 차이가 없다. 집합 $\{1, 2, 3, ...\}$은 $\mathbb{N}$으로, 집합 $\{0, 1, 2, 3, ...\}$은 $\mathbb{N}_0$로 표기하자는 제안이 나오기도 했다. 좋은 생각이지만, 알고 있는 바로는 아직 받아들여지지 않고 있다.

18. 정수(integer)라는 단어가 'i'로 시작하는데 왜 정수 집합을 'i'가 아니라 'z'라고 쓰는지 궁금할지도 모르겠다. 독일어에서 '수'에 해당하는 단어가 'zahlen'이기 때문이며, 이 밖에도 정수론이나 대수학에는 독일인에게서 나온 기호가 많다.

19. 유리수(rational number)를 'q'로 쓰는 이유는 알고 있는가? 'rational'이라는 단어의 어원은 'ratio(비율)'인데, 비율에 관한 단어에는 'quotient(몫)'도 있다.

실수가 아닌 수의 예에는 다음과 같은 것이 있다.

$$i, 1 + i, 1 - i, \frac{1}{\sqrt{2}} + \frac{1}{\sqrt{2}}i \qquad (11.188)$$

허수 i를 포함하면 복소수 집합이 되며, $\mathbb{C}$로 표기한다. 집합 $\mathbb{C}$는 다음과 같이 정의된다.

$$\mathbb{C} := \{a + bi : a, b \in \mathbb{R}\} \qquad (11.189)$$

11.190 연습문제

다음에 나와 있는 집합의 포함 관계가 실제로 참인지 확인하라.

$$\mathbb{N} \subset \mathbb{Z} \subset \mathbb{Q} \subset \mathbb{R} \subset \mathbb{C}$$

각각의 정수 x를 유리수 $x/1$로 생각하면 이 사슬 관계의 두 번째 포함 관계가 성립함을 알 수 있다. 그리고 각각의 실수 a를 복소수 $a + 0i$로 생각하면 네 번째 포함 관계가 성립함을 알 수 있다.

"B가 A를 포함한다"라고 말하면 A가 B에 속한다는 사실보다 B가 A를 포함하는 상위 집합이라는 사실이 강조된다.

조건 제시법[20]을 사용해 집합을 나타낼 수도 있다. 예를 들면 제곱이 1인 모든 정수의 집합을 다음과 같이 나타낼 수 있다.

$$S := \{x \in \mathbb{Z} : x^2 = 1\} \qquad (11.191)$$

---

20. 이 표기법을 집합 함축법(set comprehension)이라고도 하는데, 파이썬이나 다른 고급 언어에서 지원하는 리스트 함축법(list comprehension, 리스트 컴프리헨션)이라는 용어의 기원이 이것이다.

이것을 읽을 때는 '정수이고 그 제곱이 1인 조건을 만족하는 원소 x의 집합($\mathbb{Z}$가 정수 집합을 나타낸다는 것을 기억하자)'이라고 읽는다. 이와 같이 콜론(:)은 '~인 조건을 만족하는^{such that}' 것을 나타낸다.

11.192 연습문제

식 (11.191)의 집합 S의 원소는 몇 개인가? 조건 제시법으로 세제곱이 1인 모든 정수의 집합을 쓸 수 있는가? 그 집합의 원소는 몇 개인가?

11.193 연습문제

조건 제시법으로 제곱이 −1인 모든 복소수의 집합을 표현할 수 있는가? 네제곱이 1인 모든 복소수의 집합은 어떻게 쓸까? 세제곱이 1인 모든 복소수의 집합은? 각 집합의 원소는 몇 개인가? 세 번째 질문의 답은 1이 아니다. 복소수를 다루고 있음을 명심하라. 이는 복소수에 관한 고전적인 정리인 드 므와브르 정리^{De Moivre's theorem}를 암시하고 있다.[21]

데카르트 곱

이 절에서는 벡터 공간을 정의하는 중간 과정으로, 두 집합의 데카르트 곱^{Cartesian product} 개념을 알아보자.

---

21. 드 므와브르 정리는 자연수 n에 대해 식 $z^n = 1$을 만족하는 복소수 z가 복소평면에서 정다각형인 n각형의 꼭짓점을 이룬다고 말한다. 식 $z^n = 1$을 만족하는 n개의 복소수는 1의 n제곱근인데, 1을 단위(unity)라고도 하므로 이를 단위 n제곱근(nth roots of unity)이라 한다. 예를 들어 식 $z^3 = 1$을 만족하는 복소수들은 단위 세제곱근이 되며, 복소평면에서 정삼각형을 이룬다. 구체적으로 말하면 단위 세제곱근은 $1 = e^{0 \cdot \frac{2\pi}{3}}$, $-\frac{1}{2} + \frac{\sqrt{3}}{2}i = e^{1 \cdot \frac{2\pi}{3}}$, $-\frac{1}{2} - \frac{\sqrt{3}}{2}i = e^{2 \cdot \frac{2\pi}{3}}$이 되며, 오일러 공식으로 이를 확인할 수 있다.

두 집합 S와 T가 있을 때 S와 T의 각 원소를 명확히 식별할 수 있는 하나의 통합된 집합을 만들려는 것이 데카르트 곱의 개념이다. 이러한 집합을 집합 S와 T의 데카르트 곱이라 부르며, 기호로는 $S \times T$로 나타낸다. 기호 $\times$는 S와 T의 데카르트 곱의 원소 개수가 S의 원소 개수에 T의 원소 개수를 곱한 것과 같아서 정해졌을 듯싶다.

형식적으로 쓰면 집합 S와 T의 데카르트 곱은 다음과 같이 정의된다.

$$S \times T := \{(s,t) : s \in S, t \in T\} \tag{11.194}$$

예를 들어 두 집합 $S = \{1, 2, 3\}$과 $T = \{4, 5\}$가 있을 때 S와 T의 데카르트 곱은 다음과 같은 새로운 집합이 된다.

$$S \times T = \{(s,t) : s \in S, t \in T\} = \{(1,4),(2,4),(3,4),(1,5),(2,5),(3,5)\} \tag{11.195}$$

얘기한 대로 $S \times T$는 $2 \times 3 = 6$개의 원소를 갖는다.

11.196 연습문제

집합 $\mathbb{R}$을 그 자신과 데카르트 곱을 하면 무엇이 되는지 생각해보라. 이것을 $\mathbb{R}^2$, 즉 $\mathbb{R}^2 := \mathbb{R} \times \mathbb{R}$이라고 한다. 마찬가지로 $\mathbb{C}^2 := \mathbb{C} \times \mathbb{C}$도 나타낼 수 있으며, 더 일반적으로 다음과 같이 나타낸다.

$$\mathbb{R}^n := \underbrace{\mathbb{R} \times \ldots \times \mathbb{R}}_{n\text{회}}$$

$$\mathbb{C}^n := \underbrace{\mathbb{C} \times \ldots \times \mathbb{C}}_{n\text{회}}$$

관계와 함수

함수의 개념으로 들어가기 전에 먼저 관계에 대해 알아보자. 혹시 아래의 설명을 읽고 관계란 함수를 정의하기 위한 디딤돌에 불과하다고 생각할지도 모르겠다. 하지만 그것은 사실과 동떨어진 얘기다.[22]

학교 다닐 때 다음과 같은 것을 보고 또 쓰기도 했던 기억이 날 것이다.

$$f(x) = x^2 \tag{11.197}$$

사람들은 $f(x)$가 함수라고들 얘기한다. 그런데 정말로 함수란 무엇일까? 직관적으로 말하면 함수는 모호하지 않게 한 집합의 각 원소를 다른 집합의 한 원소에 할당한다. 물론 함수가 뒤이어 나오는 거의 모든 개념의 중추 역할을 하므로, 이것을 수학적으로 정확하게 바꿔 표현할 것이다. 사실은 행렬 자체가 함수임을 곧 알게 될 것이다.

함수의 예와 함수가 아닌 예를 살펴보고, 함수가 무엇인지에 대한 감을 잡아보자. 집합 $X := \{1, 2\}$, $Y := \{3, 4\}$가 있다고 하자. 다음과 같이 X의 각 원소를 Y의 원소에 대응시킬 수 있다.

$$1 \mapsto 3$$
$$2 \mapsto 4$$

---

22. 호기심 많은 독자라면 범주론(category theory)을 살펴봐도 좋겠다. 범주론에서는 집합과 관계의 범주(category) Rel 그 자체가 흥미로운 수학적인 대상이 되며, 유한 차원 힐베르트 공간(finite-dimensional Hilbert space)의 범주 Hilb와 밀접한 관련이 있다. 예를 들어 유한 집합 간의 모든 관계 $R \subset X \times Y$를 자연스럽게 $(x_i, y_j) \in R$인 경우에만 $R_{ij} = 1$이고 그 외의 경우에는 0인 행렬 R_{ij}로 나타낼 수 있다. 이 행렬이 복소수 $\mathbb{C}$에 속하는 계수를 갖는다고 간주하면 해당하는 관계를 유한 차원 힐베르트 공간 간의 선형 변환으로 해석할 수 있다. 범주론은 전산학이나 그 외의 과학에 매력적인 프레임워크를 제공한다. 모든 수학과 과학(언어학까지도)을 위한 통합 언어로서의 범주론에 관해 더 자세히 알아보고 싶다면 타이-다나에 브래들리(Tai-Danae Bradley)의 블로그 Math3ma[45]를 살펴보기 바란다. 더 많은 배경지식을 갖춘 독자라면 n 카테고리 카페(n-Category Café) 블로그를 즐겨도 좋겠다.

기호를 소개하자면 이와 같은 대응 관계를 문자 f(‘함수^{function}’를 의미)로 표기하며, 다음과 같이 쓰면 f가 X의 원소를 Y의 원소에 대응시킨다는 뜻이 된다.

$$f : X \rightarrow Y$$

다음과 같이 쓰기도 한다.

“f가 X를 Y로 사상한다.”

집합 X를 함수 f의 **정의역**^{domain}이라 하고, 집합 Y를 f의 **공역**^{codomain}(경우에 따라 ‘치역^{range}’이 라고도 함)이라 한다.

이러한 기호를 사용하면 앞의 할당을 다음과 같이 간결하게 쓸 수 있다.

$$f(1) = 3, \ \ f(2) = 4 \tag{11.198}$$

이를 읽을 때는 다음과 같이 읽는다.

“f가 원소 1을 원소 3에 대응시킨다(사상한다)”

“f가 원소 2를 원소 4에 대응시킨다(사상한다)”

이제 함수가 아닌 예를 보자. X와 Y는 앞에서와 동일한 집합이고, f로 나타내는 할당만 다음과 같이 달라졌다고 해보자.

$$1 \mapsto 3$$
$$1 \mapsto 4$$
$$2 \mapsto 3$$

이상한 것은 이번에는 1이 3에만 할당되지 않고 4에도 할당된다는 점이다. 그렇기 때문에 f에 의해 정해지는 할당 규칙이 모호해졌다. 함수를 형식적으로 정의할 때에는 바로 이러한 모호성을 배제시켜야 한다.

아직 함수의 형식적인 정의를 알려줄 때가 아니다. 여기서 강조하고 싶은 것은 함수가 더 일반적인 현상인 관계^{relation}의 특수한 경우라는 점이다. 함수에 대한 설명은 관계를 설명하고 난 이후로 미루겠다.

더 정확하게 두 집합 간의 관계라는 개념을 정의하고자 한다. 관계의 정의는 너무 간단해서 놀랄 것이다.

11.199 정의: 관계

두 집합 X와 Y의 관계는 두 집합의 데카르트 곱의 부분집합이다.

이게 전부일까? 그렇다. 이게 바로 관계라는 것이다. 관계가 무엇인지 감을 잡기 위해 관계의 몇 가지 예를 살펴보자.

다음과 같은 부분집합이 있다고 하자.

$$\mathscr{R} := \{(x, x^2) : x \in \mathbb{R}\} \subset \mathbb{R} \times \mathbb{R} = \mathbb{R}^2 \tag{11.200}$$

정의에 따라 $\mathscr{R}$은 관계다. 실수 집합 $\mathbb{R}$을 그 자신과 데카르트 곱한 $\mathbb{R} \times \mathbb{R}$의 부분집합이기 때문이다. 그런데 이게 과연 뭘까?

확인해보면 알겠지만, 다음의 점들은 $\mathscr{R}$의 원소다.

$$(1, 1), (2, 4), (3, 9), (4, 16), (5, 25), (\sqrt{2}, 2), (\pi, \pi^2), \ldots \tag{11.201}$$

뭔지 알겠는가?

다음의 점들은 $\mathscr{R}$의 원소가 아니다.

$$(0, 1), (1, 2), (e, \pi), (7, 89), (\sqrt{2}, \sqrt{3}), \left(\frac{1}{2}, \frac{1}{3}\right) \ldots \tag{11.202}$$

어떤 점이 관계에 속한다고 말하는데, 관계에 의해 정의된 집합에 소속된다는 의미를 나타내기 위해서다.

11.203 연습문제

관계 $\mathscr{R}$에 속하는 $\mathbb{R}^2$의 점들을 그래프로 그려라.

위의 연습문제를 해봤으면 관계 $\mathscr{R}$에 속하는 점들의 집합이 포물선임을 알 수 있다. $\mathscr{R}$이 흥미로운 것은 관계 그 이상이라는 점이다. $\mathscr{R}$은 함수다. 사실, 식 $f(x) = x^2$으로 간결히 나타낸 대로 $\mathscr{R}$을 인식할 듯한데, 식 $f(x) = x^2$은 사실상 의미가 없을 정도로 함수 f의 특성을 너무 많이 숨겨 버린다.

이 관계가 의미하는 바를 알려면 먼저 $f(x) = x^2$이라고 얘기하는 경우 f의 정의역이나 공역을 전혀 나타내지 않고 있다는 점을 깨달아야 한다. 우리가 알고 있는 전부로는 f가 집합 $\mathbb{C}$로부터 $\{0, 1\}$로의 사상일 수도 있고, 어떤 집합이든 원하는 두 집합 간의 사상일 수도 있다. 실제로 $f(x) = x^2$의 정의역을 $\mathbb{C}$으로 두고, 공역을 $\{0, 1\}$로 두면 f는 함수가 전혀 아니다. 그 이유는 함수의 형식적인 정의를 알아볼 때 확인하겠다.

11.204 연습문제

집합 $\{(0, 0), (1, 1), (2, 2), (3, 3)\} \subset \mathbb{Z} \times \mathbb{Z}$가 관계인지 확인하라. 이 관계를 조건 제시법으로 나타낼 수 있는가?

말하려는 요지는 함수를 명시할 때 할당 규칙만 있으면 안 되고 정의역과 공역까지 지정해야 한다는 것이다.

집합 X로부터 집합 Y로의 함수 f는 특별한 기준을 만족시키는 X와 Y 간의 관계다.

특별한 기준이 무엇인지 설명하기 전에 한 가지만 얘기하겠다. f가 X와 Y 간의 관계라는 말이 f가 데카르트 곱 $X \times Y$의 부분집합임을 말한다는 것을 되짚어보면 함수(즉, 관계)의 원소라는 개념도 말이 된다. 이런 용어가 이상하게 들릴지도 모르겠다. "(x, y)가 함수 f의 원소다."라고 말하는 것을 들어보지 못했을 듯싶다. $f(x) = y$라는 말이 더 익숙할 것이다. 그러나 $f(x) = y$라는 말은 곧 (x, y)가 함수(즉, 관계) f에 속한다는 말과 같다.

많은 논의를 거친 끝에 함수가 되고자 관계 f의 점 (x, y)가 만족시켜야 할 특별한 기준을 정의하면 다음과 같다.

11.205 정의: 함수

집합 X와 Y의 데카르트 곱 $X \times Y$에 대한 관계 f가 함수가 되기 위한 필요충분 조건은 다음과 같다.

모든 $(x_1, y_1), (x_2, y_2) \in f$에 대해

$$x_1 = x_2 \Longrightarrow y_1 = y_2$$

기호 $\Longrightarrow$는 "뜻한다"는 의미다. 즉, 좌표의 첫 번째 값이 같으면 두 번째 값도 같아야 한다. 이것을 다음과 같이 바꿔 쓸 수도 있다.

$$모든 \ x_1, x_2 \in X에 \ 대해$$
$$x_1 = x_2 \Longrightarrow f(x_1) = f(x_2)$$

그러면 앞서 설명한 함수가 아닌 예를 다시 살펴보고 정말 함수가 아닌지 확인해 보자. 앞에서 '함수' $f \colon \{1, 2\} \to \{3, 4\}$를 다음의 할당 규칙으로 정의했었다.

$$1 \mapsto 3$$
$$1 \mapsto 4$$

$$2 \mapsto 3$$

이를 관계^{relation}로 표현해보자. f는 다음과 같은 관계다.

$$f = \{(1,3), (1,4), (2,3)\} \subset \{1,2\} \times \{3,4\} \tag{11.206}$$

11.207 연습문제

함수의 정의를 이용해 주어진 f가 함수가 아님을 확인하라. 또한 앞에서 얘기한 대로 $f(x) = x^2$으로 정의된 $f : \mathbb{C} \to \{0,1\}$도 함수가 아님을 확인하라. 힌트: 우선 f를 관계로 생각해보라. f가 관계이기는 한가?

f가 함수가 아니라는 사실을 알아냈기 바란다. 함수가 아닌 이유는 $(1,3)$과 $(1,4)$가 f에 속하는데, 첫 번째 좌표가 같지만(둘 다 1이다) 두 번째 좌표는 다르기 때문이다(각각 3과 4이다).

이것이 바로 f가 함수의 정의를 위반하는 이유다.

앞에서 제시한 함수의 형식적인 정의에 따라 분석할 때 정의에 해당하지 않는 유형의 예들이 무엇인지 이 예를 통해 정확히 알았기를 바란다. 관계에서 두 점의 첫 번째 좌표가 같으면 두 번째 좌표도 같아야 한다는 요구 사항은 본질적으로 정의역의 원소가 f에 의해 공역에 속하는 둘 이상의 원소에 사상되지 않아야 한다는 말과 같다. 즉, f를 나타내는 대응 관계가 모호하지 않아야 한다.

호기심 많은 독자라면 함수에만 중점을 두고 관계에 대해서는 별로 다루지 않는지 궁금할 수도 있겠다. 간단히 대답하면 관계라는 대상은 범위가 넓어서 분류하고 연구하기가 어렵기 때문이다. 관계가 별로 중요하지 않다는 것이 아니라, 함수에 관한 이론이 더 이해하기가 좋다는 뜻이다.

11.208 연습문제

함수 $f \colon \mathbb{R} \to \mathbb{R}$이 다음의 할당 규칙을 나타낸다고 하자.

$$f(x) := x^2$$

이때 f의 역함수를 다음과 같다고 말한다.

$$f^{-1}(x) := \sqrt{x}$$

음, 그런데 f^{-1}이 함수라면 f^{-1}에도 정의역과 공역이 명시돼야 한다. f^{-1}의 정의역과 공역은 무엇인가? 정의역과 공역을 구한 다음 f^{-1}을 나타내는 대응 규칙을 정의하는 관계를 써 보라. 이 관계는 함수인가?

이 연습문제 때문에 혼란스러웠을 수도 있는데, 그럴 만하다. $f(x) = x^2$으로 정의되는 함수 $f \colon \mathbb{R} \to \mathbb{R}$에 대한 역을 구하는 부분에 좀 더 주의를 기울여야 한다. 무엇이 틀렸는지 확인하고자 f가 정의역 $\mathbb{R}$의 서로 다른 두 원소를 공역 $\mathbb{R}$의 같은 원소로 사상하는지 관찰하자.

$$f(1) = 1^2 = 1 \tag{11.209}$$
$$f(-1) = (-1)^2 = 1 \tag{11.210}$$

그러므로 f의 '역을 구하는' 과정(제곱 연산을 '되돌린다'고 생각해도 좋다)에서 공역에 속하는 수 1을 어떻게 할지 결정해야 한다. 즉, "f가 정의역의 어떤 것을 공역에 속하는 수 1로 사상하는가?"라는 질문이 모호하다. f에 의해 1과 –1 둘 다 1로 사상되기 때문이다. 1 아니면 –1이라고 답하면 맞을 것이다. 그런데 제곱근을 취할 때 왜 양의 부호 또는 음의 부호를 선택하는지 기억하는가? 이것은 무작정 믿어야 하는 진리가 아니다.

이 현상이 기하학적으로는 포물선이 '수평선 테스트'를 통과하지 못하는 것으로 나타난다. 다음 연습문제에서 살펴보자.

11.211 연습문제

함수 f의 그래프를 그리고 실제로 포물선인지 확인하라. 그렇게 했으면 x축의 위쪽에는 수평선을 어떻게 그려도 포물선과 두 번 만나게 됨을 알 수 있다. 특히 그래프에서 높이 1인 곳에 수평선을 그려서 $f(1) = 1$이고 $f(-1) = 1$이라는 사실을 기하학적으로 나타내보라.

11.212 연습문제

"그런데 잠깐만, 그럼 f는 서로 다른 두 가지를 같은 곳으로 보내니까 함수도 아니네!" 하고 의아할지도 모르겠다. 주의하기 바란다. f는 함수다. 함수의 정의에서는 어떤 한 가지가 다른 두 가지로 사상될 가능성을 허용하지 않으나 11.211 연습문제에 주어진 상황은 이와 다르다. 함수의 형식적인 정의를 이용해 이것을 확인하라.

우리가 다루고 있는 함수들에 추가적인 조건을 부여하면 이 함수들의 역을 구하려는 동안 이러한 문제는 발생하지 않는다는 사실을 알게 될 것이다. 이미 짐작했겠지만 뒤이어 나올 내용에서 우리가 다룰 함수들은 서로 다른 두 가지를 같은 것에 사상하지 않는다는 추가적인 조건까지 요구한다.

이제부터는 함수에 관한 기호를 일반적인 표기법으로 되돌릴 것이며, 관계에 대해서는 더 이상 얘기하지 않아도 될 듯하다. 여기서는 단순히 함수가 정확한 수학적 정의로 기술되는 특정 종류의 관계일 뿐이라는 점을 강조하고 싶다.

함수의 중요한 성질

이제 함수의 바람직한 세 가지 속성을 알아보겠다.[23]

단사성^{injectivity}, 전사성^{surjectivity}, 전단사성^{bijectivity}

앞에서 포물선을 설명할 때 단사 함수가 아닌 함수가 나왔었다. 직관적으로 말하면 단사 함수^{injective function}는 일대일 함수^{one-to-one function}라고도 하며, 서로 다른 두 가지를 같은 것으로 사상하지 않는 함수다.

11.213 정의: 단사 함수(일대일 함수)

함수 $f : X \to Y$가 단사 함수이기 위한 필요충분조건은 다음과 같다.

$$\text{모든 } x_1, x_2 \in X \text{에 대해 } f(x_1) = f(x_2) \implies x_1 = x_2$$

다시 말해 f가 두 원소를 같은 원소로 사상하는 경우는 두 원소가 같은 경우뿐이라는 것이다. 앞에서 $f(x) = x^2$로 정의된 함수 $f : \mathbb{R} \to \mathbb{R}$이 함수이기는 하지만 단사 함수는 아님을 확인했을 것이다.

11.214 연습문제

함수 f가 단사 함수이면 모든 $x_1, x_2 \in X$에 대해 $x_1 = x_2$라는 것과 $f(x_1) = f(x_2)$가 필요충분조건임을 증명하라. 함수의 정의를 상기해보라.

---

23. 단사성(injectivity), 전사성(surjectivity), 전단사성(bijectivity)이라는 용어는 니콜라 부르바키(Nicolas Bourbaki)에서 유래했다. 니콜라 부르바키는 주로 프랑스 수학자들로 구성된 비밀 단체의 필명으로, 앙드레 베유(Andre Weil), 장 피에르 세르(Jean-Pierre Serre), 알렉상드르 그로텐디크(Alexander Grothendieck) 등이 활동했으며 1935년경에 추상적이면서 자기 완결성을 갖춘 바탕 위에 수학을 재구성하고자 했다.

물론 $f(x) = x^2$로 정의된 함수 $f : \mathbb{R} \to \mathbb{R}$은 단사 함수가 아니다. 하지만 f의 정의역을 더 작은 집합인 $[0, \infty) := \{x \in \mathbb{R} : x \geq 0\}$으로 제한한 다음의 함수를 생각해보자.

$$f|_{[0,\infty)} : [0, \infty) \to \mathbb{R} \tag{11.215}$$

(f를 집합 $[0, \infty)$로 제한$^{\text{restriction,}}$한다고 읽는다) $f|_{[0,\infty)}$가 갑자기 단사 함수가 됐다. 기하학적으로 보면 이는 포물선의 왼쪽을 잘라내고 오른쪽만 고려하는 것에 해당한다. 이것을 그래프로 그려 보면 무슨 뜻인지 알 것이다. 이것을 하나의 '분지$^{\text{branch,}}$'만 고려한다고 말하기도 한다.

이제 제한된 새로운 f의 역을 구해보자. 앞의 연습문제에서 해봤듯이 역함수의 정의역과 공역을 구하느라 고생해야 할 수도 있지만, 적어도 $\sqrt{x}$ 같은 뭔가가 된다는 것은 알고 있다. f의 제한 $f|_{[0,\infty)} : [0, \infty) \to \mathbb{R}$이 정의역 $[0, \infty)$로부터 공역 $\mathbb{R}$로의 함수이므로 역함수의 정의역과 공역이 서로 반대가 된다는 것은, 즉 역함수 $(f|_{[0,\infty)})^{-1}$의 정의역이 $\mathbb{R}$이고 공역이 $[0, \infty)$가 돼야 한다는 것은 타당해 보인다.

공역에 관해서는 걱정할 필요가 없다. 역인 $(f|_{[0,\infty)})^{-1} = \sqrt{x}$의 공역은 확실히 $[0, \infty)$이다. 모든 실수의 제곱근은 0 또는 양수이기 때문에, 즉 집합 $[0, \infty)$의 원소이기 때문인데, 확인해보기 바란다. 그러나 정의역이 무엇인가 하는 문제가 흥미로운 딜레마다.

이미 알아차렸을 수도 있지만, 다음 함수의 정의역은 $\mathbb{R}$ 전체가 될 수 없다.

$$\left(f|_{[0,\infty)}\right)^{-1} = \sqrt{x} \tag{11.216}$$

그러려면 $(f|_{[0,\infty)})^{-1}$이 -1과 같은 수에 대해 어떻게 작용하는지 선언해야 할 것이다. 즉, -1(그리고 다른 모든 음수)의 제곱근을 취해야 하는데, 그러면 허수가 정의역이 돼 버린다.

제곱이 -1인 실수는 없으므로, 역함수 $(f|_{[0,\infty)})^{-1}$의 정의역 또한 제한해야 한다. 그

렇지 않으면 f의 역은 앞에서 알아본 정의에 따라 함수가 아니게 된다. 구체적으로 말하면 $(f|_{[0,\infty)})^{-1} = \sqrt{x}$ 를 음이 아닌 수, 즉 $[0, \infty)$로 제한해서 $(f|_{[0,\infty)})^{-1}$의 역을 구하는 문제를 해결해야 한다.

바꿔 말하면 이 함수가 공역의 모든 원소 위로^{onto} 사상하는 함수여야 한다. 이 예에서 함수 $f(x) = x^2$ 그리고 이 함수를 $[0, \infty)$로 제한한 $f|_{[0,\infty)}$도 맞은편의 모든 원소에 '닿지' 않는다는 사실을 알 수 있다. 예를 들어 제곱이 -1인 실수가 없으므로 -1에 닿지 않는다. 기하학적으로 보면 포물선, 포물선의 오른쪽 분지라고 해도 음의 영역으로 전혀 진입하지 않는다는 것을 알 수 있다.

이제 이러한 모든 논의를 분명히 하는 정의를 내리고 '위로^{onto}'라는 단어의 정확한 수학적 의미를 알아보겠다.

11.217 정의: 전사 함수(위로의 함수)

함수 $f : X \to Y$가 전사 함수라는 것은 각각의 원소 $y \in Y$에 대해 $f(x) = y$를 만족하는 원소 $x \in X$가 존재한다는 것과 필요충분조건이다.

구어체로 말하면 Y의 모든 원소가 X의 어떤 원소에 의해 '닿는다'고 말할 수 있다.

자, 결정적인 대목이다. 함수라는 개념을 정확히 세우고 함수의 속성을 알아봤지만, 왜 이러한 속성들에 관심을 갖는지는 명시적으로 얘기한 적은 없다. 다음에 나오는 정의는 사실은 정리지만, 정의로 쓰겠다.

11.218 정의: 전단사 함수(일대일 대응 함수)

함수 $f : X \to Y$가 단사 함수이면서 전사 함수라는 것은 f가 전단사 함수이기 위한 필요충분조건이다. 이것은 함수 f가 가역 함수이고 $f^{-1} : Y \to X$라는 것과 동치다.

이와 같이 이제 f가 전단사 함수이면 함수가 가역 함수가 돼 다른 함수가 역이 된다는 사실을 알았다. 가역 함수는 두 수학적 대상이 동일하다는 의미가 무엇인지 정의하는 데 중요한 역할을 한다. 예를 들어 두 집합이 같은지 따져볼 때, 원소 수가 같은지만 봐도 충분한 경우가 많고, 그 반대도 동등하다. 두 집합의 원소 수가 같다는 사실을 표현하는 한 가지 방법은 두 집합 사이에 가역 함수가 존재한다고 얘기하는 것이다(왜 그런지 생각해보라). 관심 대상인 두 집합에 약간의 구조가 있을 때 두 집합이 같다고 말하려면 두 집합의 구조를 보존하는 가역 함수가 둘 사이에 존재해야 한다고 주장하는 것이 당연해 보인다. 즉, 두 집합 사이에 전단사 사상이 있는 것만으로는 충분하지 않다는 말이다. 나중에 **구조 보존 사상**structure-preserving map 이라는 개념이 선형 대수에서 **가역 선형 변환**invertible linear transformation에 해당함을 알게 될 것이다.

약간의 보충 설명: f가 단사 함수가 아닐 때 앞에서 $f(x) = x^2$으로 정의된 함수 $f : \mathbb{R} \to \mathbb{R}$에서 했던 대로 함수의 정의역을 제한해서 단사성을 부여하는 것은 정당하다. 하지만 이때 함수가 전사 함수가 아닐 수도 있으므로 함수 f를 이 함수의 상image에 대해서만 역을 구해야 한다. 여기서 f의 상이란 다음을 뜻한다.

$$f(X) := \{ f(x) : x \in X \} \tag{11.219}$$

즉, 어떤 $x \in X$에 대해 $f(x) \in Y$인 원소들이다. 함수의 역을 그 상에 대해서만 구하지 않으면 우리의 바람과 달리 역이 함수가 되지 않을 것이다. 제곱 함수와 당연히 역일 줄 알았던 제곱근의 경우처럼 말이다.

11.220 연습문제

$f(x) = x^2$으로 정의되는 제곱 함수 $f : \mathbb{R} \to \mathbb{R}$의 상이 실제로 $[0, \infty)$임을 확인하라.

잠깐, 두 함수를 어떻게 합성하는지 기억해보자.

다음과 같이 두 함수가 있다고 하자.

$$f(x) = x^2 \text{로 정의된 } f : \mathbb{R} \to \mathbb{R} \tag{11.221}$$

$$g(x) = x + 1 \text{로 정의된 } g : \mathbb{R} \to \mathbb{R} \tag{11.222}$$

둘을 합성하면 무엇이 되는지, 즉 둘을 차례대로 적용한 결과는 무엇인지 궁금할 법하다.

11.223 정의: 두 함수의 합성

일반적으로 다음과 같은 두 함수의 합성을 $g(f(x))$로 정의되는 함수 $(g \circ f)$로 정의한다.

$$f : X \to Y, g : Y \to Z$$

이에 따라 g를 먼저 적용한 다음 f를 적용한다. 예의 경우 $f(x) = x^2$과 $g(x) = x + 1$을 합성하면 다음과 같은 함수가 된다.

$$(f \circ g)(x) := f(g(x)) = f(x + 1) = (x + 1)^2 \tag{11.224}$$

11.225 연습문제

$g \circ f$는 같은 함수가 아니며 실제로 다음 함수가 됨을 확인하라.

$$(g \circ f)(x) = x^2 + 1$$

일반적으로 두 함수 f와 g에 대해 $f \circ g = g \circ f$인 경우는 매우 드물다.

임의의 집합 X에 대해 항등 함수라는 특수한 함수가 존재한다. 항등 함수는 I_X로 표기하며 모든 $x \in X$에 대해 $I_X(x) = x$인 함수다. 함수 $f : X \to Y$가 주어졌을 때 다음의 두 가지 성질을 만족하는 또 다른 함수 $f^{-1} : Y \to X$가 있는지 자연히 궁금해진다.

(1) $f^{-1} \circ f : X \to Y \to X$가 X에 대한 항등 함수 I_X와 같다.

(2) $f \circ f^{-1} : Y \to X \to Y$가 Y에 대한 항등 함수 I_Y와 같다.

이를 만족하는 함수 f^{-1}을 찾을 수 있는 경우 함수 f에 대한 역함수를 찾았다고 말한다.

자, 가역 함수라는 더 정교한 개념을 알아보자.

11.226 가역 함수의 특성

함수 $f : X \to Y$가 가역 함수라는 것은 다음을 만족하는 함수 $f^{-1} : Y \to X$가 존재한다는 것과 필요충분조건이다.

$$f^{-1} \circ f = I_X \tag{11.227}$$

$$f \circ f^{-1} = I_Y \tag{11.228}$$

f가 가역 함수이기 위한 필요충분조건은 어떤 순서로든 f와 합성해서 항등 함수를 만드는 함수 f^{-1}을 구할 수 있다는 것이다. 가역 함수라는 개념은 나중에 행렬을 설명하면서 가역 행렬이 무엇인지 설명할 때 등장하게 된다.

11.7 선형 변환의 정의

11장을 시작할 때부터 선형 대수를 '선형 대수'라고 부르는 이유가 궁금했을지 모르겠다.

지금까지는 직선에 대해 설명한 적도 없고 어떤 의미에서든 명백히 선형인 무언가를 설명한 적도 없어서 왜 그런지 전혀 알 수가 없을 것이다. 흥미롭게도 앞에서 설명에 대부분을 할애한 행렬을 사실은 선형 변환이라고도 한다. 이에 대해서는 설명이 조금 필요하겠다.

그렇다면 선형 변환이란 무엇일까? 다음의 예(아닌 예)를 보면 깜짝 놀랄 수도 있다. 다음과 같은 $\mathbb{R} \to \mathbb{R}$로의 함수(변환) T가 있다고 하자.

$$x \mapsto x + 1 \tag{11.229}$$

즉, T는 벡터(이 예에서는 어떤 수)를 해당 벡터 더하기 1로 사상하는 1차원 공간의 변환이다. 예를 들면 $T(0) = 0 + 1 = 1$이고 $T(1) = 1 + 1 = 2$이다. 함수 표기법에 익숙하다면 변환 T를 다음과 같이 나타낼 수 있다.

$$T : \mathbb{R} \to \mathbb{R} \tag{11.230}$$
$$T(x) = x + 1 \tag{11.231}$$

이 변환을 그래프로 그리면 그림 11.16과 같다.

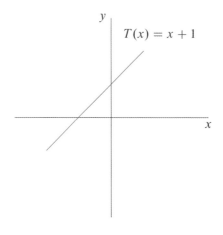

▲ 그림 11.16: $T(x) = x + 1$의 그래프

자, 이렇게 말하고 있을지도 모르겠다. "이러면 T가 분명히 선형이네. 직선이야."

그런데 실제로는 그렇지 않다. 사실 이 관계는 아핀^{affine}이지 선형이 아니다.[24] 이 예가 우리의 직관에 어긋나는 이유는 우리가 함수를 그래프로 분석하게 배웠기 때문이다. 보통 우리의 직관은 함수를 그래프로 나타낸 정보에 따라 좌우된다. 하지만 이 경우에서는 T의 그래프가 점들의 집합이다.

$$\{(x, T(x)) : x \in \mathbb{R}\} \tag{11.232}$$

이를 그래프로 나타내면 직선과 정말 닮은 모습이다. 하지만 이 함수의 그래프가 직선이라는 것은 아니다. 이 함수가 선형이라고 말하고 있는 것이다. 벡터 공간의 정의를 배우고 나면 이 함수가 선형 함수의 집합에 포함되지 않는 이유를 확인하려고 이 예를 다시 찾을 수도 있다. 잠깐(또는 3초)만 이쯤에서 내용을 정리해보기 바란다.

최소한 $\mathbb{R}$에서 $\mathbb{R}$로 사상되는 변환의 경우 선형의 정의는 다음과 같다.

11.233 정의: **선형 변환**

변환 $T : \mathbb{R} \to \mathbb{R}$(바꿔 말하면 함수)이 선형이기 위한 필요충분조건은 다음과 같다.

1. 모든 $x, y \in \mathbb{R}$에 대해 $T(x + y) = T(x) + T(y)$
2. 모든 $a \in \mathbb{R}$과 모든 $x \in \mathbb{R}$에 대해 $T(a \cdot x) = a \cdot T(X)$

---

24. 아핀 변환(affine transformation)은 $Ax \coloneqq Tx + b$ 형식의 변환이다. 여기서 T는 선형 변환이고 b는 벡터다. 다시 말해 아핀 변환은 선형 변환(즉, 회전과 확대의 합성) 후에 평행 이동을 한 결과다. 사실 변환 $T(x) \coloneqq x + 1$이 선형이 아닌 이유는 1만큼 평행 이동하기 때문이다. 함수 T의 정의에서 A와 b가 무엇인지 정확하게 구하고 평행 이동 벡터 b가 0일 때 아핀 변환이 정확히 선형이라는 사실을 확인해보는 것이 좋은 연습문제가 될 것이다.

이와 같이 T를 합에 적용하는 것이 각각에 T를 적용한 다음 더한 것과 같고, T를 스칼라 곱에 적용하면 스칼라를 곱할 값에 T를 적용한 다음 그 결과에 스칼라를 곱한 것과 같아야 한다. 즉, T가 덧셈과 스칼라 곱셈을 보존해야 한다. 이를 **구조 보존 사상**structure-preserving map이라 한다. 구조란 대수 구조, 즉 더하고 곱하는 방식을 의미한다.

앞에서 정의한 사상 $T(x) = x + 1$이 선형이 아닌 이유를 살펴보자. T가 선형이었다면 $\mathbb{R}$에 속하는 모든 x와 y에 대해 $T(x + y) = T(x) + T(y)$일 것이다. 하지만 이것은 참이 아니다.

$$T(x + y) := (x + y) + 1 \tag{11.234}$$

$$T(x) + T(y) := (x + 1) + (y + 1) = (x + y) + 2 \neq (x + y) + 1 \tag{11.235}$$

이와 같이 일반적으로는 $T(x + y) \neq T(x) + T(y)$이며, 따라서 T는 선형의 정의를 만족시키지 않는다.

11.236 연습문제

T가 선형의 정의에서 명시된 두 번째 성질도 위반한다는 사실을 $\mathbb{R}$에 속하는 특정한 a와 x를 골라 확인해보라. 그러므로 T는 선형일래야 선형일 수가 없다.

앞에 나온 행렬이 사실은 선형 변환이라고 계속 주장하고 있다. 하지만 이를 올바로 설명하려면 어떤 의미에서 행렬이 변환인지 더 신중하고 수학적인 관점에서 이해해야 한다. 특히 행렬이 어떤 공간을 변환하고 있는지 주의를 기울여야 한다. 이러한 공간을 **벡터 공간**이라고 한다.

11.8 사전 지식 없이 벡터 공간 만들기

벡터 공간$^{\text{vector space}}$라는 이름을 들으면 머릿속에 벡터들이 공간에 모여 있는 모습이 떠오른다. 그 모습에 벡터 공간이 무엇인지 꽤 많이 들어 있다. 벡터 공간은 많은 벡터가 위치하는 공간이다. 이 벡터 공간에서 벡터의 덧셈이나 스칼라 곱셈과 같이 벡터에 수행하는 일반적인 모든 연산을 가능하게 하는 것이 우리가 바라는 것이다.

벡터 공간의 정확한 정의를 얘기한 다음 용어를 풀어 설명하겠다.

11.237 정의: 벡터 공간

체^{field} $\mathbb{F}$ 위의 벡터 공간 V는 V에 대한 체 $\mathbb{F}$의 작용^{action}을 갖춘 아벨 군$^{\text{abelian group}}$ V다.

정의에 익숙하지 않은 용어가 많이 나왔는데, 차근차근 설명하겠다.

우선 체^{field}가 무엇일까? 곧 살펴보겠지만 모든 체는 아벨 군을 합친 것이므로, 먼저 아벨 군을 정의하는 편이 가장 좋겠다. 작용^{action}이라는 단어는 이 절의 뒷부분에서 정의하겠다.

군

다음의 기호가 "x는 G의 원소다."를 나타낸다는 것을 상기하자.

$$x \in G \tag{11.238}$$

다음과 같이 쓰면 "x, y, z는 G의 원소다."를 뜻한다.

$$x, y, z \in G \tag{11.239}$$

이제 군^{group}의 정확한 정의를 얘기하겠다. 그런 다음 이 모든 것이 실제로 무엇을 뜻하는지 깊이 살펴보겠다.

군 $(G, \star)$는 다음의 성질을 만족하는 집합 G다.

- **닫힘성:** 다음과 같은 함수가 존재한다.

$$\star : G \times G \to G$$

  이를 G의 이항 연산$^{\text{binary operation}}$이라고 부른다.

  연산 $\star$를 G의 원소 쌍 g_1, g_2에 적용하는 것을 일반적으로 함수를 원소 쌍에 적용할 때처럼 $\star(g_1, g_2)$로 쓰지 않고, $g_1 \star g_2$라고 간결하게 쓴다.

  지금은 $\star$를 덧셈이나 곱셈과 같이 익숙한 연산이라고 생각하는 편이 좋겠다. 예를 들어 덧셈을 두 수를 입력으로 받아 새로운 수를 결과로 출력하는 이항 연산이라고 얘기하면 이상하게 들릴지는 몰라도 올바른 얘기다. 그런 연산에서 이항 연산을 가리키는 $\star$라는 이름을 + 기호로 바꿔 쓰면 다음과 같이 된다.

$$+(x, y) := x + y$$

  이러한 개념이 컴퓨터 과학자나 프로그래머들한테는 별로 생소하지 않을 것이다. 함수나 메서드를 정의하는 것과 비슷하다.

- **결합성:** G의 원소인 임의의 x, y, z로 이뤄진 삼중항^{triplet}에 대해 다음을 만족한다.

$$(x \star y) \star z = x \star (y \star z)$$

  이것은 수학에서 흔히 하는 합리적인 가정이다. 모든 이항 연산이 결합성을 갖지는 않는다는 사실은 알아둬야겠다.

11.240 연습문제

결합성을 갖지 않는 이항 연산의 예를 들 수 있는가? 일반적인 두 수의 뺄셈을 생각해보자. 3 − 2 = 1처럼 말이다. 흥미롭게도 이 간단한 뺄셈 연산이 결합성을 갖지 않는다. 확인차 모호한 뺄셈 1 − 2 − 3을 생각해보자. 이것이 (1 − 2) − 3일까, 아니면 1 − (2 − 3)일까? 이 차이가 중요하다는 것을 확인하라.

- **항등원:** 임의의 원소 $x \in G$에 대해 다음을 만족하는 원소 $e \in G$가 존재한다. 이러한 원소 e를 항등원이라 한다.

$$x \star e = e \star x = x$$

이번에도 익숙한 시나리오를 생각하면 도움이 된다. 덧셈 연산을 갖춘 정수 집합에 속한 0이라는 수에는 이미 익숙할 것이다.

11.241 연습문제

0은 덧셈 연산을 갖춘 임의의 수들의 집합에 대해 항등원의 성질을 갖는다는 사실, 즉 임의의 수 x와 0을 더하면 어떤 순서로 더하든 x가 나온다는 사실을 확인하라.

- **역원:** 각각의 원소 $x \in G$에 대해 다음과 같은 성질을 갖는 역원 $x^{-1} \in G$가 존재한다.

$$x \star x^{-1} = x^{-1} \star x = e$$

덧셈 연산을 갖춘 임의의 수들의 집합에서는 역원이 '음수'가 된다. 무슨 의미인지 확인하려면 1의 어느 쪽에 더하든 0이 되는 수를 찾아보자. 잠시 생각해보면 찾고 있는 숫자가 −1이라는 것을 알 수 있다. 따라서 덧셈에 대해 1이라는 수의 역원은

-1이라고 말할 수 있다.

11.242 정의: 군

군 $(G, \star)$는 다음의 성질을 만족하는 집합 G다.

- **닫힘성:** 다음과 같은 함수가 존재한다.

$$\star : G \times G \to G$$

  이를 G의 이항 연산이라고 부른다.

- **결합성:** G의 원소인 임의의 x, y, z로 이뤄진 삼중항[triplet]에 대해 다음을 만족한다.

$$(x \star y) \star z = x \star (y \star z)$$

- **항등원:** 임의의 원소 $x \in G$에 대해 다음을 만족하는 원소 $e \in G$가 존재한다. 이러한 원소 e를 항등원이라 한다.

$$x \star e = e \star x = x$$

- **역원:** 각각의 원소 $x \in G$에 대해 다음과 같은 성질을 갖는 역원 $x^{-1} \in G$가 존재한다.

$$x \star x^{-1} = x^{-1} \star x = e$$

자, 제군들, 헤쳐모여(죄송, 군이라 해봤는데...). 이 정의가 실제로 무슨 말인지 생각해보자.

군이라는 개념은 간단하다. 우선 어떤 것들의 집합이 있다. 그런 다음 해당 집합에 하나의 이항 연산, 즉 이 집합에 속한 것들 중에 두 가지를 입력으로 받아 집합에 속하는 다른 것을 산출하는 연산을 정의한다. 이러한 성질을 그 연산에 대한 집합의 **닫힘성**이라고 부르기도 한다.

그런 다음 이 연산이 **결합성**을 가져야 한다. 그러므로 연산할 대상이 셋인 경우 어느 쪽부터든 두 가지에 대해 먼저 연산을 한 다음 세 번째 것을 하면 된다(이항 연산만 정의했으니 한 번에 세 가지 전부에 대해 연산을 할 수는 없다).

다음으로 이 집합에 **항등원**이라고 부르는 특수한 원소가 있어야 한다. 항등원을 아무 다른 원소와 이항 연산을 적용하면 그 원소가 다시 나온다.

마지막으로 집합에 속하는 모든 원소는 각각 **역원**을 가져야 한다. 역원은 마찬가지로 이 집합에 속하며, 어떤 원소와 그 역원에 (어떤 순서로든) 이항 연산을 적용했을 때 항등원이 나오는 원소다.

군이 아벨 군[25]이 되려면 해당 연산이 교환성을 가져야 한다. 즉, 연산 순서와 상관없이 동일한 연산 결과가 나와야 한다.

11.243 정의: 아벨 군

군 $(G, \star)$가 아벨 군이라는 것은 $\star$가 다음과 같이 교환 가능한 연산이라는 것과 필요충분조건이다.

$$\text{모든 } x, y \in G \text{에 대해 } x \star y = y \star x$$

정의가 상당히 추상적이므로 정수들의 집합 $\mathbb{Z}$를 예로 들어 구체적으로 살펴보자. 예를 보면 정의에 나온 몇 가지 주목할 만한 부분을 확실히 알 수 있을 것이다. 정수 집합 $\mathbb{Z}$는 다음과 같은 수로 이뤄진다.

$$\mathbb{Z} := \{..., -3, -2, -1, 0, 1, 2, 3, ...\} \tag{11.244}$$

---

25. '아벨'은 수학자 닐스 헨리크 아벨(Niels Henrik Abel)을 기리는 이름이다.

★ : $\mathbb{Z} \times \mathbb{Z} \to \mathbb{Z}$인 이항 연산 중에 자연스레 예로 들 만한 연산이 있다. 바로 덧셈이다. ★$(x, y) := x + y$로 정의하자(앞에서 이항 연산의 의미를 설명할 때도 봤던 그것이다). 즉, ★는 그냥 일반적인 정수 덧셈에 해당하는 이항 연산이다. 여기서 주장하려는 것은 이 연산이 사실 앞에서 나열한 여러 성질을 모두 만족시킨다는 것이다.

음, 결합성을 만족시키는 것은 확실하다. 정수의 덧셈이 결합성을 갖기 때문이다 (결합성이 어떤 면으로는 정해진 규칙에 따라 만족되는 것이기 때문에 일부에서는 문제를 제기하기도 하지만). 예를 들어 합 $1 + 2 + 3$을 구해야 하는 경우 알다시피 $1 + 2$를 먼저 계산한 다음 3을 더해도 되고, $2 + 3$을 먼저 계산한 다음 1을 더해도 된다. 기호로 쓰면 $(1 + 2) + 3 = 1 + (2 + 3)$이 되는데, 사실 이는 모든 세 정수에 대해 참이다.

다음 질문은 이때 항등원은 무엇인가에 관한 것이다. 답은 0인데, 0과 다른 임의의 정수를 더했을 때 그 정수가 나오기 때문이다.

마지막으로 모든 정수가 역을 가져야 하는데, 이것도 참이다. 임의의 정수 a는 $-a$라는 역을 갖기 때문이다. 임의의 정수 $a \in \mathbb{Z}$에 대해 다음을 확인하라.

$$a + (-a) = (-a) + a = 0 \tag{11.245}$$

11.246 연습문제: 자연수의 집합

$$N := \{0, 1, 2, 3, \dots\} \tag{11.247}$$

위의 수식이 $1 + 2 = 3$과 같은 일반적인 자연수의 덧셈 연산에 대해 왜 군이 아닌지 그 이유를 밝혀라.

어쨌든 유리수($\mathbb{Q}$), 실수($\mathbb{R}$), 복소수($\mathbb{C}$)는 각각 일반적인 수의 덧셈에 대해 아벨 군을 형성한다는 것이 알려져 있다.

자, 이제 다음을 관찰할 차례다.

11.248 핵심 아이디어

수의 벡터는 아벨 군을 형성한다.

무슨 뜻인지 확인하고자 먼저 두 벡터의 덧셈에 대한 정의를 다시 살펴보자. 2차원에서 벌어지는 일에만 집중해보겠다. 실제로 두 개의 복소수 성분을 갖는 모든 벡터의 집합을 확인해보자. 기호로는 다음과 같이 나타낸다.

$$V = \mathbb{C}^2 := \left\{ \begin{pmatrix} x \\ y \end{pmatrix} : x, y \in \mathbb{C} \right\} \tag{11.249}$$

이 집합은 벡터의 덧셈에 대해 아벨 군을 형성한다.

먼저 이 집합이 벡터 덧셈 연산에 대해 닫혀 있는지, 즉 이 집합의 원소 둘을 취해 더했을 때 실제로 이 집합에 속하는 다른 원소가 나오는지(닫힘) 확인해야 한다. 그러므로 $(x\,y)^T$와 $(z\,w)^T$을 집합 V에 속하는 임의의 두 원소라 하자. 다음과 같이 두 원소의 합이 실제로 집합 V의 다른 원소인지 확인해야 한다.

$$\begin{pmatrix} x \\ y \end{pmatrix} + \begin{pmatrix} z \\ w \end{pmatrix} = \begin{pmatrix} x + z \\ y + w \end{pmatrix} \tag{11.250}$$

x, y, z, w는 모두 복소수이므로, 합 $x + z$와 $y + w$도 실제로 복소수다. 그러므로 결과 벡터는 결국 V의 원소가 된다. 그리고 V는 벡터 덧셈에 대해 닫혀 있다.

다음 질문은 벡터 덧셈이 결합성을 갖는지 여부에 대한 것이다. 이는 여러분이 확인하도록 준비해됐다. 다음의 벡터들이 V의 원소라 하자.

$$\begin{pmatrix} a \\ b \end{pmatrix}, \begin{pmatrix} c \\ d \end{pmatrix}, \begin{pmatrix} e \\ f \end{pmatrix} \tag{11.251}$$

11.252 연습문제

벡터 덧셈이 결합성을 갖는지, 즉 다음이 성립하는지 확인하라.

$$\left(\begin{pmatrix} a \\ b \end{pmatrix} + \begin{pmatrix} c \\ d \end{pmatrix} \right) + \begin{pmatrix} e \\ f \end{pmatrix} = \begin{pmatrix} a \\ b \end{pmatrix} + \left(\begin{pmatrix} c \\ d \end{pmatrix} + \begin{pmatrix} e \\ f \end{pmatrix} \right)$$

이제 항등원을 확인할 차례다. 성분이 모두 0인 벡터를 취해보자.

$$e = \begin{pmatrix} 0 \\ 0 \end{pmatrix} \tag{11.253}$$

11.254 연습문제

벡터 e가 실제로 집합 V의 항등원인지, 즉 어떤 벡터에 어느 쪽으로든 e를 더했을 때 동일한 벡터가 나오는지 확인하라.

그러면 V에 속하는 어떤 주어진 벡터가 덧셈에 대해 V에 속하는 역원을 갖는지 확인해야 한다. 그렇게 고약한 일은 아니다. 주어진 벡터가 V에 속하는 $v := (\, x \, y \,)^T$라 하면 그 역원은 예상하다시피 $-v := (\, -x \, -y \,)^T$이다.

11.255 연습문제

실제로 다음이 성립하는지 확인하라.

$$v + (-v) = (-v) + v = e$$

('e'는 앞에서 정의한 모든 성분이 0인 벡터라는 사실을 기억하라)

자, 그럼 아벨 군에 해당하는 부분은 어떨까? 아벨이란 말은 교환성을 가리킨다는 사실을 상기하자. 그러므로 벡터 군이 덧셈 연산에 대해 교환성을 갖는지 살펴보자.

11.256 연습문제

V의 벡터를 어떤 순서로 더하든 동일한 결과가 나오는지, 즉 벡터들을 교환 가능한지 확인하라.

$$\begin{pmatrix} a \\ b \end{pmatrix} \cdot \begin{pmatrix} c \\ d \end{pmatrix} \cdot \begin{pmatrix} e \\ f \end{pmatrix} \tag{11.257}$$

이 연습문제를 마치다 보면 알게 되겠지만, 복소수를 어떤 순서로 더하든 동일한 결과가 나온다는 사실로 인해 이것도 참이 된다.

이제 $\mathbb{C}^2$, 즉 복소수 성분을 갖는 모든 2차원 벡터의 집합이 아벨 군이라는 것을 확인했다.

11.258 연습문제

비슷한 방법으로 $\mathbb{R}^2$이 아벨 군임을 증명하라. 그런 다음 이와 유사한 n차원의 집합 $\mathbb{R}^n$ 또한 군이라는 것을 증명하라. 마지막으로 $\mathbb{C}^2$과 유사한 n차원의 집합 $\mathbb{C}^n$도 일반적인 벡터 덧셈에 대해 아벨 군임을 증명하라.

표기법에 대한 보충 설명: 군이 아벨 군이라고 가정한 다음에는 추상 연산 ★를 +라는 이름으로 부르던 것을 다시 되돌려도 무방하다. 모든 아벨 군에 대한 이항 연산이 일종의 정수 덧셈처럼 실현될 수 있기 때문이다. 여기서는 이러한 개념을 다루지는 않겠지만, 그러므로 아벨 군인 상황에서 어떤 원소 x의 역을 정당하게 $-x$로 지칭할 수 있다.

11.259 연습문제

아벨 군이 아닌 예를 살펴보려 한다. 앞서 나왔던 파울리 행렬 X, Y, Z, 그리고 항등 행렬 $I := I_2$를 생각해보자. 다음과 같이 16개의 행렬이 있고 행렬 곱셈 연산을 갖춘 집합이 군인지 앞서 나열한 공리들을 확인해 살펴보라.

$$P := \{\pm I, \pm iI, \pm X, \pm iX, \pm Y, \pm iY, \pm Z, \pm iZ\}$$

이 군을 **파울리 군**$^{Pauli\ group}$이라 부른다. 행렬 곱셈은 일반적으로 교환 가능하지 않기 때문에 파울리 군은 아벨 군이 아니다. 예를 들면 $XY \neq YX$다.

이제 V에 대한 체 $\mathbb{F}$의 작용이 무슨 의미인지, 체가 무엇인지 궁금할 듯하다. 작용의 개념은 마지막 차례로 남겨두겠다.

체

아벨 군을 정의했기 때문에 체^{field}의 정의가 아주 동떨어진 개념은 아니다. 체는 아벨 군에 추가로 연산이 있는 것이다. 그 연산은 흔히 약간의 가설을 만족시키는 '곱셈'이라고 불린다. 체는 사실 그렇게 추상적이지 않다. 삶의 모든 것이 체와 함께 돌아가고 있다. 체의 예로는 유리수 $\mathbb{Q}$, 실수 $\mathbb{R}$, 복소수 $\mathbb{C}$, 그리고 조금 색다른 유한체인 덧셈과 모듈로-2 곱셈($\mathbb{F}_2$라고도 함)을 갖춘 $\mathbb{Z}/2\mathbb{Z} = \{0, 1\}$ 등이 있는데, 곧 살펴볼 것이다.

이제 체의 정의를 얘기하겠다.

체 $\mathbb{F}$는 다음의 성질을 만족시키는 아벨 군(그러므로 앞서 정의된 군의 모든 성질을 만족시키는 집합이다. 군의 성질을 다시 살펴보라)이다. 여기서 +는 교환 가능한 이항 연산을 나타낸다.

- **닫힘성:** + 이외에 일반적으로 곱셈이라고 부르는 다음과 같은 이항 연산이 존재한다.

$$* : \mathbb{F} \times \mathbb{F} \to \mathbb{F}$$

군에서의 경우와 마찬가지로 $\mathbb{F}$의 원소 쌍 (x, y)에 $*$를 적용하는 것을 흔히 $*(x, y)$보다 $x * y$로 쓴다. 앞에서처럼 일반적인 수의 곱셈을 생각하면서 이 공리를 읽어 나가면 좋다. 예를 들어 유리수 $\mathbb{Q}$(모든 정수의 비, 즉 분수)는 일반적인 곱셈에 닫혀 있다.

11.260 연습문제

다음과 같은 유리수가 실제로 일반적인 곱셈에 닫혀 있는지 확인하라.

$$\mathbb{Q} := \left\{ \frac{a}{b} : a, b \in \mathbb{Z}, b \neq 0 \right\}$$

이에 따라 다음의 경우에(이때 $a, b, c, d \in \mathbb{Z}$)

$$\frac{a}{b}, \frac{c}{d} \in \mathbb{Q}$$

아래의 곱이 정말로 유리수가 되는지 확인하라.

$$\frac{a}{b} * \frac{c}{d} := \frac{a * c}{b * d}$$

이는 결과 값의 분자와 분모가 각각 정수이고 두 정수의 곱이 정수인지 확인하는 것과 같다(정수의 성질을 정의하는 것으로 간주해도 되겠다).

- **결합성:** $\mathbb{F}$의 모든 x, y, z에 대해 다음을 만족한다.

$$(x * y) * z = x * (y * z)$$

군에 대한 공리와 비슷하지만 곱셈에 대해서도 참이어야 한다.

11.261 연습문제

유리수의 곱셈이 결합성을 갖는지 확인하라. 그러기 위해 임의의 세 유리수를 취하자. 즉, 다음과 같다고 하자.

$$\frac{a}{b}, \frac{c}{d}, \frac{e}{f} \in \mathbb{Q}$$

이때 다음이 성립함을 보여라.

$$\left(\frac{a}{b} * \frac{c}{d}\right) * \frac{e}{f} = \frac{a}{b} * \left(\frac{c}{d} * \frac{e}{f}\right)$$

정수의 곱셈이 결합성을 갖는다는 사실과 마찬가지일 것이다.

- **교환성:** 모든 $x, y \in \mathbb{F}$에 대해 다음과 같다.

$$x * y = y * x$$

  그러므로 어떤 순서로 곱셈을 하든 동일한 결과가 나와야 한다.

- **분배성:** 모든 $x, y, z \in \mathbb{F}$에 대해 다음과 같다.

$$x * (y + z) = x * y + x * z$$
$$(y + z) * z = y * x + z * x$$

  이는 약간 미묘하다. 분배성이 양변에 모두 '유효'하면 좋겠는데, 여기에 오래 시간을 할애하지는 않겠다.[26]

---

26. 기술적으로는 교환성의 공리보다 먼저 분배성의 공리를 요구할 수도 있고, 아니면 아예 교환성의 공리를 빼고 분배성의 공리를 요구할 수도 있다. 교환성의 공리는 요구하지 않고 분배성의 공리를 요구하면 분배성의 공리에 나와 있는 등식이 둘 다 있어야 할까?

- **항등원:** $\mathbb{F}$에 속하는 임의의 원소 x에 대해 1이라고 표기하는 다음을 만족하는 $\mathbb{F}$의 원소가 존재한다.

$$1 * x = x * 1 = x$$

이번에도 군의 성질과 비슷하다. 체의 항등원은 문자 그대로 숫자 1인 경우가 많다.

- **역원:** 0이 아닌 각각의 원소 $x \in \mathbb{F}$에 대해 다음을 만족하는 $\mathbb{F}$의 원소 x^{-1}이 존재한다.

$$x * x^{-1} = x^{-1} * x = 1$$

그러면 체의 경우에 원소 x의 역을 x^{-1}로 나타내는데, 체에는 진짜 곱셈이 있어서 x^{-1} 기호를 보면 $1/x$이라고 생각하게 된다.

각 원소가 곱셈의 역원을 갖는다는 점이 실제로 체를 정의하는 성질이다.[27]

11.262 연습문제

모든 가역 행렬의 집합이 체는 될 수 없지만, 나눗셈환이 될 가능성은 있는지 그 이유를 알아보라. 바꿔 말하면 모든 가역 행렬의 집합이 체의 정의에서 어떤 공리를 위반하는가? 가역 행렬이 무엇인지 모른다면 나올 때까지 계속 읽어보자.

---

27. 대수학에는 단위원(unity)을 갖는 가환환(commutative ring)이라는 대상도 있는데, 이것은 역원의 성질을 제외한 다른 모든 성질을 갖는다. 역원의 성질 대신 교환성의 공리를 제거하면 나눗셈 환(division ring)이라는 것이 된다.

11.263 연습문제

체의 정의를 하나하나 풀어 유리수 $\mathbb{Q}$, 실수 $\mathbb{R}$, 복소수 $\mathbb{C}$가 모두 체라는 사실을 확인해보기 바란다. $\mathbb{C}$가 왜 체인지 알아내려면 이전 연습문제의 뒷부분을 곱셈의 역원에 관해 답해야 할 것이다.

11.264 정의: **체**

체 $\mathbb{F}$는 다음의 성질을 만족시키는 아벨 군이다. 여기서 +는 아벨 이항 연산을 나타낸다.

- **닫힘성**: + 이외에 일반적으로 곱셈이라고 부르는 다음과 같은 이항 연산이 존재한다.

$$* : \mathbb{F} \times \mathbb{F} \to \mathbb{F}$$

- **결합성**: $\mathbb{F}$의 모든 x, y, z에 대해 다음이 성립한다.

$$(x * y) * z = x * (y * z)$$

- **교환성**: 모든 $x, y \in \mathbb{F}$에 대해 다음이 성립한다.

$$x * y = y * x$$

- **분배성**: 모든 $x, y, z \in \mathbb{F}$에 대해 다음이 성립한다.

$$x * (y + z) = x * y + x * z$$
$$(y + z) * z = y * x + z * x$$

- **항등원**: $\mathbb{F}$에 속하는 임의의 원소 x에 대해 1이라고 표기하는 다음을 만족하는 $\mathbb{F}$의 원소가 존재한다.

$$1 * x = x * 1 = x$$

- **역원:** 0이 아닌 각각의 원소 $x \in \mathbb{F}$에 대해 다음을 만족하는 $\mathbb{F}$의 원소 x^{-1}이 존재한다.

$$x * x^{-1} = x^{-1} * x = 1$$

앞에 나온 연습문제에서 살펴본 것과 상당히 다른 흥미로운 체도 있다.[28]

집합 $\mathbb{F}_2 := \{0, 1\}$이 있다고 하자. $\mathbb{F}_2$는 다음의 계산표에 해당하는 모듈로-2 덧셈과 곱셈 연산을 갖추고 있다.

+	0	1
0	0	1
1	1	0

*	0	1
0	0	0
1	0	1

자, 잠깐 보면 $\mathbb{F}_2$에서 $1 + 1 = 0$과 같은 흥미로운 일이 벌어짐을 알 수 있다. 덧셈표와 곱셈표를 보면 각 연산이 닫힘성을 만족시킨다는 것이 확실히 드러난다. 결합성은 만족시킨다고 생각하자. 확인하기가 어렵지는 않은데, 지루하다. 덧셈표와 곱셈표를 보면 덧셈의 항등원이 0이고, 곱셈의 항등원은 1임을 알 수 있다.

11.265 연습문제

주어진 덧셈표와 곱셈표를 보고 $\mathbb{F}_2$에서 덧셈과 곱셈이 각각 역원을 갖는지 확인하라.

---

28. 이것을 갈루아 체(Galois field)라고 하며, GF_2로 줄여 쓴다. 갈루아(Galois)는 1811년부터 1832년까지 단 21년만 살았던 놀랍게 뛰어난 수학자였다. 짧은 생애 동안 갈루아는 다항식의 해를 분명히 구할 수 있는 경우가 언제인지 정확히 알아내려는 노력의 일환으로, 갈루아 이론과 군 이론을 모두 근본적으로 확립했다. 그가 어떤 문제에 관심을 가졌는지 이해하려면 방정식 $x^5 - x + 1 = 0$의 정확한 해를 구해보기 바란다.

'벡터 공간의 정의'라는 퍼즐의 마지막 조각은 바로 지금부터 설명할 아벨 군에 대한 체의 작용의 정의다.

아벨 군에 대한 체의 작용은 11장의 앞부분에서 정의했던 벡터와 수의 '스칼라 곱셈'을 추상화한 개념이다. 형식적으로 나타내면 다음과 같다.

아벨 군 V에 대한 체 $\mathbb{F}$의 작용은 어떠한 성질을 만족하는 함수 $\cdot : \mathbb{F} \times V \to V$다.

만족해야 하는 성질을 나열하기 전에 여기서는 $\mathbb{F}$에 속하는 a와 V에 속하는 v의 쌍 (a, v)에 함수(작용)를 적용한 것을 나타낼 때 $\cdot (a, v)$라고 쓰지 않고, $a \cdot v$라고 간결히 쓸 것이라는 점을 알아두기 바란다. 작용을 벡터 v와 수 a의 스칼라 곱셈으로 생각하면 편할 것이다.

작용을 정의하는 성질은 다음과 같다.

- **분배성 I**: 모든 $a \in \mathbb{F}$와 V에 속하는 모든 u, v에 대해 다음이 성립한다.

$$a \cdot (u + v) = a \cdot u + a \cdot v$$

- **분배성 II**: 모든 $a, b \in \mathbb{F}$와 V에 속하는 모든 v에 대해 다음이 성립한다.

$$(a + b) \cdot v = a \cdot v + b \cdot v$$

두 분배성 공리는 묘하다. 좌변의 덧셈은 체 $\mathbb{F}$에서 일어나는데, 우변의 덧셈은 군 V에서 일어난다.

무슨 뜻인지 알려면 다음 연습문제를 풀어보자.

11.266 연습문제

$a = 2$, $u = \begin{pmatrix} 1 \\ 0 \end{pmatrix}$, $v = \begin{pmatrix} 0 \\ 1 \end{pmatrix}$이라 하자. $a \cdot (u + v) = a \cdot u + a \cdot v$, 즉 다음과 같음을 확인하라.

$$2 \cdot \left(\begin{pmatrix} 1 \\ 0 \end{pmatrix} + \begin{pmatrix} 0 \\ 1 \end{pmatrix} \right) = 2 \cdot \begin{pmatrix} 1 \\ 0 \end{pmatrix} + 2 \cdot \begin{pmatrix} 0 \\ 1 \end{pmatrix}$$

- **체 $\mathbb{F}$에서의 곱셈과 작용의 양립성:** 모든 $a, b \in \mathbb{F}$와 V에 속하는 v에 대해 다음이 성립한다.

$$(ab) \cdot v = a \cdot (b \cdot v)$$

이것 역시 묘하다. 체의 두 원소를 곱한 다음에 체의 결과 원소를 벡터에 적용한 것과 체의 원소들을 벡터에 순차적으로 적용한 것이 같다는 얘기다. 다음 연습문제를 해보고 이러한 개념에 대한 감을 잡기 바란다.

11.267 연습문제

$a = 2, b = 3, v = \begin{pmatrix} 1 \\ 0 \end{pmatrix}$이라 하자. $(ab) \cdot v = a \cdot (b \cdot c)$, 즉 다음과 같음을 확인하라.

$$(2 \cdot 3) \cdot \begin{pmatrix} 1 \\ 0 \end{pmatrix} = 2 \cdot \left(3 \cdot \begin{pmatrix} 1 \\ 0 \end{pmatrix} \right)$$

- **항등원:** V에 속하는 모든 v에 대해 다음이 성립한다.

$$1 \cdot v = v$$

이는 체의 (곱셈의) 항등원이 군 V에 대해 V를 변형시키지 않는 방식으로 작용해야 한다는 말이다.

11.268 연습문제

체 $\mathbb{C}$의 (곱셈의) 항등원 1이 항등원 성질 항목에서 요구하는 대로 벡터 $\begin{pmatrix} 1 \\ 0 \end{pmatrix}$ 에 작용하는지 확인하라. 즉, 다음과 같은지 확인하라.

$$1 \cdot \begin{pmatrix} 1 \\ 0 \end{pmatrix} = \begin{pmatrix} 1 \\ 0 \end{pmatrix}$$

11.269 정의: 아벨 군에 대한 체의 작용

아벨 군 V에 대한 체 $\mathbb{F}$의 작용은 다음의 성질을 만족하는 함수 $\cdot : \mathbb{F} \times V \to V$다.

- **분배성 I**: 모든 $a \in \mathbb{F}$와 V에 속하는 모든 u, v에 대해 다음이 성립한다.

$$a \cdot (u + v) = a \cdot u + a \cdot v$$

- **분배성 II**: 모든 $a, b \in \mathbb{F}$와 V에 속하는 모든 v에 대해 다음이 성립한다.

$$(a + b) \cdot v = a \cdot v + b \cdot v$$

- **체 $\mathbb{F}$에서의 곱셈과 작용의 양립성**: 모든 $a, b \in \mathbb{F}$와 V에 속하는 v에 대해 다음이 성립한다.

$$(ab) \cdot v = a \cdot (b \cdot v)$$

- **항등원**: V에 속하는 모든 v에 대해 다음이 성립한다.

$$1 \cdot v = v$$

벡터 공간의 정의

축하한다. 이 지점까지 왔다면(그리고 연습문제를 잘 마치고 이해했다면) 수학자가 정의한 체 $\mathbb{F}$ 위의 벡터 공간 V의 정의를 이해할 수 있다. 앞에 나왔던 정의들을 다시 살펴보고 몇 가지 예제를 이리저리 다뤄 보면서 정의를 탄탄히 이해하는 편이 좋겠다. 그래서 여기에 다뤄볼만한 몇 가지 예제를 실었다.

11.270 연습문제

벡터 공간의 정의를 탄탄히 이해하고자 다음에 나오는 각 항목이 벡터 공간의 예인지 확인하라.

- $\mathbb{Q}$ 위의 $\mathbb{Q}$(그렇다, 벡터 공간이다)
- $\mathbb{R}$ 위의 $\mathbb{R}$
- $\mathbb{C}$ 위의 $\mathbb{C}$
- $\mathbb{Q}$ 위의 $\mathbb{Q}^2$
- $\mathbb{R}$ 위의 $\mathbb{R}^2$
- $\mathbb{C}$ 위의 $\mathbb{C}^2$
- $\mathbb{Q}$ 위의 $\mathbb{Q}^n$
- $\mathbb{R}$ 위의 $\mathbb{R}^n$
- $\mathbb{C}$ 위의 $\mathbb{C}^n$

이제 "체 $\mathbb{F}$ 위의 벡터 공간 V는 V에 대한 $\mathbb{F}$의 작용을 갖춘 아벨 군 V다"라는 간결한 문장을 선형 대수의 가장 표준적인 텍스트에 나오는 정의와 대조해보자.

체 $\mathbb{F}$ 위의 벡터 공간 V는 다음의 성질을 만족시키는 집합이다.

- **덧셈의 결합성:** 모든 $u, v, w \in V$에 대해

$$(u + v) + w = u + (v + w)$$

- **덧셈의 교환성:** 모든 $u, v \in V$에 대해

$$u + v = v + u$$

- **덧셈의 항등원:** 모든 $v \in V$에 대해 다음을 만족하는 원소 $0 \in V$가 존재한다.

$$v + 0 = v$$

- **덧셈의 역원:** 각각의 모든 $v \in V$에 대해 다음을 만족하는 원소 $-v \in V$가 존재한다.

$$v + (-v) = 0$$

- **스칼라 곱셈과 체 곱셈의 양립성:** 임의의 $a, b \in \mathbb{F}$와 $v \in V$에 대해

$$(ab)v = a(bv)$$

- **스칼라 곱셈의 항등원:** 임의의 $v \in V$에 대해

$$1v = v$$

여기서 1은 체 $\mathbb{F}$의 곱셈 항등원이다.

- **벡터 덧셈에 대한 스칼라 곱셈의 분배성:** 모든 $a \in \mathbb{F}$와 임의의 $u, v \in V$에 대해

$$a(u + v) = au + av$$

- **체 덧셈에 대한 스칼라 곱셈의 분배성:** 모든 $a, b \in \mathbb{F}$와 임의의 $v \in V$에 대해

$$(a + b)v = av + bv$$

이러한 성질들을 요구했지만, 아직 체를 공리적으로 집합 $\mathbb{F}$로 정의하고 이와 함께

두 연산, 즉 덧셈(+로 표기)과 곱셈(·로 표기)을 정의해야 하는데, 이때 연산에 의해 $\mathbb{F}$의 어떤 원소에 대한 $\mathbb{F}$의 임의의 원소 쌍의 결합이 생기게 된다. 이에 따라 이 접근 방식에서는 벡터 공간의 정의에 다음과 같은 추가적인 성질이 더 필요하다.

- **덧셈과 곱셈의 결합성:** 모든 $a, b, c \in \mathbb{F}$에 대해

$$a + (b + c) = (a + b) + c, \, a \cdot (b \cdot c) = (a \cdot b) \cdot c$$

- **덧셈과 곱셈의 교환성:** 모든 $a, b \in \mathbb{F}$에 대해

$$a + b = b + a, \, a \cdot b = b \cdot a$$

- **덧셈과 곱셈의 항등원:** 모든 $a \in \mathbb{F}$에 대해 다음을 만족하는 $\mathbb{F}$의 두 원소 0과 1이 존재한다.

$$a + 0 = a, \, a \cdot 1 = a$$

- **덧셈의 역원:** 각각의 모든 $a \in \mathbb{F}$에 대해 다음을 만족하는 $\mathbb{F}$의 원소 $-a$가 존재한다.

$$a + (-a) = 0$$

- **곱셈의 역원:** 각각의 0이 아닌 모든 $a \in \mathbb{F}$에 대해 다음을 만족하는 $\mathbb{F}$의 원소 a^{-1}이 존재한다.

$$a \cdot a^{-1} = 1$$

- **덧셈에 대한 곱셈의 분배성:** 모든 $a, b, c \in \mathbb{F}$에 대해

$$a \cdot (b + c) = a \cdot b + a \cdot c$$

선택은 여러분에게 달렸다. 집합론을 다루지 않으려고 벡터 공간을 정의할 때 어

쩔 수 없이 모든 성질을 철저하게 서술하는 선형 대수 교과서가 많다. 여기서는 집합론을 다뤘으니 벡터 공간의 정의를 다시 한 번 상기해보자.

11.271 정의: 벡터 공간

체 $\mathbb{F}$ 위의 벡터 공간 V는 V에 대한 $\mathbb{F}$의 작용을 갖춘 아벨 군 V다.

부분공간

이제 벡터 공간이 무엇인지 알았으니(확실히 아는지 확인하라) 벡터 공간의 부분공간^subspace^이라는 개념을 정의할 수 있다. 들리기로는 거의 비슷한 것처럼 들린다. 벡터 공간이 있고, 어떤 벡터들의 부분집합이 벡터 공간의 성질을 만족시킨다고 생각해보자.

11.272 정의: 벡터 공간의 부분공간

체 $\mathbb{F}$ 위의 벡터 공간 V의 부분집합 $S \subset V$가 V의 부분공간이라는 것은 S가 $\mathbb{F}$ 위의 벡터 공간이라는 것과 필요충분조건이다.

주목할 만한 것은 벡터 공간의 부분집합의 부분공간 성질을 확인할 때 V에 대해 벡터 공간의 모든 성질을 검증한 다음에 S에 대해서도 마찬가지로 검증하는 대신 다음의 세 단계로 쉽게 확인할 수 있다는 점이다.

11.273 부분공간 보조정리

$S \subset V$가 체 $\mathbb{F}$ 위의 벡터 공간 V의 부분공간이기 위한 필요충분조건은 다음과 같다.

- **항등원:** $0 \in S$, 여기서 0은 벡터 공간 V에 속하는 덧셈의 항등원이다.
- **덧셈에 대한 닫힘성:** 모든 $u, v \in S$에 대해 $u + v \in S$
- **스칼라 곱에 대한 닫힘성:** 모든 $a \in \mathbb{F}$에 대해 $v \in S, a \cdot v \in S$

예를 살펴보자. 벡터 공간 $\mathbb{R}^2$과 x축을 생각해보면 x축을 다음과 같이 점들의 집합으로 생각할 수 있다.

$$X := \left\{ \begin{pmatrix} x \\ 0 \end{pmatrix} : x \in \mathbb{R} \right\} \subset \mathbb{R}^2 \tag{11.274}$$

$X \subset \mathbb{R}^2$가 부분공간이라고 주장해 보겠다. 부분공간 보조정리를 적용해 이를 증명할 것이다.

첫째, 영벡터는 실제로 x축의 일부이므로, 항등원 성질은 만족한다.

둘째, x축 위의 두 벡터의 합이 x축의 다른 벡터라는 것은 기하학적으로 쉽게 확인할 수 있다. 그렇지만 엄밀한 증명은 다음과 같다.

$$\begin{pmatrix} x_1 \\ 0 \end{pmatrix}, \begin{pmatrix} x_2 \\ 0 \end{pmatrix} \tag{11.275}$$

두 벡터는 모두 x축의 원소다(두 벡터가 부분공간 보조정리의 덧셈에 대한 닫힘성 항목의 u와 v에 해당한다). 그러면 다음과 같이 되는데, 이것 역시 x축의 원소다.

$$\begin{pmatrix} x_1 \\ 0 \end{pmatrix} + \begin{pmatrix} x_2 \\ 0 \end{pmatrix} = \begin{pmatrix} x_1 + x_2 \\ 0 + 0 \end{pmatrix} = \begin{pmatrix} x_1 + x_2 \\ 0 \end{pmatrix} \tag{11.276}$$

마지막으로 x축 위의 벡터에 스칼라를 곱하면 역시 x축 위의 벡터가 되는지 확인하자. 엄밀한 증명을 제시하겠다.

$\mathbb{R}$에 속하는 a와 V에 속하는 $v := \begin{pmatrix} x \\ 0 \end{pmatrix}$가 있다고 하자. 그러면 $a \cdot v$ 역시 X에 속하는지 확인해야 한다(여기서 a와 v는 부분공간 보조정리의 스칼라 곱셈에 대한 닫힘성 항목의 a와 v에 해당한다). 이것이 사실인지 확인해보자.

$$a \cdot v = a \cdot \begin{pmatrix} x \\ 0 \end{pmatrix} = \begin{pmatrix} a \cdot x \\ 0 \end{pmatrix} \tag{11.277}$$

이것 역시 x축의 원소다.

따라서 x축이 $\mathbb{R}^2$의 부분공간이라는 사실은 참이다.

11.278 연습문제

$\mathbb{R}$ 위의 벡터 공간 $\mathbb{R}^2$에서 y축, 사실은 원점을 지나는 모든 직선이 $\mathbb{R}^2$의 부분공간이라는 사실을 검증하라. $\mathbb{R}^2$의 원점을 지나는 직선은 어떤 정해진 $a \in \mathbb{R}$에 대해 다음과 같은 점들의 집합이다.

$$L = \left\{ \begin{pmatrix} x \\ a \cdot x \end{pmatrix} : x \in \mathbb{R} \right\}$$

앞에서 했던 대로 부분공간 보조정리를 사용하면 삶이 편할 텐데, 그렇지 않으면 벡터 공간의 모든 성질을 다시 검증해야 할 것이다. 여기서 직선이 "원점을 지난다"고 강조한 이유는 무엇일까? 원점을 통과하지 않으면 어떻게 될까?

임의의 벡터 공간들 간의 선형 변환을 정의하면서 이 절을 마치겠다.

11.279 정의: 벡터 공간들 간의 선형 변환[29]

체 $\mathbb{F}$ 위의 벡터 공간 V와 W 간의 선형 변환 T는 다음의 성질을 만족시키는 함수 $T : V \rightarrow W$다.

- 모든 $x, y \in V$에 대해 $T(x + y) = T(x) + T(y)$
- 모든 $x \in V$와 $a \in \mathbb{F}$에 대해 $T(a \cdot x) = a \cdot T(x)$

11.9 생성 공간, 선형 독립, 기저, 차원

생성 공간

먼저 간단히 표기법에 대해 조금 얘기하겠다. 표현을 단순하게 하고자 종종 $\begin{pmatrix} 1 \\ 0 \end{pmatrix}$ 과 같은 열벡터를 $(\,1\;0\,)^T$와 같이 전치한 행벡터로 쓰겠다.

앞에 나온 벡터 공간의 정의가 유용하기는 하지만, 더 구체적인 설명이 있는 편이 좋을 듯싶다. 새로운 정의에 대한 동기 부여가 되도록 잠시 $\mathbb{R}$ 위의 벡터 공간 $\mathbb{R}^2$에 대해 생각해보자.

$\mathbb{R}^2$에 속하는 벡터를 만들려 한다고 하자. 즉, 2차원 공간에 어떤 벡터를 만들고 싶다. 순간적인 생각에 두 개의 벡터만 있으면 2차원 공간에 속하는 모든 벡터를 만들 수 있을 것 같다. 이 아이디어를 좀 더 정확히 만들어보자. 다음과 같은 $\mathbb{R}^2$의 벡터를 시각화해보자.

---

29. 이 정의에서 x와 y의 덧셈은 벡터 공간 V에서 일어나지만 $T(x)$와 $T(y)$의 덧셈은 W에서 일어나는데, V와 W에서 연산 +의 정의가 서로 다를 수 있다는 점에 유의해야 한다. 두 번째 성질에 나오는 스칼라 곱셈에 대해서도 마찬가지다.

$$\begin{pmatrix} 1 \\ 1 \end{pmatrix}$$

원점에서 이 벡터가 가리키는 공간의 점으로 가고 싶다고 가정해보자. x축을 따라 1만큼 이동한 후 위로 1만큼 이동하면 된다. 아니면 먼저 y축을 따라 위로 이동한 후 오른쪽으로 1만큼 이동해도 된다. 이러한 개념을 대수적으로 표현하면 다음과 같다.

$$\begin{pmatrix} 1 \\ 1 \end{pmatrix} = 1 \cdot \begin{pmatrix} 1 \\ 0 \end{pmatrix} + 1 \cdot \begin{pmatrix} 0 \\ 1 \end{pmatrix}$$

다르게 말하면 벡터 $(1\,1)^T$는 벡터 $(1\,0)^T$의 1과 벡터 $(0\,1)^T$의 1을 합한 것이다. 이와 같이 '구성 요소'인 $(1\,0)^T$와 $(0\,1)^T$를 이용해 벡터 $(1\,1)^T$를 만들 수 있다. 이런 식으로 $\mathbb{R}^2$의 모든 벡터를 만들 수 있을까?

11.280 연습문제

벡터 $(2\,3)^T$를 구성 요소 $(1\,0)^T$와 $(0\,1)^T$를 조합해 만들어보라. 벡터 $(\frac{1}{2}\;\frac{1}{3})^T$은 만들 수 있을까? 구성 요소의 분수 부분을 사용할 수 없다고 말한 사람은 아무도 없다. 벡터 $(\frac{\sqrt{2}}{2}\;\;\frac{\sqrt{2}}{2})^T$은 어떤가?

여기서 벡터의 **생성 집합**^{spanning set}이라는 개념을 알 수 있다. 이 경우를 벡터 $(1\,0)^T$와 $(0\,1)^T$가 $\mathbb{R}$ 위의 벡터 공간 $\mathbb{R}^2$을 생성한다고 말한다.

여기서 좀 더 정확히 해야 하기는 하다. 벡터 $(\frac{1}{2}\;\frac{1}{3})^T$을 만들려고 하는 데 구성 요소인 $(1\,0)^T$와 $(0\,1)^T$를 분수만큼은 사용하지 못한다면 어떻게 될까? 이와 같이 구성 요소를 정수배로만 사용할 수 있다고 가정해보자. 음, 그렇게 되면 벡터 $(\frac{1}{2}\;\frac{1}{3})^T$를 만들 수가 없다. 최소한 $(1\,0)^T$와 $(0\,1)^T$의 정수배로는 만들지 못한다. 그러므로 구성 요소가 공간을 생성한다는 것이 어떤 의미인지 아무래도 좀 더 얘기하는 편이 좋겠다. 이러한 논의에 쓰일 형식적인 정의와 몇 가지 용어가 다음에 나와 있다.

11.281 정의: 벡터들의 생성 집합

벡터 공간 V에 속하는 벡터 집합 $\{v_1, \ldots, v_m\}$이 체 $\mathbb{F}$ 위의 벡터 공간 V를 생성한다span는 것은 각각의 벡터 v에 대해 다음을 만족하는 체 $\mathbb{F}$의 원소 $a_1, \ldots, a_m$이 존재한다는 것과 필요충분조건이다.

$$a_1 \cdot v_1 + a_2 \cdot v_2 + \ldots + a_m \cdot v_m = v$$

그다음 벡터 집합의 생성 공간span을 정의하겠다.

11.282 정의: 벡터 집합의 생성 공간

체 $\mathbb{F}$ 위의 벡터 집합 $\{v_1, \ldots, v_m\}$의 생성 공간은 다음과 같이 정의된다.

$$\mathrm{span}(\{v_1, \ldots, v_m\}) := \{a_1 v_1 + \ldots + a_m v_m : a_1, \ldots, a_m \in \mathbb{F}\}$$

'체 $\mathbb{F}$ 위의 벡터 집합 $\{v_1, \ldots, v_m\}$의 생성 공간'이라는 문구를 체 $\mathbb{F}$가 무엇인지 잘 알고 있는 경우에는 간단히 '$v_1, \ldots, v_m$의 생성 공간'으로 줄여 쓰도록 하겠다.

벡터 v가 벡터 집합 $\{v_1, \ldots, v_m\}$의 생성 공간에 속한다는 말을 $v \in \mathrm{span}(\{v_1, \ldots, v_m\})$와 같이 표현한다. $a_1, \ldots, a_m$은 벡터 $v_1, \ldots, v_m$의 $\mathbb{F}$-선형 결합의 계수라고 부른다. 그리고 벡터 $v_1, \ldots, v_m$에 의해 생성된 벡터 집합(벡터 $v_1, \ldots, v_m$의 모든 $\mathbb{F}$-선형 결합의 집합과 동치)을 벡터 $v_1, \ldots, v_m$의 생성 공간이라 말한다. 그러므로 앞에서 나온 정의를 벡터 집합 $\{v_1, \ldots, v_m\}$이 체 $\mathbb{F}$ 위의 벡터 공간 V를 생성하기 위한 필요충분조건은 다음과 같다고 바꿔 말할 수 있다.

$$\mathrm{span}(\{v_1, ..., v_m\}) := \{a_1 v_1 + ... + a_m v_m : a_1, ..., a_m \in \mathbb{F}\} = V$$

다르게 말하면 V의 모든 벡터를 '구성 요소'인 벡터 $v_1, ..., v_m$의 $\mathbb{F}$ 배수의 합(생성 집합)으로 만들 수 있다.

11.283 연습문제

$\mathbb{R}^2$에 대한 벡터들의 또 다른 생성 집합을 구할 수 있는가? 그런 집합은 몇 개나 있을까? $\mathbb{R}^3$에 대한 생성 집합을 구할 수 있는가?

선형 독립

앞의 연습문제에 대해 조금 생각해 봤다면 그런 집합이 여러 개 있다고 확신했을 것이다. 사실 $\mathbb{R}^2$, $\mathbb{R}^3$, 임의의 $\mathbb{R}$ 위의 벡터 공간 $\mathbb{R}^n$에 대한 생성 집합은 무한히 많으며, $\mathbb{C}$ 위의 임의의 벡터 공간 $\mathbb{C}^n$에 대해서도 마찬가지다. 이 점은 우리가 관심을 갖고 있는 벡터 공간을 만들기에 충분한 벡터 집합이 여러 가지라는 점에서 굉장히 좋다. 흥미로운 것은 염두에 둔 공간을 만드는 데 사용할 수 있는 벡터들의 최소 집합이 존재하는지 여부다.

예를 들어 다음과 같이 세 개의 벡터로 이뤄진 집합을 사용해 $\mathbb{R}^2$의 모든 벡터를 만들 수 있다.

$$\left\{ \begin{pmatrix} 1 \\ 2 \end{pmatrix}, \begin{pmatrix} 3 \\ 4 \end{pmatrix}, \begin{pmatrix} 5 \\ 6 \end{pmatrix} \right\} \tag{11.284}$$

여러분이 확신을 갖도록 여기서는 이 세 벡터를 사용해 벡터 $(10\ 10)^T$를 만들 수 있는지 확인해보겠다. 그 전에 먼저 $(10\ 10)^T$를 만들려면 이 벡터들 각각이 몇 번이나 필요할지 생각해보면 좋겠다. 사실은 그렇게 쉽지는 않다.

$$\begin{pmatrix} 10 \\ 10 \end{pmatrix} = 1 \cdot \begin{pmatrix} 1 \\ 2 \end{pmatrix} + (-7) \cdot \begin{pmatrix} 3 \\ 4 \end{pmatrix} + 6 \cdot \begin{pmatrix} 5 \\ 6 \end{pmatrix} \tag{11.285}$$

11.286 연습문제

이 등식이 참인지 확인하라.

이것을 보기 전에 먼저 스스로 알아내려고 해봤다면 조금은 마술처럼 보일지도 모르겠다. 그래도 결국에는 방정식 몇 개 푸는 것뿐이다.

물론 "... 이미 모든 것을 다 만들 수 있는 벡터 두 개짜리 완벽한 집합이 있잖아. 왜 더 복잡하게 벡터 세 개짜리 집합으로 고생하는 거야?"라고 생각할 수도 있겠다. 타당한 질문이다. 우선 굳이 벡터 세 개가 필요 없다. 둘이면 된다. 다시 말해 이 세 벡터가 $\mathbb{R}$ 위의 $\mathbb{R}^2$을 생성하기는 하지만 둘만 있어도 가능하다. 이에 대해서는 나중에 경우에 따라 구성 요소 집합을 다르게 사용하면 관점의 변화와 같은 이점이 있음을 보여줄 것이다.

벡터가 둘만 필요하다는 것을 확인하고자 이 세 벡터 중 하나를 나머지 두 벡터로 만들 수 있음을 보인 후 앞의 예를 다시 살펴보면서 중요한 점을 짚어 설명하겠다. 다음을 보자.

$$\begin{pmatrix} 5 \\ 6 \end{pmatrix} = (-1) \cdot \begin{pmatrix} 1 \\ 2 \end{pmatrix} + 2 \cdot \begin{pmatrix} 3 \\ 4 \end{pmatrix} \tag{11.287}$$

계산해보지는 않고 보기만 했을 것 같다. 요점은 벡터 $(5\ 6)^T$가 나올 때마다 이 조합으로 바꾸면 된다는 것이다.

$$(-1) \cdot \begin{pmatrix} 1 \\ 2 \end{pmatrix} + 2 \cdot \begin{pmatrix} 3 \\ 4 \end{pmatrix} \tag{11.288}$$

이에 따라 앞의 예제로 다시 가서 다음과 같이 대입해보자.

$$\begin{pmatrix} 10 \\ 10 \end{pmatrix} = 1 \cdot \begin{pmatrix} 1 \\ 2 \end{pmatrix} + (-7) \cdot \begin{pmatrix} 3 \\ 4 \end{pmatrix} + 6 \cdot \begin{pmatrix} 5 \\ 6 \end{pmatrix}$$

$$= 1 \cdot \begin{pmatrix} 1 \\ 2 \end{pmatrix} + (-7) \cdot \begin{pmatrix} 3 \\ 4 \end{pmatrix}$$

$$+ 6 \cdot \left((-1) \cdot \begin{pmatrix} 1 \\ 2 \end{pmatrix} + 2 \cdot \begin{pmatrix} 3 \\ 4 \end{pmatrix} \right) \tag{11.289}$$

그런 다음 정리해보자.

$$= 1 \cdot \begin{pmatrix} 1 \\ 2 \end{pmatrix} + (-7) \cdot \begin{pmatrix} 3 \\ 4 \end{pmatrix} + (-6) \cdot \begin{pmatrix} 1 \\ 2 \end{pmatrix} + 12 \cdot \begin{pmatrix} 3 \\ 4 \end{pmatrix}$$

$$= 1 \cdot \begin{pmatrix} 1 \\ 2 \end{pmatrix} + (-6) \cdot \begin{pmatrix} 1 \\ 2 \end{pmatrix} + (-7) \cdot \begin{pmatrix} 3 \\ 4 \end{pmatrix} + 12 \cdot \begin{pmatrix} 3 \\ 4 \end{pmatrix}$$

$$= (-5) \cdot \begin{pmatrix} 1 \\ 2 \end{pmatrix} + 5 \cdot \begin{pmatrix} 3 \\ 4 \end{pmatrix} \tag{11.290}$$

이와 같이 원래의 벡터 $(10\,10)^T$를 구성 요소 $(1\,2)^T$와 $(3\,4)^T$만 사용해서 표현할 수 있다.

요약하면 $(5\,6)^T$는 벡터 $(1\,2)^T$와 $(3\,4)^T$에 대해 $\mathbb{R}$ 선형 종속(계수가 모두 정수이므로 $\mathbb{Z}$ 선형 종속이기도 함)이며, $(10\,10)^T$는 벡터 $(1\,2)^T$와 $(3\,4)^T$의 생성 공간에 속한다고 말한다. 앞에서 살펴본 생성 공간의 정의를 사용하면 어떤 벡터가 벡터 집합에 선형 종속이라는 것의 의미를 정확히 서술할 수 있다.

11.291 정의: **선형 종속**

체 $\mathbb{F}$ 위의 벡터 공간 V에 속하는 벡터 v가 벡터 $v_1, \ldots, v_m$에 $\mathbb{F}$-선형 종속이라는 것은 v가 span($\{v_1, \ldots, v_m\}$)에 속한다는 것과 필요충분조건이다. 체를 명확히 알 수 있는 경우에는 $\mathbb{F}$-선형 종속 대신 그냥 선형 종속이라는 용어를 사용하기도 한다.

당연히 벡터의 선형 독립이라는 개념도 있다.

11.292 정의: 벡터 집합의 선형 독립

벡터 집합 $\{v_1, \ldots, v_m\}$에 속하는 벡터 중 나머지 벡터들에 선형 종속인 벡터가 없는 경우 이 벡터 집합은 선형 독립이라고 말한다. 더 정확하게 말하면 $\{v_1, \ldots, v_m\}$을 선형 독립인 벡터 집합이라는 것은 각각의 $i \in \{1, \ldots, m\}$에 대해 v_i가 $\mathrm{span}(\{v_1, \ldots, v_{i-1}, v_{i+1}, \ldots, v_m\})$에 속하지 않는다는 것과 필요충분조건이다.

11.293 연습문제

두 개의 벡터가 있어야만 $\mathbb{R}^2$를 전부 생성할 수 있을까? 벡터 하나만 갖고도 할 수 있을까?

기저와 차원

마지막으로 벡터 공간의 기저^{basis}를 정의하겠다. 곧 살펴보겠지만 이 정의를 통해 선형 대수를 행렬 중심으로 바라보는 관점이 열릴 것이다.

앞에서 이 모든 용어를 정의하느라 고생한 이유가 궁금할 듯 싶다. 우리가 바랐던 행렬의 정확한 정의는 벡터 공간의 기저의 정확한 정의에 (선형으로? 아니라곤 못하겠다) 종속된다. 어쩌면 "격자 안에 숫자들은 어디서 온 거야?"하며 보는 내내 행렬의 개념 때문에 실망했을 수도 있겠다. 행렬의 열이 무엇을 말하는지 추측하게 해주는 앞의 연습문제에 답했다면 이어 나오는 내용에 상당히 만족할 것이다.

먼저 기저의 정의는 다음과 같다.

11.294 정의: **기저**

체 $\mathbb{F}$ 위의 벡터 공간 V의 기저는 벡터들의 선형 독립인 생성 집합이다.

이게 전부인가? 음, 선형 독립, 생성 집합의 정의에 많은 내용이 담겨 있어서 이 정의들을 다시 살펴보고 싶어질 것이다.

11.295 연습문제

집합 $\left\{ \begin{pmatrix} 1 \\ 0 \end{pmatrix}, \begin{pmatrix} 0 \\ 1 \end{pmatrix} \right\}$이 실제로 $\mathbb{R}^2$의 기저임을 확인하라.

기저를 계속해서 'a basis'라고 얘기하고 있는데, 이 말은 기저가 둘 이상 있음을 의미한다. 앞에서 $\mathbb{R}^2$에 대해 선형 독립인 생성 집합이 무한히 많다는 것을 스스로 확신했기를 바란다. 결국 $\mathbb{R}^2$에 대해 무한한 수의 선형 독립인 생성 집합이 있다는 결론에 이르게 된다. 여기 몇 가지 더 예를 들었다.

$$\left\{ \begin{pmatrix} 2 \\ 0 \end{pmatrix}, \begin{pmatrix} 0 \\ 1 \end{pmatrix} \right\}, \left\{ \begin{pmatrix} 1 \\ 2 \end{pmatrix}, \begin{pmatrix} 3 \\ 4 \end{pmatrix} \right\}, \left\{ \begin{pmatrix} -1 \\ 0 \end{pmatrix}, \begin{pmatrix} 0 \\ 1 \end{pmatrix} \right\} \tag{11.296}$$

이 기저들은 모두 벡터의 수가 같다. 충분히 이리저리 다뤄 보면(우릴 무작정 믿지 마라) 결국 모든 기저는 벡터 수가 같다는 사실을 확신할 수 있을 것이며, 실제로 그렇다. 많이들 선형 대수의 기본 정리라고 부르는 것이 바로 이것이다.

11.297 기저 수의 불변성

벡터 공간의 기저 벡터 수는 어떤 기저를 선택하든 같다.

이로 인해 다음과 같은 정의가 나오게 된다.

11.298 정의: **차원**

벡터 공간 V의 차원^{dimension}은 V에 대한 임의의 기저의 벡터 수다.

차원의 개념을 잘 정의하려면 선형 대수의 기본 정리가 필요하다는 점을 눈여겨 보라. 모든 기저가 같은 길이를 갖는다는 사실을 모르면 벡터 공간의 차원이 무엇 이냐는 질문에 두 가지 다른 답이 나올 여지가 있다. 선형 대수의 기본 정리를 믿으 면 유한 차원의 개념이 자연스레 나오게 된다. 벡터 공간이 유한 차원이라는 것은 벡터 공간이 유한한 기저를 갖는다는 것과 필요충분조건이다.

여기서 선형 대수의 기본 정리를 증명하지는 않겠지만 왜 그 정리가 참이 되는지 약간의 증거만 제시하겠다. 유한 차원 벡터 공간에 속하는 어떤 선형 독립인 벡터 집합도 임의의 벡터 생성 집합의 크기보다 작거나 같은 크기를 가질 것이다. 이러 한 사실을 **교환 보조정리**$^{Exchange\ Lemma}$라고 하는데, 선형 대수에서 근본적으로 중요 한 정리다. 교환 보조정리의 위력은 금세 확인할 수 있다. 어떤 두 기저가 생성 집 합이라는 사실과 교환 보조정리를 알고 있으면 이미 기저들의 길이가 같다는 뜻 이 되기 때문이다.

11.299 연습문제

유한 차원 벡터 공간에 대한 임의의 두 기저가 같은 크기임을 확인하라.

이 개념은 중요한 의미를 갖는다. 벡터 공간 V의 차원이 d라는 사실을 이미 알고 있을 때 이 벡터 공간의 기저를 구하고 싶다고 하자. 벡터 공간 V를 생성하는 벡터 d개의 집합은 이미 알고 있다고 가정해보자. 자, 그러면 앞에서 설명한 내용에 따 라 d개의 생성 벡터는 선형 독립이며, 따라서 이것이 이미 V의 기저라는 사실이 보장된다. 마찬가지로 V에 속하는 d개의 선형 독립 벡터를 알고 있으면 이 벡터들 은 V를 생성하고, 이 벡터들 역시 기저가 된다.

따라서 차원이 d인 벡터 공간 V의 기저를 구하고 싶은 경우 서로 모두 선형 독립인 d개의 벡터를 찾거나 공간 V를 생성하는 d개의 벡터를 찾는 것으로 충분하다. d개의 벡터를 찾기만 하면 어느 쪽이든 괜찮다. 여기서는 특별히 언급하지 않는 한 유한 차원의 경우로만 논의를 제한하겠다.

체 $\mathbb{F}$ 위의 벡터 공간 V의 c차원은 $\dim_{\mathbb{F}}(V)$라고 쓰지만 체를 명확히 알 수 있는 경우에는 줄여서 $\dim(V)$라고 쓰기도 한다. 자, 이제 이러한 개념을 11장의 시작 부분에 나왔던 자가 진단에서 물은 질문과 연관시켜 보자. 벡터 공간 $\mathbb{C}^2$을 체 $\mathbb{C}$ 위의 벡터 공간으로 보면 $\mathbb{C}^2$의 차원을 $\dim_{\mathbb{C}}(\mathbb{C}^2)$으로 쓸 수 있고, 체 $\mathbb{R}$ 위의 벡터 공간으로 보면 $\mathbb{C}^2$의 차원을 $\dim_{\mathbb{R}}(\mathbb{C}^2)$으로 쓸 수 있다. 그중 처음에 나온 $\dim_{\mathbb{C}}(\mathbb{C}^2)$은 2인 반면 그다음에 나온 $\dim_{\mathbb{R}}(\mathbb{C}^2)$은 4다. 그러므로 이 둘은 서로 같은 것이 아니며, 이와 같이 경우에 따라 아래 첨자가 매우 중요함을 알 수 있다.[30]

11.300 연습문제

$\mathbb{C}$ 위의 벡터 공간 $\mathbb{C}^2$에 대해 길이가 2인 기저를 구한 후 $\mathbb{R}$ 위의 벡터 공간 $\mathbb{C}^2$에 대해 길이가 4인 기저를 구하라. 그러면 아래 첨자가 경우에 따라 필요하다는 사실을 확실히 알 수 있을 것이다. 그런 다음 자가 진단의 질문을 다시 생각해보고 이것이 왜 까다로운 질문인지 생각해보라.

정규직교 기저

기저를 구할 때 특정 조건을 만족하는 기저를 구할 수 있다. 이 시점에서 우리가 이미 알고 있고 좋아하는 기저에서 단서를 취해보자.

---

30. 이 점은 11장의 시작 부분에 있는 자가 진단에서 $\mathbb{R}^4$와 $\mathbb{C}^2$를 비교하라는 질문과 관련이 있다.

$$\left\{ \begin{pmatrix} 1 \\ 0 \end{pmatrix}, \begin{pmatrix} 0 \\ 1 \end{pmatrix} \right\} = \{|0\rangle, |1\rangle\} \tag{11.301}$$

이 기저가 좋은 점은 각각의 벡터가 단위 길이(즉, L^2 노름이 1임)이고 서로 직교 orthogonal한다는 점이다. '직교'는 기본적으로 수직perpendicular에 해당하는데, 좀 더 멋져 보이는 단어다.[31]

11.302 정의: 벡터의 직교성

더 정확하게 말하면 내적 $\langle \cdot, \cdot \rangle$을 갖춘 벡터 공간 V의 u, v가 (서로) 직교한 다는 것은 u, v의 내적이 0, 즉 $\langle u, v \rangle = 0$이라는 것과 필요충분조건이다.

디랙 표기법으로는 두 벡터 u, v가 $\langle u|v \rangle = 0$인 경우, 그리고 오직 그 경우에만 직교 한다고 말한다. 각 원소가 단위 길이를 가지며 서로 직교하는 기저를 정규직교 기저 orthonormal basis라 한다. 양자 컴퓨팅의 맥락에서는 계산 기저 벡터computational basis vector 를 선택할 때 정규직교 기저 벡터들의 집합을 더 선호한다. 정규직교 벡터를 좀 더 수학적으로 말하면 다음과 같다.

11.303 정의: 정규직교 기저

벡터 공간 V에 속하는 벡터 집합 $\mathscr{B} = \{v_1, ..., v_n\}$이 정규직교 기저라는 것은 $\mathscr{B}$가 기저이며, 모든 $i, j \in \{1, ..., n\}$에 대해 다음을 만족한다는 것과 필요충 분조건이다.

---

31. 수직과 직교는 서로 바꿔 쓸 수 있지만 어떤 벡터가 영벡터에 수직이라는 말은 두 벡터 사이에 각도가 없어서 말이 되지 않으므로, 어떤 벡터가 영벡터인 경우는 제외해야 한다. 두 벡터를 비교하는 데 적어도 그중 하나가 영벡터일 때에는 직교라는 용어를 사용한다.

$$\begin{cases} \langle v_i, v_j \rangle = 1 & i = j \text{인 경우} \\ \langle v_i, v_j \rangle = 0 & i \neq j \text{인 경우} \end{cases}$$

여기 나와 있는 것이 크로네커 델타$^{\text{Kronecker Delta}}$ 함수 δ의 한 예라는 사실을 뒤에서 알게 될 것이다. 선형 대수의 중요한 정리가 있는데, 유한 차원 벡터 공간에 속하는 벡터들의 모든 생성 집합을 간결하게 정리하면 정규직교 기저를 형성할 수 있다는 것이다. 이와 같이 바람직한 정규직교 기저를 만드는 과정을 예르겐 페데르센 그람$^{\text{Jørgen Pedersen Gram}}$과 에르하르트 슈미트$^{\text{Erhard Schmidt}}$를 기리고자 **그람-슈미트 과정**$^{\text{Gram-Schmidt process}}$이라고 한다.

11.304 그람-슈미트 정규직교화

유한 차원 벡터 공간에 대해 벡터들의 모든 생성 집합을 수정해서 정규직교 기저를 형성할 수 있다.

이러한 개념들을 앞에서 읽은 양자 컴퓨팅 내용과 연관시켜보자. 이제까지는 어떤 상태가 상태 $|0\rangle$과 $|1\rangle$의 중첩이라고 했다. 먼저 확인해볼 것은 상태 $|0\rangle$과 $|1\rangle$이 서로 직교한다는 사실이다.

11.305 연습문제

벡터 $|0\rangle$과 $|1\rangle$이 실제로 서로 직교하는지, 즉 $\langle 0|1 \rangle = 0$인지 검증하라.

그런 다음 확인해볼 것은 두 벡터가 정규직교하기까지 한다는 사실이다.

11.306 연습문제

벡터 $|0\rangle$과 $|1\rangle$이 정규직교하기까지 하는지, 즉 $\langle 0|0\rangle = 1$이고 $\langle 1|1\rangle = 1$인지 검증하라.

이미 $\{|0\rangle, |1\rangle\}$이 $\mathbb{R}^2$의 기저라는 사실은 알고 있다. $\{|0\rangle, |1\rangle\}$이 $\mathbb{C}^2$의 기저라는 사실도 별로 어렵지 않게 받아들일 만하다.

양자 컴퓨팅에 쓰이는 수학 Ⅱ

12.1 행렬로서의 선형 변환

앞서 모든 선형 변환은 그에 해당하는 행렬이 있고 그 반대도 마찬가지라고 주장했다. 이제 실제로 선형 변환과 행렬이 같은 것이라는 사실을 입증하려 한다. 그러면 선형 대수를 공부하는 데 행렬과 행렬에 대한 연산들을 공부하는 이유를 알게될 것이다.

기저의 정의를 알아봤으니 두 벡터 공간 사이의 선형 변환과 연관된 행렬을 정의할 준비가 됐다.

어떤 체 $\mathbb{F}$ 위의 벡터 공간 V와 W가 있다고 하자. 아, 같은 체 위의 벡터 공간이어야한다. 왜 그런지는 곧 알게 될 것이다. 그리고 V와 W에는 각각 기저가 있을 텐데, 이를 $\mathcal{B}_V = \{v_1, \ldots, v_n\}$과 $\mathcal{B}_W = \{w_1, \ldots, w_m\}$이라 하자. 그러면 V는 차원이 n이고 W는 차원이 m이 된다.

T를 벡터 공간 V와 W 간의 선형 변환이라고 하자. 그러면 $T : V \to W$는 선형 변환이

며, 따라서 함수다. T는 V에서 W로의 선형 변환이므로, $j \in \{1, \ldots, n\}$에 대해 각 기저 원소 v_j는 W로 사상된다. 즉, $Tv_j \in W$다. W가 벡터 $w_1, \ldots, w_m$에 의해 생성되고 $Tv_j \in W$이므로, $Tv_j = a_{1,j}w_1 + \ldots + a_{m,j}w_m$을 만족하는 계수 $a_{i,j}, \ldots, a_{m,j}$가 존재한다. 즉, 각각의 Tv_j를 기저 원소 $w_1, \ldots, w_m$의 선형 결합으로 나타낼 수 있다.

따라서 V의 각 기저 원소 v_j에 대해 연관된 체 $\mathbb{F}$의 원소 리스트 $a_{i,j}, \ldots, a_{m,j}$가 생긴다.

기저 $\mathcal{B}_V$와 $\mathcal{B}_W$를 성분별로 선형 변환 $T : V \to W$에 연관시킨 행렬 $\mathcal{M}(T : V \to W)_{\mathcal{B}_V, \mathcal{B}_W}$를 다음과 같이 정의한다.

12.1 정의: **선형 변환에 연관된 행렬**

$$\left(\mathcal{M}(T : V \to W)_{\mathcal{B}_V, \mathcal{B}_W} \right)_{i,j} := a_{i,j}$$

여기서 $a_{i,j}$는 선형 결합 $Tv_j = a_{1,j}w_1 + \ldots + a_{m,j}w_m$에서 i번째 기저 원소의 계수며, 이때 Tv_j는 $\mathcal{B}_V$의 j번째 기저 원소의 상^{image}을 나타낸다.

12.2 연습문제

똑같은 일을 그냥 벡터 공간 사이의 변환으로 하지 못하는 이유가 있는지 궁금할 것이다. 더 구체적으로 말하면 벡터 공간 사이의 선형 변환에 해당하는 행렬을 왜 정의해야 할까? 그 이유를 알겠는가?

정의한 행렬이 실제로 어떻게 작동하는지 살펴보자. $\mathbb{R}^2 \to \mathbb{R}^2$인 다음과 같은 선형 변환 T가 있다고 생각해보자.

$$T \begin{pmatrix} x \\ y \end{pmatrix} := \begin{pmatrix} x + y \\ x - y \end{pmatrix}$$

여기서 $\mathbb{R}^2$에 대한 기저는 각 경우마다 다음과 같이 표준 기저를 선택하겠다.

$$\left\{ \begin{pmatrix} 1 \\ 0 \end{pmatrix}, \begin{pmatrix} 0 \\ 1 \end{pmatrix} \right\}$$

정리하면 T를 정의했고, V와 W는 각각 $\mathbb{R}^2$이며, $\mathscr{B}_V$와 $\mathscr{B}_W$는 각각 $\left\{ \begin{pmatrix} 1 \\ 0 \end{pmatrix}, \begin{pmatrix} 0 \\ 1 \end{pmatrix} \right\}$ 이다.

12.3 연습문제

앞에서 주어진 변환 T가 실제로 선형 변환인지 확인하라.

변환 T가 선형이라는 사실을 확인했으니 앞에서 정의한 대로 계수 a_{ij}를 계산할 수 있다. 이는 T가 두 기저 원소를 어디로 보내는지 그 위치를 계산하는 것에 해당한다. T의 정의에 따라 계산하면 다음을 얻는다.

$$T \begin{pmatrix} 1 \\ 0 \end{pmatrix} := \begin{pmatrix} 1+0 \\ 1-0 \end{pmatrix} = \begin{pmatrix} 1 \\ 1 \end{pmatrix} \tag{12.4}$$

그런 다음 이것을 기저 벡터의 선형 결합으로 다음과 같이 분해한다.

$$\begin{pmatrix} 1 \\ 1 \end{pmatrix} = 1 \cdot \begin{pmatrix} 1 \\ 0 \end{pmatrix} + 1 \cdot \begin{pmatrix} 0 \\ 1 \end{pmatrix} \tag{12.5}$$

이때 다음을 알 수 있다.

$$\left(\mathscr{M}(T : V \to W)_{\mathscr{B}_V, \mathscr{B}_W} \right)_{1,1} := a_{1,1} = 1 \tag{12.6}$$

$$\left(\mathscr{M}(T : V \to W)_{\mathscr{B}_V, \mathscr{B}_W} \right)_{2,1} := a_{2,1} = 1 \tag{12.7}$$

그런데 여기 쓰인 다음과 같은 기호가 조금 복잡하다.

$$\left(\mathscr{M}(T : V \to W)_{\mathscr{B}_V, \mathscr{B}_W} \right) \tag{12.8}$$

그러므로 벡터 공간 V와 W, 그리고 그 기저 $\mathscr{B}_V$와 $\mathscr{B}_W$를 확실히 알 수 있는 경우에는 $\mathscr{M}(T)$로 줄여 쓰겠다.

12.9 연습문제

$a_{1,2} = 1$이고 $a_{2,2} = -1$임을 검증하라. 두 번째 기저 벡터 $\begin{pmatrix} 0 \\ 1 \end{pmatrix}$이 어디로 사상되는지 알아내고 그 결과 벡터를 기저 벡터 $\begin{pmatrix} 1 \\ 0 \end{pmatrix}$과 $\begin{pmatrix} 0 \\ 1 \end{pmatrix}$의 선형 결합으로 분해하면 된다.

계산을 모두 하고 나면 다음의 기저에 대해

$$\mathscr{B}_V = \mathscr{B}_W = \left\{ \begin{pmatrix} 1 \\ 0 \end{pmatrix}, \begin{pmatrix} 0 \\ 1 \end{pmatrix} \right\} \tag{12.10}$$

선형 결합 $T : V = \mathbb{R}^2 \to W = \mathbb{R}^2$에 연관된 선형 변환과 관련된 행렬이 다음과 같음을 알 수 있다.

$$\mathscr{M}(T) = \begin{pmatrix} 1 & 1 \\ 1 & -1 \end{pmatrix} \tag{12.11}$$

12.12 연습문제

선형 변환의 표현으로부터 행렬을 만드는 연습을 해보자. 다음과 같은 선형 변환이

$$T : V = \mathbb{R}^3 \to W = \mathbb{R}^3$$

다음과 같이 정의돼 있고

$$T \begin{pmatrix} x \\ y \\ z \end{pmatrix} := \begin{pmatrix} 1x + 2y + 3z \\ 4x + 5y + 6z \\ 7x + 8y + 9z \end{pmatrix}$$

관련된 기저는 각각 다음과 같이 표준 기저라 할 때

$$\mathscr{B}_V = \mathscr{B}_W = \left\{ \begin{pmatrix} 1 \\ 0 \\ 0 \end{pmatrix}, \begin{pmatrix} 0 \\ 1 \\ 0 \end{pmatrix}, \begin{pmatrix} 0 \\ 0 \\ 1 \end{pmatrix} \right\}$$

이 선형 변환과 연관된 행렬을 구하라. 그러려면 먼저 이것이 선형 변환인지 확인해야 한다. 그런 다음 각 기저 벡터가 어디로 사상되는지 알아낸다. 이를 알고 나면 그것들을 기저 벡터의 선형 결합으로 분해한 후 이 선형 결합들의 계수를 사용해 행렬을 만들면 된다.

달리 언급하지 않는 한 벡터 공간 $\mathbb{R}^n$과 $\mathbb{C}^n$이 표준 기저를 갖는다고 가정하겠다. 앞에서 나온 행렬 곱셈의 정의에 불만이 있을지도 모르겠는데, 왜 그렇게 정의하는지 보여주려 한다. 두 변환(함수)의 합성과 앞에서 정의한 행렬 곱셈 사이에 밀접한 관련이 있다.

두 변환 $R : \mathbb{R}^2 \to \mathbb{R}^2$과 $S : \mathbb{R}^2 \to \mathbb{R}^2$이 다음과 같이 정의돼 있다고 하자.

$$R \begin{pmatrix} x \\ y \end{pmatrix} := \begin{pmatrix} y \\ -x \end{pmatrix} \tag{12.13}$$

$$S \begin{pmatrix} x \\ y \end{pmatrix} := \begin{pmatrix} y \\ x \end{pmatrix} \tag{12.14}$$

12.15 연습문제

먼저 이 변환들을 기하학적으로 이해해보자. 그런 다음 각각의 변환을 나타내는 행렬 $\mathscr{M}(R)$과 $\mathscr{M}(S)$를 구하라(표준 기저를 사용). 그 후에 두 행렬을 곱하는 방법을 상기하며 다음의 행렬 곱을 각각 계산하라.

$$\mathscr{M}(R) \cdot \mathscr{M}(S), \quad \mathscr{M}(S) \cdot \mathscr{M}(R) \tag{12.16}$$

두 결과가 동일하지 않을 것이다. 기하학적으로 해석해보면 확실히 알 수 있다.

연습문제를 해봤으면 R과 S가 다음의 행렬을 가지며

$$\mathscr{M}(R) = \begin{pmatrix} 0 & 1 \\ -1 & 0 \end{pmatrix}, \ \mathscr{M}(S) = \begin{pmatrix} 0 & 1 \\ 1 & 0 \end{pmatrix} \tag{12.17}$$

행렬 곱은 각각 다음과 같다는 사실을 알 것이다.

$$\mathscr{M}(R) \cdot \mathscr{M}(S) = \begin{pmatrix} 1 & 0 \\ 0 & -1 \end{pmatrix}, \ \mathscr{M}(S) \cdot \mathscr{M}(R) = \begin{pmatrix} -1 & 0 \\ 0 & 1 \end{pmatrix} \tag{12.18}$$

자, 이제 변환(함수) R과 S를 합성할 준비가 됐다. '안에서 바깥으로' 계산한다는 것을 기억하라. 그러므로 S가 먼저 적용된 다음 S 뒤에 R이 적용된다. 따라서 $R \circ S$를 계산하면 다음과 같이 된다.

$$(R \circ S)\begin{pmatrix} x \\ y \end{pmatrix} = R\left(S\begin{pmatrix} x \\ y \end{pmatrix} \right) = R\begin{pmatrix} y \\ x \end{pmatrix} = \begin{pmatrix} x \\ -y \end{pmatrix} \tag{12.19}$$

그런 다음 $S \circ R$을 계산하자.

$$(S \circ R)\begin{pmatrix} x \\ y \end{pmatrix} = S\left(R\begin{pmatrix} x \\ y \end{pmatrix} \right) = S\begin{pmatrix} y \\ -x \end{pmatrix} = \begin{pmatrix} -x \\ y \end{pmatrix} \tag{12.20}$$

둘이 다르다. 점점 결론을 유추하는 데 가까워지고 있다. 이제 변환 $R \circ S$에 연관된 행렬을 구하자. 두 기저 벡터가 도달하는 곳을 구한 후 각 결과를 기저 벡터의 선형 결합으로 표현하라. 그러면 선형 결합의 계수들로 행렬을 만들 수 있다.

$$(R \circ S) \begin{pmatrix} 1 \\ 0 \end{pmatrix} = \begin{pmatrix} 1 \\ -0 \end{pmatrix} = 1 \cdot \begin{pmatrix} 1 \\ 0 \end{pmatrix} + 0 \cdot \begin{pmatrix} 0 \\ 1 \end{pmatrix} \tag{12.21}$$

$$(R \circ S) \begin{pmatrix} 0 \\ 1 \end{pmatrix} = \begin{pmatrix} 0 \\ -1 \end{pmatrix} = 0 \cdot \begin{pmatrix} 1 \\ 0 \end{pmatrix} + (-1) \cdot \begin{pmatrix} 0 \\ 1 \end{pmatrix} \tag{12.22}$$

$$(S \circ R) \begin{pmatrix} 1 \\ 0 \end{pmatrix} = \begin{pmatrix} -1 \\ 0 \end{pmatrix} = (-1) \cdot \begin{pmatrix} 1 \\ 0 \end{pmatrix} + 0 \cdot \begin{pmatrix} 0 \\ 1 \end{pmatrix} \tag{12.23}$$

$$(S \circ R) \begin{pmatrix} 0 \\ 1 \end{pmatrix} = \begin{pmatrix} -0 \\ 1 \end{pmatrix} = 0 \cdot \begin{pmatrix} 1 \\ 0 \end{pmatrix} + 1 \cdot \begin{pmatrix} 0 \\ 1 \end{pmatrix} \tag{12.24}$$

이제 행렬 $\mathcal{M}(R \circ S)$와 $\mathcal{M}(S \circ R)$을 만드는 데 필요한 모든 것을 마련했다.

12.25 연습문제

앞의 계산 결과를 활용해 행렬 $\mathcal{M}(R \circ S)$와 $\mathcal{M}(S \circ R)$을 구하라.

연습문제를 마쳤으면 변환 $R \circ S$와 $S \circ R$에 연관된 행렬이 다음과 같음을 알 수 있다.

$$\mathcal{M}(R \circ S) = \begin{pmatrix} 1 & 0 \\ 0 & -1 \end{pmatrix}, \ \mathcal{M}(S \circ R) = \begin{pmatrix} -1 & 0 \\ 0 & 1 \end{pmatrix} \tag{12.26}$$

그리고 이 결과는 앞서 계산한 행렬 $\mathcal{M}(R) \cdot \mathcal{M}(S)$, $\mathcal{M}(S) \cdot \mathcal{M}(R)$과 같다. 그런데 이것은 그냥 운이 좋아서 생긴 우연의 일치가 아니다. 이것이 우리가 앞에서 했던 방식으로 행렬의 곱셈을 정의하는 이유다.

12.27 선형 변환의 합성 행렬

선형 변환의 합성 행렬은 모든 선형 변환 S, T에 대해 각 변환의 행렬의 곱이다.

$$\mathscr{M}(S \circ T) = \mathscr{M}(S) \cdot \mathscr{M}(T)$$

12.2 연산자로서의 행렬

어떤 벡터 공간을 자신의 벡터 공간으로 사상하는 선형 변환을 그 공간에 대한 선형 연산자$^{\text{linear operator}}$라 한다. 사실 (행렬의 전치 연산을 설명할 때 사용한 정사각이 아닌 행렬 하나만 빼고) 우리가 고려해 온 모든 선형 변환은 선형 연산자다. 우리는 양자역학의 연산자들을 특히 주목한다.

그중에서도 특히 가역 선형 연산자에 관심을 갖는데, 이를 활용해 양자 게이트와 이에 따라 양자 회로를 생성할 수 있기 때문이다. 이어서 행렬식을 소개할 텐데, 행렬식은 행렬의 수치 불변량으로서 그 행렬이 나타내는 공간 변환의 가역성을 담고 있다.

행렬식에 대한 소개

모든 정사각 행렬은 각각 행렬식^{determinant}을 갖고 있다. 행렬식은 기하학을 대신해 그 행렬이 나타내는 공간의 선형 변환에 관해 설명한다. 행렬식은 결국 선형 변환의 가역성, 즉 그 변환을 되돌릴 수 있는지 여부를 나타낸다.

행렬식으로 변환을 되돌릴 수 있는지 알 수 있다는 것이 무슨 말일까? 되돌릴 수 있는 변환의 예를 먼저 살펴본 후 되돌리지 못하는 예를 살펴보자.

먼저 되돌릴 수 있는 변환의 예를 보자.

다음의 행렬로 표현되는 $\mathbb{R}^2$에서 $\mathbb{R}^2$로의 선형 변환 R_π가 있다고 하자.

$$R_\pi := \begin{pmatrix} 1 & 0 \\ 0 & e^{i\pi} \end{pmatrix} \tag{12.28}$$

3장에서 봤던 행렬이다.

12.29 연습문제

11장에 나왔던 오일러의 공식을 다시 살펴보고 다음을 확인하라.

$$e^{i\pi} = \cos(\pi) + i\sin(\pi) = -1 + 0 \cdot i = -1$$

이 연습문제를 통해 행렬 R_π를 다음과 같이 표현할 수 있다는 사실을 알 수 있다.

$$R_\pi := \begin{pmatrix} 1 & 0 \\ 0 & e^{i\pi} \end{pmatrix} = \begin{pmatrix} 1 & 0 \\ 0 & -1 \end{pmatrix} \tag{12.30}$$

12.31 연습문제

이 행렬이 나타내는 2차원 공간의 변환이 무엇인지 알아내라. 기저 벡터들
이 사상되는 위치를 알아내면 해결할 수 있을 것이다.

연습문제를 해봤다면 행렬 R_π가 x축을 기준으로 2차원 공간을 반사시키는 변환을
나타낸다는 사실을 알았을 것이다. 이를 믿는다면 변환을 되돌릴 수 있다는 사실
은 기하학적으로 명확하다. 그냥 거꾸로 반사시키면 된다. 아니면 한 번 더 반사시
켜도 되겠다. 축에 두 번 반사시키면 아무 일도 일어나지 않기 때문이다. 왜 이 행
렬의 이름에 π가 있는지 궁금할 것 같다. 그 이유를 조금만 알려주겠다. π는 이 행
렬이 더 큰 공간인 $\mathbb{C}^2$을 z축[1]에 대해 π 라디안만큼 회전하는 효과를 갖는다는 사실
을 나타낸다. 그러나 여기서 자세히 다루지는 않겠다. 여기서는 이것이 되돌릴 수

있는 공간의 선형 변환이라는 사실만 명심하기 바란다. 지금은 그것으로 충분하다.

행렬 R_π가 3장에서 얘기한 다음과 같은 행렬에서 각 φ가 π인 특수한 경우라는 사실도 알아차렸을 것이다.

$$R_\varphi := \begin{pmatrix} 1 & 0 \\ 0 & e^{i\varphi} \end{pmatrix} \tag{12.32}$$

이제 되돌릴 수 없는 변환을 생각해보자. 다음의 행렬로 표현되는 $\mathbb{R}^2$에서 $\mathbb{R}^2$으로의 선형 변환 Proj_x가 있다고 하자.

$$\mathrm{Proj}_x := \begin{pmatrix} 1 & 0 \\ 0 & 0 \end{pmatrix} \tag{12.33}$$

12.34 연습문제

앞에서처럼 다음 행렬이 나타내는 공간 변환이 어떤 것인지 알아내보라.

$$\mathrm{Proj}_x := \begin{pmatrix} 1 & 0 \\ 0 & 0 \end{pmatrix}$$

이름에서 뭔가가 드러나는 것 같다.

자, 연습문제를 해봤으면 이 행렬이 벡터를 x축에 사영하는 변환을 나타낸다는 것을 확인했을 것이다. 예를 들어 벡터 $(1\,1)^T$에 Proj_x를 적용하면 $(1\,0)^T$가 나온다. $(1\,0)^T$로 사상되는 벡터가 많아서 결과 값만 보면 입력에 관한 정보를 잃게 된다. 예를 들면 벡터 $(1\,2)^T$도 $(1\,0)^T$로 사상된다(그리고 사실 첫 번째 성분이 1인 벡터라면 어떤 것이든 $(1\,0)^T$로 사상된다). 결과에서 입력을 다시 복구해내지 못하므로 이 변

---

1. 3장의 블로흐 구에 관한 내용을 참고하기 바란다.

환은 되돌릴 수 없다. 즉, 이 변환은 가역적이지 않다.

본질적으로 이 변환은 전체 공간을 x축으로 무너뜨린다. 이러한 상상의 이미지를 통해 이 변환을 되돌릴 수 없다는 인상을 받으면 좋겠다. 어떤 의미에서는 더 높은 차원의 공간이 더 작은 차원의 공간으로 무너지는 것이며, 따라서 정보가 손실된다.

양자 컴퓨팅에서 이러한 변환은 좋지 않다. 양자 논리 게이트를 나타내는 행렬이 주어진 모든 정보를 보존하면서 가역적이어야 좋다. 이어 나오는 내용에서 이 외에도 행렬에 대한 더 많은 요구 조건을 살펴볼 것이다.

자, 이쯤에서 모든 선형 변환을 되돌릴 수 있는 것은 아니라는 사실을 확신했기 바란다. 선형 변환의 가역성을 나타내는 수치 불변량이 있으면 더 좋을 것 같다. 행렬식으로 들어가자.

2×2 행렬의 행렬식을 어떻게 계산하는지 예와 함께 알아보자.

다음과 같은 행렬이 있다고 하자.

$$A := \begin{pmatrix} 1 & 2 \\ 3 & 4 \end{pmatrix} \tag{12.35}$$

이 행렬의 행렬식은 다음과 같이 계산한다.

$$\det(A) := \begin{vmatrix} 1 & 2 \\ 3 & 4 \end{vmatrix} = 1 \cdot 4 - 2 \cdot 3 = 4 - 6 = -2 \tag{12.36}$$

12.37 연습문제

이 행렬이 나타내는 2차원 공간의 변환이 무엇인지 설명하라. 기저 벡터가 도달하는 위치를 파악하면 알 수 있을 것이다.

앞의 연습문제에서 행렬 A가 나타내는 2차원 공간의 변환이 가역적이라는 사실을 확실히 알아냈기 바란다.

이 예를 따라 앞서 나왔던 행렬들의 행렬식을 계산해보자.

$$\det(R_{\frac{\pi}{2}}) := \begin{vmatrix} 1 & 0 \\ 0 & -1 \end{vmatrix} = 1 \cdot (-1) - 0 \cdot 0 = -1 \tag{12.38}$$

$$\det(\text{Proj}_x) := \begin{vmatrix} 1 & 0 \\ 0 & 0 \end{vmatrix} = 1 \cdot 0 - 0 \cdot 0 = 0 \tag{12.39}$$

눈썰미가 좋다면 가역적인 변환에 해당하는 행렬은 행렬식이 0이 아닌 반면 비가역적인 변환에 해당하는 행렬은 행렬식이 0이라는 사실을 알아차렸을지 모르겠다.

12.40 2 × 2 행렬의 행렬식

다음과 같은 2 × 2 행렬의

$$\begin{pmatrix} a & b \\ c & d \end{pmatrix}$$

행렬식은 다음과 같다.

$$ad - bc$$

3×3 행렬의 행렬식은 어떻게 계산하는지 궁금할 것이다. 다시 예를 들어 설명하겠다.

$$det \begin{pmatrix} 1 & 2 & 3 \\ 4 & 5 & 6 \\ 7 & 8 & 9 \end{pmatrix} := \begin{vmatrix} 1 & 2 & 3 \\ 4 & 5 & 6 \\ 7 & 8 & 9 \end{vmatrix} \tag{12.41}$$

$$= 1 \cdot \begin{vmatrix} 5 & 6 \\ 8 & 9 \end{vmatrix} - 2 \cdot \begin{vmatrix} 4 & 6 \\ 7 & 9 \end{vmatrix} + 3 \cdot \begin{vmatrix} 4 & 5 \\ 7 & 8 \end{vmatrix} \tag{12.42}$$

$$= 1 \cdot (5 \cdot 9 - 8 \cdot 6) - 2 \cdot (4 \cdot 9 - 7 \cdot 6) + 3 \cdot (4 \cdot 8 - 7 \cdot 5) \quad (12.43)$$

$$= 1 \cdot (45 - 48) - 2 \cdot (36 - 42) + 3 \cdot (32 - 35) \quad (12.44)$$

$$= 1 \cdot (-3) - 2 \cdot (-6) + 3 \cdot (-3) \quad (12.45)$$

$$= -3 + 12 - 9 = 9 - 9 = 0 \quad (12.46)$$

12.47 가역성에 관한 동등한 공식

선형 변환 T에 대해 다음의 항목들은 모두 동등하다.

- $\det(T) = 0$
- T는 비가역적이다.
- T를 나타내는 행렬의 행들이 선형 종속이다.
- T를 나타내는 행렬의 열들이 선형 종속이다.

안타깝지만 여기서 이를 증명하지는 않겠다. 행렬식에 대해 그럴듯하게 조합적으로 설명하고 나면 행렬, 즉 선형 변환의 행렬식을 변환의 가역성 등의 기하학적 속성들과 관련짓는 이러한 동등한 공식들이 놀라울 것이다. 앞에 나온 정의를 보면 전혀 기하학적으로 보이지 않겠지만 말이다.

행렬식의 기하학적 설명

더 기하학적인 행렬식의 정의가 있는데 맛보기로 조금만 설명하겠다. 다음과 같은 행렬이 있다고 하자.

$$\begin{pmatrix} 1 & 4 \\ 2 & 2 \end{pmatrix}$$

이 행렬을 살펴보면 첫 번째 기저 벡터 $\begin{pmatrix} 1 \\ 0 \end{pmatrix}$은 벡터 $\begin{pmatrix} 1 \\ 2 \end{pmatrix}$로, 두 번째 기저 벡터 $\begin{pmatrix} 0 \\ 1 \end{pmatrix}$은 벡터 $\begin{pmatrix} 4 \\ 2 \end{pmatrix}$로 보낸다는 것을 알 수 있다. 이 행렬은 그림 12.1과 같이 두 기저 벡터가 형성하는 1사분면의 단위 정사각형을 다음과 같은 좌표의 점들이 이루는 평행사변형으로 사상한다는 것을 확인할 수 있다.

$$\begin{pmatrix} 0 \\ 0 \end{pmatrix}, \begin{pmatrix} 1 \\ 2 \end{pmatrix}, \begin{pmatrix} 4 \\ 2 \end{pmatrix}, \begin{pmatrix} 5 \\ 4 \end{pmatrix}$$

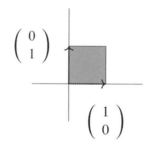

▲ 그림 12.1: 평면의 단위 정사각형

12.48 연습문제

평행사변형을 그려 보라.

어떤 의미에서는 단위 정사각형의 방향[orientation]이 평행사변형으로 변환될 때 '뒤집힌다'는 것을 알 수 있다. 1사분면의 단위 정사각형을 구성하는 벡터 $\begin{pmatrix} 1 \\ 0 \end{pmatrix}$과 $\begin{pmatrix} 0 \\ 1 \end{pmatrix}$이 위치를 바꿔 평행사변형을 이루기 때문이다.

단위 사각형의 면적은 1이고, 평행 사변형의 면적은 2이다. 이것이 이 행렬의 행렬식 −2와 어떤 관련이 있을까? 음, 단위 정사각형의 방향이 '뒤집힌다'는 것이 행렬식이 음수라는 사실에 담겨 있다. 방향을 보존하는 변환은 행렬식이 양수이고, 방향을 뒤집는 변환은 행렬식이 음수다. 이때 행렬식의 크기(절댓값)는 단위 평행사변형이 변환에 의해 확대되는 정도를 나타낸다.

일반적으로 선형 변환에 해당하는 행렬의 행렬식은 그 변환이 방향을 보존하는지 여부와 단위 평행 육면체(평행사변형에 해당하는 고차원의 입체)를 '늘리는' 정도를 담고 있다. 정말 기하학적이다. 그림 12.2에 예의 평행사변형이 그려져 있다.

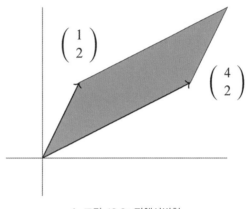

▲ 그림 12.2: 평행사변형

행렬의 역변환

앞에서 행렬의 행렬식이 가역성을 어떻게 나타내고 있는지 설명했다. 그런데 실제로 역변환은 어떻게 구할까?

우선 역변환이라고 하면 무엇을 뜻하는 것일까? 음, 변환은 함수에 해당하는 다른 단어일 뿐이므로, 우리가 찾고 있는 것은 주어진 변환의 역함수일 것이다. 역함수가 무엇인지 알아내기가 그렇게 간단하지는 않다. 무슨 뜻인지 알아보고자 다음과 같이 표현되는 공간의 변환 T의 역변환을 구해보자.

$$T : \mathbb{R}^3 \to \mathbb{R}^3 \tag{12.49}$$

$$T \begin{pmatrix} x \\ y \\ z \end{pmatrix} := \begin{pmatrix} 1 \cdot x + 2 \cdot y + 3 \cdot z \\ 4 \cdot x + 5 \cdot y + 6 \cdot z \\ 7 \cdot x + 8 \cdot y + 10 \cdot z \end{pmatrix} \tag{12.50}$$

이 변환의 역을 구할 수 있다는 것이 확실할까? 앞에서 모든 변환이 가역적이지는 않다는 사실을 보지 않았는가.

12.51 연습문제

변환 T에 해당하는 행렬 $\mathscr{M}(T)$를 구한 다음 그 행렬식을 계산하라. 계산한 행렬식에 근거해 변환 T의 가역성에 관해 주장을 내세워라. T의 역을 구할 수 있을까?

12.52 연습문제

이와 같이 정의된 T에 해당하는 3차원 공간의 변환을 타당하게 기하학적으로 설명할 수 있는가?

앞서 함수와 함수의 속성에 관해 설명할 때 함수 $f: X \to Y$가 가역 함수이기 위한 필요충분조건이 합성 함수 $f^{-1} \circ f : X \to X$와 $f \circ f^{-1} : Y \to Y$가 각각 항등 함수 I_X, I_Y인 역함수 $f^{-1} : Y \to X$가 존재하는 것이라고 했던 예기를 떠올려보자. 그러므로 변환 T와 어느 쪽으로 합성하든 항등 행렬이 되는 변환(함수) T^{-1}을 찾아보자.

그러한 T^{-1}이 있다면 다음과 같을 것이다.

$$T \circ T^{-1} = I_{\mathbb{R}^3} \tag{12.53}$$

$$T^{-1} \circ T = I_{\mathbb{R}^3} \tag{12.54}$$

공간의 모든 선형 변환은 행렬이고 두 변환의 합성은 각 변환에 대응되는 행렬의 곱셈에 해당한다는 사실을 알고 있으므로, 주어진 변환 T를 행렬 $\mathscr{M}(T)$로 표현할 수 있다. 그러면 이 행렬과 곱했을 때 항등 행렬(항등 함수에 대응되는 행렬)이 나오는 역행렬을 생각할 수 있다.

바꿔 말하면 이러한 합성에 '행렬 연산'을 적용해 다음을 얻을 수 있다.

$$\mathscr{M}(T \circ T^{-1}) = \mathscr{M}(I_{\mathbb{R}^3}) \qquad (12.55)$$

$$\mathscr{M}(T^{-1} \circ T) = \mathscr{M}(I_{\mathbb{R}^3}) \qquad (12.56)$$

이러한 행렬이 무엇인지가 문제다. 그러나 앞에서 말했듯이 변환의 합성에 해당하는 행렬은 각 변환에 해당하는 행렬의 곱이므로 다음과 같이 된다.

$$\mathscr{M}(T)\mathscr{M}(T^{-1}) = \mathscr{M}(I_{\mathbb{R}^3}) \qquad (12.57)$$

$$\mathscr{M}(T^{-1})\mathscr{M}(T) = \mathscr{M}(I_{\mathbb{R}^3}) \qquad (12.58)$$

행렬 $\mathscr{M}(T)$에 어느 쪽으로 곱하든 항등 행렬이 되는 행렬을 구해야 한다. 이것은 어마어마한 관찰이다.

이제 그러한 행렬을 구하는 것이 무엇을 의미하는지에 초점을 맞춰보자. 다음과 같은 행렬이 있다고 하자.

$$A = \begin{pmatrix} 1 & 2 \\ 3 & 4 \end{pmatrix} \qquad (12.59)$$

그리고 다음과 같은 다른 임의의 행렬이 있다고 하고, B가 바람직하게 역원성을 갖고 있다고 가정하자.

$$B = \begin{pmatrix} x & y \\ z & w \end{pmatrix} \qquad (12.60)$$

즉, $AB = I_2 = BA$다.

자, 그럼 시작해보자.

$$AB = \begin{pmatrix} 1 & 2 \\ 3 & 4 \end{pmatrix} \begin{pmatrix} x & y \\ z & w \end{pmatrix} = I_2 \tag{12.61}$$

위 수식의 의미를 알아내 보자.

$$\begin{pmatrix} 1 & 2 \\ 3 & 4 \end{pmatrix} \begin{pmatrix} x & y \\ z & w \end{pmatrix} \tag{12.62}$$

행렬 곱셈의 정의를 떠올려 보라. 곱한 계산 결과를 보기 전에 먼저 해보라.

$$\begin{pmatrix} 1 & 2 \\ 3 & 4 \end{pmatrix} \begin{pmatrix} x & y \\ z & w \end{pmatrix} = \begin{pmatrix} 1 \cdot x + 2 \cdot z & 1 \cdot y + 2 \cdot w \\ 3 \cdot x + 4 \cdot z & 3 \cdot y + 4 \cdot w \end{pmatrix} \tag{12.63}$$

이때 이것이 항등 행렬과 같으면 되므로 다음의 등식과 부등식을 만족해야 한다.

$$1x + 2z \neq 0$$
$$1y + 2w = 0$$
$$3x + 4z = 0$$
$$3y + 4w \neq 0$$
$$1x + 2z = 3y + 4w$$

두 번째와 세 번째 방정식은 자명한데, 첫 번째, 네 번째, 다섯 번째 방정식에 대해서는 설명이 조금 필요하다. 첫 번째, 네 번째 방정식대로 0이 아니고 다섯 번째 방정식대로 서로 같으면 이들을 나눠 대각 성분을 각각 1로 만들 수 있다.

12.64 연습문제

앞에 나온 연립 방정식과 부등식을 풀어보라.

노력을 충분히 기울이면 알맞은 x, y, z, w를 구할 수 있다.

$$x = 4, y = -2, z = -3, w = 1 \tag{12.65}$$

그러므로 우리가 찾는 행렬은 다음과 같다.

$$B = \begin{pmatrix} 4 & -2 \\ -3 & 1 \end{pmatrix} \tag{12.66}$$

곱을 계산해보자.

$$AB = \begin{pmatrix} 1 & 2 \\ 3 & 4 \end{pmatrix} \begin{pmatrix} 4 & -2 \\ -3 & 1 \end{pmatrix} = \begin{pmatrix} -2 & 0 \\ 0 & -2 \end{pmatrix} \tag{12.67}$$

항등 행렬이 아니다. 사실은 그렇게 나쁜 것은 아니다. 대각 성분이 0이라고 하지 않고 같아야 한다고 요구했던 것을 기억하는가? 이제 그 이유를 알아보자.

물론 행렬 B는 맞지 않지만, 행렬 $\left(\frac{1}{-2}\right) \cdot B$는 맞다(행렬에 숫자를 곱하는 방법을 기억해보자).

$$
\begin{aligned}
A\left(\left(\frac{1}{-2}\right)B\right) &= \begin{pmatrix} 1 & 2 \\ 3 & 4 \end{pmatrix}\left(\left(\frac{1}{-2}\right) \cdot \begin{pmatrix} 4 & -2 \\ -3 & 1 \end{pmatrix}\right) \\
&= \begin{pmatrix} 1 & 2 \\ 3 & 4 \end{pmatrix}\left(\left(\frac{1}{-2}\right) \cdot \begin{pmatrix} 4 & -2 \\ -3 & 1 \end{pmatrix}\right) \\
&= \left(\frac{1}{-2}\right)\begin{pmatrix} 1 & 2 \\ 3 & 4 \end{pmatrix}\begin{pmatrix} 4 & -2 \\ -3 & 1 \end{pmatrix} \\
&= \left(\frac{1}{-2}\right)\begin{pmatrix} -2 & 0 \\ 0 & -2 \end{pmatrix} \\
&= \begin{pmatrix} \left(\frac{1}{-2}\right) \cdot (-2) & \left(\frac{1}{-2}\right) \cdot 0 \\ \left(\frac{1}{-2}\right) \cdot 0 & \left(\frac{1}{-2}\right) \cdot (-2) \end{pmatrix} \\
&= \begin{pmatrix} 1 & 0 \\ 0 & 1 \end{pmatrix} \tag{12.68}
\end{aligned}
$$

따라서 행렬 $\left(\frac{1}{-2}\right) \cdot B$를 A^{-1}이라는 이름으로 불러도 되는 충분한 이유가 생겼다.

12.69 연습문제

이 행렬을 어느 쪽에 곱하든 항등 행렬이 나오는지 확인하라. 즉, 다음과 같음을 검증하라.

$$\left(\left(-\tfrac{1}{2}\right)B\right)A = I$$

그러니까 우리가 행렬 A를 뒤집는 행렬을 구한 것이다. 따라서 이 역행렬이 나타내는 선형 변환이 무엇인지만 알아내면 된다. 행렬의 성분이 기저 원소들의 상의 계수를 정확히 표현한다는 사실을 상기하면 별 문제 없이 이 변환을 다시 만들어 낼 수 있다.

12.70 연습문제

함수 기호를 사용해 행렬 $\left(\tfrac{1}{-2}\right) \cdot B$에 해당하는 선형 변환을 나타내보자. 미완성인 다음 방정식을 채워라.

$$\left(\frac{1}{-2}\right) \cdot B \begin{pmatrix} x \\ y \end{pmatrix} :=$$

이 등식의 우변에 다음의 벡터가 와야 한다는 사실을 알아냈기 바란다.

$$\left(\frac{1}{-2}\right) \cdot \begin{pmatrix} 4 \cdot x + -2 \cdot y \\ -3 \cdot x + 1 \cdot y \end{pmatrix} \tag{12.71}$$

역변환을 찾아냈다. 행렬식을 설명할 때 본 것처럼 원래의 선형 변환은 기하학적으로 1사분면의 단위 정사각형을 평행사변형으로 변환하는 효과가 있었는데, 기억할지 모르겠다.

$$A \begin{pmatrix} x \\ y \end{pmatrix} := \begin{pmatrix} 1 \cdot x + 2 \cdot y \\ 3 \cdot x + 4 \cdot y \end{pmatrix} \tag{12.72}$$

이 선형 변환의 역변환은 다음과 같다.

$$\left(\frac{1}{-2} \right) \cdot B \begin{pmatrix} x \\ y \end{pmatrix} := \left(\frac{1}{-2} \right) \cdot \begin{pmatrix} 4 \cdot x + -2 \cdot y \\ -3 \cdot x + 1 \cdot y \end{pmatrix} \tag{12.73}$$

정말 훌륭하기는 한데, 여기에 패턴이 있을까? 이 예에서 일반적인 기법을 추론해 낼 수 있을까? 앞에서 행렬식을 설명할 때 이 행렬을 눈여겨봤을 수도 있겠다. 그러면 행렬 B의 앞에 붙은 분수 $\frac{1}{2}$에 있는 -2가 앞에서 설명했던 B의 행렬식이 -2라는 사실과 관계가 있다는 인상을 받았을지도 모르겠다. 맞다.

일반적으로 다음과 같은 2×2 행렬이 주어졌을 때

$$A = \begin{pmatrix} a & b \\ c & d \end{pmatrix} \tag{12.74}$$

그 역행렬은 다음과 같은 행렬이 된다.

$$A^{-1} := \frac{1}{\det(A)} \begin{pmatrix} d & -b \\ -c & a \end{pmatrix} \tag{12.75}$$

12.76 정의: 수반 행렬

다음과 같은 행렬을 A의 수반 행렬^{adjugate matrix, adjoint matrix}이라 한다.

$$\begin{pmatrix} d & -b \\ -c & a \end{pmatrix} \tag{12.77}$$

일반적으로 행렬 A가 주어졌을 때 A의 수반 행렬을 adj(A)로 표기한다. 그러면 앞에서 발견한 내용을 다음과 같이 다시 표현할 수 있다.

$$A \cdot \left(\det(A)^{-1} \cdot \mathrm{adj}(A) \right) = \det(A)^{-1} \cdot (A \cdot \mathrm{adj}(A)) = \det(A)^{-1} \cdot (\det(A) \cdot I)$$
$$= \left(\det(A)^{-1} \cdot \det(A) \right) \cdot I = 1 \cdot I = I \tag{12.78}$$

따라서 행렬 A의 역행렬은 $\det(A)^{-1} \cdot \mathrm{adj}(A)$로 표현되는 행렬이 된다. 그리고 나면 수반 행렬을 구하는 방법을 알아야 한다는 생각이 든다. 놀랍게도 수반 행렬은 A의 여인수^{cofactor} 행렬이라는 것의 전치와 같다.

그러면 행렬의 여인수 행렬이란 무엇일까? 여인수 행렬을 먼저 정의한 후 앞에서 구한 수반 행렬이 실제로 이 정의를 만족하는지 검증해보자.

행렬 A의 여인수 행렬은 A의 i번째 행과 j번째 열을 제거해서 만든 A의 $(n-1) \times (n-1)$ 부분행렬들의 행렬식이 성분 $C_{i,j}$가 되는 행렬 C이다. $C_{i,j}$를 A의 i,j번째 여인수라고 부른다. 예를 들어 알아보자.

다음의 행렬이 있다고 하자.

$$A = \begin{pmatrix} 1 & 2 & 3 \\ 4 & 5 & 6 \\ 7 & 8 & 9 \end{pmatrix} \tag{12.79}$$

1, 1번째 여인수 $C_{1,1}$을 계산해보자. A의 1번째 행과 1번째 열을 제거하면 더 작아진 다음과 같은 2×2 행렬이 된다.

$$\begin{pmatrix} 5 & 6 \\ 8 & 9 \end{pmatrix} \tag{12.80}$$

이 행렬의 행렬식을 다음과 같이 구하면 이 값이 여인수 $C_{1,1}$이다.

$$C_{1,1} := \begin{vmatrix} 5 & 6 \\ 8 & 9 \end{vmatrix} = 5 \cdot 9 - 8 \cdot 6 = 45 - 48 = -3 \tag{12.81}$$

12.82 연습문제

여인수 $C_{1,2}$와 $C_{1,3}$을 계산하라.

연습문제를 해봤으면 다음과 같은 계산 결과를 얻었을 것이다.

$$C_{1,2} := \begin{vmatrix} 4 & 6 \\ 7 & 9 \end{vmatrix} = 4 \cdot 9 - 7 \cdot 6 = 36 - 42 = -6 \tag{12.83}$$

$$C_{1,3} := \begin{vmatrix} 4 & 5 \\ 7 & 8 \end{vmatrix} = 4 \cdot 8 - 5 \cdot 7 = 32 - 35 = -3 \tag{12.84}$$

12.85 연습문제

의욕이 있는 독자라면 계속해서 나머지 여인수 6개 $C_{2,1}$, $C_{2,2}$, $C_{2,3}$, $C_{3,1}$, $C_{3,2}$, $C_{3,3}$도 계산한 다음 여인수 행렬 C를 만들어보라. 그리고 이 행렬을 전치하라. 역행렬을 구해 보면 문제가 생길 것이다.

이 행렬의 역을 구해보면 연습문제에서 말한 대로 문제가 생길 것이다. 행렬식을 계산하기 전까지는 모든 것이 순조롭게 진행될 텐데, 행렬식이 0이다.

여러 가지 방법으로 A의 행렬식이 0임을 알아낼 수 있는데, 이러한 방법들을 몇 가지 개념과 함께 엮어서 알아보자.

우선 행렬 A의 첫 번째 열은 나머지 두 열에 선형 종속이다.

$$\begin{pmatrix} 1 \\ 4 \\ 7 \end{pmatrix} \tag{12.86}$$

12.87 연습문제

종속 관계를 찾아낼 수 있는가?

계산을 조금 해보면 두 번째 열을 2배 해서 세 번째 열을 빼면 첫 번째 열이 된다는 것을 알 수 있다.

$$\begin{pmatrix} 1 \\ 4 \\ 7 \end{pmatrix} = 2 \cdot \begin{pmatrix} 2 \\ 5 \\ 8 \end{pmatrix} + (-1) \cdot \begin{pmatrix} 3 \\ 6 \\ 9 \end{pmatrix} \tag{12.88}$$

앞에 나온 정리에서 선형 변환의 행렬식이 0임을 표현하는 온갖 방법을 얘기했는데, 이를 적용하면 첫 번째 열이 나머지 두 열에 선형 종속이라는 것과 A의 행렬식이 0이라는 사실이 동치임을 알 수 있다.

자, 지금까지 얘기한 역행렬과 행렬식, 여인수 행렬을 연결하는 아주 멋진 관찰을 확인하고자 계산을 해보자. 시작 부분이 조금 특이하겠지만, 각각의 등식을 따라가다 보면 어떻게 연결되는지 보일 것이다.

$$\begin{aligned} \det(A) = 0 &= -3 - 2 \cdot (-6) - 3 \cdot 3 = 1 \cdot C_{1,1} - 2 \cdot C_{1,2} + 3 \cdot C_{1,3} \\ &= (-1)^{1+1} \cdot 1 \cdot C_{1,1} + (-1)^{1+2} \cdot 2 \cdot C_{1,2} + (-1)^{1+3} \cdot 3 \cdot C_{1,3} \\ &= (-1)^{1+1} \cdot A_{1,1} \cdot C_{1,1} + (-1)^{1+2} \cdot A_{1,2} \cdot C_{1,2} \\ &\quad + (-1)^{1+3} \cdot A_{1,3} \cdot C_{1,3} \end{aligned} \tag{12.89}$$

보다시피 행을 따라 행렬의 성분을 계수로 하는 여인수의 교대 급수[alternating sum2]를 취하는 방법으로 행렬식을 계산할 수 있다.

이 예제를 통해 이것이 참이라는 사실을 확인할 수 있다. 좀 더 확실히 확인하려면 두 번째 행을 따라 A의 행렬식을 계산해봐도 좋다. 실제로 원하는 아무 행 또는 열

---

2. 항의 부호가 번갈아 나타나는 급수 – 옮긴이

을 따라 행렬식을 구해 모두 똑같은 답이 나오는지 확인해보기 바란다.

12.3 고유벡터와 고윳값

다음 주제에 대한 동기를 얻고자 다음의 행렬을 살펴보자.

$$A := \begin{pmatrix} 2 & 0 \\ 0 & 3 \end{pmatrix} \tag{12.90}$$

12.91 연습문제

우선 이 행렬이 어떤 공간 변환을 나타내는지 설명할 수 있는가?

이 행렬이 첫 번째 기저 벡터를 2배만큼 늘리고, 두 번째 기저 벡터를 3배만큼 늘린다는 사실을 알았을 것이다. 그러므로 이 변환을 거치면 기저 벡터들이 이동하지는 않고 크기만 달라진다. 이 예를 앞의 예에서 본 다음 행렬과 비교해보자.

$$\begin{pmatrix} 1 & 2 \\ 3 & 4 \end{pmatrix} \tag{12.92}$$

이 행렬에 해당하는 변환에 대해 B에 해당하는 변환에 의해서 마찬가지로 늘어나기만 하는 벡터 집합을 찾아낼 수 있을까? 행운을 빈다. 돈은 여러분이 못 찾는 쪽에 걸겠다.

첫 번째 예에서 나온 벡터들은 표준 기저 벡터인데, 이 벡터들을 행렬 A의 고유벡터^{eigenvector}라 한다. 일반적으로 0이 아닌 벡터 v가 선형 변환 T의 고유벡터라는 것은 다음을 만족시키는 $\lambda \in \mathbb{F}$가 존재한다는 것과 필요충분조건이다.

$$Tv = \lambda v \tag{12.93}$$

즉, v에 대한 T의 연산이 벡터 v의 크기만 스칼라 λ만큼 조정한다.

고유벡터라는 이름은 어디에서 왔을까? 음, 대수학의 용어와 기호는 독일인들에게서 상당수 유래했다. '고유^{eigen}'라는 단어는 독일어에서 '자기 자신의$^{one's\ own}$'와 같이 쓰이는 '자신의^{own}', 또는 '특징적인^{characteristic}'이라는 뜻이다. 따라서 고유벡터는 행렬 A에 대한 특징적인 벡터다. 이는 모든 특징적인 벡터, 고유벡터가 주어지면 행렬 A를 매우 잘 식별할 수 있음을 의미한다.

대부분의 경우에 이는 참이다. 앞에서 선형 변환이 온전히 공간의 기저에 대해 어떻게 작용하는지를 나타낸다는 사실을 알아봤다. 앞의 예제에서 행렬 A의 경우 운좋게 A가 표준 기저에 대해 어떻게 작용하는지 곧바로 알았기 때문에 이미 A에 관한 전부를 알고 있는 것이다.

그러면 기저가 다른 경우는 어떨까? 벡터 공간의 기저는 여러 가지가 있다는 사실을 앞에서 살펴봤다. 그러면 표준 기저가 아니라 다른 기저에 대해 행렬의 동작을 이해할 수 있을까? 음, 물론이다. 그러한 시나리오의 예를 살펴보자.

다음의 행렬이 있다고 하자.

$$B = \begin{pmatrix} 2 & 1 \\ 0 & 3 \end{pmatrix} \qquad (12.94)$$

이 변환을 벡터 $v_1 := \begin{pmatrix} 1 \\ 0 \end{pmatrix}$과 $v_2 := \begin{pmatrix} 1 \\ 1 \end{pmatrix}$에 적용하면 다음과 같다.

$$Bv_1 = \begin{pmatrix} 2 & 1 \\ 0 & 3 \end{pmatrix}\begin{pmatrix} 1 \\ 0 \end{pmatrix} = \begin{pmatrix} 2 \\ 0 \end{pmatrix} = 2 \cdot \begin{pmatrix} 1 \\ 0 \end{pmatrix} = 2 \cdot v_1 \qquad (12.95)$$

$$Bv_2 = \begin{pmatrix} 2 & 1 \\ 0 & 3 \end{pmatrix}\begin{pmatrix} 1 \\ 1 \end{pmatrix} = \begin{pmatrix} 3 \\ 3 \end{pmatrix} = 3 \cdot \begin{pmatrix} 1 \\ 1 \end{pmatrix} = 3 \cdot v_2 \qquad (12.96)$$

흥미롭게도 $Bv_1 = 2 \cdot v_1$이고 $Bv_2 = 3 \cdot v_2$다.

이제 이것을 벡터 $v := \begin{pmatrix} 0 \\ 1 \end{pmatrix}$에 적용해보자. 그러면 다음과 같이 되고

$$Bv := B \begin{pmatrix} 0 \\ 1 \end{pmatrix} = \begin{pmatrix} 2 & 1 \\ 0 & 3 \end{pmatrix} \begin{pmatrix} 0 \\ 1 \end{pmatrix} = \begin{pmatrix} 1 \\ 3 \end{pmatrix} \qquad (12.97)$$

다음을 만족하는 수 λ가 있으려면 $1 = 0$이어야 함을 알 수 있다.

$$\begin{pmatrix} 1 \\ 3 \end{pmatrix} = \lambda \begin{pmatrix} 0 \\ 1 \end{pmatrix} = \begin{pmatrix} \lambda \cdot 0 \\ \lambda \cdot 1 \end{pmatrix} = \begin{pmatrix} 0 \\ \lambda \end{pmatrix} \qquad (12.98)$$

따라서 그러한 수 λ는 존재하지 않는다. 이는 벡터 v가 벡터 v_1이나 v_2와 닮지 않았다는 말과 동치다. 이 변환이 v를 어떤 인수만큼 늘리기만 하는 것이 아니기 때문이다.

벡터 v_1과 v_2는 행렬 B의 고유벡터지만, v는 아니다. 크기 조정 인수 2와 3을 각각 고유벡터 v_1과 v_2의 **고윳값**[eigenvalue]이라 한다. 일반적으로 앞에서 살펴본 고유벡터의 다음과 같은 정의에 나오는 스칼라 λ가 고유벡터 v와 관련된 고윳값이다.

$$Tv = \lambda v \qquad (12.99)$$

이를 한데 묶어 어떤 변환의 고유벡터와 고윳값들을 그 변환의 고유 요소[eigenstuff3]라 한다. 2차원 공간에 대한 연산자에는 고유벡터가 둘뿐인데, 일반적으로 n차원 공간에 대한 연산자에는 고유벡터가 n개 있을 것이다.

---

3. 고유 요소를 그 변환의 고유계(eigensystem)라 부르기도 한다. 비공식적인 용어를 선택해도 인정(하고 포용)하겠다.

12.100 연습문제

다음의 행렬들의 고유 요소를 구하라.

$$\text{Proj}_x := \begin{pmatrix} 1 & 0 \\ 0 & 0 \end{pmatrix} \tag{12.101}$$

$$M := \begin{pmatrix} 2 & 0 \\ -\frac{1}{2} & 3 \end{pmatrix} \tag{12.102}$$

Proj_x의 고유 요소를 찾는 것은 그리 어렵지 않은데, M은 좀 더 까다로울 것이다.

기저의 변경

행렬 B를 사용해 고유 요소에 대한 논의를 계속 해보자. 표준 기저가 훌륭하기는 하지만 기저를 B의 고유벡터로 변경하는 것이 유리한 몇 가지 이유를 보이고자 한다. 음, B의 고유벡터가 실제로 벡터 공간 $\mathbb{R}^2$의 기저를 형성하는지 확인해야 한다.

12.103 연습문제

다음의 두 고유벡터가 실제로 $\mathbb{R}^2$의 기저를 이루는지 검증하라.

$$v_1 = \begin{pmatrix} 1 \\ 0 \end{pmatrix}, v_2 = \begin{pmatrix} 1 \\ 1 \end{pmatrix} \tag{12.104}$$

즉, 이는 v_1과 v_2가 선형 독립이고 v_1과 v_2가 $\mathbb{R}^2$을 생성하는지 확인해야 한다는 뜻임을 기억하라. 처음에는 무차별 대입을 해서 따져봐야 한다. 그런 다음 특정 차원의 벡터 공간의 기저의 길이에 관한 정리를 어떻게 적용하면 될지 생각해보라.

두 벡터로 이뤄진 표준 기저가 실제로 $\mathbb{R}^2$의 기저임을 알고 있으므로, 정리에 따라 어떤 기저든 $\mathbb{R}^2$의 기저라면 원소의 길이가 2라는 것이 보장된다. 이러한 사실과 고유벡터가 선형 독립이든지 아니면 공간을 생성한다는 것을 알면 정리에 따라 이 벡터들이 기저를 형성한다는 것이 보장된다.

앞에서 선형 변환을 나타내는 행렬은 그 공간에 관한 기저를 어떻게 선택하는지에 따라 달라짐을 알아봤다. 사용하는 기저를 표준 기저에서 고유벡터들로 이뤄진 기저로 바꾼 후 그 결과 행렬 B가 어떻게 변하는지 살펴보자.

이 연산을 수행하려면 행렬 B에 해당하는 변환 T가 어떻게 고유벡터 v_1과 v_2에 작용하는지를 v_1과 v_2만으로 나타내야 하는데, 이미 알고 있다. $Bv_1 = 2 \cdot v_1 = 2 \cdot v_1 + 0 \cdot v_2$이고 $Bv_2 = 3 \cdot v_2 = 0 \cdot v_1 + 3 \cdot v_2$임을 상기하라.

그러므로 다음과 같이 고유벡터 v_1과 v_2로 이뤄진 기저와 연관된 변환 T의 행렬을

$$\mathscr{B}_{\mathbb{R}^2} := \{v_1, v_2\} \tag{12.105}$$

앞에서 설명한 절차를 따라 다음과 같이 만들 수 있다.

$$\left(\mathscr{M}(T : \mathbb{R}^2 \to \mathbb{R}^2)_{\mathscr{B}_{\mathbb{R}^2}, \mathscr{B}_{\mathbb{R}^2}} \right) = \begin{pmatrix} 2 & 0 \\ 0 & 3 \end{pmatrix} \tag{12.106}$$

앞에서 했던 것과 마찬가지로 이 전체 기호를 $\mathscr{M}(T)$로 줄여 쓰겠다. 이 행렬이 대각 행렬임을 알 수 있는데, 대각 행렬은 매우 유용하다. 다음 연습문제를 해보면 이유를 알 수 있다.

12.107 연습문제

고유벡터 v_1과 v_2로 이뤄진 기저(고유기저^{eigenbasis}라고도 함)와 연관된 행렬
$\mathscr{M}(T) = \begin{pmatrix} 2 & 0 \\ 0 & 3 \end{pmatrix}$의 제곱을 구하라.

$$\mathscr{M}(T)^2 := \mathscr{M}(T) \cdot \mathscr{M}(T)$$

그리고 나서 다음을 계산하라.

$$\mathscr{M}(T)^3 := \mathscr{M}(T) \cdot \mathscr{M}(T) \cdot \mathscr{M}(T)$$

그리고 나서 다음을 계산하라.

$$\mathscr{M}(T)^4 := \mathscr{M}(T) \cdot \mathscr{M}(T) \cdot \mathscr{M}(T) \cdot \mathscr{M}(T)$$

무슨 일이 벌어지는가? $\mathscr{M}(T)^{100}$을 계산할 수 있는가?

12.108 연습문제

이제 이것을 표준 기저 벡터에 관해 형성된 원래의 행렬 $B := \begin{pmatrix} 2 & 1 \\ 0 & 3 \end{pmatrix}$에 대해 해보자. 즉, B의 제곱을 구하라. 그런 다음 B^3을 계산하라. 그런 다음 B^4을 계산하라. B^{100}을 계산할 수 있는가?

분명히 $\mathscr{M}(T)$에 관한 연습문제는 어떻게 할지 알아냈겠지만, B에 관한 연습문제는 하다가 포기했을 것이다. 누구든 그럴 것이다. $\mathscr{M}(T)$와 B의 차이점은 $\mathscr{M}(T)$는 대각 행렬인 반면 B는 그렇지 않다는 점이다. B가 대각 행렬이 되지 않으면 연습문제에서 알게 된 대로 곱할 때 상당한 어려움이 생긴다.

이것이 관건이다. 항상 원래의 행렬이 결국 대각 행렬이 되도록 기저를 바꿀 수 있을까?

사실은 그렇지 않다. 항상 그렇지는 않다.

12.109 연습문제

다음의 행렬로 표현되는 변환에 대해 고유벡터 기저를 구할 수 없는 이유를 생각해보라.

$$T := \begin{pmatrix} 0 & 1 \\ 0 & 0 \end{pmatrix}$$

이러한 특별한 성질을 가진 행렬을 대각화 가능^{diagonalizable} 행렬이라는 알맞은 이름으로 부른다. 대각화 가능 행렬의 명시적인 특성을 설명하는 것은 그리 간단하지 않기 때문에 여기서는 자세히 다루지 않겠다.

여기서는 양자역학과 고유 요소를 연결 지으려 한다. 고윳값이 실수인 선형 연산자들은 특수한 연산자 집합을 이룬다. 앞에서 양자역학을 개괄하면서 양자역학의 측정 공준을 살펴봤다. 이 공준은 물리적으로 측정 가능한 성질을 갖는 모든 연산자는 에르미트 연산자$^{Hermitian\ operator}$가 될 것이라고 명시하고 있다. 아직 에르미트 연산자를 살펴보지 않기는 했지만, 고윳값이 항상 실수인 연산자들의 집합이라는 사실을 알게 될 것이다. 에르미트 연산자가 무엇이며 왜 그렇게 주목할 만한 성질을 갖고 있는지 곧 살펴보겠다.

12.4 내적 심층 탐구

앞서 정의한 내적을 더 자세히 살펴보면 몇 가지 중요한 성질을 알 수 있다. 첫 번째 성질은 켤레 대칭성conjugate symmetry이다. 즉, 모든 벡터 u, v에 대해 $\langle u, v \rangle = \overline{\langle v, u \rangle}$다. 따라서 벡터의 자리를 교환하면 같은 결과가 나오는 대신 켤레가 나온다. 처음 볼 때에는 이상하게 보일 수도 있는데, 예를 보면 이것이 타당함을 확인할 수 있을 것이다.

$u := \begin{pmatrix} i \\ 1 \end{pmatrix}$이고 $v := \begin{pmatrix} 2 \\ i \end{pmatrix}$이라 하자. 그러면 $\langle u, v \rangle$는 다음과 같고,

$$\langle u, v \rangle = \left\langle \begin{pmatrix} i \\ 1 \end{pmatrix}, \begin{pmatrix} 2 \\ i \end{pmatrix} \right\rangle = \bar{i} \cdot 2 + \bar{1} \cdot i = (-i) \cdot 2 + 1 \cdot i = -2i + i = -i \quad (12.110)$$

$\langle v, u \rangle$는 다음과 같다.

$$\langle v, u \rangle = \left\langle \begin{pmatrix} 2 \\ i \end{pmatrix}, \begin{pmatrix} i \\ 1 \end{pmatrix} \right\rangle = \bar{2} \cdot i + \bar{i} \cdot 1 = 2 \cdot i + (-i) \cdot 1 = 2i - i = i \quad (12.111)$$

따라서 켤레를 취해야 결과가 같아진다. 내적에서 벡터를 교환하면 켤레를 취해야 한다.

12.112 연습문제

$u := \begin{pmatrix} i \\ 2 \end{pmatrix}$이고 $v := \begin{pmatrix} 1 \\ i \end{pmatrix}$이라 하자. 내적 $\langle u, v \rangle$를 구하라. 그리고 내적 $\langle v, u \rangle$를 구하라. 왜 켤레를 취해야 하는지 알겠는가?

켤레 대칭성은 어떤 벡터를 자신과 내적한 값이 실수가 된다는 것도 보장한다. 임의의 벡터 v에 대해 켤레 대칭성은 $\langle v, v \rangle = \overline{\langle v, v \rangle}$을 보장하므로($v$를 자기 자신과 교환

했다), v를 자기 자신과 내적한 값이 그 켤레와 같아야 한다. 복소수 $a + bi$가 켤레 $a - bi$이기 위한 필요충분조건은 $a + bi = a - bi$, 즉 $b = -b$다. $b = -b$인 경우는 $b = 0$인 경우밖에 없다. 즉, 복소수 $a + bi$는 실수일 수밖에 없다.

내적은 첫 번째 인자의 선형성^{linear in the first argument}도 갖고 있다. 우선 이에 따라 어떤 두 벡터 $u + v$와 w에 대해 내적이 다음의 등식을 만족시킨다.

$$\langle u + v, w \rangle = \langle u, w \rangle + \langle v, w \rangle \tag{12.113}$$

이러한 현상에 대한 예를 살펴보자. 다음과 같은 벡터들이 있다고 하자.

$$u = \begin{pmatrix} 1 \\ 0 \end{pmatrix}, v = \begin{pmatrix} 0 \\ 1 \end{pmatrix}, w = \begin{pmatrix} 1 \\ 2 \end{pmatrix} \tag{12.114}$$

$\langle u + v, w \rangle$를 계산하면 다음과 같다.

$$\langle u + v, w \rangle = \left\langle \begin{pmatrix} 1 \\ 0 \end{pmatrix} + \begin{pmatrix} 0 \\ 1 \end{pmatrix}, \begin{pmatrix} 1 \\ 2 \end{pmatrix} \right\rangle = \left\langle \begin{pmatrix} 1 \\ 1 \end{pmatrix}, \begin{pmatrix} 1 \\ 2 \end{pmatrix} \right\rangle$$
$$:= \overline{1} \cdot 1 + \overline{1} \cdot 2 = 1 \cdot 1 + 1 \cdot 2 = 3 \tag{12.115}$$

12.116 연습문제

자, 다음을 계산한 후 $1 + 2 = 3$이 나오는지 확인하라.

$$\langle u, w \rangle + \langle v, w \rangle = \left\langle \begin{pmatrix} 1 \\ 0 \end{pmatrix}, \begin{pmatrix} 1 \\ 2 \end{pmatrix} \right\rangle + \left\langle \begin{pmatrix} 0 \\ 1 \end{pmatrix}, \begin{pmatrix} 1 \\ 2 \end{pmatrix} \right\rangle$$

내적이 첫 번째 인자에 선형이라고 했는데, 그러면 스칼라 곱셈은 여기에 어떻게 적용되는지 궁금할 듯하다. 첫 번째 인자의 선형성에 대한 두 번째 사실은 어떤 스칼라 a와 벡터 u, v에 대해 다음이 성립한다는 것이다.

$$\langle a \cdot u, v \rangle = a \cdot \langle u, v \rangle \tag{12.117}$$

이러한 성질을 실제로 확인하고자 다음과 같은 스칼라 a와 벡터 u, v가 있다고 하자.

$$a = 2, u = \begin{pmatrix} 1 \\ 2 \end{pmatrix}, v = \begin{pmatrix} 3 \\ 4 \end{pmatrix} \tag{12.118}$$

좌변을 계산하면 다음과 같다.

$$\langle a \cdot u, v \rangle = \left\langle 2 \cdot \begin{pmatrix} 1 \\ 2 \end{pmatrix}, \begin{pmatrix} 3 \\ 4 \end{pmatrix} \right\rangle = \left\langle \begin{pmatrix} 2 \\ 4 \end{pmatrix}, \begin{pmatrix} 3 \\ 4 \end{pmatrix} \right\rangle$$
$$= 2 \cdot 3 + 4 \cdot 4 = 6 + 16 = 22 \tag{12.119}$$

12.120 연습문제

우변을 계산하라. 즉, $a \cdot \langle u, v \rangle$를 계산하고, 22가 나오는지 확인하라.

모든 스칼라 a와 벡터 u, v에 대해 $\langle u, a \cdot v \rangle = a \cdot \langle u, v \rangle$인지 궁금할 것이다. 다음 연습문제에서 이것이 참이 아님을 확인하라.

12.121 연습문제

$\langle u, a \cdot v \rangle \neq a \cdot \langle u, v \rangle$인 스칼라 a와 두 벡터 u, v를 찾아 모든 스칼라 a와 벡터 u, v에 대해 $\langle u, a \cdot v \rangle = a \cdot \langle u, v \rangle$가 참은 아님을 확인하라. 사실 모든 스칼라 a와 벡터 u, v에 대해 $\langle u, a \cdot v \rangle = \bar{a} \cdot \langle u, v \rangle$가 참이라는 공리를 나중에 알아볼 텐데, 이 공리를 사용하면 증명이 가능하다. 내적의 이러한 성질을 두 번째 인자의 켤레 동질성^{conjugate homogeneity in the second argument}이라고 부르기도 한다.

내적의 마지막 속성은 **양의 정부호성**^{positive-definiteness}이라는 것이다. 모든 벡터 v에 대해 $\langle v, v \rangle \geq 0$이고 $\langle v, v \rangle = 0$이기 위한 필요충분조건은 $v = 0$이다.

좀 더 추상적인 관점에서 이것이 참인 이유를 살펴보자. 벡터 $v = (\, v_1 \ v_2 \ \ldots \ v_n \,)^T$이 있다고 하자.

그러면 다음과 같이 된다.

$$\langle v, v \rangle := \overline{v_1} \cdot v_1 + \overline{v_2} \cdot v_2 + \ldots + \overline{v_n} \cdot v_n \tag{12.122}$$

복소수와 그 켤레의 곱은 항상 음이 아닌 실수(즉, 0보다 크거나 0인 실수)가 된다는 것을 떠올려 보면 각각의 $i \in \{1, \ldots, n\}$에 대해 $\overline{v_i} \cdot v_i$은 실수가 된다. 자, 그러면 (유한한) 여러 음이 아닌 실수의 합은 실수이므로, 다음의 합도 역시 음이 아닌 실수다.

$$\overline{v_1} \cdot v_1 + \overline{v_2} \cdot v_2 + \ldots + \overline{v_n} \cdot v_n \tag{12.123}$$

즉, 0보다 크거나 0이다.

12.124 연습문제

위의 식이 0이 되기 위한 필요충분조건이 벡터 v가 영벡터, 즉 벡터 v의 모든 성분이 0이라는 것임을 스스로 확인해보라.

이제 임의의 벡터 v에 대해 $\langle v, v \rangle \geq 0$이고 $\langle v, v \rangle = 0$이기 위한 필요충분조건이 $v = 0$임을 보였다.

12.125 연습문제

내적이 두 번째 인자의 선형성을 만족한다고 말한 적은 없다는 사실에 유의하라. 하지만 이것도 참이다. 이미 나와서 검증한 공리들을 사용해 이를 증명하라. 첫 번째 인자의 선형성이 이를 증명하는 데 매우 중요할 것이다.

내적으로서의 크로네커 델타 함수

앞서 벡터 공간에 대한 정규직교 기저 개념을 설명하면서 정규직교 기저를 수학적으로 크로네커 델타 함수^{Kronecker delta function} δ로 표현할 수 있다고 언급했다. 크로네커 델타 함수 δ는 너무 간단해서 왜 여기에 누군가의 이름이 붙었는지 상상이 안 될 수도 있다. 물론 크로네커는 불만이 없겠지만 말이다.

12.126 정의: 크로네커 델타 함수

집합 $\{1, 2, \ldots, n\}$에 대해

$$\begin{cases} \delta(i, j) = 1 & i = j \text{인 경우} \\ \delta(i, j) = 0 & i \neq j \text{인 경우} \end{cases}$$

익숙해 보일 것이다. 앞에서 본 정규직교 기저 벡터의 정의를 떠올려보라. 따라서 정규직교 벡터 집합 S를 크로네커 델타 함수가 되도록 내적을 S에 제한하는 벡터들의 집합으로 볼 수도 있다.

12.127 연습문제

항등 행렬의 성분들을 크로네커 델타 함수로 표현할 수 있는지 확인하라. 더 정확히 말하면 항등 행렬 I의 각 성분을 $I_{ij} := \delta(I, j)$로 정의할 수 있는지 확인하라.

12.5 에르미트 연산자

어떤 선형 연산자(행렬로 바꿔 써도 됨)가 에르미트 연산자^{Hermitian operator}이기 위한 필요충분조건은 선형 연산자가 자신의 켤레 전치(앞에서 정의함)와 같다는 것이다. 에르미트 연산자는 양자역학에서 매우 중요하다. 어떤 상태에 연관된 양^{quantity}을 측정하고 싶은 경우가 많이 있다. 추적하는 양이 연산자의 고윳값인 경우가 많으며, 따라서 이를 효과적으로 측정하려면 고윳값이 실수이면 좋다.

복소수로 측정하지 못하는 이유

짚고 넘어가야 할 미묘한 점은 복소수로는 측정을 수행하지 못한다는 것이다. 수 0과 i 중에 어느 것이 더 큰지 알아내고 싶다고 가정해보자. 그러려면 $i = 0$인지 $0 < i$인지, 아니면 $i < 0$인지를 판단해야 한다. 물론 $i = 0$을 선택할 리는 없겠다. 그렇게 하면 $i = 0$의 양변에 $-i$를 곱하면 $1 = 0$이 되기 때문이다. $0 < i$를 선택해보자.

$0 < i$를 선택하면 각 변에 i를 곱할 경우 다음과 같은 부등식이 된다.

$$i \cdot 0 < i \cdot i \tag{12.128}$$

하지만 그러면 다음과 같이 돼버린다.

$$0 < i \cdot i = i^2 = -1 \qquad (12.129)$$

요약하면 $0 < i$라는 가정에서 $0 < -1$을 추론해냈다. $0 < -1$은 말이 안 되므로 $0 < i$라는 원래의 가정이 잘못됐다고 결론 내리게 된다.

그러면 $i < 0$을 선택하면 어떻게 될까? 양변에서 i를 빼면 다음과 같이 된다.

$$i - i < 0 - i \qquad (12.130)$$

따라서 다음과 같이 되고,

$$0 < -i \qquad (12.131)$$

양변에 $-i$를 곱하면 다음과 같이 된다.

$$0 \cdot (-i) < -i \cdot (-i) \qquad (12.132)$$

그러나 다음과 같으므로 부등식 $0 \cdot (-i) < -i \cdot (-i)$는 $0 < -1$을 의미한다.

$$-i \cdot (-i) = (-1) \cdot i \cdot (-1) \cdot i \qquad (12.133)$$

$$(-1)(-1) \cdot i \cdot i = 1 \cdot i^2 = -1 \qquad (12.134)$$

이 또한 말이 되지 않으며, 따라서 $i < 0$이라는 원래의 가설이 잘못됐다고 결론을 내려야 한다. 따라서 어떤 크기 순서를 선택해도, 즉 $0 < i$든 $i < 0$이든 이치에 맞지 않음을 알 수 있다. 어떤 순서를 가정했는데 참이 아닌 $0 < -1$이 나온다. 결국 복소수의 순서를 정하는 마땅한 방법이 없다는 결론에 이른다.

이를 더 정확히 하고자 일반적인 실수에서 친숙한 다음의 합리적인 조건들을 만족하는 복소수의 크기 순서를 찾아내고 싶다고 가정해보자.

- **삼분성**^{trichotomy}: 모든 복소수 x, y에 대해 x, y는 $x < y$, $x > y$, $x = y$ 중 하나에 해당한다.
- **가법성**^{additivity property}: 모든 복소수 x, y, z에 대해 $x < y$이면 $x + z < y + z$다.
- **승법성**^{multiplicative property}: 모든 복소수 x, y, z에 대해 $0 < z$이면 $x < y$가 곧 $xz < yz$를 의미한다.

이제 $0 < i$를 선택했을 때 이러한 공리 중에 적어도 한 가지와 모순된다는 것을 아주 신중하게 증명해보자. $0 < i$이므로 앞에서 제시한 세 번째 성질(승법성)을 사용하면 다음과 같이 된다.

$$0 < i \implies 0 \cdot i < i \cdot i = i^2 = -1 \tag{12.135}$$

$0 < i$라는 가정에서 $0 < -1$을 추론했다는 사실이 혼란스럽기는 하지만, 기술적으로는 앞에 나온 어떠한 공리도 위반하지 않는다. 두 번째 성질(가법성)을 사용하면 부등식 $0 < -1$에서 다음을 추론할 수 있다.

$$0 < -1 \implies 0 + 1 < -1 + 1 = 0 \tag{12.136}$$

이에 따라 $1 < 0$이다. 이것 역시 혼란스럽지만 앞에 나온 어떠한 공리도 직접 위반하지는 않는다. 이제 마지막으로 세 번째 성질(승법성)을 사용하면 다음의 결과를 얻는다.

$$1 < 0 \implies 1 \cdot i < 0 \cdot i = 0 \tag{12.137}$$

그러면 $i < 0$을 얻게 되는데, 원래의 가정은 $0 < i$였으므로 첫 번째 성질(삼분성)이 위반된다.

12.138 연습문제

비슷한 방식으로 $i < 0$이라고 정의하면 어떤 것이 잘못되는지 알아내보라.

그렇기 때문에 측정값이 실수가 되면 좋으며, 그렇지 않으면 합리적으로 측정할 방법이 없다. 그러면 의문이 생긴다. 왜 에르미트 행렬은 고윳값이 실수일까?

에르미트 연산자는 고윳값이 실수다

어떤 행렬이 켤레 전치와 같다는 것을 검증하기는 쉽기는 하지만, 에르미트 연산자를 이와 동등하나 다른 방식으로 정의하면 에르미트 행렬이 실수 고윳값을 갖는다는 것을 아주 간단하게 증명할 수 있다. 선형 연산자 $T: V \rightarrow V$가 에르미트 행렬이기 위한 필요충분조건을 T가 **자기 수반 연산자**^{self-adjoint}라는 조건으로 정의할 수도 있다.

12.139 정의: 수반 행렬

행렬 T의 수반 행렬^{adjoint matrix}이란 모든 벡터 $u, v \in V$에 대해 $\langle Tu, v \rangle = \langle u, T^*v \rangle$를 만족하는 행렬 T^*이다.

이때 T가 자기 수반 행렬이라는 말은 $T = T^*$라는 뜻이며, 따라서 모든 벡터 $u, v \in V$에 대해 $\langle Tu, v \rangle = \langle u, Tv \rangle$임을 의미한다. 어떤 연산자의 수반 연산자는 그 연산자의 켤레 전치와 정확히 같다. 그렇기 때문에 어떤 연산자가 자기 수반 연산자라는 말은 그 연산자가 켤레 전치와 같다는 말이다.

12.140 수반 행렬은 켤레 전치다

선형 연산자의 수반 연산자는 그 연산자의 켤레 전치다.

자, v가 고윳값이 λ인 에르미트 행렬 T의 고유벡터라면 더 나아가 다음과 같이 결론지을 수 있다.

$$\langle Tv, v \rangle = \langle v, Tv \rangle \tag{12.141}$$

v가 고윳값이 λ인 T의 고유벡터라는 말은 $Tv = \lambda v$라는 뜻이므로, 식 $\langle Tv, v \rangle = \langle v, Tv \rangle$ 에서 Tv를 λv로 바꿔 쓰면 다음을 얻는다.

$$\langle \lambda v, v \rangle = \langle v, \lambda v \rangle \tag{12.142}$$

여기서 λ를 끄집어내면 뭔가 재미있는 일이 벌어질 듯한 느낌이 든다. 내적의 성질인 첫 번째 인자의 선형성과 두 번째 인자의 켤레 동질성에 따라 'λ를 끄집어내면' 다음과 같은 새로운 식이 나온다.

$$\lambda \langle v, v \rangle = \overline{\lambda} \langle v, v \rangle \tag{12.143}$$

이제 양변을 '$\langle v, v \rangle$로 나눈' 다음에 끝내고 싶은데, $\langle v, v \rangle$가 0이 아닌지 어떻게 알까? 음, 처음에 v가 T의 고유벡터라고 가정했는데, 고유벡터의 정의에 따르면 v가 0이 아니어야 한다. 그러면 v가 0이 아니므로, 내적의 성질인 양의 정부호성에 따라 v를 자신과 곱한 내적, 즉 $\langle v, v \rangle$도 0이 아니라는 것이 보장된다. 따라서 다음과 같다.

$$\lambda = \overline{\lambda} \tag{12.144}$$

복소수가 자신의 켤레 복소수와 같다는 것이 무슨 뜻인지 기억하는가? 바로 그거다. 이 수는 결국 실수다.

12.145 연습문제

알아두면 좋은데, 모든 실수 대칭 행렬(성분이 모두 실수인 대칭 행렬)은 에르미트 행렬이다. 왜 그럴까?

이 정리를 증명하는 과정을 통해 이 정의에서 사용한 모든 공리가 꼭 필요하다는 점을 깨달았기를 바란다. 모든 공리가 쓰였고 각각의 공리가 어디에 쓰였는지 알겠는가?

12.6 유니타리 연산자

3장에서 양자 논리 게이트를 나타내는 온갖 종류의 행렬과 마주했을 것이다. 14장에 이러한 행렬들을 정리해 놨다. 이 행렬들이 특별한 이유는 유니타리^{unitary} 행렬이기 때문이다. 유니타리 행렬은 벡터의 길이를 보존한다. 유니타리 행렬이라고 이름이 붙은 이유는 단위^{unit} 벡터에 유니타리 행렬을 적용해도 그대로 단위 벡터가 나오기 때문이다.

더 정확하게 말하면 다음과 같다.

12.146 정의: 유니타리 연산자

선형 연산자 $U : V \rightarrow V$가 유니타리 연산자이기 위한 필요충분조건은 모든 벡터 $x, y \in V$에 대해 U가 다음은 만족시킨다는 것이다.

$$\langle x, y \rangle = \langle U_x, U_y \rangle$$

즉, U는 내적을 보존한다.

흥미로운 점은 유니타리 연산자(행렬) $U : V \rightarrow V$를 이와 동등하게 켤레 전치와 역행렬이 같은 행렬로 정의할 수 있다는 점이다. 즉, 다음과 같이 말이다.

$$U^\dagger = U^{-1} \tag{12.147}$$

이에 따라 다음이 성립한다.

$$U^\dagger U = U U^\dagger = I \tag{12.148}$$

지금까지 말한 내용 중에는 직접적으로 유니타리 연산자가 작용할 벡터의 길이를 보존한다는 내용이 없으므로, 연습문제에서 이를 확인해보자.

12.149 연습문제

앞에 나온 정의를 이용해 유니타리 연산자 U가 작용할 벡터 v의 길이를 보존한다는 것을 확인하라. 벡터 v의 길이가 $\sqrt{\langle v,v \rangle}$와 같다는 사실을 활용한 후 v의 원래 길이, 즉 $\sqrt{\langle v,v \rangle}$와 U를 작용시킨 후의 v의 길이, 즉 $\sqrt{\langle Uv, Uv \rangle}$를 비교하면 된다.

12.7 직합과 텐서곱

이미 알고 있는 벡터 공간의 모임collection에서 더 큰 벡터 공간을 만들고 싶은 경우도 있다. 이렇게 하는 일반적인 방법은 두 가지가 있다. 하나는 **직합**direct sum이고, 다른 하나는 **텐서곱**tensor product이다. 텐서곱에 대해서는 앞에서 두 벡터, 혹은 두 행렬의 텐서곱을 취하는 맥락에서 살펴본 바 있다. 앞에서 정의한 연산과 지금 설명할 연산이 서로 관련 있다.

직합

강조하고 싶은 첫 번째 요점은 직합이 숫자나 벡터, 행렬(날카로운 독자라면 벌써 이것들을 그냥 다 선형 변환으로 간주하겠지만 말이다)이 아니라 벡터 공간에 작용한다는 점이다. 텐서곱도 마찬가지다. 더 구체적으로 말하면 직합은 두 벡터 공간을 입력으로 받아 일반적으로 '더 큰', 또 다른 벡터 공간을 결과로 내보내는 이항 연산다. 예를 살펴보자.

1차원 벡터 공간 $\mathbb{R}$과 이 공간의 사본, 즉 $\mathbb{R}$의 두 사본이 있다고 가정하자.

$\mathbb{R}$과 그 자신의 직합은 다음과 같이 쓰며,

$$\mathbb{R} \oplus \mathbb{R} \qquad\qquad (12.150)$$

다음과 같이 정의된다.

$$\mathbb{R} \oplus \mathbb{R} := \left\{ \begin{pmatrix} x \\ y \end{pmatrix} : x \in \mathbb{R}, y \in \mathbb{R} \right\} \qquad\qquad (12.151)$$

어, 잠깐. 이거 그냥 $\mathbb{R}$과 $\mathbb{R}$의 데카르트 곱 $\mathbb{R} \times \mathbb{R}$이네!

12.152 연습문제

데카르트 곱 $\mathbb{R} \times \mathbb{R}$의 정의를 상기한 후 이를 직합 $\mathbb{R} \oplus \mathbb{R}$과 비교해보라.

왜 같은 것인데 이름이 둘일까? 음, 사실 완전히 같은 것은 아니고, 직합 $\mathbb{R} \oplus \mathbb{R}$이 구조가 더 많다. 특히, 직합 $\mathbb{R} \oplus \mathbb{R}$은 $\mathbb{R}$ 위의 벡터 공간이고, 데카르트 곱 $\mathbb{R} \times \mathbb{R}$은 단순히 집합이다.

이러한 개념을 더 자세히 설명하고자 두 집합 $A := \{a, b, c\}$와 $B := \{d, e\}$가 있다고 해보자. 두 집합의 데카르트 곱을 구하면 다음과 같다.

$$\begin{aligned} A \times B &:= \{(x, y) : x \in A, y \in B\} \\ &= \{(a, d), (a, e), (b, d), (b, e), (c, d), (c, e)\} \end{aligned} \qquad (12.153)$$

자, 그럼 이렇게 물어보겠다. 직합 $A \oplus B$는 무엇인가? 음, 일단 앞의 정의를 그대로 따르면 다음과 같다.

$$A \oplus B := \left\{ \begin{pmatrix} x \\ y \end{pmatrix} : x \in A, y \in B \right\} \qquad\qquad (12.154)$$

얼핏 보기에 데카르트 곱에는 행벡터가 들어 있는데 직합에는 열벡터가 들어 있다는 이슈가 있는 것은 확실한데, 집합에 대해 논의할 때 행벡터를 사용하는지 열

벡터를 사용하는지가 중요하지는 않다. 이 질문을 하고 나니 또 다른 질문이 떠오른다. 어떻게 $A \oplus B$가 벡터 공간일까? 그리고 어느 체 위의 벡터 공간일까?

$A \oplus B$를 벡터 공간으로 정의하기 위해서는 아벨 군^{abelian group}이면서 어떤 명시된 체에 의한 체의 작용^{field action}을 갖는 추가적인 대수 구조^{algebraic structure}가 필요하다. 현재는 두 가지 모두 없다. 이에 대해 잠시 고민해보자. 어떻게 $A \oplus B$에 속하는 두 원소의 덧셈을 어떻게 정의해야 할까?

어떤 방식을 택하든 특정 원소 $(a\,d)^T$와 $(b\,e)^T$의 덧셈이 가능해야 한다. 물론 이러한 덧셈을 다음과 같이 말할 수 있겠지만,

$$\begin{pmatrix} a \\ d \end{pmatrix} + \begin{pmatrix} b \\ e \end{pmatrix} = \begin{pmatrix} a+b \\ d+e \end{pmatrix} \tag{12.155}$$

여기서 $a+b$와 $d+e$는 도대체 무엇을 뜻할까? a, b, d, e는 그냥 문자일 뿐임을 명심하라. 수치상의 의미는 전혀 갖고 있지 않다.

자, 여기서 중요한 개념은 원하는 아무 두 집합의 데카르트 곱을 만드는 것이 완전히 합리적이라는 사실이다. 예를 들어 다음 두 집합의 데카르트 곱은

$$\text{COLORS} := \{\text{연두색, 자홍색, 연보라색}\} \tag{12.156}$$
$$\text{ANIMALS} := \{\text{고양이, 개, 코끼리}\} \tag{12.157}$$

다음과 같은 새로운 집합이 된다.

$$\text{COLORS} \times \text{ANIMALS} := \{(x, y) : x \in \text{COLORS}, y \in \text{ANIMALS}\} \tag{12.158}$$

이 집합은 결국 다음과 같은데, 이는 그냥 집합일 뿐 벡터 공간은 아니다.

$$\left\{ \begin{array}{lll} (\text{연두색, 고양이}), & (\text{연두색, 개}), & (\text{연두색, 코끼리}), \\ (\text{자홍색, 고양이}), & (\text{자홍색, 개}), & (\text{자홍색, 코끼리}), \\ (\text{연보라색, 고양이}), & (\text{연보라색, 개}), & (\text{연보라색, 코끼리}) \end{array} \right\} \tag{12.159}$$

직합 $\mathbb{R} \oplus \mathbb{R}$은 이미 내린 정의에 따라 다음과 같은 집합이다.

$$\mathbb{R} \oplus \mathbb{R} := \left\{ \begin{pmatrix} x \\ y \end{pmatrix} : x \in \mathbb{R}, y \in \mathbb{R} \right\} \tag{12.160}$$

$\mathbb{R} \oplus \mathbb{R}$은 체 $\mathbb{R}$ 위의 벡터 공간으로 자연스럽게 해석되는데, 덧셈을 (아벨 군 구조를 얻고자) 일반적인 벡터 덧셈으로, 그리고 체의 작용을 일반적인 스칼라 곱셈으로 정의할 수 있기 때문이다.

그리고 두 벡터 공간의 직합은 그 자체가 벡터 공간이기 때문에 차원이 있다는 점도 짚고 가야겠다. 두 벡터 공간의 직합의 차원은 벡터 공간들의 차원의 합이라는 사실이 밝혀져 있으며, 그래서 이름이 직'합'이다. 더 확실히 말하면 임의의 두 벡터 공간 V와 W가 둘 다 같은 체 $\mathbb{F}$ 위의 벡터 공간일 때 다음이 성립한다.

$$\dim(V \oplus W) = \dim(V) + \dim(W) \tag{12.161}$$

12.162 정의: 두 벡터 공간의 직합

벡터 공간 V와 W의 직합은 다음과 같은 벡터 공간이다.

$$V \oplus W := \left\{ \begin{pmatrix} v \\ w \end{pmatrix} \right\}$$

12.163 직합의 차원

$$\dim(V \oplus W) = \dim(V) + \dim(W) \tag{12.164}$$

텐서곱

이제 텐서곱을 알아보자. 두 벡터 공간의 텐서곱에 관해 주목할 만한 점은 오로지 각 벡터 공간의 기저 원소들의 '텐서곱'으로 표현된다는 점이다. 이 말의 의미는 두 벡터 공간 V와 W가 둘 다 같은 체 $\mathbb{F}$ 위의 벡터 공간이고 기저가 각각 $\mathscr{B}_V = \{v_1, \ldots, v_m\}$와 $\mathscr{B}_W = \{w_1, \ldots, w_n\}$인 경우 V와 W의 텐서곱 $V \otimes W$는 다음과 같은 기저를 갖는 벡터 공간이라는 것이다.

$$\mathscr{B}_{V \otimes W} := \{v_1 \otimes w_1, v_1 \otimes w_2, ..., v_1 \otimes w_n, \ldots, v_m \otimes w_1, v_m \otimes w_2, \ldots, \otimes v_m \otimes w_n\} \quad (12.165)$$

나올 수 있는 모든 V의 기저 벡터들과 W의 기저 벡터들의 텐서곱 쌍이 V의 기저와 W의 기저의 '텐서곱'에 나타난다는 사실을 알 수 있다. 실제로 이것은 항상 그렇다. 즉, 같은 체 $\mathbb{F}$ 위의 두 벡터 공간 V와 W가 있고 이 둘의 텐서곱 $V \otimes W$를 구하려고 하는 경우 나올 수 있는 모든 V와 W의 기저 벡터 쌍을 텐서화하면 최소한 $V \otimes W$의 기저를 알아낼 수 있다. 이것은 간편한 사실이기는 하지만, 증명하려면 해야 할 일이 좀 있다. 이 사실이 증명된 결과임을 강조하는 뜻에서 **텐서곱 기저 정리**^{Tensor} Product Basis Theorem라고 부르기도 한다.

우리가 보여야 할 것은 나올 수 있는 모든 V와 W의 기저 벡터 쌍으로 이뤄지는 제시한 $V \otimes W$의 기저가 실제로 기저라는 사실이다. 즉, V와 W의 기저 벡터들의 텐서곱이 모두 선형 독립이고 $V \otimes W$를 생성한다는 사실을 보여야 한다. 이것은 V와 W 각각의 기저 벡터들은 각각의 벡터 공간에서 선형 독립이고, 기저 벡터들이 각각의 벡터 공간을 생성한다는 것을 고려할 때 사실로 받아들일 만하다. 그래도 증명이 필요한 이유는 여러분이 생각해보면 좋겠다.

어쨌든 여기서는 공리적인 관점에서 두 벡터의 텐서곱을 정의하는 대신 기저 중심의 관점에서 아이디어만 제시하겠다. 예전에 두 벡터 공간의 텐서곱을 접한 적이 없다면 당장은 다음과 같이 생각하는 편이 좋겠다.

기저가 각각 $\mathcal{B}_V$와 $\mathcal{B}_W$인 두 벡터 공간 V와 W가 주어졌을 때 두 벡터 공간의 텐서곱 $V \otimes W$를 두 벡터 공간의 기저들의 '텐서곱'과 같은 기저를 갖는 벡터 공간, 즉 앞에 기술된 대로 나올 수 있는 모든 V와 W의 기저 원소 쌍의 텐서곱들로 이뤄진 $\mathcal{B}_{V \otimes W}$를 기저로 갖는 벡터 공간으로 정의하겠다.

수학자들이 이것을 읽으면 실망할지도 모르겠지만, 단순히 실용적인 정의를 제시하려는 것뿐이다. 왜 텐서곱의 정의에 호들갑인지 관심 있는 독자는 이중선형 사상$^{\text{bilinear map}}$, 더 나아가 범주론의 관점에서 텐서곱을 수학적으로 어떻게 다루는지 조사해보기 바란다.[4]

이제 표기법을 알아보자. 복사한 여러 개의 같은 벡터 공간의 직합 또는 텐서곱을 표기할 때 몇 가지 생소한 기호를 보게 될 것이다. 예를 들어 다음의 수식은

$$\mathcal{H}^{\oplus n} \tag{12.166}$$

다음과 같은 표현을 새로운 방식으로 나타낸 것이다.

$$\underbrace{\mathcal{H} \oplus \dots \oplus \mathcal{H}}_{n\text{회}} \tag{12.167}$$

말할 때는 이것을 벡터 공간 $\mathcal{H}$의 사본 n개의 직합이라고 읽을 수도 있다. 또한 다음과 같이 쓰기도 한다.

$$\bigoplus_n \mathcal{H} \tag{12.168}$$

텐서곱도 비슷하게 다음과 같이 표기한다.

---

4. 범주론에서는 두 벡터 공간의 텐서곱을 보편 성질(universal property)을 통해 정의한다. 텐서곱을 우아하고 정교한 관점에서 쉽게 증명하며, 다른 벡터 공간과 상호작용할 때의 텐서곱 동작에 대한 통찰을 제시한다. 또한 모듈처럼 벡터 공간보다 더 일반적인 대상의 텐서곱의 정의를 제공한다.

$$\mathcal{H}^{\otimes n} := \underbrace{\mathcal{H} \otimes \ldots \otimes \mathcal{H}}_{n\text{회}} \tag{12.169}$$

$$\bigotimes_n \mathcal{H} \tag{12.170}$$

이 두 표기법을 $\mathcal{H}$의 n중 텐서곱^n-fold tensor product이라 한다. 즉, 벡터 공간 $\mathcal{H}$의 사본 n개의 텐서곱이다. 이러한 $\mathcal{H}$ 여러 개의 텐서곱을 나타내는 기호는 양자 레지스터, 즉 큐비트의 모임을 나타내는 데 쓰인다. 12장의 정점인 힐베르트 공간^Hilbert space을 정의할 때도 보게 될 것이다.

두 연산자의 텐서곱을 취할 수도 있다. 각 연산자를 선형 변환, 즉 행렬로 생각하면 12장의 앞부분에서 했던 대로 두 연산자의 텐서곱을 취할 수 있다. 예를 들어 다음과 같이 2차원 복소 공간 $\mathbb{C}^2$에 대한 연산자들이 주어졌을 때

$$I := \begin{pmatrix} 1 & 0 \\ 0 & 1 \end{pmatrix} \tag{12.171}$$

$$X := \begin{pmatrix} 0 & 1 \\ 1 & 0 \end{pmatrix} \tag{12.172}$$

두 연산자를 취하면 다음과 같이 된다.

$$
\begin{aligned}
I \otimes X &:= \begin{pmatrix} 1 & 0 \\ 0 & 1 \end{pmatrix} \otimes X = \begin{pmatrix} 1 \cdot X & 0 \cdot X \\ 0 \cdot X & 1 \cdot X \end{pmatrix} \\
&= \begin{pmatrix} 1 \cdot \begin{pmatrix} 0 & 1 \\ 1 & 0 \end{pmatrix} & 0 \cdot \begin{pmatrix} 0 & 1 \\ 1 & 0 \end{pmatrix} \\ 0 \cdot \begin{pmatrix} 0 & 1 \\ 1 & 0 \end{pmatrix} & 1 \cdot \begin{pmatrix} 0 & 1 \\ 1 & 0 \end{pmatrix} \end{pmatrix} \\
&= \begin{pmatrix} \begin{pmatrix} 1 \cdot 0 & 1 \cdot 1 \\ 1 \cdot 1 & 1 \cdot 0 \end{pmatrix} & \begin{pmatrix} 0 \cdot 0 & 0 \cdot 1 \\ 0 \cdot 1 & 0 \cdot 0 \end{pmatrix} \\ \begin{pmatrix} 0 \cdot 0 & 0 \cdot 1 \\ 0 \cdot 1 & 0 \cdot 0 \end{pmatrix} & \begin{pmatrix} 1 \cdot 0 & 1 \cdot 1 \\ 1 \cdot 1 & 1 \cdot 0 \end{pmatrix} \end{pmatrix}
\end{aligned}
$$

$$= \left(\begin{array}{cc} \left(\begin{array}{cc} 0 & 1 \\ 1 & 0 \end{array} \right) & \left(\begin{array}{cc} 0 & 0 \\ 0 & 0 \end{array} \right) \\ \left(\begin{array}{cc} 0 & 0 \\ 0 & 0 \end{array} \right) & \left(\begin{array}{cc} 0 & 1 \\ 1 & 0 \end{array} \right) \end{array} \right) = \left(\begin{array}{cccc} 0 & 1 & 0 & 0 \\ 1 & 0 & 0 & 0 \\ 0 & 0 & 0 & 1 \\ 0 & 0 & 1 & 0 \end{array} \right) \tag{12.173}$$

계산 결과를 요약하면 4차원 복소 공간 $\mathbb{C}^4$에 대해 작용해 다음과 같은 효과를 갖는 연산자가 생성된다.

$$(I \otimes X)(|00\rangle) = (I \otimes X)(|0\rangle \otimes |0\rangle)$$
$$= \left(\begin{array}{cccc} 0 & 1 & 0 & 0 \\ 1 & 0 & 0 & 0 \\ 0 & 0 & 0 & 1 \\ 0 & 0 & 1 & 0 \end{array} \right) \left(\begin{array}{c} 1 \\ 0 \\ 0 \\ 0 \end{array} \right) = \left(\begin{array}{c} 0 \\ 1 \\ 0 \\ 0 \end{array} \right)$$
$$= |0\rangle \otimes |1\rangle = |01\rangle \tag{12.174}$$

12.175 연습문제

텐서곱 $X \otimes I$를 구하라. 그 결과가 $I \otimes X$와 같은가?

두 2×2 행렬을 텐서곱해서 4×4 행렬을 만들었다는 점에 주목한다. 앞에서 설명한 대로 $(a \times b)$ 행렬과 $(c \times d)$ 행렬의 텐서곱이 $(a \cdot c) \times (b \cdot d)$ 행렬이 된다.

호기심 많은 독자라면 2차원 연산자들을 텐서곱해서 3장에서 다룬 양자 연산자를 만들고 싶을지도 모르겠다. 주의: 쉽지 않다. 사실 $CNOT$을 2차원 연산자 두 개를 텐서곱해서 만들 수는 없다.

12.8 힐베르트 공간

이 책에서 제시한 양자 컴퓨터의 최신 정의에서 큐비트가 2차원 복소 힐베르트 공간으로 모델링된다고 가정하고 있기 때문에 힐베르트 공간에 대한 형식적인 정의를 다루려고 한다. 하지만 그러려면 먼저 벡터 공간에 대한 계량[metric], 코시열[Cauchy sequence], 벡터 공간의 완전성[completeness] 개념을 간략히 설명해야 한다.

계량, 코시열, 완전성

벡터 공간에 대해 계량한다는 말은 두 벡터 u와 v 간의 거리를 이 둘의 차이의 노름, 즉 다음을 계산해서 측정(즉, '계량')할 수 있다는 뜻이다.

$$\langle u - v, u - v \rangle \tag{12.176}$$

12.177 연습문제

방금 정의한 두 벡터 u와 v 간의 거리가 0이 되기 위한 필요충분조건이 $u = v$, 즉 $u - v = 0$임을 확인하라.

얼핏 보면 코시열[5]은 '충분히 멀리 보면 원하는 만큼 항들이 가까워지는 수열'로 생각할 수 있다. 코시열을 살펴보려면 수열의 수렴 개념을 잘 알아야 한다. 다음은 $f: \mathbb{N} \to \mathbb{R}$인 실수 코시열의 예다.

$$
\begin{array}{c|c}
f(1) & \frac{1}{2} \\
f(2) & \frac{1}{4} \\
f(3) & \frac{1}{8} \\
f(4) & \frac{1}{16} \\
\vdots & \vdots \\
f(n) & \frac{1}{2^n}
\end{array}
$$

숫자들이 점점 0에 가까워진다는 것을 알 수 있다. 실제로 이 열을 따라 충분히 멀리 있는 항을 선택하면 원하는 대로 수를 0에 가깝게 만들 수 있다.

---

5. 코시열은 오귀스탱 루이 코시(Augustin–Louis Cauchy)의 이름을 따서 명명됐다.

12.178 연습문제

코시열에서 원하는 만큼 0에 가까운 수를 만들 수 있는지 확인해보려 한다. $f(n) = \frac{1}{2^n}$이 오차 0.000001 이내로 0과 가까운 수 n을 구해보라. 다시 말하면 이 코시열에서 얼마나 멀리 가야 항들끼리 0.000001 이하만큼만 차이가 나는지 알아보라. 0.000001을 $\frac{1}{10^6}$으로 생각하면 편할 것이다.

이러한 수열을 0에 수렴한다고 말한다. $f(n) = \frac{1}{2^n}$으로 정의된 $f: \mathbb{N} \to \mathbb{R}$인 실수 코시열이 0에 수렴한다는 것을 좀 더 수학적으로 다음과 같이 표현할 수 있다.

모든 $\epsilon > 0$에 대해 $n > N$이면 $|f(n) - 0| < \epsilon$을 만족하는 $N \in \mathbb{N}$이 모든 $n \in \mathbb{N}$에 대해 존재한다.

앞의 연습문제에서 구한 것이 사실은 0에 수렴하는 열을 이와 같이 수학적으로 표현했을 때 'N'을 구한 것이다.

물론 이 열이 달리 특별할 것도 없고, 0이라는 수도 마찬가지다. 아무 열과 수를 갖고 이 게임을 할 수 있다. 일반적으로 열 $f: \mathbb{N} \to \mathbb{R}$이 어떤 수 L에 수렴하기 위한 필요충분조건은 다음과 같다(L은 '극한^{limit}'을 뜻한다).

모든 $\epsilon > 0$에 대해 $n > N$이면 $|f(n) - L| < \epsilon$을 만족하는 $N \in \mathbb{N}$이 모든 $n \in \mathbb{N}$에 대해 존재한다.

이를 직관적으로 다시 생각해보면 "수열이 L에 수렴하기 위한 필요충분조건은 수열을 따라 계속 항을 취하기만 하면 원하는 만큼 L에 가까운 수를 만들 수 있다는 것이다."라고 말할 수 있다.

자, 코시열은 앞에서 말한 대로 그 항들이 '충분히 멀리 보면 원하는 만큼 가까워지는' 특수한 종류의 열이다. 앞에 나왔던 열의 예를 다시 살펴보자.

$$
\begin{array}{c|c}
f(1) & \frac{1}{2} \\
f(2) & \frac{1}{4} \\
f(3) & \frac{1}{8} \\
f(4) & \frac{1}{16} \\
\vdots & \vdots \\
f(n) & \frac{1}{2^n}
\end{array}
$$

다음의 현상을 관찰해보라. 항 $f(1)$과 $f(2)$는 얼마나 멀리 떨어져 있는가?

$$
|f(1) - f(2)| = \left| \frac{1}{2} - \frac{1}{4} \right| = \left| \frac{1}{4} \right| = \frac{1}{4}
$$

따라서 두 항은 $\frac{1}{4}$만큼 떨어져 있다. 항 $f(2)$와 $f(3)$은 얼마나 멀리 떨어져 있는가? $\frac{1}{8}$만큼 떨어져 있는지 확인해보기 바란다. $f(3)$과 $f(4)$는 어떤가? 이제는 <<< 수식 $\frac{1}{16}$만큼 떨어져 있다. 음... 그러니까 이 열을 따라 계속 가면 두 항이 점점 가까워지는 것처럼 보인다. 이를 수학적으로 정확히 나타내보자.

> 열 $f : \mathbb{N} \to \mathbb{R}$이 코시열이기 위한 필요충분조건은 모든 $\epsilon > 0$에 대해 $m, n > N$이면 $|f(m) - f(n)| < \epsilon$를 만족하는 $N \in \mathbb{N}$이 모든 $m, n \in \mathbb{N}$에 대해 존재한다는 것이다.

12.179 연습문제

코시열을 정확히 수학적으로 형식화한 것이 열을 따라가면 항들이 더욱 가까워지는 수열이라는 직관적인 서술에 부합하는지 확인하라. 그런 다음 열 $f(n) = \frac{1}{2^n}$이 실제로 코시열인지 확인하라.

이와 같이 연습문제의 열이 코시열임을 알 수 있다. 이제 수열이 수렴하는 수가 고려하고 있는 집합에 속하는지 여부가 궁금하다. 어떻게 수열이 고려하고 있는 집합에 속하지 않는 뭔가로 수렴할 수 있기는 한지 궁금할 수도 있겠다. 음, 열 $f(n)$

$= \frac{1}{2^n}$을 다시 한 번 살펴보자.

이번에는 0보다 큰 수만 고려한다고 가정하자. 즉, 다음과 같은 수만 다루기로 하자.

$$(0, \infty) := \{x \in \mathbb{R} : x > 0\}$$

따라서 우리가 고려하고 있는 집합의 수들은 0과 같을 수가 없다. 자, 그러면 이 열은 코시열이고 수렴하지만, 우리가 고려하고 있는 집합의 수에 수렴하지는 않는 이상한 성질을 지닌다. 이 열은 0으로 수렴하는데, 0은 우리가 고려하고 있는 집합의 수가 아니기 때문이다. 이에 따라 집합 $(0, \infty)$를 완전하다^{complete}고 말하지는 못하게 된다. 형식적으로 말하면 어떤 집합이 완전하기 위한 필요충분조건은 집합의 원소들로 이뤄진 임의의 코시열이 그 집합의 어느 원소에 수렴한다는 것이다. 맥락을 확실히 알 수 있을 때에는 이 문장을 "코시열이 수렴한다"로 완화하기도 한다.

이제 이러한 개념을 일반화하면 절댓값의 좀 더 일반적인 개념을 사용해 두 대상 사이의 거리를 측정할 수 있다. 절댓값은 사실 계량^{metric}이라는 좀 더 일반적인 현상의 특수한 경우다.

12.180 정의: **계량**

계량^{metric}이란 집합 S의 두 사본의 데카르트 곱으로부터 실수로 사상되는 이항 함수 $d : S \times S \to \mathbb{R}$이다.

- 모든 $x, y \in S$에 대해 $d(x, y) \geq 0$
- **정부호성:** 모든 $x, y \in S$에 대해 $x = y$인 경우, 그리고 오직 그 경우에만 $d(x, y) = 0$
- **삼각 부등식:** 모든 $x, y, z \in S$에 대해 $d(x, z) \leq d(x, y) + d(y, z)$

절댓값 $|\cdot| : \mathbb{R} \to \mathbb{R}$은 계량이 맞는데, 확인해보기 바란다.

12.181 연습문제

절댓값 $|\cdot| : \mathbb{R} \to \mathbb{R}$이 앞의 세 가지 성질을 만족하는지 검증함으로써 정말로 계량이 맞는지 확인하라. 또한 세 번째 성질이 정말로 삼각 부등식이라 부를 만한지 스스로 확인해보라.

그런데 앞에서 계량은 더 일반적인 개념이라고 얘기했다. 더 일반적인 계량이란 무엇일까? 자, 두 벡터 간의 '거리'를 다음과 같은 방식으로 측정한다고 해보자. $\mathbb{R}^2$의 두 벡터 u와 v가 있을 때 두 벡터 간의 거리를 그 차이(벡터가 됨)의 (L^2) 노름을 취하는 방식으로, 즉 $d(u, v) := \|u - v\|_2$로 측정할 수 있다. 그러나 잠깐 생각해보면 이는 단순히 두 벡터의 차이를 그 자신과 내적한 것의 제곱근을 취한 것이라는 사실을 알 수 있다. 즉, 다음과 같다.

$$\|u - v\|_2 = \sqrt{\langle u - v, u - v \rangle}$$

바로 이것이 아주 일반적인 계량의 개념이다. 이제 임의의 벡터 공간에 대한 계량을 다음과 같이 내적으로 정의할 수 있다. 내적 $\langle \cdot, \cdot \rangle$을 갖는 임의의 벡터 공간 V에 대해 다음과 같은 계량을

$$d : V \times V \to \mathbb{R} \tag{12.182}$$

다음과 같이 정의한다.

$$d(u, v) := \sqrt{\langle u - v, u - v \rangle} \tag{12.183}$$

이 정의가 앞에서 알아본 계량에 관한 기준을 실제로 만족하는지 확인해보기 바란다.

12.184 연습문제

$$d : V \times V \to \mathbb{R}$$

위의 계량을 다음과 같이 정의했는데,

$$d(u, v) := \sqrt{\langle u - v, u - v \rangle}$$

이러한 계량이 실제로 앞에서 알아본 기준을 실제로 만족하는지 확인하라.

이때 내적이 벡터 공간 V에 대한 계량을 "귀납적으로 유도한다" 혹은 "내적에 의해 계량이 귀납적으로 유도된다"고 말한다.

내적의 공리적 정의

내적의 공리적 정의에 대한 개념을 간략히 알아보자. 이 책의 앞부분에서 제시한 정의가 우리한테 유용하기는 하지만, 색다른 방식으로 두 벡터의 내적을 취할 수도 있다. 사실 우리가 다루는 벡터 공간에는 벡터뿐만 아니라 행렬이나 다른 수학적 대상도 있을 수 있다. 예를 들어 '벡터'가 모두 연속 함수 $f : \mathbb{R} \to \mathbb{R}$인 벡터 공간이 존재하는데, 여기서는 두 '벡터'(실제로는 함수다) f와 g의 내적이 다음과 같이 정의된다.

$$\langle f, g \rangle := \int_0^1 f(x)g(x)dx \tag{12.185}$$

그렇다. 이러한 상황에서는 내적과 벡터 공간이 완전히 딴 세상이 된다. 그렇기 때문에 본질을 잡아내는 공리적인 개념 틀이 필요하다.

12.186 정의: 내적의 공리적 정의

체 $\mathbb{F}$(여기서 $\mathbb{F}$는 $\mathbb{R}$ 또는 $\mathbb{C}$) 위의 벡터 공간 V에 대한 내적 $\langle \cdot, \cdot \rangle$은 다음과 같은 이항 함수로,

$$\langle \cdot, \cdot \rangle : V \times V \to \mathbb{F}$$

다음의 성질을 만족시키는 함수다.

- **켤레 대칭성:** 모든 $u, v \in V$에 대해

$$\langle u, v \rangle = \overline{\langle v, u \rangle}$$

- **첫 번째 인자의 선형성:** 모든 $a \in \mathbb{F}$, $u, v, w \in V$에 대해

$$\langle a \cdot u, v \rangle = a \cdot \langle u, v \rangle$$
$$\langle u + v, w \rangle = \langle u, w \rangle + \langle v, w \rangle$$

- **양의 정부호성:** 모든 $v \in V$에 대해

$$\langle v, v \rangle \geq 0$$
$$\langle v, v \rangle = 0\text{이기 위한 필요충분조건이 } v = 0$$

12.187 연습문제

이러한 공리가 있을 때 우리가 사용해 온 내적이 실제로 이 공리들을 만족하는지 확인하라.

마침내 힐베르트 공간의 정확한 정의를 얘기할 수 있게 됐다.

힐베르트 공간의 정의

12.188 정의: 힐베르트 공간

힐베르트 공간[Hilbert space]은 내적을 갖춘 실수 또는 복소수 체 위의 벡터 공간 H이며, 내적에 의해 귀납적으로 유도된 계량에 대해 완전한 계량 공간이다.

힐베르트 공간의 정의가 12장의 정점이다. 이어서 어떻게 양자 컴퓨팅에서 힐베르트 공간이 나타나는지 간략히 얘기하고자 한다.[6] 복소수 체 $\mathbb{C}$ 위의 힐베르트 공간에 관심이 있으므로, 그러한 공간에 대해서만 다루겠다.

12.9 힐베르트 공간으로서의 큐비트

양자 컴퓨팅의 핵심 개념 중 하나는 큐비트를 2차원 복소 힐베르트 공간으로 표현할 수 있다는 것이다.[7] 큐비트를 문자 H로 표기하겠다. 가끔은 '힐베르트'를 나타내는 $\mathscr{H}$로 더 멋있게 표기하겠다.

12.189 큐비트는 벡터 공간이다

큐비트는 벡터 공간, 더 구체적으로는 힐베르트 공간으로 표현된다.

경우에 따라 큐비트를 나타내는 힐베르트 공간을 상태 공간[state space]이라고 부르기도 한다. 상태 공간의 상태[state]는 L^2 노름이 1인 상태 공간의 벡터다. 따라서 상태는 블로흐 구(3장 참조)상에 있다. 예를 들어 친숙한 벡터인 $|0\rangle$과 $|1\rangle$은 2차원 힐베르트 공간(상태 공간) $\mathscr{H}$의 상태이며, 하나의 큐비트를 나타낸다. 사실 $|0\rangle$과 $|1\rangle$은 $\mathscr{H}$의

---

6. 힐베르트 공간은 수학자 다비트 힐베르트(David Hilbert)를 기리는 이름이다.
7. 유리 마닌(Yuri Manin)의 중요한 논문[141] 15쪽에서 동기를 얻었다.

정규직교 기저다. 이에 따라 앞에서 정규직교 기저를 설명할 때 확인한 바와 같이 상태 공간의 모든 벡터는 L^2 노름이 1인 두 벡터의 선형 결합이 된다. 양자역학의 용어로 나타내면 모든 상태는 두 상태의 중첩이다.

n 큐비트의 모임을 가리켜 **양자 레지스터**^{quantum register}라고 하며, 흔히 다음과 같이 표기한다.

$$\underbrace{\mathcal{H} \otimes \mathcal{H} \otimes \ldots \otimes \mathcal{H}}_{n회} \tag{12.190}$$

힐베르트 공간끼리 텐서곱하면 일반적으로 차원이 더 커지긴 하나 또 다른 힐베르트 공간이 된다는 사실이 알려져 있다.

12.191 연습문제

두 2차원 힐베르트 공간의 텐서곱의 차원이 4가 되는 이유를 생각해보라. 그런 다음 세 2차원 힐베르트 공간의 텐서곱의 차원이 6이 아니라 8인 이유를 생각해보라. 그 후 n개의 2차원 힐베르트 공간의 텐서곱의 차원이 실제로 2^n인지 이유를 알아내보라. 텐서곱 공간의 기저가 무엇인지 생각하는 데 도움이 될 것이다.

예를 들어 두 큐비트 $\mathcal{H}$와 $\mathcal{H}$가 있고 각각이 다음과 같은 정규직교 기저를 갖고 있는 경우에

$$\mathcal{B}_{\mathcal{H}} = \{|0\rangle, |1\rangle\} \tag{12.192}$$

다음과 같은 양자 레지스터는 (연습문제에서 확인한 대로) 차원이 4인 힐베르트 공간이며,

$$\mathcal{H} \otimes \mathcal{H} \tag{12.193}$$

그 기저는 다음과 같다.

$$\mathcal{B}_{\mathcal{H} \otimes \mathcal{H}} = \{|0\rangle \otimes |0\rangle, |0\rangle \otimes |1\rangle, |1\rangle \otimes |0\rangle, |1\rangle \otimes |1\rangle\}$$
$$= \{|00\rangle, |01\rangle, |10\rangle, |11\rangle\} \tag{12.194}$$

이때 $|00\rangle$이 텐서곱 $|0\rangle \otimes |0\rangle$을 간편하게 바꿔 쓴 것뿐이라는 점을 기억하자. 즉, 다음과 같고 벡터 $|01\rangle$, $|10\rangle$, $|11\rangle$도 마찬가지로 정의된다.

$$|00\rangle := |0\rangle \otimes |0\rangle = \begin{pmatrix} 1 \\ 0 \end{pmatrix} \otimes \begin{pmatrix} 1 \\ 0 \end{pmatrix} = \begin{pmatrix} 1 \\ 0 \\ 0 \\ 0 \end{pmatrix} \tag{12.195}$$

12.196 연습문제

$\mathcal{H}$의 기저가 $\mathcal{B}_{\mathcal{H}} = \{|0\rangle, |1\rangle\}$일 때 $\mathcal{H}^{\otimes 3}$의 기저 $\mathcal{B}_{\mathcal{H} \otimes 3}$를 구하라. 앞의 연습문제에 따라 $2^3 = 8$개의 벡터로 구성될 것이다. $\mathcal{H}^{\otimes n}$의 기저도 구할 수 있는가?

12.198 양자 컴퓨팅과 선형 대수의 관계 요약

- 큐비트는 2차원의 복소 힐베르트 공간으로 나타낼 수 있다. 큐비트의 상태는 힐베르트 공간의 벡터로 표현된다.
- 더 자세히 말하면 큐비트의 상태를 나타내는 벡터는 L^2 노름이 1이다.
- n개의 큐비트로 구성된 양자 레지스터는 큐비트들을 나타내는 2차원 힐베르트 공간의 n겹 텐서곱으로 구성된 2^n차원 복소 힐베르트 공간이다.
- 공간의 계산 기저 벡터는 큐비트의 확정적 계산 상태를 나타낸다.
- 상태의 중첩은 계산 기저 벡터들의 선형 결합이다.

- 양자 논리 게이트는 상태 공간에 작용하는 유니타리 연산자다. 유니타리 연산자는 작용하는 벡터의 노름을 보존하기 때문에 상태를 이 벡터 공간의 벡터로 아무렇게나 변환하는 것이 아니라 새로운 상태로 변환한다. 따라서 유니타리 연산자를 사용해 양자 회로를 구축할 수 있다.

양자 컴퓨팅	선형 대수	예
큐비트	2차원 복소 힐베르트 공간	$\mathcal{H} = \text{span}_\mathbb{C}\{\lvert 0 \rangle, \lvert 1 \rangle\}$
n큐비트 양자 레지스터	2차원 복소 힐베르트 공간의 n겹 텐서곱	$\mathcal{H}^{\otimes n}$
상태 공간	L2 노름이 1인 벡터들(블로흐 구)	$\{v \in \mathcal{H} : \langle v \lvert v \rangle = 1\}$
확정적 상태	정규직교 기저 벡터	$\lvert 0 \rangle, \lvert 1 \rangle$
상태의 중첩	L2 노름이 1인(블로흐 구상의) 정규직교 기저 벡터들의 선형 결합	$\frac{1}{\sqrt{2}}\lvert 0 \rangle + \frac{1}{\sqrt{2}}\lvert 1 \rangle$
양자 논리 게이트	유니타리 연산자	$X = \begin{pmatrix} 0 & 1 \\ 1 & 0 \end{pmatrix}$
측정 연산자	사영 연산자	$\begin{pmatrix} 1 & 0 \\ 0 & 0 \end{pmatrix}$

▲ 그림 12.3: 양자 컴퓨팅과 선형 대수의 관계

우리가 살펴본 선형 대수 내용을 완결 짓는 표가 그림 12.3에 나와 있다. 선형 대수를 더 깊이 이해하고 싶다면 다음을 읽어보길 권한다.

- 셸던 액슬러^{Sheldon Axler}의 『Linear Algebra Done Right』[18]는 선형 대수에 흔히 쓰이는 이론과 증명 기술에 강조점을 두고 있다. 행렬의 정교한 강점, 스펙트럼 정리^{spectral theorem}(선형 연산자의 고유벡터가 기저를 형성하는 경우를 결정하는 정리), 행렬식을 다룬다.

- 마이클 아르틴^{Michael Artin}의『Algebra』[17]는 좀 더 수학적인 독자들의 구미에 맞는다. 기초 행렬과 가우시안 소거법에서의 행렬의 역할에 대한 뛰어난 설명으로 시작하는 이 책은 군 이론에 대한 훌륭한 관점을 제공한다.

- 길버트 스트랭^{Gilbert Strang}의 교과서『Linear Algebra and Its Applications』[210]는 선형 대수를 과학에 적용하는 데 매우 좋다. 무료 MIT 오픈코스웨어^{OpenCourseWare} 자료가 제공된다.

- 양자역학과 확률론 사이의 관계, 숨겨진 아벨 부분군 문제에 관한 논의를 보려면 리펠^{Rieffel}과 폴락^{Polak}의 교과서『Quantum Computing, A Gentle Introduction』의 부록 A와 B를 참고하기 바란다[186].

- 추상 대수^{abstract algebra}를 더 공부하는 데 관심 있는 독자라면 다음의 책들을 추가로 참고하면 좋다.
  - 존 프레일리^{John Fraleigh}의『A First Course in Abstract Algebra』[88]
  - 더밋^{Dummit}과 풋^{Foote}의『Abstract Algebra』[73]
  - 조셉 랏먼^{Joseph Rotman}의『Advanced Modern Algebra』[191]

- 윌리엄 로베어^{William Lawvere}와 스티븐 샤누엘^{Stephen H. Schanuel}의『Conceptual Mathematics: A First Introduction to Categories』[130]는 범주론을 기발하게 소개하고 있다.

- 텐서곱의 엄밀한 정의를 익히고 싶은 독자는 타이-다나에 브래들리^{Tai-Danae Bradley}의 블로그 Math3ma[45]를 살펴보기 바란다.

- 더 진취적인 독자는 브래들리의 책『What is Applied Category Theory?』[46]를 읽으면 범주론이 단순히 수학을 표현만 바꿔 다시 쓴 것이 아니라 실제로 화학이나 자연어 처리 같은 것들에 매우 유용하다는 사실을 알 수 있다.

- 에밀리 릴^{Emily Riehl}의『Category Theory in Context』[187]는 상급 학부생과 대학원생에 맞게 범주론을 소개하고 있다.

- 마이클 아르틴^{Michael Artin}의『Algebra』[17]는 좀 더 수학적인 독자들의 구미에 맞는다.

양자 컴퓨팅에 쓰이는 수학 Ⅲ

불리언 함수

13.1 정의: 불리언 함수

불리언 함수 f는 다음의 데카르트 곱과 같이 사상하는 함수다.

$$\{0, 1\}^n \rightarrow \{0, 1\}^m$$

여기서 $\{0, 1\}^n$은 집합 $\{0, 1\}$을 자기 자신과의 n겹 데카르트 곱으로 나타낸다.
즉, 다음과 같다.

$$\{0, 1\}^n := \underbrace{\{0, 1\} \times \ldots \times \{0, 1\}}_{n회}$$

데카르트 곱과 함수에 대해서는 11장에서 설명했으니 이 용어들을 다시 정리하
려면 살펴보기 바란다. 불리언 함수는 컴퓨팅에서 자연히 나타난다. 예를 들어

7장에서 설명한 도이치–조사 알고리즘에는 다음의 네 가지 불리언 함수가 나오며, 각각은 정의역과 공역이 {0, 1}이다.

$$f_0, f_1, f_x, f_{\bar{x}} \tag{13.2}$$

그러므로 이 네 가지 함수의 경우를 앞에서 제시한 불리언 함수의 정의에 비춰보면 $n = 1$이고 $m = 1$인 경우가 된다.

불리언 함수의 다른 예로는 *NOT*, *AND*, *OR*, *XOR* 등이 있다.

13.2 로그와 지수

여기서는 로그에 관한 기초적인 사실 몇 가지를 되새겨 보겠다. 먼저 밑이 e인 자연로그를 생각해보자. 숫자 e는 약 2.71이며 각종 수학과 과학적 문맥에서 등장한다. e를 계산하는 방법 중에 은행원의 사고 실험이라는 흥미로운 방법을 소개해보겠다. 은행 계좌에 연 $\frac{100}{1}$%의 이자율로 1달러를 1년 투자하면 1달러를 벌게 되므로 1년 후에는 총 2달러가 될 것이다. 자, 이자를 1년에 두 번 받지만 복리 이자율이 $\frac{100}{2} = 50\%$라 하자. 첫 6개월이 지나면 투자한 1달러의 50%인 50센트를 벌게 된다. 그다음 6개월이 지나면 보유하고 있는 1.5달러의 50%를 벌게 되므로 결국 2.25달러가 될 것이다. 복리로 하니 이것이 1년에 한 번만 이자를 받은 것보다 많다. 복리로 연 3회 이자를 받고 이자율이 $\frac{100}{3}$%일 때를 확인해보면 이보다 좀 더 많이 벌게 된다. 복리로 이자를 '무한히 많은 횟수'만큼 받고 이자율이 $\frac{100}{\infty}$%인 경우를 따져보면 결국 e달러를 벌게 된다.

이를 요약한 표가 그림 13.1이다.

이자율	연간 복리 횟수	1년 후 금액
$\frac{100}{1}\%$	연 1회	2달러
$\frac{100}{2} = 50\%$	연 2회	2.25달러
$\frac{100}{3}\%$	연 3회	~2.37달러
$\frac{100}{4}\%$	연 4회	~2.44달러
$\frac{100}{5}\%$	연 5회	~2.49달러
$\frac{100}{100}\%$	연 100회	~2.70481달러
$\frac{100}{\infty}\%$	연 ∞회	e달러

▲ 그림 13.1: 은행원의 실험

$$\ln := \log_e : (0, \infty) \to (-\infty, \infty) \tag{13.3}$$

여기서 'ln'은 자연로그다.

로그와 지수는 아래와 같은 역함수 관계를 가지며, 그 뒤에 나오는 모든 사실이 이로부터 파생된다.

13.4 로그와 지수의 동치

$$\ln(y) = x \iff e^x = y$$

자연로그의 첫 번째 성질은 다음과 같다.

$$\ln(e^x) = x, \ e^{\ln(x)} = x \tag{13.5}$$

따라서 로그 함수 $\ln(x)$와 지수 함수 e^x는 서로 역함수다.

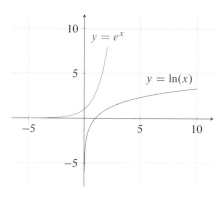

▲ 그림 13.2: 로그와 지수 그래프

또한 임의의 양의 실수 a와 b에 대해 다음과 같은 관계식이 성립하는데,

$$\ln(a \cdot b) = \ln(a) + \ln(b) \tag{13.6}$$

이는 아래의 지수 법칙 때문이다.

$$e^a e^b = e^{a+b} \tag{13.7}$$

이와 같이 로그는 곱을 합으로 바꾼다.

이러한 성질을 사용하면 모든 양의 실수 a, b, c에 대해 다음 관계식을 유도할 수 있다.

- $\ln\left(\frac{b}{a}\right) = \ln(b) - \ln(a) \because \frac{e^b}{e^a} = e^{b-a}$

- $\ln(a^c) = c \cdot \ln(a) \because (e^a)^c = e^{ac}$

밑이 2인 로그 $\log_2$도 있다. 자연로그와 마찬가지로 다음과 같이 된다.

$$\log_2(y) = x \iff 2^x = y \tag{13.8}$$

사실 자연로그를 $\ln(x) = \log_e(x)$로 쓸 수 있다. 밑이 e임을 명시적으로 나타낸 것이

490

다. 어떤 양의 실수라도 로그의 밑이 될 수 있으므로, 서로 다른 밑을 갖는 로그 함수들을 서로 변환할 수 있으면 좋을 것이다. 로그의 밑을 b에서 c로 바꾸려면 다음의 공식을 사용하면 된다.

$$\log_b(a) = \frac{\log_c(a)}{\log_c(b)} \tag{13.9}$$

이를 암기하는 비결은 좌변을 보면 b 위에 a가 있는데, 밑을 c로 바꾼 후에도 우변에 그대로 b 위에 a가 있다고 생각하면 된다.

13.3 오일러 공식

이제 신비하고 놀라운 오일러 공식을 멱급수(간결하게 다루고자 수렴 문제는 제외)를 통해 대략 어떤 식으로 증명하는지 알아보겠다. 12장에서 언급한 대로 오일러 공식은 그림 13.3과 같이 단위 노름의 복소수 극좌표를 숫자 e와 연관시킨다.

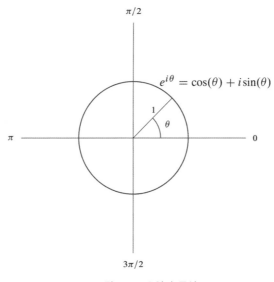

▲ 그림 13.3: 오일러 공식

13.10 오일러 공식

$$e^{i\theta} = \cos(\theta) + i\sin(\theta)$$

(값이 복소수인) 코사인 함수와 사인 함수를 멱급수로 전개하면 다음과 같다.

$$\cos(z) = 1 - \frac{z^2}{2!} + \frac{z^4}{4!} - \frac{z^6}{6!} + \dots \tag{13.11}$$

$$\sin(z) = z - \frac{z^3}{3!} + \frac{z^5}{5!} - \frac{z^7}{7!} + \dots \tag{13.12}$$

(값이 복소수인) 지수 함수 $e^z := \exp(z)$를 멱급수로 전개하면 다음과 같다.

$$e^z = 1 + z + \frac{z^2}{2!} + \frac{z^3}{3!} + \frac{z^4}{4!} + \dots \tag{13.13}$$

이때 지수 함수의 멱급수를 복소수 iz 값에 대해 계산하면 다음과 같다.

$$\begin{aligned} e^{iz} &= 1 + (iz) + \frac{(iz)^2}{2!} + \frac{(iz)^3}{3!} + \frac{(iz)^4}{4!} + \dots \\ &= 1 + iz + \frac{i^2 z^2}{2!} + \frac{i^3 z^3}{3!} + \frac{i^4 z^4}{4!} + \dots \end{aligned} \tag{13.14}$$

$i^2 = -1$, $i^3 = -i$, $i^4 = 1$이라는 사실을 기억해 여기에 적용하면 다음과 같이 되고

$$\begin{aligned} 1 + iz &+ \frac{i^2 z^2}{2!} + \frac{i^3 z^3}{3!} + \frac{i^4 z^4}{4!} + \dots \\ &= 1 + iz + \frac{-1 \cdot z^2}{2!} + \frac{-iz^3}{3!} + \frac{z^4}{4!} + \dots \\ &= 1 + iz - \frac{z^2}{2!} - \frac{iz^3}{3!} + \frac{z^4}{4!} + \dots \end{aligned} \tag{13.15}$$

좀 더 정리하고 나면 다음을 얻는다.

$$= \left(1 - \frac{z^2}{2!} + \frac{z^4}{4!} - ...\right) + \left(iz - \frac{iz^3}{3!} + \frac{iz^5}{5!} - ...\right) \qquad (13.16)$$

이제 sin(z)를 전개한 멱급수에 i를 곱하면 다음과 같다.

$$i\sin(z) = i\left(z - \frac{z^3}{3!} + \frac{z^5}{5!} - \frac{z^7}{7!} + ...\right) = iz - i\frac{z^3}{3!} + i\frac{z^5}{5!} - i\frac{z^7}{7!} + ...$$
$$= iz - \frac{iz^3}{3!} + \frac{iz^5}{5!} - \frac{iz^7}{7!} + ... \qquad (13.17)$$

cos(z)의 멱급수와 새로 얻은 $i\sin(z)$의 식을 더하면 다음과 같은 식이 나온다.

$$\cos(z) + i\sin(z) = \left(1 - \frac{z^2}{2!} + \frac{z^4}{4!} - ...\right) + \left(iz - \frac{iz^3}{3!} + \frac{iz^5}{5!} - ...\right) \qquad (13.18)$$

이것이 앞에서 본 e^{iz}에 대한 멱급수 전개다.

$$e^{iz} = \cos(z) + i\sin(z) \qquad (13.19)$$

위의 오일러 공식을 사용하면(오일러 공식에 m을 대입하면) 다음과 같은 오일러 항등식을 얻을 수 있다.

13.20 오일러 항등식

$$e^{i\pi} + 1 = 0$$

이 밖의 수학 도구와 추가 자료는 이 책의 깃허브 사이트를 참고하기 바란다.

양자 연산자와 주요 회로 목록

행렬	연산자	회로
$\begin{pmatrix} 0 & 1 \\ 1 & 0 \end{pmatrix}$	X	$\oplus$
$\begin{pmatrix} 0 & -i \\ i & 0 \end{pmatrix}$	Y	$\boxed{Y}$
$\begin{pmatrix} 1 & 0 \\ 0 & -1 \end{pmatrix}$	Z	$\boxed{Z}$
$\frac{1}{\sqrt{2}}\begin{pmatrix} 1 & 1 \\ 1 & -1 \end{pmatrix}$	H	$\boxed{H}$
$\begin{pmatrix} \cos\frac{\theta}{2} & -i\sin\frac{\theta}{2} \\ -i\sin\frac{\theta}{2} & \cos\frac{\theta}{2} \end{pmatrix}$	$R_x(\theta)$	$\boxed{R_x(\theta)}$
$\begin{pmatrix} \cos\frac{\theta}{2} & -\sin\frac{\theta}{2} \\ \sin\frac{\theta}{2} & \cos\frac{\theta}{2} \end{pmatrix}$	$R_y(\theta)$	$\boxed{R_y(\theta)}$

$\begin{pmatrix} 1 & 0 \\ 0 & e^{i\varphi} \end{pmatrix}$	R_φ	—[R_φ]—
$\begin{pmatrix} 1 & 0 \\ 0 & i \end{pmatrix}$	S	—[S]—
$\begin{pmatrix} 1 & 0 \\ 0 & e^{i\pi/4} \end{pmatrix}$	T	—[T]—
N/A	Meas.(측정)	
$\begin{pmatrix} 1 & 0 & 0 & 0 \\ 0 & 1 & 0 & 0 \\ 0 & 0 & 0 & 1 \\ 0 & 0 & 1 & 0 \end{pmatrix}$	$CNOT$	
$\begin{pmatrix} 1 & 0 & 0 & 0 \\ 0 & 1 & 0 & 0 \\ 0 & 0 & 1 & 0 \\ 0 & 0 & 0 & -1 \end{pmatrix}$	CZ	
$\begin{pmatrix} 1 & 0 & 0 & 0 \\ 0 & 0 & 1 & 0 \\ 0 & 1 & 0 & 0 \\ 0 & 0 & 0 & 1 \end{pmatrix}$	$SWAP$	
$\begin{pmatrix} 1 & 0 & 0 & 0 & 0 & 0 & 0 & 0 \\ 0 & 1 & 0 & 0 & 0 & 0 & 0 & 0 \\ 0 & 0 & 1 & 0 & 0 & 0 & 0 & 0 \\ 0 & 0 & 0 & 1 & 0 & 0 & 0 & 0 \\ 0 & 0 & 0 & 0 & 1 & 0 & 0 & 0 \\ 0 & 0 & 0 & 0 & 0 & 1 & 0 & 0 \\ 0 & 0 & 0 & 0 & 0 & 0 & 0 & 1 \\ 0 & 0 & 0 & 0 & 0 & 0 & 1 & 0 \end{pmatrix}$	Toffoli	

$\begin{pmatrix} 1 & 0 & 0 & 0 & 0 & 0 & 0 & 0 \\ 0 & 1 & 0 & 0 & 0 & 0 & 0 & 0 \\ 0 & 0 & 1 & 0 & 0 & 0 & 0 & 0 \\ 0 & 0 & 0 & 1 & 0 & 0 & 0 & 0 \\ 0 & 0 & 0 & 0 & 1 & 0 & 0 & 0 \\ 0 & 0 & 0 & 0 & 0 & 0 & 1 & 0 \\ 0 & 0 & 0 & 0 & 0 & 1 & 0 & 0 \\ 0 & 0 & 0 & 0 & 0 & 0 & 0 & 1 \end{pmatrix}$	Fredkin	
$\dfrac{1}{\sqrt{2}} \begin{pmatrix} 1 & 0 & 1 & 0 \\ 0 & 1 & 0 & 1 \\ 0 & 1 & 0 & -1 \\ 1 & 0 & -1 & 0 \end{pmatrix}$	Bell	
$HXH = Z$ $HZH = X$ $HYH = -Y$ $H^\dagger = H = H^{-1}$ $X^2 = Y^2 = Z^2 = I$ $H = (X + Z)/\sqrt{2}$ $H^2 = I$ $SWAP_{12} = C_{12}C_{21}C_{12}$ $C_{12}X_1C_{12} = X_1X_2$ $C_{12}Y_1C_{12} = Y_1X_2$ $C_{12}Z_1C_{12} = Z_1$ $C_{12}X_2C_{12} = X_2$ $C_{12}Y_2C_{12} = Z_1Y_2$ $C_{12}Z_2C_{12} = Z_1Z_2$ $R_{z,1}(\theta)C_{12} = C_{12}R_{z,1}(\theta)$ $R_{x,2}(\theta)C_{12} = C_{12}R_{x,2}(\theta)$	게이트 항등식 ($C = CNOT$)	

참고 문헌

[1] S. Aaronson. Certified randomness from quantum supremacy. Multiple unpublished talks.

[2] S. Aaronson. The Limits of Quantum Computers. *Scientific American*, March 2008.

[3] S. Aaronson. Quantum Complexity Theory. Fall 2010. Massachusetts Institute of Technology: MIT OpenCouseWare. https://ocw.mit.edu. License: Creative Commons BY-NC-SA, 2010.

[4] S. Aaronson. Read the fine print. *Nature Physics*, 11(4):291, 2015.

[5] S. Aaronson and A. Arkhipov. The computational complexity of linear optics. In *Proceedings of the forty-third annual ACM symposium on Theory of computing*, pages 333-342. ACM, 2011.

[6] S. Aaronson, G. Kuperberg, C. Granade, and V. Russo. The Complexity Zoo. http://complexityzoo.uwaterloo.ca/Complexity_Zoo, 2005.

[7] C. Adami and N. J. Cerf. Quantum computation with linear optics. In *Quantum Computing and Quantum Communications*, pages 391-401. Springer, 1999.

[8] M. Agrawal, N. Kayal, and N. Saxena. PRIMES is in P. *Annals of Mathematics*, 160:781-793, 2004.

[9] D. Aharonov, A. Ambainis, J. Kempe, and U. Vazirani. Quantum walks on graphs. In *Proceedings of the thirty-third annual ACM symposium on Theory of computing*, pages 50-59. ACM, 2001.

[10] D. Aharonov and U. Vazirani. *Is quantum mechanics falsifiable? A computational*

perspective on the foundations of quantum mechanics. Computability: Turing, Gödel, Church, and Beyond. MIT Press, 2013.

[11] Y. Aharonov, L. Davidovich, and N. Zagury. Quantum random walks. *Physical Review A*, 48(2):1687–1690, Aug 1993.

[12] S. Allen, J. Kim, D. L. Moehring, and C. R. Monroe. Reconfigurable and programmable ion trap quantum computer. In *2017 IEEE International Conference on Rebooting Computing (ICRC)*, pages 1–3, Nov 2017.

[13] A. Almheiri, X. Dong, and D. Harlow. Bulk locality and quantum error correction in ads/cft. *Journal of High Energy Physics*, 2015(4):163, 2015.

[14] D. Anderson. The Anderson Group Website, JILA, CO. https://jila.colorado.edu/dzanderson/researcharea-description/neutral-atom-quantum-computing, 2019.

[15] R. Anderson. Algorithm Analysis & Time Complexity Simplified. July 19, 2017 (https://bit.ly/2xH8mEr), 2017. Original URL: https://medium.com/@randerson112358/algorithmanalysis-time-complexity-simplifiedcd39a81fec71.

[16] C. Arnold, J. Demory, V. Loo, A. Lemaître, I. Sagnes, M. Glazov, O. Krebs, P. Voisin, P. Senellart, and L. Lanco. Macroscopic rotation of photon polarization induced by a single spin. *Nature Communications*, 6:6236, 2015.

[17] M. Artin. *Algebra*. Pearson, 2010.

[18] S. Axler. *Linear Algebra Done Right*. Springer, 2014.

[19] D. M. Bacon. *Decoherence, Control, and Symmetry in Quantum Computers*. PhD thesis, University of California at Berkeley, 2001.

[20] P. Baireuther, T. E. O'Brien, B. Tarasinski, and C. W. Beenakker. Machine-learning-assisted correction of correlated qubit errors in a topological code. *Quantum*, 2:48, 2018.

[21] P. Ball. Ion-based commercial quantum computer is a first. *Physics World*, December 17, 2018 (https://bit.ly/2RrpZDf), 2018. Original URL: https://physicsworld.com/a/ion-basedcommercial-quantum-computer-is-a-first/.

[22] A. Barenco, C. H. Bennett, R. Cleve, D. P. DiVincenzo, N. Margolus, P. Shor, T. Sleator, J. A. Smolin, and H. Weinfurter. Elementary gates for quantum computation. *Physical review A*, 52(5):3457, 1995. arXiv: quant-ph/9503016.

[23] P. Benioff. The computer as a physical system: A microscopic quantum mechanical hamiltonian model of computers as represented by turing machines. *Journal of Statistical Physics*, 22(5):563–591, May 1980.

[24] C. H. Bennett, E. Bernstein, G. Brassard, and U. Vazirani. Strengths and weaknesses of quantum computing. *SIAM journal on Computing*, 26(5):1510–1523, 1997.

[25] C. H. Bennett and G. Brassard. Quantum cryptography: Public key distribution and coin tossing. In *Proc. IEEE Int. Conf. Computers, Systems, and Signal Processing*, volume 175, 1984.

[26] C. H. Bennett, G. Brassard, C. Crépeau, R. Jozsa, A. Peres, and W. K. Wootters. Teleporting an unknown quantum state via dual classical and Einstein–Podolsky–Rosen channels. *Phys. Rev. Lett.*, 70:1895–1899, Mar 1993.

[27] C. H. Bennett and S. J. Wiesner. Communication via one- and two-particle operators on Einstein–Podolsky–Rosen states. *Phys. Rev. Lett.*, 69:2881–2884, Nov 1992.

[28] H. Bernien, B. Hensen, W. Pfaff, G. Koolstra, M. Blok, L. Robledo, T. Taminiau, M. Markham, D. Twitchen, L. Childress, et al. Heralded entanglement between solid-state qubits separated by three metres. *Nature*, 497(7447):86, 2013.

[29] E. Bernstein and U. Vazirani. Proceedings of the 25th annual ACM symposium on the theory of computing. *ACM, New York*, 11, 1993.

[30] M. K. Bhaskar, D. D. Sukachev, A. Sipahigil, R. E. Evans, M. J. Burek, C. T. Nguyen, L. J. Rogers, P. Siyushev, M. H. Metsch, H. Park, et al. Quantum nonlinear optics with a germanium–vacancy color center in a nanoscale diamond waveguide. *Physical Review Letters*, 118(22):223603, 2017.

[31] J. Biamonte, P. Wittek, N. Pancotti, P. Rebentrost, N. Wiebe, and S. Lloyd. Quantum machine learning. *Nature*, 549(7671):195, 2017.

[32] A. Blanco-Redondo, I. Andonegui, M. J. Collins, G. Harari, Y. Lumer, M. C. Rechtsman, B. J. Eggleton, and M. Segev. Topological optical waveguiding in silicon and the transition between topological and trivial defect states. *Physical Review Letters*, 116(16):163901, 2016.

[33] A. Blanco-Redondo, B. Bell, M. Segev, and B. Eggleton. Photonic quantum walks with symmetry protected topological phases. In *AIP Conference*

Proceedings, volume 1874, page 020001. AIP Publishing, 2017.

[34] M. Blok, V. Ramasesh, J. Colless, K. O'Brien, T. Schuster, N. Yao, and I. Siddiqi. Implementation and applications of two qutrit gates in superconducting transmon qubits. Presented at APS March Meeting, 2018.

[35] J. G. Bohnet, B. C. Sawyer, J. W. Britton, M. L. Wall, A. M. Rey, M. Foss-Feig, and J. J. Bollinger. Quantum spin dynamics and entanglement generation with hundreds of trapped ions. *Science*, 352(6291):1297–1301, 2016.

[36] S. Boixo, S. V. Isakov, V. N. Smelyanskiy, R. Babbush, N. Ding, Z. Jiang, M. J. Bremner, J. M. Martinis, and H. Neven. Characterizing quantum supremacy in near-term devices. *Nature Physics*, 14(6):595–600, Jun 2018. arXiv: 1608.00263.

[37] A. D. Bookatz. QMA-complete problems. *Quantum Information & Computation*, 14(5&6):361–383, 2014.

[38] M. Born. Zur Quantenmechanik der Stoßvorgänge. *Z. Phys.*, 7(12):863–867, 1926.

[39] M. Born. Das adiabatenprinzip in der quantenmechanik. *Zeitschrift für Physik A Hadrons and Nuclei*, 40(3):167–192, 1927.

[40] M. Born and V. Fock. Beweis des adiabatensatzes (1928, English Translation). In L. Faddeev, L. Khalfin, and I. Komarov, editors, *V. A. Fock – Selected Works: Quantum Mechanics and Quantum Field Theory*. Chapman & Hall/CRC, 2004.

[41] D. Boschi, S. Branca, F. De Martini, L. Hardy, and S. Popescu. Experimental realization of teleporting an unknown pure quantum state via dual classical and Einstein-Podolsky-Rosen channels. *Phys. Rev. Lett.*, 80:1121–1125, Feb 1998.

[42] V. Bouchiat, D. Vion, P. Joyez, D. Esteve, and M. Devoret. Quantum coherence with a single cooper pair. *Physica Scripta*, 1998(T76):165, 1998.

[43] A. Bouland, B. Fefferman, C. Nirkhe, and U. Vazirani. Quantum supremacy and the complexity of random circuit sampling. *arXiv preprint arXiv:1803.04402*, 2018.

[44] P. O. Boykin, T. Mor, M. Pulver, V. Roychowdhury, and F. Vatan. On universal and fault-tolerant quantum computing. *arXiv preprint quant-ph/9906054*, 1999.

[45] T.-D. Bradley. Math3ma. https://www.math3ma.com, 2015.

[46] T.-D. Bradley. What is Applied Category Theory? *arXiv preprint arXiv:1809. 05923*, 2018.

[47] S. Bravyi, D. Gosset, and R. Koenig. Quantum advantage with shallow circuits. *Science*, 362(6412):308–311, 2018.

[48] S. Bravyi, D. Gosset, R. Koenig, and M. Tomamichel. Quantum advantage with noisy shallow circuits in 3d. *arXiv preprint arXiv:1904.01502*, 2019.

[49] S. B. Bravyi and A. Y. Kitaev. Quantum codes on a lattice with boundary. *arXiv preprint quantph/9811052*, 1998.

[50] C. D. Bruzewicz, J. Chiaverini, R. McConnell, and J. M. Sage. Trapped-ion quantum computing: Progress and challenges. *arXiv preprint arXiv:1904.04178*, 2019.

[51] Y. Cao, G. G. Guerreschi, and A. Aspuru-Guzik. Quantum neuron: an elementary building block for machine learning on quantum computers. *arXiv preprint arXiv:1711.11240*, 2017.

[52] J. Carolan, C. Harrold, C. Sparrow, E. Martín-López, N. J. Russell, J. W. Silverstone, P. J. Shadbolt, N. Matsuda, M. Oguma, M. Itoh, et al. Universal linear optics. *Science*, 349(6249):711–716, 2015.

[53] S. Castelletto, B. Johnson, V. Ivády, N. Stavrias, T. Umeda, A. Gali, and T. Ohshima. A silicon carbide room-temperature single-photon source. *Nature Materials*, 13(2):151, 2014.

[54] W.-J. Chen, M. Xiao, and C. T. Chan. Photonic crystals possessing multiple Weyl points and the experimental observation of robust surface states. *Nature Communications*, 7:13038, 2016.

[55] L. Childress and R. Hanson. Diamond nv centers for quantum computing and quantum networks. *MRS Bulletin*, 38(2):134–138, 2013.

[56] A. M. Childs, R. Cleve, E. Deotto, E. Farhi, S. Gutmann, and D. A. Spielman. Exponential algorithmic speedup by a quantum walk. In *Proceedings of the thirty-fifth annual ACM symposium on Theory of computing*, pages 59–68. ACM, 2003.

[57] A. M. Childs, E. Farhi, and S. Gutmann. An example of the difference between quantum and classical random walks. *arXiv preprint arXiv: quantph/0103020v1*, Mar 2001.

[58] K. S. Chou, J. Z. Blumoff, C. S. Wang, P. C. Reinhold, C. J. Axline, Y. Y. Gao, L. Frunzio, M. Devoret, L. Jiang, and R. Schoelkopf. Deterministic teleportation of a quantum gate between two logical qubits. *Nature*, 561(7723):368, 2018.

[59] J. I. Cirac and P. Zoller. Quantum computations with cold trapped ions. *Phys. Rev. Lett.*, 74:4091–4094, May 1995.

[60] Cirq Developers. Cirq documentation, 2018. https://cirq.readthedocs.io/en/latest/.

[61] P. J. Coles, S. Eidenbenz, S. Pakin, A. Adedoyin, J. Ambrosiano, P. Anisimov, W. Casper, G. Chennupati, C. Coffrin, H. Djidjev, et al. Quantum algorithm implementations for beginners. *arXiv preprint arXiv:1804.03719*, 2018.

[62] C. M. Dawson and M. A. Nielsen. The Solovay–Kitaev algorithm. *arXiv preprint quant-ph/0505030*, 2005.

[63] E. Dennis, A. Kitaev, A. Landahl, and J. Preskill. Topological quantum memory. *Journal of Mathematical Physics*, 43(9):4452–4505, 2002.

[64] D. Dervovic, M. Herbster, P. Mountney, S. Severini, N. Usher, and L. Wossnig. Quantum linear systems algorithms: a primer. *arXiv preprint arXiv:1802.08227*, 2018.

[65] D. Deutsch. Quantum theory, the Church–Turing principle and the universal quantum computer. *Proceedings of the Royal Society of London A: Mathematical, Physical and Engineering Sciences*, 400(1818):97–117, 1985.

[66] D. Deutsch. Lectures on Quantum Computation. http://www.quiprocone.org/Protected/DD_lectures.htm, 2003.

[67] D. Deutsch and R. Jozsa. Rapid solution of problems by quantum computation. *Proceedings of the Royal Society of London A: Mathematical, Physical and Engineering Sciences*, 439(1907):553–558, 1992.

[68] P. A. M. Dirac. A new notation for quantum mechanics. *Mathematical Proceedings of the Cambridge Philosophical Society*, 35(3):416–418, 1939.

[69] D. P. DiVincenzo. Topics in quantum computers. *arXiv preprint cond-mat/9612126*, 1996.

[70] D. P. DiVincenzo. The physical implementation of quantum computation. *Fortschritte der Physik: Progress of Physics*, 48(9–11):771–783, 2000. arXiv:

quant-ph/0002077.

[71] M. W. Doherty, N. B. Manson, P. Delaney, F. Jelezko, J. Wrachtrup, and L. C. Hollenberg. The nitrogenvacancy colour centre in diamond. *Physics Reports*, 528(1):1-45, 2013.

[72] L.-M. Duan and H. Kimble. Scalable photonic quantum computation through cavity-assisted interactions. *Physical Review Letters*, 92(12):127902, 2004.

[73] D. S. Dummit and R. M. Foote. *Abstract Algebra*, volume 3. Wiley Hoboken, 2004.

[74] A. Einstein. Letter from Einstein to D. M. Lipkin. https://bit.ly/2CogEUC, July 1952. Accessed: 2018-05-19, Original URL: http://sethlipkin.com/collectibles/letters/letter1/letter%201%20-%20page%201.jpg.

[75] A. Einstein, B. Podolsky, and N. Rosen. Can quantum-mechanical description of physical reality be considered complete? *Phys. Rev.*, 47:777-780, May 1935.

[76] R. E. Evans, M. K. Bhaskar, D. D. Sukachev, C. T. Nguyen, A. Sipahigil, M. J. Burek, B. Machielse, G. H. Zhang, A. S. Zibrov, E. Bielejec, et al. Photonmediated interactions between quantum emitters in a diamond nanocavity. *Science*, 362(6415):662-665, 2018.

[77] E. Farhi, J. Goldstone, and S. Gutmann. A quantum algorithm for the hamiltonian NAND tree. *arXiv preprint quant-ph/0702144*, 2007.

[78] E. Farhi, J. Goldstone, and S. Gutmann. A quantum approximate optimization algorithm. *arXiv preprint arXiv:1411.4028*, 2014.

[79] E. Farhi, J. Goldstone, and S. Gutmann. A quantum approximate optimization algorithm applied to a bounded occurrence constraint problem. *arXiv preprint arXiv:1412.6062*, 2014.

[80] E. Farhi and S. Gutmann. Analog analogue of a digital quantum computation. *Physical Review A*, 57(4):2403, 1998.

[81] E. Farhi and S. Gutmann. Quantum computation and decision trees. *Physical Review A*, 58(2):915-928, Aug 1998. arXiv: quant-ph/9706062.

[82] E. Farhi and H. Neven. Classification with quantum neural networks on near term processors. *arXiv preprint arXiv:1802.06002*, 2018.

[83] R. P. Feynman. Simulating physics with computers. *International Journal of Theoretical Physics*, 21(6):467-488, Jun 1982.

[84] R. P. Feynman. *Feynman Lectures on Computation*. CRC Press, 2000.

[85] M. Fingerhuth, T. Babej, and P. Wittek. Open source software in quantum computing. *PLOS One*, 13(12):e0208561, 2018.

[86] C. Flühmann, T. L. Nguyen, M. Marinelli, V. Negnevitsky, K. Mehta, and J. Home. Encoding a qubit in a trapped-ion mechanical oscillator. *Nature*, 566(7745):513, 2019.

[87] A. G. Fowler, M. Mariantoni, J. M. Martinis, and A. N. Cleland. Surface codes: Towards practical large-scale quantum computation. *Phys. Rev. A*, 86:032324, Sep 2012.

[88] J. B. Fraleigh. *A First Course in Abstract Algebra*. Pearson, 2002.

[89] E. Fredkin and T. Toffoli. Conservative logic. *International Journal of Theoretical Physics*, 21(3):219–253, Apr 1982.

[90] M. Freedman, A. Kitaev, M. Larsen, and Z. Wang. Topological quantum computation. *Bulletin of the American Mathematical Society*, 40(1):31–38, 2003. arXiv: quant-ph/0101025.

[91] E. S. Fried, N. P. Sawaya, Y. Cao, I. D. Kivlichan, J. Romero, and A. Aspuru-Guzik. qTorch: The quantum tensor contraction handler. *PloS one*, 13(12): e0208510, 2018.

[92] N. Friis, O. Marty, C. Maier, C. Hempel, M. Holzäpfel, P. Jurcevic, M. B. Plenio, M. Huber, C. Roos, R. Blatt, et al. Observation of entangled states of a fully controlled 20-qubit system. *Physical Review X*, 8(2):021012, 2018.

[93] A. Frisk Kockum. *Quantum optics with artificial atoms*. Chalmers University of Technology, 2014.

[94] J. M. Gambetta, J. M. Chow, and M. Steffen. Building logical qubits in a superconducting quantum computing system. *NPJ Quantum Information*, 3(1):2, 2017.

[95] C. Gidney and M. Ekera. How to factor 2048 bit rsa integers in 8 hours using 20 million noisy qubits. *arXiv preprint https://scirate.com/arxiv/1905.09749*, May 2019.

[96] D. Gottesman. The Heisenberg representation of quantum computers. *arXiv preprint quantph/9807006*, 1998.

[97] Grove Developers. Grove documentation, 2018. https://grovedocs. readthedocs.io/en/latest/vqe.html.

[98] L. K. Grover. Quantum mechanics helps in searching for a needle in a haystack. *Phys. Rev. Lett.*, 79:325–328, Jul 1997. arXiv: quant-ph/9706033.

[99] M. Hafezi, E. A. Demler, M. D. Lukin, and J. M. Taylor. Robust optical delay lines with topological protection. *Nature Physics*, 7(11):907, 2011.

[100] M. Hafezi, S. Mittal, J. Fan, A. Migdall, and J. Taylor. Imaging topological edge states in silicon photonics. *Nature Photonics*, 7(12):1001, 2013.

[101] D. Hanneke, J. P. Home, J. D. Jost, J. M. Amini, D. Leibfried, and D. J. Wineland. Realization of a programmable two-qubit quantum processor. *Nature Physics*, 6(1):13, 2010.

[102] G. H. Hardy and J. E. Littlewood. Some problems of diophantine approximation: Part II. The trigonometrical series associated with the elliptic theta-functions. *Acta Mathematica*, 37:193–239, 1914.

[103] A. W. Harrow, A. Hassidim, and S. Lloyd. Quantum algorithm for linear systems of equations. *Physical Review Letters*, 103(15):150502, 2009. arXiv: 0811.3171.

[104] A. W. Harrow and A. Montanaro. Quantum computational supremacy. *Nature*, 549(7671):203, 2017.

[105] M. Z. Hasan and C. L. Kane. Colloquium: topological insulators. *Reviews of Modern Physics*, 82(4):3045, 2010.

[106] V. Havlí ˘ cek, A. D. Córcoles, K. Temme, A. W. Harrow, A. Kandala, J. M. Chow, and J. M. Gambetta. Supervised learning with quantum-enhanced feature spaces. *Nature*, 567(7747):209, 2019.

[107] M. Hayashi and H. Zhu. Secure uniform random-number extraction via incoherent strategies. *Physical Review A*, 97(1):012302, 2018. arXiv: 1706.04009.

[108] P. Hayden, S. Nezami, X.-L. Qi, N. Thomas, M. Walter, and Z. Yang. Holographic duality from random tensor networks. *Journal of High Energy Physics*, 2016(11): 9, 2016.

[109] B. Hensen, H. Bernien, A. E. Dréau, A. Reiserer, N. Kalb, M. S. Blok, J. Ruitenberg, R. F. Vermeulen, R. N. Schouten, C. Abellán, et al. Loophole-free

Bell inequality violation using electron spins separated by 1.3 kilometres. *Nature*, 526(7575):682, 2015.

[110] C. Hepp, T. Müller, V. Waselowski, J. N. Becker, B. Pingault, H. Sternschulte, D. Steinmüller-Nethl, A. Gali, J. R. Maze, M. Atatüre, et al. Electronic structure of the silicon vacancy color center in diamond. Physical Review Letters, 112(3):036405, 2014.

[111] O. Higgott, D. Wang, and S. Brierley. Variational quantum computation of excited states. *arXiv preprint arXiv:1805.08138*, 2018.

[112] C.-K. Hong, Z.-Y. Ou, and L. Mandel. Measurement of subpicosecond time intervals between two photons by interference. *Physical Review Letters*, 59(18):2044, 1987.

[113] IBM Q team. IBM Q 16 Rueschlikon backend specification V1.1.0. https://github.com/Qiskit/ibmqdevice-information/, 2019.

[114] S. Jordan. Quantum Algorithm Zoo. http://quantumalgorithmzoo.org/, 2011.

[115] M. Katanaev. Adiabatic theorem for finite dimensional quantum mechanical systems. *Russian Physics Journal*, 54(3):342–353, 2011.

[116] J. Kempe. Quantum random walks hit exponentially faster. *arXiv preprint quant-ph/0205083*, 2002.

[117] J. Kempe. Quantum random walks: an introductory overview. *Contemporary Physics*, 44(4):307–327, 2003. arXiv: quant-ph/0303081.

[118] I. Kerenidis and A. Prakash. Quantum recommendation systems. *arXiv preprint arXiv:1603.08675*, 2016.

[119] A. Y. Kitaev. Fault-tolerant quantum computation by anyons. *Annals of Physics*, 303(1):2–30, 2003. arXiv: quant-ph/9707021.

[120] E. Knill, R. Laflamme, and G. J. Milburn. A scheme for efficient quantum computation with linear optics. *Nature*, 409(6816):46, 2001.

[121] D. E. Knuth. Big omicron and big omega and big theta. *ACM Sigact News*, 8(2):18–24, 1976.

[122] W. F. Koehl, B. B. Buckley, F. J. Heremans, G. Calusine, and D. D. Awschalom. Room temperature coherent control of defect spin qubits in silicon carbide. *Nature*, 479(7371):84, 2011.

[123] P. Kok, W. J. Munro, K. Nemoto, T. C. Ralph, J. P. Dowling, and G. J. Milburn. Linear optical quantum computing with photonic qubits. *Reviews of Modern Physics*, 79(1):135, 2007.

[124] P. Krantz, M. Kjaergaard, F. Yan, T. P. Orlando, S. Gustavsson, and W. D. Oliver. A quantum engineer's guide to superconducting qubits. *arXiv preprint arXiv:1904.06560*, 2019.

[125] Y. E. Kraus, Y. Lahini, Z. Ringel, M. Verbin, and O. Zilberberg. Topological states and adiabatic pumping in quasicrystals. *Physical Review Letters*, 109(10):106402, 2012.

[126] T. D. Ladd, F. Jelezko, R. Laflamme, Y. Nakamura, C. Monroe, and J. L. O'Brien. Quantum computers. *Nature*, 464(7285):45, 2010.

[127] V. Lahtinen and J. K. Pachos. A short introduction to topological quantum computation. *SciPost Physics*, 3(3):021, Sep 2017. arXiv: 1705.04103.

[128] R. Landauer. Irreversibility and heat generation in the computing process. IBM Journal of Research and Development, 5(3):183–191, July 1961.

[129] R. LaRose. Overview and comparison of gate level quantum software platforms. *Quantum*, 3:130, 2019.

[130] F. W. Lawvere and S. H. Schanuel. *Conceptual Mathematics: A First Introduction to Categories*. Cambridge University Press, 2009.

[131] D. R. Leibrandt, J. Labaziewicz, V. Vuletić, and I. L. Chuang. Cavity sideband cooling of a single trapped ion. *Physical Review Letters*, 103(10):103001, 2009.

[132] S. Leichenauer. Cirq Bootcamp: QNN Colab, 2018.

[133] H. Levine, A. Keesling, A. Omran, H. Bernien, S. Schwartz, A. S. Zibrov, M. Endres, M. Greiner, V. Vuletić, and M. D. Lukin. High-fidelity control and entanglement of rydberg-atom qubits. *Physical Review Letters*, 121(12):123603, 2018.

[134] F. Li, X. Huang, J. Lu, J. Ma, and Z. Liu. Weyl points and Fermi arcs in a chiral phononic crystal. *Nature Physics*, 14(1):30, 2018.

[135] C. Liu, M. G. Dutt, and D. Pekker. Single-photon heralded two-qubit unitary gates for pairs of nitrogenvacancy centers in diamond. *Physical Review A*, 98(5):052342, 2018.

[136] S. Lloyd. A potentially realizable quantum computer. *Science*,

261(5128):1569–1571, 1993.

[137] M. Loceff. *A Course in Quantum Computing*. 2015.

[138] L. Lu, J. D. Joannopoulos, and M. Soljačić. Topological photonics. *Nat. Photonics*, 8:821–829, 2014.

[139] D. Lucas, C. Donald, J. P. Home, M. McDonnell, A. Ramos, D. Stacey, J.-P. Stacey, A. Steane, and S. Webster. Oxford ion-trap quantum computing project. *Philosophical Transactions of the Royal Society of London, Series A: Mathematical, Physical and Engineering Sciences*, 361(1808):1401–1408, 2003.

[140] Y. Manin. *Computable and Non-Computable (in Russian)*. Sovetskoye Radio, Moscow, 1980.

[141] Y. I. Manin. Classical computing, quantum computing, and Shor's factoring algorithm. In *Séminaire Bourbaki : volume 1998/99, exposés 850–864*, number 266 in Astérisque, pages 375–404. Société mathématique de France, 2000.

[142] I. L. Markov, A. Fatima, S. V. Isakov, and S. Boixo. Quantum supremacy is both closer and farther than it appears. *arXiv:1807.10749 [quant-ph]*, Jul 2018. arXiv: 1807.10749.

[143] E. Martin-Lopez, A. Laing, T. Lawson, R. Alvarez, X.-Q. Zhou, and J. L. O'brien. Experimental realization of Shor's quantum factoring algorithm using qubit recycling. *Nature Photonics*, 6(11):773, 2012.

[144] K. Mattle, H. Weinfurter, P. G. Kwiat, and A. Zeilinger. Dense coding in experimental quantum communication. *Phys. Rev. Lett.*, 76:4656–4659, Jun 1996.

[145] R. Maurand, X. Jehl, D. Kotekar-Patil, A. Corna, H. Bohuslavskyi, R. Laviéville, L. Hutin, S. Barraud, M. Vinet, M. Sanquer, et al. A cmos silicon spin qubit. *Nature Communications*, 7:13575, 2016.

[146] J. R. McClean, S. Boixo, V. N. Smelyanskiy, R. Babbush, and H. Neven. Barren plateaus in quantum neural network training landscapes. *Nature Communications*, 9(1):4812, 2018.

[147] J. R. McClean, Z. Jiang, N. C. Rubin, R. Babbush, and H. Neven. Decoding quantum errors with subspace expansions. *arXiv preprint arXiv:1903.05786*, 2019.

[148] J. R. McClean, M. E. Kimchi-Schwartz, J. Carter, and W. A. de Jong. Hybrid quantum-classical hierarchy for mitigation of decoherence and determination of excited states. *Physical Review A*, 95(4):042308, 2017.

[149] J. R. McClean, I. D. Kivlichan, K. J. Sung, D. S. Steiger, Y. Cao, C. Dai, E. S. Fried, C. Gidney, B. Gimby, P. Gokhale, et al. Openfermion: the electronic structure package for quantum computers. *arXiv preprint arXiv:1710.07629*, 2017.

[150] J. R. McClean, J. Romero, R. Babbush, and A. Aspuru-Guzik. The theory of variational hybrid quantum-classical algorithms. *New Journal of Physics*, 18(2):023023, 2016.

[151] N. D. Mermin. *Quantum Computer Science: An Introduction*. Cambridge University Press, 2007.

[152] A. Milsted and G. Vidal. Tensor networks as conformal transformations. *arXiv preprint arXiv:1805.12524*, 2018.

[153] S. Mittal, S. Ganeshan, J. Fan, A. Vaezi, and M. Hafezi. Measurement of topological invariants in a 2d photonic system. *Nature Photonics*, 10(3):180, 2016.

[154] S. Mittal and M. Hafezi. Topologically robust generation of correlated photon pairs. *arXiv preprint arXiv:1709.09984*, 2017.

[155] M. Mohseni, P. Read, H. Neven, S. Boixo, V. Denchev, R. Babbush, A. Fowler, V. Smelyanskiy, and J. Martinis. Commercialize quantum technologies in five years. *Nature News*, 543(7644):171, 2017.

[156] R. Movassagh. Efficient unitary paths and quantum computational supremacy: A proof of average-case hardness of random circuit sampling. *arXiv preprint arXiv: 1810.04681*, Oct 2018.

[157] Y. Nakamura, Y. A. Pashkin, and J. Tsai. Coherent control of macroscopic quantum states in a single-Cooper-pair box. *Nature*, 398(6730):786, 1999. arXiv: cond-mat/9904003.

[158] Y. Nakamura, Y. A. Pashkin, and J. S. Tsai. Rabi oscillations in a Josephson-junction charge two-level system. *Phys. Rev. Lett.*, 87:246601, Nov 2001.

[159] NAS. *Quantum Computing: Progress and Prospects*. The National Academies Press, Washington, DC, 2018.

[160] C. Neill, P. Roushan, K. Kechedzhi, S. Boixo, S. V. Isakov, V. Smelyanskiy, A. Megrant, B. Chiaro, A. Dunsworth, K. Arya, R. Barends, B. Burkett, Y. Chen, Z. Chen, A. Fowler, B. Foxen, M. Giustina, R. Graff, E. Jeffrey, T. Huang, J. Kelly, P. Klimov, E. Lucero, J. Mutus, M. Neeley, C. Quintana, D. Sank, A. Vainsencher, J. Wenner, T. C. White, H. Neven, and J. M. Martinis. A blueprint for demonstrating quantum supremacy with superconducting qubits. *Science*, 360(6385):195–199, 2018.

[161] M. A. Nielsen and I. L. Chuang. *Quantum Computation and Quantum Information: 10th Anniversary Edition*. Cambridge University Press, New York, NY, USA, 10th edition, 2011.

[162] J. Noh, S. Huang, D. Leykam, Y. D. Chong, K. P. Chen, and M. C. Rechtsman. Experimental observation of optical Weyl points and Fermi arc–like surface states. *Nature Physics*, 13(6):611, 2017.

[163] N. Ofek, A. Petrenko, R. Heeres, P. Reinhold, Z. Leghtas, B. Vlastakis, Y. Liu, L. Frunzio, S. Girvin, L. Jiang, et al. Extending the lifetime of a quantum bit with error correction in superconducting circuits. *Nature*, 536(7617):441, 2016.

[164] J. Olson, Y. Cao, J. Romero, P. Johnson, P.-L. Dallaire-Demers, N. Sawaya, P. Narang, I. Kivlichan, M. Wasielewski, and A. Aspuru-Guzik. Quantum information and computation for chemistry. *arXiv preprint arXiv:1706.05413*, 2017.

[165] P. J. O'Malley, R. Babbush, I. D. Kivlichan, J. Romero, J. R. McClean, R. Barends, J. Kelly, P. Roushan, A. Tranter, N. Ding, et al. Scalable quantum simulation of molecular energies. *Physical Review X*, 6(3):031007, 2016.

[166] J. Otterbach, R. Manenti, N. Alidoust, A. Bestwick, M. Block, B. Bloom, S. Caldwell, N. Didier, E. S. Fried, S. Hong, et al. Unsupervised machine learning on a hybrid quantum computer. *arXiv preprint arXiv:1712.05771*, 2017.

[167] T. Ozawa, H. M. Price, A. Amo, N. Goldman, M. Hafezi, L. Lu, M. Rechtsman, D. Schuster, J. Simon, O. Zilberberg, et al. Topological photonics. *arXiv preprint arXiv:1802.04173*, 2018.

[168] M. Ozols. Clifford group. *Essays at University of Waterloo, Spring*, 2008. https://bit.ly/2JZe2jO.

[169] D. P. Pappas, J. S. Kline, F. da Silva, and D. Wisbey. Coherence in

superconducting materials for quantum computing.
https://slideplayer.com/slide/7770332/.

[170] A. Peruzzo et al. A variational eigenvalue solver on a quantum processor. eprint. *arXiv preprint arXiv:1304.3061*, 2013.

[171] W. Pfaff, B. Hensen, H. Bernien, S. B. van Dam, M. S. Blok, T. H. Taminiau, M. J. Tiggelman, R. N. Schouten, M. Markham, D. J. Twitchen, et al. Unconditional quantum teleportation between distant solid-state quantum bits. *Science*, 345(6196):532-535, 2014.

[172] H. Pichler, S.-T. Wang, L. Zhou, S. Choi, and M. D. Lukin. Quantum optimization for maximum independent set using rydberg atom arrays. *arXiv preprint arXiv: 1808.10816*, 2018.

[173] S. Prawer and A. D. Greentree. Diamond for quantum computing. *Science*, 320(5883):1601-1602, 2008.

[174] J. Preskill. Lecture notes for Physics 219/Computer Science 219 at Caltech: Quantum Computation. http://www.theory.caltech.edu/people/preskill/ h229, 1997.

[175] J. Preskill. Quantum computing and the entanglement frontier. *arXiv preprint arXiv:1203.5813*, 2012.

[176] J. Preskill. Quantum computing in the NISQ era and beyond. *Quantum*, 2:79, 2018. arXiv: 1801.00862.

[177] X.-L. Qi and S.-C. Zhang. Topological insulators and superconductors. *Reviews of Modern Physics*, 83(4):1057, 2011.

[178] X. Qiang, X. Zhou, J. Wang, C. M. Wilkes, T. Loke, S. O'Gara, L. Kling, G. D. Marshall, R. Santagati, T. C. Ralph, et al. Large-scale silicon quantum photonics implementing arbitrary two-qubit processing. *Nature Photonics*, 12(9):534, 2018.

[179] R. Raussendorf and H. J. Briegel. A one-way quantum computer. *Physical Review Letters*, 86(22):5188, 2001.

[180] R. Raussendorf and H. J. Briegel. Computational model underlying the one-way quantum computer. *Quantum Information & Computation*, 2(6):443-86, 2002.

[181] R. Raussendorf, D. Browne, and H. Briegel. The one-way quantum computer-a

non–network model of quantum computation. *Journal of Modern Optics*, 49(8): 1299–1306, 2002.

[182] R. Raussendorf, D. E. Browne, and H. J. Briegel. Measurement–based quantum computation on cluster states. *Physical review A*, 68(2):022312, 2003.

[183] M. C. Rechtsman, J. M. Zeuner, Y. Plotnik, Y. Lumer, D. Podolsky, F. Dreisow, S. Nolte, M. Segev, and A. Szameit. Photonic floquet topological insulators. *Nature*, 496(7444):196, 2013.

[184] M. Reiher, N. Wiebe, K. M. Svore, D. Wecker, and M. Troyer. Elucidating reaction mechanisms on quantum computers. *Proceedings of the National Academy of Sciences*, 114(29):7555–7560, 2017.

[185] D. Reitzner, D. Nagaj, and V. Buzek. Quantum walks. *Acta Physica Slovaca. Reviews and Tutorials*, 61(6), Dec 2011. arXiv: 1207.7283.

[186] E. G. Rieffel and W. H. Polak. *Quantum Computing: A Gentle Introduction*. The MIT Press, 1 edition edition, Mar 2011.

[187] E. Riehl. *Category Theory in Context*. Courier Dover Publications, 2017.

[188] R. L. Rivest, A. Shamir, and L. Adleman. A method for obtaining digital signatures and public–key cryptosystems. *Communications of the ACM*, 21(2):120–126, 1978.

[189] J. Romero and A. Aspuru–Guzik. Variational quantum generators: Generative adversarial quantum machine learning for continuous distributions. *arXiv preprint arXiv:1901.00848*, 2019.

[190] S. Rosenblum, Y. Y. Gao, P. Reinhold, C. Wang, C. J. Axline, L. Frunzio, S. M. Girvin, L. Jiang, M. Mirrahimi, M. H. Devoret, et al. A cnot gate between multiphoton qubits encoded in two cavities. *Nature Communications*, 9(1):652, 2018.

[191] J. J. Rotman. *Advanced Modern Algebra*, volume 114. American Mathematical Soc., 2010.

[192] A. Roy and D. P. DiVincenzo. Topological quantum computing. *arXiv preprint arXiv:1701.05052*, 2017.

[193] M. Saffman, T. G. Walker, and K. Mølmer. Quantum information with rydberg atoms. *Reviews of Modern Physics*, 82(3):2313, 2010.

[194] U. Schollwöck. The density-matrix renormalization group. *Reviews of Modern Physics*, 77(1):259, 2005.

[195] C. Schreyvogel, V. Polyakov, R. Wunderlich, J. Meijer, and C. Nebel. Active charge state control of single NV centres in diamond by in-plane Al-Schottky junctions. *Scientific Reports*, 5:12160, 2015.

[196] E. Schrödinger. Discussion of probability relations between separated systems. In *Mathematical Proceedings of the Cambridge Philosophical Society*, volume 31, pages 555-563. Cambridge University Press, 1935.

[197] M. Schuld and N. Killoran. Quantum machine learning in feature Hilbert spaces. *Physical Review Letters*, 122(4):040504, 2019.

[198] H. M. Sheffer. A set of five independent postulates for Boolean algebras, with application to logical constants. *Trans. Amer. Math. Soc.*, 14:481-488, 1913.

[199] Y. Shi. Both Toffoli and controlled-NOT need little help to do universal quantum computing. *Quantum Information & Computation*, 3(1):84-92, 2003.

[200] P. Shor. Algorithms for quantum computation: discrete logarithms and factoring. In *Proceedings of the 35th Annual Symposium on Foundations of Computer Science*, pages 124-134. IEEE Computer Society, 1994.

[201] J. W. Silverstone, D. Bonneau, J. L. O'Brien, and M. G. Thompson. Silicon quantum photonics. *IEEE Journal of Selected Topics in Quantum Electronics*, 22(6):390-402, 2016.

[202] S. Sim, Y. Cao, J. Romero, P. D. Johnson, and A. Aspuru-Guzik. A framework for algorithm deployment on cloud-based quantum computers. *arXiv preprint arXiv:1810.10576*, 2018.

[203] D. R. Simon. On the power of quantum computation. In *Proceedings of the 35th Annual Symposium on Foundations of Computer Science*, SFCS '94, pages 116-123, Washington, DC, USA, 1994. IEEE Computer Society.

[204] S. Simon. Quantum computing...with a twist. *Physics World*, Sep 2010. https://physicsworld.com/a/quantum-computingwith-a-twist/.

[205] A. Sipahigil, R. E. Evans, D. D. Sukachev, M. J. Burek, J. Borregaard, M. K. Bhaskar, C. T. Nguyen, J. L. Pacheco, H. A. Atikian, C. Meuwly, et al. An integrated diamond nanophotonics platform for quantum optical networks. *Science*, page aah6875, 2016.

[206] M. Smelyanskiy, N. P. Sawaya, and A. Aspuru–Guzik. qHiPSTER: The quantum high performance software testing environment. *arXiv preprint arXiv:1601.07195*, 2016.

[207] R. S. Smith, M. J. Curtis, and W. J. Zeng. A practical quantum instruction set architecture. *arXiv preprint arXiv:1608.03355*, 2016.

[208] R. Solovay and V. Strassen. A fast monte–carlo test for primality. *SIAM Journal on Computing*, 6(1):84–85, Mar 1977.

[209] N. Spagnolo, C. Vitelli, M. Bentivegna, D. J. Brod, A. Crespi, F. Flamini, S. Giacomini, G. Milani, R. Ramponi, P. Mataloni, and et al. Efficient experimental validation of photonic boson sampling against the uniform distribution. *Nature Photonics*, 8(8):615–620, Aug 2014. arXiv: 1311.1622.

[210] G. Strang. *Linear Algebra and Its Applications*. Cengage Learning, 2018.

[211] S. Sun, H. Kim, Z. Luo, G. S. Solomon, and E. Waks. A single–photon switch and transistor enabled by a solid–state quantum memory. *arXiv preprint arXiv:1805.01964*, 2018.

[212] S. Sun, H. Kim, G. S. Solomon, and E. Waks. A quantum phase switch between a single solidstate spin and a photon. *Nature Nanotechnology*, 11(6):539–544, 2016.

[213] L. Susskind. Dear qubitzers, GR = QM. *arXiv preprint arXiv:1708.03040*, 2017.

[214] J.–L. Tambasco, G. Corrielli, R. J. Chapman, A. Crespi, O. Zilberberg, R. Osellame, and A. Peruzzo. Quantum interference of topological states of light. *Science Advances*, 4(9):eaat3187, 2018.

[215] M. S. Tame, B. A. Bell, C. Di Franco, W. J. Wadsworth, and J. G. Rarity. Experimental realization of a one–way quantum computer algorithm solving Simon's problem. *Physical Review Letters*, 113(20):200501, 2014. arXiv: 1410.3859.

[216] E. Tang. A quantum–inspired classical algorithm for recommendation systems. *Electronic Colloquium on Computational Complexity (ECCC)*, 25:128, 2018.

[217] T. Toffoli. Reversible computing. In *Proceedings of the 7th Colloquium on Automata, Languages and Programming*, pages 632–644, Berlin, Heidelberg, 1980. Springer–Verlag.

[218] S. B. van Dam, M. Walsh, M. J. Degen, E. Bersin, S. L. Mouradian, A. Galiullin, M. Ruf, M. IJspeert, T. H. Taminiau, R. Hanson, et al. Optical coherence of diamond nitrogen-vacancy centers formed by ion implantation and annealing. *arXiv preprint arXiv:1812.11523*, 2018.

[219] L. M. Vandersypen, M. Steffen, G. Breyta, C. S. Yannoni, M. H. Sherwood, and I. L. Chuang. Experimental realization of Shor's quantum factoring algorithm using nuclear magnetic resonance. *Nature*, 414(6866):883, 2001. arXiv: quant-ph/0112176.

[220] M. Verbin, O. Zilberberg, Y. E. Kraus, Y. Lahini, and Y. Silberberg. Observation of topological phase transitions in photonic quasicrystals. *Physical Review Letters*, 110(7):076403, 2013.

[221] M. Verbin, O. Zilberberg, Y. Lahini, Y. E. Kraus, and Y. Silberberg. Topological pumping over a photonic Fibonacci quasicrystal. *Physical Review B*, 91(6):064201, 2015.

[222] G. Verdon, J. Pye, and M. Broughton. A universal training algorithm for quantum deep learning. *arXiv preprint arXiv:1806.09729*, 2018.

[223] F. Verstraete and J. I. Cirac. Renormalization algorithms for quantum-many body systems in two and higher dimensions. *arXiv preprint condmat/0407066*, 2004.

[224] G. Vidal. Entanglement renormalization. *Physical Review Letters*, 99(22): 220405, 2007.

[225] J. von Neumann. *Mathematical Foundations of Quantum Mechanics*. Springer, Berlin, 1932.

[226] C. Wang, F.-G. Deng, Y.-S. Li, X.-S. Liu, and G. L. Long. Quantum secure direct communication with high-dimension quantum superdense coding. *Phys. Rev. A*, 71:044305, Apr 2005.

[227] D. Wang, O. Higgott, and S. Brierley. A generalised variational quantum eigensolver. *arXiv preprint arXiv:1802.00171*, 2018.

[228] Y. Wang, X. Zhang, T. A. Corcovilos, A. Kumar, and D. S. Weiss. Coherent addressing of individual neutral atoms in a 3d optical lattice. *Physical Review Letters*, 115(4):043003, 2015.

[229] Z. Wang, Y. Chong, J. D. Joannopoulos, and M. Soljačić. Observation of unidirectional backscatteringimmune topological electromagnetic states. *Nature*, 461(7265):772, 2009.

[230] T. Watson, S. Philips, E. Kawakami, D. Ward, P. Scarlino, M. Veldhorst, D. Savage, M. Lagally, M. Friesen, S. Coppersmith, et al. A programmable two-qubit quantum processor in silicon. *Nature*, 555(7698):633, 2018.

[231] D. Wecker, M. B. Hastings, and M. Troyer. Progress towards practical quantum variational algorithms. *Physical Review A*, 92(4):042303, 2015.

[232] D. S. Weiss and M. Saffman. Quantum computing with neutral atoms. *Phys. Today*, 70(7):44, 2017.

[233] S. R. White. Density matrix formulation for quantum renormalization groups. *Physical Review Letters*, 69(19):2863, 1992.

[234] T. Wildey. Shor's Algorithm in Python3. https://github.com/toddwildey/shors-python, 2014.

[235] P. Wittek. Quantum machine learning edX MOOC. https://www.edx.org/course/quantummachine-learning-2, 2019.

[236] P. Wittek and C. Gogolin. Quantum enhanced inference in Markov logic networks. *Scientific Reports*, 7:45672, 2017.

[237] K. Wright, K. Beck, S. Debnath, J. Amini, Y. Nam, N. Grzesiak, J.-S. Chen, N. Pisenti, M. Chmielewski, C. Collins, et al. Benchmarking an 11-qubit quantum computer. *arXiv preprint arXiv:1903.08181*, 2019.

[238] T.-Y. Wu, A. Kumar, F. Giraldo, and D. S. Weiss. Stern-Gerlach detection of neutral-atom qubits in a state-dependent optical lattice. *Nature Physics*, page 1, 2019.

[239] L. Xiao, X. Zhan, Z. Bian, K. Wang, X. Zhang, X. Wang, J. Li, K. Mochizuki, D. Kim, N. Kawakami, et al. Observation of topological edge states in parity-time-symmetric quantum walks. *Nature Physics*, 13(11):1117, 2017.

[240] J.-S. Xu, K. Sun, Y.-J. Han, C.-F. Li, J. K. Pachos, and G.-C. Guo. Simulating the exchange of majorana zero modes with a photonic system. *Nature Communications*, 7:13194, 2016.

[241] W. Zeng, B. Johnson, R. Smith, N. Rubin, M. Reagor, C. Ryan, and C. Rigetti.

First quantum computers need smart software. *Nature News*, 549(7671):149, Sep 2017.

[242] W. J. Zeng. Clarifying quantum supremacy: better terms for milestones in quantum computation. *Medium*, Jan 31, 2019. https://medium.com/@wjzeng/ clarifying-quantumsupremacy-better-terms-for-milestones-inquantum- computation-d15ccb53954f.

[243] L. Zhou, S.-T. Wang, S. Choi, H. Pichler, and M. D. Lukin. Quantum approximate optimization algorithm: Performance, mechanism, and implementation on near-term devices. *arXiv preprint arXiv:1812.01041*, 2018.

[244] O. Zilberberg, S. Huang, J. Guglielmon, M. Wang, K. P. Chen, Y. E. Kraus, and M. C. Rechtsman. Photonic topological boundary pumping as a probe of 4D quantum Hall physics. *Nature*, 553(7686):59, 2018.

찾아보기

양자 컴퓨팅: 이론에서 응용까지

발 행 | 2020년 9월 28일

지은이 | 잭 히더리
옮긴이 | 이 태 휘

펴낸이 | 권 성 준
편집장 | 황 영 주
편 집 | 조 유 나
디자인 | 박 주 란

에이콘출판주식회사
서울특별시 양천구 국회대로 287 (목동)
전화 02-2653-7600, 팩스 02-2653-0433
www.acornpub.co.kr / editor@acornpub.co.kr

한국어판 © 에이콘출판주식회사, 2020, Printed in Korea.
ISBN 979-11-6175-452-9
http://www.acornpub.co.kr/book/qc-applied-approach

이 도서의 국립중앙도서관 출판시도서목록(CIP)은 서지정보유통지원시스템 홈페이지(http://seoji.nl.go.kr)와
국가자료공동목록시스템(http://www.nl.go.kr/kolisnet)에서 이용하실 수 있습니다.(CIP제어번호: CIP2020039573)

책값은 뒤표지에 있습니다.